国家演进与
警察制度的嬗变

王春梅　著

法律出版社
LAW PRESS·CHINA
北京

图书在版编目（CIP）数据

国家演进与警察制度的嬗变 / 王春梅著. -- 北京：法律出版社，2024. -- ISBN 978-7-5197-9535-1

Ⅰ. D631.12

中国国家版本馆 CIP 数据核字第 2024DG2285 号

国家演进与警察制度的嬗变
GUOJIA YANJIN YU JINGCHA ZHIDU DE SHANBIAN

王春梅 著

策划编辑 周 洁
责任编辑 周 洁
装帧设计 李 瞻

出版发行 法律出版社
编辑统筹 司法实务出版分社
责任校对 王 丰 李景美
责任印制 吕亚莉
经　　销 新华书店

开本 710 毫米×1000 毫米 1/16
印张 27 **字数** 374 千
版本 2024 年 12 月第 1 版
印次 2024 年 12 月第 1 次印刷
印刷 北京新生代彩印制版有限公司

地址：北京市丰台区莲花池西里 7 号(100073)
网址：www.lawpress.com.cn
投稿邮箱：info@lawpress.com.cn
举报盗版邮箱：jbwq@lawpress.com.cn
销售电话：010-83938349
客服电话：010-83938350
咨询电话：010-63939796

书号：ISBN 978-7-5197-9535-1
定价：98.00 元
凡购买本社图书，如有印装错误，我社负责退换。电话：010-83938349

自　序

自古以来，军队、警察、监狱、法庭在安全和秩序的生产中都占据重要地位。在现代社会，警察制度是国家设置的用来维护国家安全和社会公共秩序的专门制度，警察人员则是司空见惯的国家公共安全力量。但人类社会是何时出现警察现象的？警察现象是经历了一个怎样的发展演变轨迹走到今天的？现代警察是如何组织管理的？现代警察制度是如何运行的？中国警察制度经历了一个怎样的嬗变过程？中国人民公安制度是如何被创建并伴随现代中国成长的？这一系列问题都是警察学基础理论研究的基本问题与核心问题，也是紧紧围绕“国家演进与警察制度的嬗变”这一主题展开的讨论。

人类社会发展演变的历史表明，安全与自由是人类自古以来孜孜以求的基本生活目标，警察和国家也因此而生。近代以来，随着民族国家的构建，国家日益成为拥有暴力垄断权的政治实体，并逐渐孕育出职业警察制度。在政治经济社会的发展过程中，警察制度俨然成为现代国家普遍采用的一种治理技术，也成为现代国家实现暴力监控和公共利益的重要工具。因历史传统、警察组织设置与职权划分不同，现代警察制度不断演变并形成了迥异的风格。警察权及其运作是现代警察制度的核心，警察权必须依据警察法启动和运行，法治化是警察权运行的必然逻辑向路。随着警务实践的不断丰富，警务理论也逐渐嬗变更迭，正式警务、专业化警务、社区警务、问题导向型警务、情报导向型警务、联合警务等现代警务样态陆续登场，警察在国家发展和社会生活中扮演了越来越重要的角色。

中国警察历史源远流长。早在夏商奴隶制国家开始确立之初，我国就出现了警察职能的萌芽；在漫长的封建制国家统治中，虽然王朝不断更替，但历朝历代都设有履行警察职权的官吏和机构。清末，受西方警政思想潮流的影响，清廷逐步设立全国统一的中央警察机关，中国近代专职警察制度基本确立。但在北洋政府时期和国民政府时期，警察制度的改进和发展乏善可陈，几近沦为维护专制独裁统治的工具。中国共产党成立以后，从土地革命战争时期党中央保卫机关和苏维埃红色政权的公安保卫机关的建立，到抗日战争和解放战争时期陕甘宁边区公安情报保卫工作的开展，再到中华人民共和国成立后中央公安机关和地方公安机关的组建以及人民警察制度的日臻发展完善，经历了漫长而曲折的历史过程。中国共产党领导和创建的人民公安制度是具有中国特色的人民警察制度，其每一次变革与创新，不仅是警察制度自身发展的内在要求，更是顺应了社会发展的方向和人民群众的期盼。人民公安制度是现代警察制度百花园中一朵色彩艳丽而独具气质的花朵，是现代警察制度的伟大创新。

当下，人工智能、大数据、云计算、区块链、物联网等信息科技迅猛发展，国内外环境深刻变化，国际社会交流交往日渐广泛深入，社会风险日益增多，社会治理难度不断加大。推动平安中国建设，推进全球安全治理，共建持久和平、普遍安全的世界成为警察学研究者的时代使命。2016 年 5 月 17 日，习近平总书记在哲学社会科学工作座谈会上强调：“要按照立足中国、借鉴国外，挖掘历史、把握当代，关怀人类、面向未来的思路，着力构建中国特色哲学社会科学，在指导思想、学科体系、学术体系、话语体系等方面充分体现中国特色、中国风格、中国气派。”人民公安学是深具中国特色的警察学，应当在立足国情的基础上，不忘本来，吸收外来，面向未来，坚持以习近平新时代中国特色社会主义思想为指导，加强和创新学术研究，建构新时代独具中国特色与气质的公安学学科体系、学术体系和话语体系，不断为更高水平的平安中国建设和全球安全治理贡献中国智慧、中国方案。

本书是 2016 年国家社科基金西部项目“警察学基础理论”的最终研究

成果，[①] 从国家起源及其形态演进的视角探索警察的起源与嬗变，研究分析警察的起源、本质、职权、组织管理、警务运行等警察学基础理论领域中的核心与关键问题。

全书共有七章：

第一章以国家起源论为分析视角考察警察的起源。通过考察古希腊国家自然起源观视域下的城邦护卫者、社会契约论视域下国家和警察的起源、马克思主义视域下国家和警察的起源，得出结论：警察与国家具有相同的起源逻辑。

第二章以社会形态演进为视角考察古代国家的警察现象。通过考察奴隶制城邦和封建制国家的警察现象，分析梳理古代国家警察的特点，并对古代国家的警察现象进行历史审视，发现警察在那时已是国家的标配，是国家实施社会控制的重要工具。

第三章从民族国家构建的视角阐述现代专职警察的创立。通过考察英法等国现代警察制度的建立，揭示民族国家构建中现代警察产生的内在逻辑。

第四章阐述现代警察的本质特征和组织管理体制。现代警察是现代国家的治理技术，是实施暴力监控的重要工具，是重要的执法力量，是为社会提供公共安全物品的政府组织。现代警察具有专职特征、暴力特征、双重职能和法治特征。现代各国均建有警察组织，各国警察体制模式风格各异，并与其国家保持一致。

第五章阐释警察权法治化理论。警察权及其运作是现代警察制度的核心。从功能性权力定位出发，警察权是国家开展防止危害、维护秩序、保障安全等活动的理论基础与权力边界，其核心功能是消除公共安全危害、保持社会安全有序、保障公众安全自由。基于此，分析警察权的特性、范围和样态，明确警察权运行的依据、“路线图”和原则，并阐释警察权法治化运行的逻辑进路。

---

① 课题已于2021年12月通过验收。

第六章梳理现代警务形态的更替及相关警务理论演变。重点阐述正式警务、警务专业化、社区警务、战略警务、问题导向警务、联合警务等现代警务的更迭和警务理论的流变。

第七章阐述中国共产党领导下人民公安制度的创建和发展。通过粗线条刻画中国共产党领导的人民公安制度的形成与发展轨迹，分析其优势与特色，揭示其与现代中国共同成长的亲密互动关系。

本书主要围绕警察与国家这一主线，从历史的视角着重讨论警察与国家共生、警察制度随着国家演进而嬗变的历史逻辑，是对警察学基础理论核心问题的研究。希望本书对公安学类专业本科生、研究生、公安学科研工作者和广大公安干警深刻认识警察现象和中国人民警察制度有所裨益，也期望本书对公安学学科建设和我国警政建设①有所助益。

限于作者水平，本书难免存在纰漏，欢迎社会各界、专家学者、读者朋友提出宝贵意见。

王春梅

2023 年 11 月 16 日

---

① 我国清末开始使用“警政”一词。最初指警察政令，后扩宽为警察政务，主要包括巡察禁令和行政司法等内容。警政是晚清政府的重要职能之一，现在我国也常常使用“警政”这一概念。我国学者万川教授认为，警政是“按照统治阶级意志所规范的，由国家警察机关具体实施的，围绕维护国家安全、政局稳定和社会治安秩序等内容展开的一系列管理活动”。参见万川主编：《中国警政史》，中华书局 2006 年版，第 9 页。由此可见，警政涵盖了警察政治和警察行政两方面的意思，警政是国家和政府有关警察事务的统称，体现为一系列政府管理和社会管理活动；警政主要由国家警察机关具体实施，围绕维护国家安全、政局稳定和社会治安秩序而展开。参见陆永：《当代中国警政与现代国家成长》，江苏人民出版社 2015 年版，第 8 ~9 页。

目　录 CONTENTS

第一章

国家起源论视角下警察的起源

社会存在决定社会意识，关于警察的学说是随着国家的产生才出现的。在西方政治社会的历史长河里，众多思想家在特定时空下都阐释了国家的起源和警察的起源问题。这些关于国家起源的理论和关于警察起源的点滴论述，是我们研究警察的起源和产生等问题的理论基础。

第一节　国家自然起源论视域下的城邦护卫者

国家的起源与人类的基本需求有关。人类有两种基本需求：一种是对安全的需求，另一种是对自由的需求。人既希望拥有安全，又希望保证自由。但是，如果二者无法兼得时，人可能会放弃自由，首先选择安全。当人面对许多不确定状态，特别是当生命安全和生存状况受到威胁时，很多人首先考虑的是安全问题，因此，安全是人的基本需求。而个体安全需求的满足与否，与国家能否提供秩序有关。在柏拉图和亚里士多德的国家自然起源论下，国家是人类社会自然发展的产物，国家应当满足人类的安全需要和秩序渴望。

一、柏拉图：城邦是人类社会多种需要的产物

国家起源的问题是一个很古老的问题，人们从很早就已经在探索。

柏拉图（Plato）在《理想国》中描述了一个理想的城邦。柏拉图认为，人的需要是多方面的，每一个人都不能单靠自己达到自足；为了满足人在多

方面的需要，人们必须分工合作，互相帮助，互相交换产品，这就需要建立城邦。而城邦，是一个分工合作，通过议事以满足人们多方面的需要的团体。柏拉图认为，虽然人的需要多种多样，但每个人只适合做一种工作，这样就需要有生产者，有商人，有艺术家；社会不断扩大，各城邦之间不断争夺土地，为了防止侵略，保卫城邦，城邦就需要有军人；为了治理城邦，维护城邦的秩序和安宁，城邦就需要有明智的统治者。因此，城邦是人类社会多种需要的产物。①

二、亚里士多德：建立城邦是人类的自然本性

亚里士多德（Aristotle）在《政治学》中论述了城邦的起源和政体学说。亚里士多德明确提出了“人是天性的政治动物”的命题，他认为，人类天生就有合群的性情，“人类自然是趋向于城邦生活的动物（人类在本性上，也正是一个政治动物）”②。城邦是人类的一种社会组织，它是人类自然演化而来的、人类作为天生的政治动物的自然结果。人的自然本性驱使人们想要过优良的生活，人类为了满足各种需求组成家庭，许多家庭结合在一起组成了村坊，许多村坊又组成城邦。城邦的产生、统治者与被统治者的形成，都是自然演化的结果。只有居住在城邦，才能满足个体的各种需要，才能使个体服从法律，并创造出科学、艺术、宗教等多方面的成就。③ 人的自然发展只有在国家中才能实现，因此，人的自然本性是国家和政治生活的终极原因。

在亚里士多德的政治理论中，城邦是人们为了追求共同利益而组成的政治共同体，因此城邦具有政治性。城邦组织和城邦活动，仅仅是作为手段和工具而存在，其目的是实现城邦整体的公共利益——“优良生活”。如此，城邦也就被赋予了至高无上的性质。同时，亚里士多德还认为，城邦是人类自然演化的顶点，它是人类最高的组织形式，它具有其他人类组织所不能相

---

① 参见马啸原：《西方政治思想史纲》，高等教育出版社1997年版，第42页。

② ［古希腊］亚里士多德：《政治学》，吴寿彭译，商务印书馆2017年版，第7页。

③ 参见王振槐主编：《西方政治思想史》，南京大学出版社1993年版，第15～16页。

比的优先性。[①] 国家是最完备的社会团体，个人是城邦的组成部分；只有人们各以其本分参加城邦生活时，才能达到优良的生活，从而实现自然赋予人的目的。

根据亚里士多德的政治理论，“人类自然是趋向于城邦生活的动物”[②]，城邦是人类自然演化而来的一种高级、完备的社会组织，它以实现人们的公共利益为目的。因此，人不能脱离城邦而生活。

三、城邦护卫者：完善的城邦之必需

柏拉图认为，国家是为了满足人类生活多方面需要的产物，国家表现为一种互换劳务的服务体系。他强调，公民以己之所产相互交易，就是创建国家的目的。从正义论的国家观出发，柏拉图认为，国家的目的是确立人生目的和追求理想，即追求善业和实现正义。[③] 在《理想国》中，柏拉图为完善的城邦提出的一个基本要求就是必须保证公民个人利益与城邦利益的高度一致性。在柏拉图构建的完善的城邦里，没有什么人能够具有独立于或者外在于城邦的个人意识，甚至不可能容忍任何稍微与城邦的利益有所不同的个人意识的存在，对于作为城邦的大脑的统治者阶层来说也完全如此。[④] 在城邦中，依据人的自然秉性存在分工，金子造的是国王，银子造的是贵族和护卫者，铜铁造的是生产者。人们之间既各司其职，又相互配合。护卫者掌管和负责保卫城邦安全，他们刚烈、勇敢、智慧，他们以城邦的幸福为重。“只要护卫者成其为护卫者就能使国家有良好的秩序和幸福。我们是要我们的护卫者成为真正的护国者而不是覆国者。”[⑤] 因此，在柏拉图设想的完善的城邦里，掌管和负责保卫城邦安全的护卫者完全是以城邦的安全、有序、幸福为

---

① 参见俞可平：《最好政体与最坏政体——亚里士多德的〈政治学〉及其政体观再评》，载《北京大学学报（哲学社会科学版）》2020 年第 1 期。

② 参见［古希腊］亚里士多德：《政治学》，吴寿彭译，商务印书馆 2017 年版，第 7 页。

③ 参见王振槐主编：《西方政治思想史》，南京大学出版社 1993 年版，第 15 ~ 16 页。

④ 参见唐士其：《西方政治思想史》，北京大学出版社 2002 年版，第 75 ~ 76 页。

⑤ ［古希腊］柏拉图：《理想国》，郭斌和、张竹明译，商务印书馆 1986 年版，第 134 页。

已任的，这是完善的、正义的城邦所要求的。

亚里士多德认为，人的自然本性是国家和政治生活的终极原因。在此，亚里士多德不同于柏拉图的一个重要地方是：亚里士多德将国家与社会作了区分，将政治结构同它背后的经济结构、社会结构做了区分。亚里士多德认为，理想的政体应该混合正义的各方面的标准。他强调城邦护卫者必须具备正义和勇毅的品质，这是实现城邦所期望的优良生活的必备条件。亚里士多德还对警察做了较为宽泛和具有褒奖的定义：良好的秩序，城市的管理与组织，对人民的支持，是给予人民的所有礼物中最伟大的，最首要的。① 但不可否认的是，亚里士多德具有古希腊城邦特色的国家起源论具有很大的时代局限性，它并未揭示出国家产生的经济根源和社会根源。

四、对警察自然起源论的评析

柏拉图认为，人们由于有多种社会需要要满足，故结成了城邦，城邦中需要保卫城邦秩序和幸福的护卫者。亚里士多德认为，建立国家是人类的自然本性使然，完善的城邦需要保卫者。两位思想家关于国家和城邦保卫者的产生的观点具有相似性，即他们认为国家和城邦保卫者都是随着社会和人类的发展自然而然出现的，是自然的结果，我们可以称其为国家和警察的自然起源论。这种观点被流传和继承下来，美国现代警察学专家黑伦（Cornelius F. Canalane）在其所著的《警察》一书中说："人类日益文明，居住在同一社会的人们，因彼此之间互助而组成各个团体，互相约定负有驱逐和逮捕罪犯的义务，并采用相互呼应的制度。但时间一久，人们感到这种制度也有弊端，就是平时用于看护财产的时间过多，影响大家的工作和生活，便建立新的制度，雇用专职人员在夜间担负守望之责。以后，这种雇佣专职卫士的组织日渐完备，并穿着特制的服装，以便于人们一旦有事，容易寻找和报警。在实践中，又发现这种专职卫士有时还必须穿着便衣进行秘密侦查。这样一

① 参见余秀豪：《警察学大纲》，商务印书馆1946年版，第3页。转引自宋远升：《警察论》，法律出版社2013年版，第7页。

来，警察组织便日益发展，趋向完备，并分为公开的和秘密的两种警察。”①国家和警察的自然起源论认为，国家（或城邦）是人类发展的自然结果，国家（或城邦）天然地需要具有警察职能的护卫者来保卫国家（或城邦）安全和维持国家（或城邦）秩序，因此，警察及其职能的出现也是自然而然的。这种关于国家和警察起源的观点忽视了私有制和阶级分化对国家和警察产生的重大意义，具有一定的片面性。

第二节　社会契约论视域下警察的起源

在古代，西方社会的政治与宗教信仰紧密结合在一起，几乎一切政治权力、政治主张和政治决策都要借助宗教乃至迷信才能实现。到了大约公元前6世纪，西方的政治和宗教开始分离，一些思想家才开始慢慢观察自然和社会，用朴素的唯物主义的眼光来思考政治问题。② 既然国家不是“神的创造”，国家是如何产生的呢？封建社会后期，随着社会生产力的发展，资本主义生产方式开始萌芽并不断扩大。伴随着资本主义经济的飞速发展和资产阶级所占有的财富的迅速积累，资产阶级产生了政治上的要求——建立资产阶级“理性王国”。为了满足资产阶级在政治上的要求和资本主义经济发展的需要，并铲除封建君主专制，十七八世纪资产阶级思想家提出了“契约论”。契约论的核心思想是：国家的产生是人们互相缔结契约的结果，是共同协议的产物。以契约论来阐释国家起源的代表性人物有霍布斯、斯宾诺莎、洛克和卢梭等人。这些思想家在运用契约论阐释国家起源的过程中，也阐述了警察存在的合理性和必要性。

---

① 林维业、李文涛、林国合编著：《中国警察史》，辽宁人民出版社1993年版，第2~3页。

② 参见马啸原：《西方政治思想史纲》，高等教育出版社1997年版，第3页。

一、霍布斯：警察帮助人类摆脱可怕的自然状态

古罗马时代的思想家对国家的起源也进行了探索，例如，智者学派中以提出“人是万物的尺度”而闻名的“智者”普罗泰格拉（Protagoras）早先就提出过国家起源于社会契约的观点，不过真正开始将国家起源问题进行系统化和理论化研究的却是霍布斯。

（一）基于安全的目的，人们共同签约建立国家

托马斯·霍布斯（Thomas Hobbes）是英国著名政治家、哲学家，是最早提出社会契约论思想的哲学家之一。霍布斯在其著作《利维坦》（*Leviathan*）中阐明了国家的基本逻辑。[①] 在“性恶论”的基础上，霍布斯提出了“自然状态”。他认为，每个人生来就有追求快乐、自我保全的本性和权利。由于人们在体力和智谋上是相等的，趋利避害是人们同样的行为准则，人的自然特性就是与生俱来的好斗性。在一切极度匮乏的条件下，人们的需求和希望是冲突的，人们之间就会相互猜疑、竞争、敌视、对抗和争斗。在所谓“每一个人对每个人的战争”[②] 的状态之下，人们经常有恐惧和横死的危险，每个人都生活在孤独、贫困、危险和残忍之中，谁也实现不了“自我保存”原则。换言之，在没有一种凌驾于个人之上并使大家服从的权力的地方，人们过得都不安全、不快乐，甚至是紧张和痛苦的。

如何能实现个人的“自我保存”原则呢？霍布斯认为，必须依靠理性的力量，理性使人们对安全的追求变得更有效。对于自我保存原则来讲，和平和合作比暴力和竞争更有用。和平要求人与人之间互相信任，一起商量然后订立契约，要求每个个人放弃个人的自然权利，把它转让给某一个人，使其成为主权者，实行统一管理，而大家统一恭顺地做主权者的臣民。由此，一

---

① “利维坦”是《圣经》中所描绘的一种巨大的海兽，霍布斯以之比喻“国民的整体”或“国家”（拉丁语为 Civitas），因而，霍布斯有关“利维坦”的系列论述，实际上即是国家学说。参见徐大同主编：《西方政治思想史》（第 3 卷），天津人民出版社 2005 年版，第 221 页。

② ［英］霍布斯：《利维坦》，黎思复、黎廷弼译，商务印书馆 1985 年版，第 94 页。

个具有绝对权力的政治国家就诞生了，人类也就从无政府的自然状态进入了有政府的安全与幸福的社会状态。正如霍布斯在《利维坦》中所写的："这就是伟大的利维坦的诞生。"① 国家根据每个臣民的授权，运用转让和付托给它的权力与力量，通过组织召唤和集中协调大家的意志，对内维护国家秩序，对外齐力抵御外敌。国家的产生是保障和平、保障安全、防御外来侵略的需要，它是人们通过契约或信约建立的。

（二）法律和警察帮助人类脱离可怕的自然状态

在霍布斯所描述的自然状况下，每个人都有可能对他人使用暴力，每个人都没有安全保障可言。那么如何遏制这种个人与个人之间可能的暴力呢？这就需要一个更大的暴力，需要在一个相当大的地理范围内控制更大暴力的机构，这样才能遏制其他个别的暴力。② 所以国家是人类的自然状况即一切人反对一切人战争的后果，是防止这种可怕的状况的方式。在霍布斯看来，国家是凌驾于所有个人之上的共同权力机构，是将多数人意志人格化的集体，它的权力来自所有人的托付，是个人权利的转让和异化，是超越个人权利之上的权力。

出于安全的目的，人们共同签约建立了国家。代表国家行使权力的人被霍布斯称为主权者（sovereign），其余的每一个人称为臣民（subject）。取得主权的方式有两种：以力取得和按约取得。前者如世袭的家长制统治、战争的征服；后者是由人们相互达成协议，自愿服从一个人或一个集体，这样产生的国家霍布斯称之为政治国家或按约建立的国家。③ 从这里能够看出来，霍布斯认为国家是人们基于安全的需要、遵守"自然法"而订立契约所形成的，而非君权神授，就这一点来讲其观点是具有政治进步意义的。

在霍布斯的国家学说中，人们为追求和平与秩序，通过社会契约而建立国家。国家集中掌握着世俗的一切立法、司法和行政的权力，而法律、警察

---

① ［英］霍布斯：《利维坦》，黎思复、黎廷弼译，商务印书馆1985年版，第132页。

② 参见包刚升：《政治学通识》，北京大学出版社2015年版，第110页。

③ 参见王守昌：《西方政治哲学》，中国言实出版社2014年版，第10页。

的作用就是要确保契约的执行。在霍布斯看来，国家颁布法律，是为了用法律限制个人的自由权利，使人们之间不互相侵犯和伤害，并能够联合起来防御共同的敌人，除此之外，法律别无其他作用和目的。[①] 而国家（利维坦）仅有法律还远远不够，它必须以警察等强制力为后盾，否则根本无法约束人类的贪婪、野心和其他种种激情，人类也就无法真正走出人人自危的自然状态。霍布斯承认，进入国家绝对权力统治之下的政治社会，有法律的限制，有警察的强制约束，人们的生活是不够愉快、不够完美的，但与自然状态下由战争和灾难导致的悲惨境遇相比，国家建立后的政治社会则要好得多。可以说，国家是"两害相权取其轻"的结果，虽然因国家的建立人民承受着政治社会带来的重重不便，但是，这是人类不得不付出的代价。在霍布斯看来，国家是一种必要的恶，而法律和警察的强制作用是国家运转必不可少的保障。

二、斯宾诺莎：警察引导人们理性地生活

（一）建立国家是人们理性地自我保全的需要

荷兰哲学家巴鲁赫·德·斯宾诺莎（Baruch de Spinoza）的政治思想深受霍布斯的影响，他用社会契约论阐释人们由自然状态进入国家，形成国家政体的过程。斯宾诺莎认为，自然状态之下人拥有完全的自由，人拥有不受任何宗教与法律限制的自由。[②] 在自然状态下，人类和其他事物一样，都受自然法的支配，但没有法律的约束，每个人都享有天赋的生存、自由等自然权利，每个人都不服从任何其他人，但每个人都有自我保存这一最高权利。若每个人都按照自己的力量和需要来满足自身，则会带来人与人之间的敌视

① 参见徐大同主编：《西方政治思想史》（第3卷），天津人民出版社2005年版，第298页。

② 斯宾诺莎写道："天然的状态，在性质和时间两方面，都先于宗教。……我们必须把天然的状态看成是既无宗教也无法律的，因此，也就没有罪恶与过失。……我们认为的自然状态是先于缺乏神圣启示的法律与权利，并不只是因为无知，也是因为人人生来就赋有自由。"［荷兰］斯宾诺莎：《神学政治学》，温锡增译，商务印书馆1982年版，第222～223页。

和互相侵害，人们的生活也会陷入惶惶不安之境，自由和安全等天赋权利也无法得到保障。为了避免相互损害，真正各得其乐，过上和平而又自在的生活，人们在理性的启示下，认识到若要享受个人的天赋权利，则必须依赖于全体的力量与意志。于是人们就通过缔结契约建立社会，集中所有力量于一体，即建立有固定法律的社会。

斯宾诺莎认为，人们通过契约建立社会就意味着他们要放弃部分自然权利，把部分权利交给社会，人们交出来的权利由社会执行，规定共同的生活方式，制定法律，维持秩序，并借助刑罚确保法律的有效实行，像这样的坚实地建筑在法律上和自我保存的力量上面的社会就叫作国家。①

（二）司法、警察引导人们理性地生活和维护自我保全

在斯宾诺莎看来，每个人都可以按照自己所愿意的方式，运用自己的力量，去保全自己的天性和权利，“国家或最高掌权者的权利无非就是自然权利本身”，即国家所具有的一切权利，与个体的自然权利，也就是竭力保存自身之存在的愿望是完全一致的。② 为了保存自身，国家一定要强而有力，要享有最大的权威。斯宾诺莎认为，国家建立以后，统治者掌握最高权力，运用司法、警察等行政部门来监督、控制人们的不良行为，保障整个社会的安宁。因此，国家是服务社会成员的，国家是保障和维护人的自我保存的一种理性选择，而司法、警察等行政部门则是引导人们理性地生活和实现自我保存的一种力量。对个体而言，个体对国家法律的服从，即是对理性指令的服从；个体越是服从于理性的指导，就越拥有力量，越能实现自我保存的自然权利。③ 因此，个体在自然状态下所拥有的自然权利，在国家状态下不仅依然保有，而且丝毫不会受到损害。

---

① 参见王振槐主编:《西方政治思想史》，南京大学出版社 1993 年版，第 161 页。

② 参见徐大同主编:《西方政治思想史》（第 3 卷），天津人民出版社 2005 年版，第 258 ~259 页。

③ 参见徐大同主编:《西方政治思想史》（第 3 卷），天津人民出版社 2005 年版，第 259 页。

三、洛克：警察权力是有限的

（一）“人民共同协议而建立国家”

英国著名哲学家、政治思想家约翰·洛克（John Locke）继承并扩充了霍布斯的自然权利说。他认为人的自然权利不仅包括生命的保存权，还包括财产权。虽然洛克描绘的自然状态不同于霍布斯所说的敌对的、恐怖的状态，而是一种完备无缺的自由平等状态，但是在自然状态下人们享有的权利是很不稳定的，面临受别人侵犯的威胁。[①] 洛克认为，就人的基本权利的保障而言，无政府的自然状态是不能接受的。为了能长久而稳定地享有自然权利，为了更安全地保护人们的财产、生命和自由，理性引导人们进入政治状态，人们便互相商议，自愿放弃一部分自然权利[②]，把这些权利交由专人行使，并按照社会一致同意或授权代表一致同意的规则来行使。由此，人们便达成协议，联合建立国家，人民放弃转让的自然权利就汇集形成了国家公共权力，政府建立代言人，即政府来行使这些公共权力，以维护人民的生命权和财产权安全不受侵犯和威胁。

洛克的社会契约论有三个基本要素：一是人们的“同意”须贯彻始终，不仅在政府初建时期是必要的，而且也是控制大众服从政府的持久条件，这与霍布斯以“同意”开始而以“强迫”告终不同；二是政府的权力是有限的，同时政府的掌权者也以契约约束自身，与霍布斯的“利维坦”享有绝对的权力不同；三是维护个人的自由权利是其政治思想的基调，也是缔结契约

---

① 与霍布斯不同，英国著名哲学家、政治思想家约翰·洛克认为人类的自然状态是和平、平等和互助的。但是，他认为自然状态有三大缺陷：一是缺少一种确定的、规定了的、众所周知的法律，即为共同的“同意”接受和承认的是非标准与裁判人们之间一切纠纷的共同尺度；二是缺少一个有权依照既定的法律来裁判一切争执的知名的和公正的裁判者；三是缺少权力来支持正确的判决，使它得到应有的执行。参见王振槐主编：《西方政治思想史》，南京大学出版社 1993 年版，第 183 页。

② 洛克认为，这些要放弃并转让出去的自然权利主要是每个人可以做他认为合适的任何事情的权利，以及单独行使处罚别人侵权行为的权利。

和建立国家的出发点和归宿。[①] 在洛克看来，人们缔结契约让渡部分权利，其动机是个人为了更好地保护自己的安全、自由和财产；人们让渡权利建立国家也只是为了保障人民的和平、安全和促进公众福利；除此之外，都没有别的目的。[②] 可见，洛克用社会契约来论证国家的建立，但其重点在于运用国家和政府来保护个人的财产权、自由和安全，政府为社会的幸福而存在，而不是社会为了政府的权力和命令而存在。

（二）警察权是执行权，应当受到限制

洛克总结之前的思想家关于政体设置的思想和英国资产阶级革命的经验，比较系统地提出了分权制衡学说，从而奠定了近现代资产阶级国家组织形式的理论基础。洛克认为，国家是人们为了保护生而拥有的自我保存权、自由和财产权而共同同意签订社会契约而建立的，国家是为了保障大众的生命、自由和财产安全而存在的。国家有立法权、执行权和对外权三种权力，[③] 其中，立法权是国家的最高权力，执行权和对外权处于从属地位。

警察通过惩罚犯罪来维持正义秩序，是在为人的生命、自由、财产等权利提供有效保护。依据洛克对政府权力的区分，警察权属于执行权，即是负责执行被制定的和继承有效的法律的权力。洛克认为，若要国家真正保障大众的生命、自由和财产安全，最重要的“工具与手段是那个社会所制定的法律”；法律的目的不是废除或限制自由，而是保护和扩大自由。因此，在一切能够接受法律支配的人类状态中，哪里没有法律，哪里就没有自由。[④] 按照洛克的法治理论，警察权也是有限的，警察权的行使也要受到法律的规范，只有这样，警察才能真正保障人们的生命、自由和财产安全。洛克的警察起

---

① 参见王振槐主编：《西方政治思想史》，南京大学出版社 1993 年版，第 184 页。

② See John Locke, *Two Treatises of Government*, Cambridge University Press, 1960, p. 131. 转引自顾肃：《西方政治法律思想史》，中国人民大学出版社 2005 年版，第 187 页。

③ 在洛克的政治理论中，立法权是指导如何运用国家的力量以保障这个社会及其成员的权力；执行权是负责执行被制定的和继承有效的法律的权力，也称司法权；对外权则是关于负责决定战争与和平、联合与联盟，以及同国外开展一切事务的权力。

④ 参见［英］洛克：《政府论》（下篇），叶启芳、瞿菊农译，商务印书馆 1964 年版，第 10 页。

源论（关于警察存在的正当理由）奠定了“保障权利而限制权力”的现代法治精神的基础。

四、卢梭：警察是人民的公仆

（一）人们通过契约和“公意”建立国家

自然状态同时也是法国思想家让－雅克·卢梭（Jean-Jacques Rousseau）研究国家起源的逻辑起点。卢梭认为，在自然状态中，人们独立而自由、自在而和平，彼此间没有必然的联系，自我保全的目的支配和调节人类原始的人际关系。然而，这种独立、自由的个人生活是比较困难的，这种缺乏联系的自然状态也是难以长久的。于是，人们试图在人与人之间建立普遍联系，形成共同合力，以维持自由与和平的生活。这种普遍联系就是每个人都将自己的全部权利完全转让给集体，所有人通过缔结契约而生活在一起。由此，人们通过社会契约建立了国家，通过缔结社会契约，人们以共同的力量来护卫和保障每个人的自由和安全。由于每个人都将全部权利完全转让给了集体，所以每个人都可以从集体获得自己所让渡出的同等权利。实际上每个缔结社会契约的人并没有失去任何权利，而且个体还可以从集体中获取更大的力量来保全自己。①

在卢梭这里，社会契约是共同体里的各个成员之间的一种约定，是各个成员之间的一种结合行动，经过契约而结成的“一个道德的与集体的共同体”就是国家。国家是一个统一的整体，在这个整体里，每一个结合者都是整体的一部分。从国家方面看，卢梭要求人民整体要有最大的权威和力量，要求个人有服从国家的精神。个体越彻底地把个人权利交给整体，越密切地融合于整体，这个国家就越完美。②

（二）警察是人民的公仆

为了解决保障自由和服从集体之间的矛盾，卢梭提出了公意理论。卢梭

① 参见徐大同主编：《西方政治思想史》（第3卷），天津人民出版社2005年版，第413～414页。

② 参见王振槐主编：《西方政治思想史》，南京大学出版社1993年版，第218页。

认为，公意就是国家全体成员的意志，是全体成员基于共同利益、针对共同目标、追求共同幸福所形成的共同意志。公意的基础在于人民的共同利益，公意只有通过立法权力，即定期的人民集会才能表现出来。公意是卢梭的社会契约理论的基础之一，是其国家学说的核心概念。

卢梭将国家与社会进行了区分：通过契约，人们组成了社会；依据公意，主权者批准建立了（政府意义上的）国家。[①] 由于政府处于主权者与公民之间，政府从公意那里接受指导并使用它的权威，按照主权者的意志决断公民的行为，因此，政府必须足够强大，以便控制公民的特殊意志；但政府如果过于强大，就会控制公意，破坏法律，甚至威胁主权。因此，卢梭认为，政府是一种邪恶，一种必要的邪恶。[②] 政府是主权者（笔者注：即国家）为了人民的利益而建立的一个管理公共事务的机构。人民把权利转让、委托给政府，政府是公共权力的执行者，是人民的仆从，它借助人民的力量，按照人民的意志管理公共事务，而人民有权限制、改变或收回委托给政府的权利。卢梭强调法律在国家生活中的作用，人民是立法者，立法权永远属于人民。根据卢梭的以社会契约论和"公意"理论为基础的国家起源论和他的人民主权论，警察在政府中掌控着有关保护人民的生命、自由和平等的权力，警察拥有执行国家法律和维持社会安全的权力，警察是人民的生命、自由和平等等基本权利的维护者，警察要按照人民的意志、为了人民的利益活动，警察是人民的公仆。

五、社会契约论：国家产生和警察存在的合法性理论依据

自然状态是霍布斯、斯宾诺莎、洛克和卢梭提出社会契约论的起点，虽然四位思想家对自然状态的认识不同，甚至是大相径庭，但他们都一致认为人类生活的自然状态有各种各样的问题或缺陷，而要解决问题或避免缺陷，就要走出自然状态——进入一个有别于自然状态的人类社会。此时，四位思

① 参见徐大同主编：《西方政治思想史》（第3卷），天津人民出版社2005年版，第413~414页。
② 参见徐大同主编：《西方政治思想史》（第3卷），天津人民出版社2005年版，第436页。

想家不谋而合地提议每个社会成员都让渡出一部分自然权利（或关于自我生命保全的权利、或关于自由的权利、或关于保全财产的权利），签订一种社会契约，将让渡出来的权利交给社会或国家，因此，国家建立了。

社会契约论为政治权力的正当性提供了有力支撑，并且也阐述了政府权力的结构和内容。“合意治理”（policing by consent）是社会契约论的核心要素和内涵实质[①]，因此无论是自由主义政治哲学（liberal political philosophy），还是自由民主主义政府（liberal democratic government）都将“合意治理”作为其核心思想。

霍布斯认为，社会是由主权统治下的民众——穷苦的、肮脏的、野蛮的自然人构成。这个社会处于永恒的“一切人反对一切人的战斗中”，因此，需要一种强制力来保障社会契约，也即必须将权力授予当权者才能维护社会的和平、安全和秩序。依照霍布斯的契约论，警察和其强制性权力是国家保障安全和维护秩序所必备的政治设计。

在卢梭的社会契约论中，“公意”（general will）被放在了最显著的位置，而全体平等自由的民众凭借“公意”享有主权。[②] 在卢梭看来，自然人趋利避害，人与人之间相互体谅、慈悲怜悯。这种认识起点就保障了社会契约的主权可以与民众共处，因此，卢梭的社会契约论赞同“主权在民”（power to the people）。根据社会契约，国家拥有了那些被社会成员让渡出来的权利，此即为公共权力。公共权力总是交给国家的各个职能部门去行使，而在公共权力中保障人们的生命、财产安全和社会秩序安宁的权力就由警察机关及警察人员行使。因此，国外有研究者认为，“同社会契约一样，现代警察理念也源自同一知识基础。只不过，社会契约理念自身就是对现代国家的全局构想。社会契约论是警察存在的合法性的关键，也构成了‘合意治

① 参见［英］本·鲍林、［英］詹姆斯·谢普蒂基：《全球警务机制研究》，倪铁译，法律出版社2014年版，第16页。

② 参见［英］本·鲍林、［英］詹姆斯·谢普蒂基：《全球警务机制研究》，倪铁译，法律出版社2014年版，第16页。

理’的自由理念的基础原则”[①]。

社会契约论是警察存在的合法性根据，依据霍布斯的理论有可能造成主权者的专制独裁的可能，依照卢梭的理论则可能造成多数人的暴政。而约翰·洛克（John Locke）试图在霍布斯和卢梭之间寻找一条中间道路，因此他提出了政治权力分立原则，通过政治权力之间的分立，用内部制衡机制对监督者进行监督，从而使自由国家之治获得合法性。就警察而言，警察权应当受到限制，否则会导致权力滥用和腐败。

就现代国家而言，社会契约论依然是警察及其行为活动存在的合法性根据。从社会契约论来说，警察和警务是民族国家体系中不可分割的组成要件。[②] 就现代国家而言，警察事务是围绕整个国家政治框架而构建的，其本旨就在于保境安民。现代意义上的警务，旨在维护和保障国家内部的社会秩序和公共安全；军队则负责边境国防，应付战争。各民族国家历史文化迥异，国家组织形式和政府形态各异，各国都是在其体制内构建各自的警务体系。各国警务体系也都符合自己国家的社会契约，追求各自的社会利益。

第三节　马克思主义国家学说视域下警察的起源

一、原始社会没有国家，也没有警察

与国家是自然起源的观点不同，卡尔·海因里希·马克思（Karl Heinrich Marx）和弗里德利希·恩格斯（Friedrich Engels）认为，“国家并不是从来就有的。曾经有过不需要国家，而且根本不知国家和国家权力为何物的社

① ［英］本·鲍林、［英］詹姆斯·谢普蒂基：《全球警务机制研究》，倪铁译，法律出版社 2014 年版，第 16 页。

② 参见［英］本·鲍林、［英］詹姆斯·谢普蒂基：《全球警务机制研究》，倪铁译，法律出版社 2014 年版，第 19 页。

会”。[①] 依据路易斯·亨利·摩尔根（Lewis Henry Morgan）的《古代社会》，结合马克思的摘要和批语，恩格斯对古代社会发展规律和国家起源进行了深入研究，写成了《家庭、私有制和国家的起源》。在该书中，恩格斯对人类经历的古代社会做了精练概括：“蒙昧时代是以获取现成的天然产物为主的时期；人工产品主要是用做获取天然产物的辅助工具。野蛮时代是学会畜牧和农耕的时期，是学会靠人的活动来增加天然产物生产的方法的时期。文明时代是学会对天然产物进一步加工的时期，是真正的工业和艺术的时期。”[②] 通过对原始社会的考察，恩格斯认为在原始社会国家尚未产生，也不存在警察。

（一）原始社会没有国家

恩格斯在《家庭、私有制和国家的起源》中生动描绘和深入阐释了原始社会的生活风貌。

在原始社会，人类因婚姻血缘关系形成氏族。[③] 氏族设立议事会作为氏族的最高权力机关，其主要职责是选举、罢免酋长和酋帅，以及其余的“信仰守护人”；作出为被杀害的氏族成员接受赎罪献礼（杀人赔偿金）或实行血族复仇的决定；作出收养外人加入氏族的决定。氏族议事会是氏族的民主集会，氏族的一切成年男女在集会上享有平等表决权。

每三四个或更多的氏族联合成一个特殊的集团，叫作胞族。[④] 胞族设有胞族议事会，当胞族内部发生杀人事件，举行胞族议事会交涉解决。选举酋长时，胞族议事会也出面参与。

几个胞族则组成一个部落。[⑤] 部落设立由真正代表各个氏族的酋长和军事领袖组成的部落议事会来管理部落公共事务。而亲属部落间又常因暂时的

---

① 《马克思恩格斯文集》（第 4 卷），人民出版社 2009 年版，第 193 页。
② 《马克思恩格斯文集》（第 4 卷），人民出版社 2009 年版，第 38 页。
③ 参见《马克思恩格斯文集》（第 4 卷），人民出版社 2009 年版，第 99 页。
④ 参见《马克思恩格斯文集》（第 4 卷），人民出版社 2009 年版，第 103 页。
⑤ 参见《马克思恩格斯文集》（第 4 卷），人民出版社 2009 年版，第 105 页。

紧急需要而结成联盟[①]。联盟的机关是联盟议事会，由50个地位和威信平等的酋长组成，这个议事会对联盟的一切事务做最后的决定；联盟议事会的一切决议，须经全体一致通过。[②]

在社会划分为阶级以前国家是不存在的。[③] 在原始社会，无论是氏族，还是胞族，抑或是部落、部落联盟，都是基于婚姻血缘关系而天然产生的自然组织，并非因阶级划分而产生的政治体——国家。这些自然组织所设置的权力机构——议事会，都是组织内部的民主集会，成年男女均可参加，对内部公共事务享有平等的表决权，而不同于国家政治权力的运行。因此，原始社会，没有国家，有的仅仅是因婚姻血缘关系而自然产生的松散自由的氏族、胞族、部落、部落联盟等组织。

（二）原始社会无须警察

在原始社会，“部落、氏族及其制度都是神圣而不可侵犯的，都是自然所赋予的最高权力，个人在感情、思想和行动上始终都是无条件服从”[④]。氏族、胞族、部落和部落联盟中的一切争端和纠纷，都由当事人所在的自然组织（例如氏族或部落）来解决，或者由各个氏族相互解决。在纠纷调解或者争端平息的过程中，一方面，氏族、胞族、部落、部落联盟等自然组织在长期生产生活中形成的传统理念、习惯做法起到了重要的引导、参考和规范作用；另一方面，氏族长、部落酋长等组织首领所拥有的德高望重的人格魅力以及威信对于化解纠纷、平息争端也起到了重要作用。因此，氏族、胞族、部落、部落联盟通过召开议事大会，在传统习俗和组织首领的共同作用下，组织内部的公共事务和矛盾纠纷都得到了解决，社会始终处于和平有序的状态。对此，恩格斯曾经说：“而这种十分单纯质朴的氏族制度是一种多么美

---

① 正如恩格斯对易洛魁人所做的考察，五个血缘亲属部落以完全平等和在部落的一切内部事务上的独立为基础，结成永世联盟。参见《马克思恩格斯文集》（第4卷），人民出版社2009年版，第108页。

② 参见《马克思恩格斯文集》（第4卷），人民出版社2009年版，第109页。

③ 参见列宁：《论国家》，载《列宁全集》（第37卷），人民出版社1986年版，第65页。

④ 《马克思恩格斯文集》（第4卷），人民出版社2009年版，第112页。

妙的制度呵！没有士兵、宪兵和警察，没有贵族、国王、总督、地方官和法官，没有监狱，没有诉讼，而一切都是有条有理的。”① 可见，原始社会没有分层，经济利益的冲突尚未达到必须由暴力机器来解决的地步，只是依靠氏族首领或酋长的威望就可以解决，警察等具有强制性的制度体系都没有存在的必要。同样，列宁在《论国家》中也指出：“那时还没有国家，没有系统地使用暴力和强迫人们服从暴力的特殊机关。”② 因此，在原始社会没有警察，人类进入奴隶社会，随着国家的产生，警察才成为必要。

二、国家是阶级斗争的产物

马克思和恩格斯认为，“国家并不是从来就有的。曾经有过不需要国家，而且根本不知国家和国家权力为何物的社会。在经济发展到一定阶段而必然使社会分裂为阶级时，国家就由于这种分裂而成为必要了”。③ 国家的产生遵循了这样的一个逻辑过程，即生产力的发展刺激了私有制的出现，私有制的发展又进一步促进经济的进步与发展；经济的发展则造成贫富分化和贫富差距加大，进而导致社会产生了阶级分化；为了缓和阶级冲突、控制阶级斗争，国家就产生了。

马克思和恩格斯认为，原始社会没有私有制，没有阶级，也没有国家。到原始社会末期，生产力的发展使私自囤积相对剩余的产品成为可能，从而导致了私有制的产生。而“私有制是阶级矛盾的根源和破坏古代公社的杠杆”④，它促进了阶层分化和阶级分裂——财产占有在部落或氏族成员之间事实上的不平等以及这种不平等的加剧最终使占有财富者与不占或较少占有财富者变成了两个互相对立的阶级。此时，随着社会阶级划分的发生和阶级分化的不断巩固，阶级社会就来临了。在阶级社会中，当专门从事管理并因此

---

① 《马克思恩格斯文集》（第4卷），人民出版社2009年版，第111页。
② 列宁：《论国家》，载《列宁全集》（第37卷），人民出版社1986年版，第62页。
③ 《马克思恩格斯文集》（第4卷），人民出版社2009年版，第193页。
④ 《马克思恩格斯文集》（第10卷），人民出版社2009年版，第515页。

而需要一个强迫他人意志服从暴力的特殊强制机构（监狱、特殊队伍即军队等）的特殊集团出现时，国家也就出现了。① 阶级社会越巩固，要求国家也越巩固，因此，在人类进入阶级社会之后，国家不但要被建立起来，而且要不断巩固和发展。

由以上分析可见，国家不是一开始就存在的，也不是从外部强加于社会的一种力量，而是社会发展到一定阶段的产物。国家的出现与家庭、社会经济发展和私有制的出现有着不可分割的关联。社会生产力的发展以及私有制的出现，是国家产生、存在和发展的社会基础。当原始社会末期私有制出现后，社会日益陷入了不可解决的自我矛盾之中。一方面，原始社会原有的生产关系日益成为制约生产力发展的桎梏，且私有制越发展，生产关系就越束缚生产力发展，生产关系与生产力发展之间产生巨大矛盾；另一方面，原始社会日益发展出财产占有量悬殊、经济利益互相冲突的阶级，且随着经济越发展，阶级越对立，阶级矛盾越激烈。此时，就需要有一种表面上凌驾于社会之上的力量，这种力量既可以缓解矛盾和斗争，又能够将矛盾冲突保持在"秩序"的范围以内。"这种从社会中产生但又自居于社会之上并且日益同社会相异化的力量，就是国家。"②

恩格斯关于国家的起源的观点与霍布斯的逻辑有相似之处。霍布斯从自然状态理论出发，通过对自然状态理论的论述提出：国家的建立不过是人们为了更好地自我保存、放弃自己的自然权利、摆脱自然状态，从而将个人的自然权利相互转让、订立契约的过程。而恩格斯则将国家起源思想的基础建立在唯物史观之上，同时，第一次把国家的起源同家庭、私有制和阶级的产生联系起来进行有机的考察，为人类追寻国家的起源提供了重大的理论借鉴。恩格斯与霍布斯的思想体系虽然不同，但是二者的国家起源思想存在一定的相似之处，主要表现在：他们都在不同程度上重视利益因素在国家起源中的作用，他们都关注人的因素在国家起源中的作用。但不可否认的是，恩格斯

① 参见列宁：《论国家》，载《列宁全集》（第37卷），人民出版社1986年版，第63页。
② 《马克思恩格斯文集》（第4卷），人民出版社2009年版，第189页。

与霍布斯的国家起源思想的理论依据不同，二者的政治价值追求也不同。

三、国家是不能没有警察的

氏族公社制度之所以被国家所取代，是因为它不能为占有财富的阶级的特权提供有效的保护，在这种情况下，军队、宪兵、警察、法庭、监狱等强制性机关就应运而生了。恩格斯说，“国家是从控制阶级对立的需要中产生的”①。阶级分析方法是马克思主义国家理论的基础，在马克思看来，迄今为止所有有文字记载的历史都是阶级斗争的历史。国家是为一个社会的经济生产方式和阶级利益服务的；或者更直接地说，国家是阶级统治的工具。通过国家，统治阶级实现了对被统治阶级的政治统治，从而可以更好地实现其经济利益。因此，在马克思、恩格斯看来，警察是阶级统治的重要工具。

恩格斯的国家理论是基于政治冲突的视角，即从对冲突的考察、对秩序的需要来理解国家的起源。建立国家的必要性，与人类对于安全和秩序的需要有关。如果没有国家，社会就会陷入缺乏安全和秩序的状态。而安全和秩序的缺失，是人类最无法忍受的事情。尽管一个社会中也许存在压迫，但与之相比，人类更不能忍受的是无秩序的状态。② 恩格斯认为，国家的本质特征是和人民大众分离的公共权力。对于公民来说，这种公共权力起初只不过作为警察而存在。“警察和国家一样古老，所以18世纪的质朴的法国人就不讲文明民族而讲警察民族。雅典人在创立他们的国家的同时，也创立了警察，即由步行的和骑马的弓箭手组成的真正的宪兵队。”③ 因此，警察是和国家一同产生的重要的国家机器，“国家是不能没有警察的”④。

① 《马克思恩格斯文集》（第4卷），人民出版社2009年版，第191页。
② 参见包刚升：《政治学通识》，北京大学出版社2015年版，第110页。
③ 《马克思恩格斯文集》（第4卷），人民出版社2009年版，第135页。
④ 《马克思恩格斯文集》（第4卷），人民出版社2009年版，第136页。

四、国家和警察最终都会消亡

与其他思想家不同，马克思、恩格斯还对国家和警察的未来做了预言。1844 年 7 月，马克思在初次对市民社会进行经济学分析、认识到国家存在的私有制基础后指出，要克服公共利益和私人利益之间的矛盾，国家就必须消灭自己。1847 年，马克思在《哲学的贫困》结尾处写道：“工人阶级在发展进程中将创造一个消除阶级和阶级对立的联合体来代替旧的资产阶级社会；从此再不会有任何原来意义的政权了。因为政权正是资产阶级社会内部阶级对立的正式表现。”① 在《共产党宣言》中，马克思讲到，由于阶级和阶级对立的消除，造成劳动异化的条件不复存在，因此，公共权力就失去了政治性质，国家也将不复存在。

巴黎公社为马克思分析和展望国家的命运和前途提供了鲜活的案例。他认为，巴黎公社虽然仅仅存在了 72 天就被镇压了，但是这并不能否定其在人类发展历史上的重要意义。巴黎公社是无产阶级推翻资产阶级统治并建立无产阶级专政的一次伟大尝试，其政权建设是无产阶级对社会主义民主的早期探索，为世界无产阶级斗争夺权和组建政权都提供了鲜活的案例和宝贵的经验教训。

马克思认为，现存社会是现存国家的基础，未来社会是未来国家的基础。他在《哥达纲领批判》（1875 年）中批判了德国工人党对国家的认识，即他们把国家当作一种具有自己的“精神的、道德的、自由的基础”的独立存在物。② 他认为，现代资产阶级国家无论形式如何纷繁、发展程度如何不同，但它们都建立在现代资本主义社会的基础上。而未来，资产阶级国家赖以存在的根基——资本主义社会已经消亡，故国家形态也要变化。

相似地，在为《法兰西内战》所写的 1891 年单行本导言中，恩格斯批

---

① 马克思：《哲学的贫困》，载《马克思恩格斯选集》（第 1 卷），人民出版社 1995 年版，第 194 页。

② 参见马克思：《哥达纲领批判》，载《马克思恩格斯文集》（第 3 卷），人民出版社 2009 年版，第 444 页。

判了人们对国家的迷信：按照哲学概念，国家是“概念的实现”，或是译成了哲学语言的尘世的上帝王国，也就是永恒的真理和正义所借以实现或应当借以实现的场所。[①] 由此，人们就产生了对国家以及一切同国家有关的事务的盲目崇拜。对此，恩格斯则明确指出了国家的本质——国家无非一个阶级镇压另一个阶级的机器。[②] 同时，恩格斯还分析了无产阶级建立的国家的实质——只不过是在争取阶级统治的斗争中获胜的无产阶级所继承下来的一个祸害。[③] 同样，恩格斯还高瞻远瞩地指出了国家的未来前景和命运——“胜利了的无产阶级也将同公社一样，不得不立即尽量除去这个祸害的最坏方面，直到在新的自由的社会条件下成长起来的一代有能力把这个国家废物全部抛掉”。[④] 可见，在马克思、恩格斯对国家的理论研究中，国家并非人类自然就有的，而是经济发展到一定程度，当私有制出现后伴随着阶级的产生才出现的一种历史现象；在人类发展中，国家要经历城邦国家、封建领主国家、资产阶级国家等不同形态的演变；同样地，马克思、恩格斯的国家理论也认为，国家并非会永远存在下去，在未来国家必然消亡。

恩格斯在《家庭、私有制和国家的起源》的结尾也明确了在未来国家必然消亡的命运，他说：“阶级不可避免地要消失，正如它们从前不可避免地产生一样。随着阶级的消失，国家也不可避免地要消失。在生产者自由平等的联合体的基础上按新方式来组织生产的社会，将把全部国家机器放到应该

① 《法兰西内战》是马克思在总结巴黎公社经验的基础上写成的一部重要著作，在无产阶级运动史上具有很高的地位和价值。恩格斯认为马克思对巴黎公社经验的总结体现了其“惊人的才能”，列宁认为它是“马克思主义在国家问题上的最高成就”。1891 年，恩格斯为《法兰西内战》写了单行本导言。参见恩格斯：《法兰西内战・恩格斯写的 1891 年版导言》，载《马克思恩格斯文集》（第 3 卷），人民出版社 2009 年版，第 111 页。

② 参见恩格斯：《法兰西内战・恩格斯写的 1891 年版导言》，载《马克思恩格斯文集》（第 3 卷），人民出版社 2009 年版，第 111 页。

③ 参见恩格斯：《法兰西内战・恩格斯写的 1891 年版导言》，载《马克思恩格斯文集》（第 3 卷），人民出版社 2009 年版，第 111 页。

④ 恩格斯：《法兰西内战・恩格斯写的 1891 年版导言》，载《马克思恩格斯文集》（第 3 卷），人民出版社 2009 年版，第 111 页。

去的地方，即放到古物陈列馆去，同纺车和青铜斧陈列在一起。”① 恩格斯还进一步指明了消除国家的力量和途径。他在 1883 年 4 月 18 日给菲·范派顿的信中指出：“未来无产阶级革命的最终结果之一，将是称为国家的政治组织逐步消亡和最后消失。这个组织的主要目的，从来就是依靠武装力量保证富有的少数人对劳动者多数的经济压迫。随着富有的少数人的消失，武装压迫力量或国家权力的必要性也就消失。但是同时，我们始终认为，为了达到未来社会革命的这一目的以及其他更重要得多的目的，工人阶级应当首先掌握有组织的国家政权并依靠这个政权镇压资本家阶级的反抗和按新的方式组织社会。”② 在《反杜林论》中，恩格斯也非常明确地阐释了国家必然消亡的观点，他认为，在未来，国家对社会关系的干预将是多余的，国家政权因失去作用而自行停止下来，国家将自行消亡。③

毛泽东同志在《论人民民主专政》中指出：“消灭阶级，消灭国家权力，消灭党，全人类都要走这一条路的，问题只是时间和条件。”④ 同时，他还指出，国家机器也会随着阶级和国家的消亡而完成自己的历史使命，“阶级消灭了，作为阶级斗争的工具的一切东西，政党和国家机器，将因其丧失作用，没有需要，逐步地衰亡下去，完结自己的历史使命，而走到更高级的人类社会”。⑤ 而代表先进生产力的工人阶级、劳动人民和共产党，则要努力工作，创设条件，使阶级、国家权力和政党很自然地归于消灭，使人类进到大同境域。

五、对马克思、恩格斯国家消亡理论的认识和思考

（一）无产阶级国家是国家走向消亡的过渡

马克思认为，国家是一种历史现象，国家终会消亡，当人类进入共产主

---

① 《马克思恩格斯文集》（第 4 卷），人民出版社 2009 年版，第 193 页。

② 参见恩格斯：《致菲·范派顿》，载《马克思恩格斯选集》（第 4 卷），人民出版社 1995 年版，第 656 页。

③ 恩格斯：《反杜林论》，载《马克思恩格斯选集》（第 3 卷），人民出版社 1995 年版，第 631 页。

④ 毛泽东：《论人民民主专政》，载《毛泽东选集》（第 4 卷），人民出版社 1991 年版，第 1468 页。

⑤ 毛泽东：《论人民民主专政》，载《毛泽东选集》（第 4 卷），人民出版社 1991 年版，第 1468 页。

义社会时国家将不复存在。那人类如何走进共产主义社会呢？马克思在《哥达纲领批判》（1875 年）中指出，从资本主义社会走向共产主义社会，这中间有一个革命转变时期，也有一个与之相适应的政治上的过渡时期，而这个时期的国家从政治属性上来看，只能是无产阶级的革命专政。① 这个无产阶级国家一是必定会存在的，二是它是过渡性质的，即它的目的是向共产主义过渡，无产阶级国家不是终极的国家形态或社会形态，而是国家走向消亡的过渡阶段的社会形态。无产阶级建立国家政权后，首先要把生产资料变为国家公有，让生产资料被社会所有成员占有，以消除经济地位上的差别，从而消除阶级差别与对立；之后，无产阶级专政国家要大力发展生产，随着生产力水平的提高，无产阶级最终消灭作为阶级存在的自身；随着阶级的消灭，一切由这些差别产生的社会的和政治的不平等也自行消失。② 失去了赖以存在的经济条件和阶级条件，国家必然走向消亡。马克思在消解权利体系的条件和途径的意义上阐发了他的过渡时期理论与共产主义两阶段论。在马克思国家理论中，无产阶级专政不是一个集中化的国家政权，而是一种社会解放的政治形式，其历史使命在于向无产阶级社会过渡。③ 但无产阶级国家作为从资本主义社会向共产主义社会转变的过渡性时期的产物，它在一定的历史阶段却发挥着积极作用。国家通过提供政治秩序保证推动生产力的发展，为人的自由全面发展提供了政治保证。④ 无产阶级政权组建的国家机器（警察、军队等）对于维护和巩固政权稳定起到了重要作用，对于保障社会安定，发展社会生产力，促进人类解放提供了制度性保障。

纵览国际社会，现实中的社会主义国家大多数是在经济、政治、文化比较落后的基础上建立的，因此它们不可能经过一个短暂的“过渡时期”，就

① 参见马克思：《哥达纲领批判》，载《马克思恩格斯文集》（第 3 卷），人民出版社 2009 年版，第 445 页。

② 参见马克思：《哥达纲领批判》，载《马克思恩格斯文集》（第 3 卷），人民出版社 2009 年版，第 442 页。

③ 参见徐大同主编：《西方政治思想史》（第 4 卷），天津人民出版社 2005 年版，第 293 页。

④ 参见黄龙：《双重视角下的马克思主义国家学说——〈国家与革命〉研读启示》，载《人民论坛·学术前沿》2020 年第 6 期。

消解掉其权利体系。相反，在相当长的时期内，社会主义国家都必须把人权制度、民主制度、自由制度等作为自身制度的主要表现形式。至于如何创建出一个既有别于马克思当年设想、又明显高于原有政治形势的无产阶级专政，就更是一个全新的课题了。

（二）福利国家标志了共产主义的某些端倪

马克思的国家消亡论的当代意义不容低估。当代西方国家无疑仍是资本主义国家，但是他们向共产主义社会转变的端倪已经初现——以福利国家的出现为重要标志，资产阶级权力体系已呈现出消解的迹象。① 例如，北欧国家丹麦，它富裕、民主、安全，国家为公民提供基本生活保障和人道主义救济，而政府公务人员只存在较低水平的腐败。

（三）国家消亡也许是灾难的前奏

从中世纪晚期到近代，众多民族国家的独立和发展是有目共睹的。但到了20世纪，有多个国家太过强大，出现了对内专制统治、对外侵略邻国的现象；又有些国家由于领土太大且治理不力而经济停滞。此外，科学技术的发展，使得全球化浪潮席卷世界，资金和劳动力的流动性不断增强，逐渐削弱了民族国家的自主性。“二战”后的许多事实都表明，缩小民族国家范围的议程被许多国家提上了日程，民族国家有衰微之势。但在“9·11”事件之后，国际社会越来越发现，世界秩序的维护越来越依靠国家的力量，而不是靠削弱国家。弗朗西斯·福山指出：“对个别社会和全球社会来说，国家消亡不是乌托邦的序曲，而是灾难的前奏。”② 在当今世界，战争冲突依旧存在，侵犯和践踏人权的事件不绝于耳，而恐怖主义暴力事件频频爆发，国际秩序受到前所未有的挑战。值得注意的是，战争、冲突、暴力事件多发生于欠发达国家，尤其是贫而弱的国家。于是，“通过各种形式的国家构建强化

① 参见徐大同主编：《西方政治思想史》（第4卷），天津人民出版社2005年版，第293页。

② ［美］弗朗西斯·福山：《国家构建：21世纪的国家治理与世界秩序》，郭华译，学林出版社2017年版，第128页。

这些国家，已成为国际安全的一个重要任务”。① 在多事之秋的当下，国家不会被削弱和消亡，相反，帮助和扶持弱国强大才是未来世界秩序的核心所在。

（四）民族国家依旧是国际交流合作中的中流砥柱

在科技日益发达、交通极度便利的21世纪，无论是各国经济还是其他民间事务都是“你中有我、我中有你”的，跨国交流与合作的领域不断扩大，深度不断拓展，频率也逐渐增加。跨国公司、非政府组织、国际组织、跨国犯罪集团、恐怖组织不断影响和冲击着民族国家主权和内政。国际组织和非政府组织对于规范国家在国际社会中的交往活动有一定积极作用，但不容置疑的是，只有民族国家才是维护世界秩序的真正主体。“国家且只有国家能够做到的，就是集体地、有目的地部署合法的权力。无论是在国内强制执行法治还是在国际维护世界秩序，这股力量都是必须的。”② 民族国家自身具备的权力及其合法性，使得各国别无选择，只有回归到民族国家模式，并改进国家构建，在关注国家军事实力的同时关注其软实力增长，构建真正强大的民族国家，才能维护世界秩序，推动人类发展。

第四节　警察与国家相同的起源逻辑

在国家产生之前的原始社会，单纯质朴的道德和民风规范着人类的行为、维系着社会的正常运行。而当私有制和阶级出现后，社会安全和秩序就变成了极度棘手的问题，国家也就应运而生。国家为了实现和巩固其统治和利益，建立了军队、警察、监狱、法庭等国家机器作为暴力的工具。警察是国家维护国内政治统治和社会秩序的重要制度和技术装置。从保障国内安全和维护

① ［美］弗朗西斯·福山：《国家构建：21世纪的国家治理与世界秩序》，郭华译，学林出版社2017年版，第128页。

② ［美］弗朗西斯·福山：《国家构建：21世纪的国家治理与世界秩序》，郭华译，学林出版社2017年版，第128页。

社会秩序的角度来说，警察有着不可替代的作用。甚至可以说，警察是为安全和秩序而生的。因此，安全和秩序是警察和国家相同的逻辑起源。

一、安全和秩序是国家和警察相同的起源逻辑

（一）安全是人类的基本需要

安全是人类生存和发展的最基本需求。在原始社会，维系人的人身安全是保障社会存续的前提条件。

在原始社会，人类主要以取自于自然界的动物骨质（骨刺、骨针等）、木质（树枝、木板等）工具和石块等为生产工具，以采摘植物果实、狩猎野生动物等初级化方式为主要的生产方式，人类的生产劳动和生活物资受自然因素的绝对控制，人类的生存极大地依附于自然条件，人类的生存能力是极度脆弱的。此外，就生存环境上来说，原始社会不但有山洪、地震等不可抗拒的自然灾害，而且人类还要受到与其共同居住于森林中的野兽的频繁侵袭，人类的安全常常受到威胁。为了保障安全和生存得以延续，人类选择了群居生活——通过血缘关系将原本孤立的个体联结成部落，部落之间又因亲缘或地缘关系组成部落联盟。群居生活首先有利于人们共同应对自然灾害和防御野兽袭击，较好地保障了安全；其次方便了人们在采摘和狩猎等生产活动中互助协作，增强了社会生产能力。

随着社会生产的不断发展，人类的生存能力不断提高，人类应对自然灾害、防止野兽侵害以及保障自身生命安全和健康的方法不断增多，人类保障安全的技能也不断进步。其中具有重要意义的是，在人类通过不断探索掌握了如何使用火后，人类开始尝试用火来取暖御寒，用火来烧烤、加热食物，用火来驱逐野兽保护自己安全。人类的生存、安全和健康获得了最初级的保障。

（二）为实现人类安全和发展而建立国家

尽管人类在原始社会已经确立了“趋利避害”“消灾避害”等安全意识，也积累和总结了许多朴素的危险应对方式，但是到了原始社会末期，随着生

产力的发展和私有制的出现，原有的那些安全意识和安全措施却都显得苍白无力。经济纠纷、财物抢占时不时出现，人与人之间的信任逐渐消失了，取而代之的是人与人之间的矛盾冲突。缓解冲突、建立秩序、保障安全的要求随着社会生产力的发展和经济水平的提高越来越紧迫。

在一定程度上，国家是为了实现人类安全而产生的。原始社会末期，随着私有制的出现，原始社会逐渐瓦解，社会慢慢分裂出经济利益相互对立的两个阶级。当阶级之间矛盾不断激化，最终发展到不可调和的时候，就产生了国家这种政治形式。建立国家是解决阶级矛盾、重建社会秩序、保障大众基本安全的一种选择。从人类发展历史来看，寻求安全是人类发展的一种基本需要和一项重大使命，而维护社会治安稳定、社会公序良俗、公众生命财产安全则是国家的重要职能。从中世纪晚期到近代早期，国家构建问题一直是政治理论关注的基本问题。无论是霍布斯还是洛克，抑或边沁，都强调构建国家对于构建稳定的社会与经济秩序的重要性。

霍布斯认为，安全权是人的重要权利之一，通过各种手段进行自我防卫是人的本性。“在建立国家以前，每一个人对每一事物都具有权利，并有权做出他认为对保全自己有必要的任何事情；为了这一点，他可以征服、伤害或者杀死任何人。”① 霍布斯认为，为了安全，人们通过契约而建立国家；而从社会契约论的角度来看，保障人民的安全是国家主权者的职责。

洛克认为，人们最初建立国家并形成公民社会的动力在于从共同体中获得安全的生活。洛克强调，为了获得安全、有序的生活——确保能够抵御外敌侵犯并安全地享有财产，人们可以放弃自己的部分天赋自由，与其他人达成一致意见，联合组成或加入一个共同体。国家正是这样的一个共同体，公民权利和自由虽然受到一些限制，但公民能够从中获得安全和保障，因此，人们还是会努力争取组成这样的共同体。

边沁认为，国家的职责是通过避苦求乐来增进社会的幸福，大多数人的

① ［英］霍布斯：《利维坦》，黎思复、黎廷弼译，商务印书馆1986年版，第241页。

最大幸福就是判断国家和政府制度好坏的标准。国家立法的目的是保护生命、达到富裕、促进平等和维护安全。在保障公民的安全、生存、富裕和平等四个目标中，保障公民的安全和生存最为重要。边沁认为，安全是第一位的，是实现生存、富裕和平等的前提和保障条件，可以说，安全是实现人类幸福的首要条件。因此，保障安全也是国家和政府一切行动的首要目标。

国家因人类的安全和生存需求而建立，维护安全亦是国家的重要职责。自国家这种人类政治共同体建立以来，不论是城邦、封建国家、王国、帝国，还是今天的民族国家，无一例外都将维系社会秩序稳定和公众安全作为其基本目标。

（三）为了维护社会安全和秩序而设置警察

人类自诞生起就伴随着安全问题，为了人类的安全和生存，人类建立了国家。然而，“安全”的内涵非常广泛，从传统安全观来看，对国家而言，不仅有以政治安全和军事安全为重心的国家安全，还有以预防和应对自然灾害为核心的防灾、抗灾系统，更有以公民人身及财产的安全与社会生活秩序为中心的社会秩序安全。亚当·斯密在《国富论》中曾明确指出国家必须履行和发挥的三种职能。首先，国家必须履行国防的职能，国家应竭力保护本国社会的安全，使之不受其他国家的暴行与侵略；[①] 其次，国家必须履行司法的职能，国家需要设立严正的司法行政机构，以保护人民不受社会中其他任何人的欺侮、压迫或侵犯；[②] 最后，国家必须建立某些公共机关，实施公共工程，以维护公共利益，提供公共服务。

在国家内部，随着不同群体、阶层和阶级社会地位的悬殊，各种危害他人生命财产安全、危害统治秩序、危害统治阶级利益的行为广泛出现。为了应对违法犯罪，国家划分出部分公共权力来专事预防、制止、打击、惩治违法犯罪，为了方便、有效地应对违法犯罪，国家设立了权力性机构——警察

① 参见［英］亚当·斯密：《国富论·下》，郭大力、王亚南译，译林出版社2011年版，第254页。
② 参见［英］亚当·斯密：《国富论·下》，郭大力、王亚南译，译林出版社2011年版，第272页。

机关。警察同军队、法庭、监狱及其他国家机关都是国家机器的重要组成部分，但警察在国家机器中居于特殊地位。警察是国家机器中主要负责保障国内公共安全和社会秩序的机关，也就是国家实行社会治安控制的官方力量。当遇到外敌入侵和挑衅时，国家主要运用军事手段以确保国家主权完整、政权稳固和国家政治安全。当国内出现扰乱公共安全和侵犯公私权益的违法犯罪时，国家运用警察力量来制服和镇压违法犯罪以保障国内局势稳定、社会有序以及公众的安全和合法权益。

安全是人类得以生存的最基本需求，秩序是人类一切活动的必要前提。在一定意义上，警察是在人类社会对秩序的现实需求和对社会冲突、混乱、无序的无法忍受的推动下产生的。① 正是由于警察的存在，社会才有了正常的秩序，人们才有了安全的凭借。警察是国家维护社会安全和秩序而设置的必要技术装置。国家欲促进其发展，绵延其统治，就必须将国内公共安全和社会秩序稳定作为首要的执政目标，也必须重视警察在国家治理中的作用。

综上所述，安全是人类生存和发展的基本需要和永恒追求，人类为了保障安全和秩序而建立了国家。为了保障公共安全和秩序，国家垄断并使用暴力。针对国家内部安全和社会秩序，国家设置警察，以此压制暴力、维护安全、实现社会有序。国家和警察的诞生都以安全和秩序为需求和动力，二者具有相同的逻辑起源。在现代国家，警察都被视为国家维护社会安全和治安秩序的制度安排和正式力量。

二、国家和警察共同的产生条件

（一）生产力的发展和私有制的产生，是国家和警察产生的决定性条件

社会生产力的发展，特别是私有制的出现，是国家和警察共同的产生条件和基础。历史唯物主义认为，经济条件归根到底制约历史的发展，政治、

① 参见卢建军：《警察职权的界定与配置》，北京大学出版社2017年版，第3页。

法律、哲学、宗教、文学、艺术的发展都是以经济发展为基础的。“尽管其他的条件——政治的和思想的——对于经济条件有很大的影响，但经济条件归根到底还是具有决定意义的，它构成一条贯穿于全部发展进程并唯一能使我们理解这个发展进程的红线。”① 人类在十分确定的前提和条件下创造着自己的历史，经济生活的生产和再生产是最终决定历史的根本性因素。② 经济归根到底是历史发展的决定性因素，同样决定上层建筑。因此，一定历史条件下社会生产力的发展状况，是产生国家和警察的决定性条件和终极原因。

原始社会人口很少，社会生产力水平极低。人类主要以石器为生产工具，主要从事狩猎、采集植物果实、捕捞等简单而自然的生产劳动。在氏族内部，所有的生活资料和劳动产品都归集体公有，经济生活采取平均主义的分配办法。随着生产工具的不断改进，人类经历了旧石器时代、中石器时代和新石器时代，生产力不断发展，劳动生产率也不断提高，剩余劳动产品的积累为私有制的出现提供了物质基础。到原始社会后期，除了维持氏族成员最低限度的生活外，劳动产品有了一定剩余。随着生产力的发展，畜牧业、农业、手工业逐渐分离，且商品交换不断出现和发展；发达的交换和贸易又促进了生产的发展和劳动产品的不断丰富。其后，货币经济和商人的出现，更是加速了生产资料私有制的形成。私有制的出现引发了大量财产纠纷问题。这时，财产所有权成了人们压倒一切的兴趣所在。面对私有财产的保护问题，原始社会那种平等解决纠纷的办法不起作用了，氏族中原有的规范、习惯和氏族长的威望也显得软弱无力。维护私有财产安全，保障经济利益和地位，需要新的纠纷解决平台以及社会规范和强制力量。无论是从社会契约的意义上，还是从社会生活的政治意义上，建立国家就成为人类社会发展的必然；用警察来保护私有财产，就成为经济发展的必然结果。

---

① 恩格斯：《致瓦·博尔吉乌斯》，载《马克思恩格斯全集》（第39卷），人民出版社1974年版，第199页。

② 恩格斯明确指出，“根据唯物史观，历史过程中的决定性因素归根到底是现实生活的生产和再生产。”恩格斯：《致约瑟夫·布洛赫》，载《马克思恩格斯全集》（第37卷），人民出版社1971年版，第460页。

（二）社会分工和人与人依存关系的扩大，是国家和警察产生的社会条件

运用跨文化的人类学方法研究警察发展的学者倾向于认为，警察是随着社会体制的日益分工或专业化而发展起来的。① 原始社会的社会组织经历了原始群和氏族公社两个发展阶段。在原始社会，氏族是以血缘关系联结起来的共同生产和生活的基本经济单位。无论是母系氏族公社还是父系氏族公社，满足人类的物质需要都是社会生活的基础；而人与人相互协作和配合则是满足需要的手段。即使在最原始的群体中，满足需要也是一种"社会性的"活动，如寻找食物，采集果实，渔猎。② 在新石器时代，随着人类广泛使用磨制的石斧、石锛、石凿和石铲以及琢制的磨盘和打制的石锤、石片、石器等作为主要生产工具，出现了农业和畜牧业的分工；其后随着冶铜、制陶、镶嵌等技术的出现，手工业逐渐从农业中分离成为独立的生产部门。两次社会大分工不仅促进了生产力发展，而且促进了商品交换的出现和发展。一方面社会分工不断发展，另一方面生产制造和交换的范围不断扩大，与人类早期简单的生产协作相比，人类越发展，人与人之间的相互性和依赖性越大，相互关系也越来越多样化。③

当人们为了满足生计需要的目的而共同协作，又由于抢夺私有财产的问题而相互敌对时，他们就要结成某种相互关系，达成某种"公意"，形成一种公共的共同体。这种共同体的内部联系是多种多样的。与原始社会通过血亲纽带形成的原始共同体不同，这种人们期望形成的公共的共同体，正是马克思在大多数场合下所说的国家——"一种政治集合体""一种宪法组织"④。

---

① 参见［美］罗伯特·兰沃西、劳伦斯·特拉维斯：《什么是警察：美国的经验》，尤小文译，群众出版社 2004 年版，第 37 页。

② 参见［德］亨利希·库诺：《马克思的历史、社会和国家学说》，袁志英译，上海译文出版社 2018 年版，第 252 页。

③ 参见［德］亨利希·库诺：《马克思的历史、社会和国家学说》，袁志英译，上海译文出版社 2018 年版，第 252 页。

④ 这里所说的宪法不是一种成文的有条款的宪法，而是任何一种将共同体成员联系起来并使其相互负有义务的法律调解。参见［德］亨利希·库诺：《马克思的历史、社会和国家学说》，袁志英译，上海译文出版社 2018 年版，第 256 页。

正如恩格斯指出的："社会创立一个机关来保护自己共同的利益，免遭内部和外部的侵犯。这种机关就是国家政权。"① 国家是社会在一定发展阶段的产物，是为了适应人与人之间不断提高的相互依存关系而建立的一种政治共同体，它是第一个支配人的意识形态力量。国家是一种有领土的共同体，是由奴役和压迫（强迫压迫）某部分居民而产生的政治团体，是一种以统治和服从为基础的政治管理机关和领土共同体。② 在国家这种政治共同体建立后，为了保障社会有序发展，调整、规范和引导人与人之间良好的社会互动关系，国家又设立了警察。警察就是国家用以维护公民基本权益不受他人侵犯、规范公民行为符合国家统治阶级要求、引导公民与他人和平相处的公共力量。

（三）财富差距的扩大和阶级对立的出现，是国家和警察产生的重要条件

有些运用跨文化的人类学方法研究警察发展的学者认为警察是在从宗族血缘社会向阶级统治社会的过渡中产生的。③ 在原始社会，为了同自然界斗争和获取生活资料，人类过着群居的生活。在典型的原始社会里，没有专职的领袖，年龄与性别相同的人具有同等社会地位。在母系氏族公社里，威望高的年长妇女担任首领，但氏族的最高权力机关是氏族议事会，氏族内部的全体成年男女都有权参加氏族议事会，并且平等地享有对公共事务的表决权。每个氏族都有自己的名称、共同信仰和领地。在父系氏族公社里，威望高的年长男子担任首领，氏族中的一切重大问题也由全体成员参加的氏族会议作出决定。因此，原始社会没有剥削，没有阶级，因而也就没有国家。但随着生产力和社会分工的发展，早先以血亲为基础的原始团体中慢慢出现了某些财富的差异，后来这种财富差异越来越大。早在公元前11、12世纪，由于海

---

① 恩格斯：《路德维希·费尔巴哈和德国古典哲学的终结》，载《马克思恩格斯全集》（第21卷），人民出版社1965年版，第347页。

② 参见［德］亨利希·库诺：《马克思的历史、社会和国家学说》，袁志英译，上海译文出版社2018年版，第257页。

③ 参见［美］罗伯特·兰沃西、［美］劳伦斯·特拉维斯：《什么是警察——美国的经验》，尤小文译，群众出版社2004年版，第37页。

上贸易的发达，氏族内部产生了明显的财富差距和贫富分化，这就导致了“世袭贵族和王朝最初萌芽的出现”①。随着贵族势力的增强，他们便利用自己的权威奴役下层平民。贵族阶层和平民阶层之间产生对立和斗争，随着矛盾的不断尖锐，阶级斗争也越发激烈。最终一部分穷人失去生产资料，变成了债务者，最后也变成了奴隶。此时，原始社会基本上瓦解，原先的共同分配和共同劳动的关系被破坏，转而形成了剥削与被剥削的关系。由此，人类社会第一次出现了两个对立的阶级——奴隶阶级和奴隶主阶级。无阶级的原始社会被有阶级的奴隶主社会所代替，从此，人类社会进入了阶级社会。这时，国家就在这种没有使用暴力的情况下从一定的经济关系中产生了。正如恩格斯所阐述的：“国家是表示：这个社会陷入了不可解决的自我矛盾，分裂为不可调和的对立面而又无法摆脱这些对立面。而为了使这些对立面，这些经济利益互相冲突的阶级，不致在无谓的斗争中把自己和社会消灭，就需要有一种表面上凌驾于社会之上的力量。这种力量应当缓和冲突，把冲突保持在‘秩序’的范围以内，这种从社会中产生但又自居于社会之上并且日益同社会脱离的力量，就是国家。”② 由此，奴隶制国家诞生。

在奴隶制社会里，奴隶主阶级和奴隶阶级在经济利益上是根本对立的。奴隶主占有全部生产资料和奴隶本身。而奴隶不占有生产资料，没有私有财产和人身自由。奴隶为奴隶主劳动没有报酬，奴隶主只向奴隶提供最低生活资料以保证其基本生存。为了镇压奴隶的反抗，维护自身的阶级利益，奴隶主阶级不满足于仅仅在经济上占统治地位，他们还急切期望能够在政治上建立统治地位。这就需要建立起一种新的、能够有系统地对奴隶阶级实行压迫的政治组织，这种政治组织就是国家。国家区别于氏族组织的最显著的特征就是拥有特殊的公共权力。这种特殊的公共权力就是通过建立军队、法庭、

① ［德］亨利希·库诺：《马克思的历史、社会和国家学说》，袁志英译，上海译文出版社2018年版，第297页。

② 恩格斯：《家庭、私有制和国家的起源》，载《马克思恩格斯选集》（第4卷），人民出版社1995年版，第166页。

监狱、警察等强制性机关以实现其阶级统治。警察就是国家用来维护其阶级统治和社会秩序的一支强制力量。因此，国家和警察是伴随着社会生产力的发展，财富差距的扩大和阶级对立的出现而产生的。

三、警察是国家实施统治必需的工具

在生产力水平极端低下的原始社会，劳动产品除了维持最低限度的生活需要之外基本没有剩余，故在这种情况下，没有生产资料私有制，也没有剥削，没有阶级，没有作为统治阶级工具的国家和法，当然也没有作为国家机器重要组成部分之一的执法机关——警察。但随着社会生产力的发展，社会分工的出现和发展，私有制的出现，阶级的产生，以及人与人之间依存关系的增强，人类进入了国家时代。

统治阶级在建立国家后为了巩固其统治地位，维护本阶级的利益，就制定了一套反映其阶级利益和意志的新的社会规范，原始社会那种反映全体氏族成员利益、调整人们相互关系的社会规范被废弃。统治阶级出台的新的社会规范就是法，它集中反映统治阶级的意志和利益，是统治阶级对被统治阶级实行统治的工具。法的实施必然会遭到被统治阶级的反抗，为了迫使统治阶级服从法，使法对社会成员具有普遍的约束力，就必须以国家的强制力为后盾来执行。例如，为了“控制奴隶使之服从”，“也控制公民使之服从”，雅典城邦的奴隶主在“创立他们国家的同时，也就创立了警察”。列宁曾说：“如果没有一个能够迫使人们遵守法规的机关，权力就等同于零。”① 因此，国家设立警察来强制执行国家法律。

事实上，奴隶主建立国家的同时就创立了警察，将警察作为维持其统治必需的国家机器。如前所述，早在雅典城邦国家就创建了警察——那些由步行的和骑马的弓箭手组成的宪兵队来维护城邦治安秩序、保护奴隶主贵族的人身安全和财产安全；罗马共和国设立营造官来维护社会秩序，罗马帝国也

① 《列宁全集》（第25卷），人民出版社1958年版，第458页。

组建禁卫军、威季莱斯（Vigiles）特种警察等安全保卫力量来维护帝国元首和宫廷以及城市的安全；我国西周时期在国家统治制度中也设立了许多执行警察职能或行使警察权力的官职，以帮助统治阶级实现其统治。

综上所述，警察并非人类与生俱来的现象，也并非自然发展而来的，而是随着生产力的发展，私有制的出现，社会分工的扩大，人与人之间依存及互动关系的增进，贫富差距的增大，阶级矛盾的激化，国家和法的产生而产生的。警察是社会生产力发展到一定历史阶段的产物，是阶级矛盾不可调和的产物，也是在国家这个政治共同体的框架中保障人类和平、社会有序、安全生存的重要上层建筑。国家的起源就是警察的起源，国家的历史就是警察的历史。警察与国家是粘连产生，交互生长的。[①] 只要有国家，警察的出现就是不可避免的，至多是称谓、组织架构、行动方式和形态发生些许变化而已。

---

① 参见宋远升：《警察论》，法律出版社2013年版，第21页。

第二章

古代国家演进中的警察现象

列宁在《论国家》中曾指出，“在社会科学问题上有一种最可靠的方法，它是真正养成正确分析这个问题的本领而不致淹没在一大堆细节或大量争执意见之中所必需的，对于用科学眼光分析这个问题来说是最重要的，那就是不要忘记基本的历史联系，考察每个问题都要看某种现象在历史上怎样产生、在发展中经过了哪些主要阶段，并根据它的这种发展去考察这一事物现在是怎样的”。[①] 考察警察现象的历史，有助于了解警察现象在特定历史时期的样态，有助于分析警察现象随社会形态而演进的过程，有助于发现警察的恒久特性，并对当下警察相关问题的认识和解读有着有益的启示。换言之，历史分析对于警察学基础理论研究尤其重要。

自从出现私有制，人类进入阶级社会以来，国家就一直居于人类政治生活的中枢地位，在当今社会全球化时代更是如此。在奴隶制国家，国家组织机构初步形成，机构职位及职能划分基本明确，国家组织体系基本成型。在封建制国家，君主或皇帝拥有最高统治权，通过庞大的官僚机构，实现对全社会的政治控制。与后起的民族国家相比，奴隶制国家和封建制国家的政治职能更为突出，而公共管理和公共服务职能较弱，故可以将这两类国家统称为古代国家。在古代国家，已经出现了警察现象。探寻古代国家非正式的警察现象，对于全面把握人类警察的历史演进、理解近现代警察的内涵特征以及预测未来警察的发展趋势来说，都是十分必要和非常有益的。

---

① 列宁：《论国家》，载《国家与革命》，人民出版社2020年版，第129～130页。

第一节 奴隶制国家的警察现象

关于警察的诞生，学界一般公认始于1829年，即英国内政大臣罗伯特·皮尔爵士向英国国会提案通过后而正式设置。然而，就警察的“职能”或“行为”而言，则几乎与人类的政治生活等长。据有关专家考证，4000多年前，古埃及中古时期的首都孟菲斯（Memphis）① 和底比斯（Thebes）② 就建有保安队，其工作类似于现今警察的职责。③ 实则，自人类进入阶级社会建立国家后，就建立了具有警察职能、实施警察行为的警察机构，警察现象就存在了。在西方古代文明的代表——古雅典和古罗马的文明演化中，在中国夏、商、周和春秋时期的古代文明演化中，都出现了早期警察的职能设置和警察行为。

一、人类政治实体初现

（一）原始社会：人类自然形成的共同体

原始社会不存在警察行为，也没有警察作用。美国著名的人类学家和社会理论家路易斯·亨利·摩尔根（Lewis Henry Morgan）在《古代社会》中通过描绘易洛魁人的氏族生活向我们阐明了原始社会——国家产生以前社会制度的基本特征。原始社会生产水平低下，劳动产品极度单一，生活物资极不丰富。在人类自然而然形成的共同体——氏族（或部落）中，生产资料归全体氏族成员所有，氏族成员地位平等，劳动产品实行平均分配制度，没有

---

① 古王国或孟菲斯帝国存在于公元前2686年～公元前2613年，距今4700年的历史。首都孟菲斯遗址位于开罗以南的拉伊纳村。

② 古城底比斯位于埃及南部的尼罗河畔，是古埃及帝国中世纪和新王朝时代（约公元前2040年～公元前1085年）的首都，距今4500年的历史。

③ 参见邱华君编著：《警察学》，千华数位文化股份有限公司2007年版，第6页。

多余的劳动产品可以被私人占有或被盗窃，没有私有财产，氏族内部没有阶级分化和阶级剥削与压迫。原始社会没有产生警察的必要，因此，原始社会没有警察行为和警察作用。

（二）奴隶制国家：私有制发展的产物

在原始社会末期，生产力有了一定的发展，出现了对畜群等生产资料的私人占有，也引起了人与人之间的商品交换，并出现了私有制。这些变化孕育了随之而来的全部变革的萌芽。社会分工的出现，使居民分为各不相同的利益集团。随着生产力的发展和社会的分化，这些集团对各自利益的追求在不断累积和扩大，但在氏族或胞族等原始共同体内，这些利益集团是没有空间存在和发展的。因此，人们期待一场大的社会变革。此外，私有制的出现激起了许多人无耻的贪欲、狂暴的享受欲和卑劣的名利欲，他们对公共财产虎视眈眈，并展开自私自利的掠夺和抢占。为了抢占生活资料和公共财产，有些人使用了偷盗、强制、欺诈、背信等最卑鄙的手段，这样一来，原本崇尚生产资料共同所有的氏族社会走向了瓦解，古老的没有阶级的氏族社会走向了崩溃。① 简而言之，氏族制度已经走到了尽头，一个新的、私有制蓬勃发展的阶级社会即将拉开序幕。

随着生产力和私有制的发展，原本的氏族制度已不能解决私有制出现后经济社会发展中出现的新考验、新矛盾和新问题了。社会一天天成长，其内涵（社会生产状况、阶级分化情况、社会矛盾与冲突等）越来越超出氏族制度所能规范的范围，它对社会中出现的矛盾冲突不能起到缓和的作用，对偷盗、诈骗等经济抢夺行为也不起到制止的作用，总之，原始社会原有的传统习俗和规范制度无法适应社会的变化，更无法解决社会中新出现的问题。就在这时，国家不知不觉地发展起来。② 最初在城市和乡村间，然后在各种城市劳动部门间实行的分工所造成的新集团，创立了新的机关以保护自己的利

---

① 参见《马克思恩格斯文集》（第 4 卷），人民出版社 2009 年版，第 113 页。
② 参见《马克思恩格斯文集》（第 4 卷），人民出版社 2009 年版，第 131 页。

益；各种公职都设置起来。这种设置对氏族制度起了双重的破坏作用：第一，它造成了一种已不再直接等同于武装起来的全体人民的公共权力；第二，它第一次不依亲属集团而依共同居住地区为了公共目的来划分人民。① 就这样，人类社会初次出现了政治实体——奴隶制国家。

二、希腊城邦的政治制度和警察现象

在西方，城邦是最早的国家形式，它形成于公元前 8 世纪至公元前 6 世纪的古希腊。古希腊是西方文明的发祥地，恩格斯曾说："在希腊哲学的多种多样的形式中，几乎可以发现以后的所有观点的胚胎、萌芽。因此，理论自然科学想要追溯它的今天的各种一般原理的形成史和发展史，也不得不回到希腊人那里去。"②

（一）建立城邦之前的希腊社会

在城邦之前，人类社会的基本组织是氏族组织，包括氏族、胞族、部落和部落联盟。氏族组织是以血缘亲属关系为纽带而形成的共同体，每个氏族成员之间、氏族与胞族之间，以及胞族与部落之间都代表血缘亲属关系的不同程度。③ 氏族没有同社会脱离并凌驾于社会之上的公共权力，其内部实行民主管理。氏族社会的秩序靠酋长的威信、习惯、传统的力量和社会舆论来维持。

公元前 10 世纪前后，希腊人中的雅典氏族已经建立了维护氏族秩序和抵御侵略的武装的公共权力，但还没有形成公共职务世袭的制度。④ 在雅典氏族内部，氏族成员无论贫富平等地享有权利，他们已经有了选举和调换氏族首领的权利，在受到侵害时，也有了相互提供帮助、保护和支援的义务。而且随着氏族机构的建立，氏族成员服从氏族首领指挥、听从氏族首领命令的

---

① 参见《马克思恩格斯文集》（第 4 卷），人民出版社 2009 年版，第 131 页。

② 《马克思恩格斯选集》（第 4 卷），人民出版社 1995 年版，第 287 页。

③ 参见景跃进、张小劲主编：《政治学原理》，中国人民大学出版社 2006 年版，第 60 页。

④ 参见马啸原：《西方政治思想史纲》，高等教育出版社 1997 年版，第 4 页。

观念和意识也形成了。可以说，原始的、朴素的民主、平等、自由、权利等观念在雅典也都悄悄萌发。正是在这种意义上，恩格斯曾高度评价："希腊人，在他们出现在历史舞台上的时候，已经站在文明时代的门槛上了。"①

在英雄时代②，希腊半岛的雅典有 4 个希腊人的部落，部落内部已经形成了一套公共权力制度，有了议事会、公民大会和巴西勒斯。③ 这时国家虽未建立，但是私有制和阶级分化已出现，有些人逐渐拥有了占用最多最好的战利品的特权，并过上了豪华的生活，故不平等的观念也发展起来了。西方氏族社会逐渐向阶级社会过渡。

（二）希腊城邦的政治体制和警察现象

公元前 8 世纪至公元前 6 世纪，铁器被广泛应用于生产，手工业和商业也开始发展，希腊各地的生产力有了极大的进步和发展。希腊的私有制进一步发展，阶级进一步分化，在希腊半岛的北部和中部，在小亚细亚的西岸，出现了许多城邦国家。这些国家都是奴隶制的，每一个城邦都是一个自给自足的单位，以一个城市为中心，联系着城市周围的村镇，形成了一个人口土地规模都不大的国家整体，小国寡民是其突出的特点。随着社会分工和城邦生产力的发展，城邦居民分化成了三个部分：奴隶、外邦人和公民，④ 城邦是他们赖以生存的生活环境。在希腊的众多城邦中，形成较早、实力最强、影响最大的是斯巴达和雅典。

---

① 恩格斯：《家庭、私有制和国家的起源》，载《马克思恩格斯选集》（第 4 卷），人民出版社 1995 年版，第 97 页。

② 希腊有文字记载的历史是从荷马史诗开始的，由于史诗取材于希腊人和特洛伊人战争的传说，史诗讴歌和塑造了众多的英雄人物，因而史诗所描述的这个时期被称为"英雄时代"。

③ 雅典部落的议事会是常设的权力机关，最初由氏族的首领组成，后来则由选举产生的那部分氏族成员组成；公民大会拥有最高权力，共同讨论解决各种有关本氏族部落的重大问题，决议由拒收或欢呼通过；巴西勒斯即军事首领，是战争中的统帅，同时还拥有祭祀、审判、行政的权力。参见马啸原：《西方政治思想史纲》，高等教育出版社 1997 年版，第 5 页。

④ 在城邦中奴隶处于社会底层，毫无政治地位，人数约占总人口的 1/3；外邦人在希腊不享有政治权利，不履行政治义务；只有公民才是城邦国家政治权利义务的主体。公民根据不同的职业分成公民、工匠、商人和贵族，贵族是城邦中地位最高的，他们不仅可以享受公民的权利，而且可以担任公职。参见王振槐主编：《西方政治思想史》，南京大学出版社 1993 年版，第 2 页。

1. 斯巴达城邦的贵族民主政治制度及其公民的守法习惯

斯巴达城邦形成于公元前8世纪，斯巴达城邦尚武，城邦中所有小孩从小就过着集体军事生活，接受严格的军事教育，被灌输强烈的国家意识，强健体魄、奋勇杀敌、为国捐躯是斯巴达男子公认的价值追求。为了管理好城邦，斯巴达建立了由元老院和国王组成的最高立法行政机构，作为贵族民主制的国家机关。元老院由28人构成，它是国家的最高立法机构，对国家的一切重大事务有决定权。国王则兼职行使军事权、审判权等重要的国家权力，即在战时担任军事统帅，平时则审理案件和主持某些祭典活动。此外，斯巴达还设立了由30岁以上的男性公民普遍参加的公民大会和5人组成的监察官。公民大会主要负责对元老院和国王的议案进行讨论和表决；监察官起初只监督审理国王的违法行为，到公元前5世纪，监察官也监督每个元老院成员及每个公民的行动。①

遵守法律的观念在斯巴达深入人心。尽管斯巴达城邦的法律制度是以“神谕”的方式口述的，并无成文法，但是斯巴达人世世代代口口相传，将那些“神谕”传承下来，并在生产生活中自觉而严格地遵守。可以说，斯巴达人已经形成了一种自觉遵纪守法的习惯和良好传统。

2. 雅典城邦的民主政治体制及其警察

恩格斯认为，国家和警察都是“靠部分地改造氏族制度的机关，部分地用设置新机关来排挤掉它们，并且最后全部以真正的国家机关来取代它们而发展起来”。② 雅典城邦刚刚建立起来时政权掌握在奴隶主手中。对外，奴隶主要考虑防御外敌入侵和维护城邦安全，“这时年轻的国家首先需要一支自己的军事力量，而在操航海业的雅典人中间，起初只能是一支自己的军事力量，用以进行个别的小规模战争和保护商船”。③ 后来，城邦中奴隶的数量已

① 参见马啸原：《西方政治思想史纲》，高等教育出版社1997年版，第7页。

② 恩格斯：《家庭、私有制和国家的起源》，载《马克思恩格斯选集》（第4卷），人民出版社1995年版，第107页。

③ 《马克思恩格斯文集》（第4卷），人民出版社2009年版，第131页。

经大大增加，远远超过自由的雅典人的数量，由于原先的氏族制度最初并没有奴隶制，因而也就没有控制这么一大批非自由人的手段。① 因此，又组建了国民军。所以，雅典在当时只有一支国民军和一支直接由人民提供的舰队，它们被用来抵御外敌和压制当时已占人口绝大多数的奴隶。②

由于当时城邦仅有习惯法而无明文规定的法律，故奴隶主常常随意解释和应用习惯法，这导致了平民的极大不满。迫于压力，奴隶主授权执政官德拉古（Draco）制定成文法。公元前621年，德拉古制定出了一部完整的法典，但是这部法典过于维护奴隶主贵族的利益，且规定了极为严酷的刑律，结果德拉古制定的法律非但没有缓和阶级矛盾，反而将矛盾激化致使阶级关系极度紧张。无奈之下，雅典城邦的贵族推举具有平民倾向的没落贵族梭伦（Solon）于公元前594年出任执政官进行改革。由于梭伦曾广泛游历，知晓下层平民的疾苦，因此，他在经济、政治领域进行了带有民主性质的改革，并制定了法律。他废除债务奴隶制和德拉古制定的残酷法律，恢复公民大会作为国家最高权力机关，建立公民陪审法庭，这一系列改革动摇了贵族专制统治，为雅典温和的以中产阶级为基础的民主制奠定了基础，也促进了雅典城邦的经济繁荣。梭伦改革为雅典贵族和民众普遍树立了法治观念，使民众萌发了明确的权利义务观念、严格的守法观念，并培养了公民关心国家大事和主动参与政府管理的习惯和意识。③ 尽管如此，随着雅典城邦的繁荣和富强，公民违法的情形时而出现，国家就专门设置了警察来处理违法犯罪。"对于公民，这种公共权力起初只不过作为警察而存在"，当时雅典城邦的警察是"由步行的和骑马的弓箭手组成的真正的宪兵队"④。所以，当时雅典军队主要对外，防御敌人入侵和镇压奴隶，而警察主要对内，维护城邦治安秩序、保护城邦公民安全。

---

① 参见《马克思恩格斯文集》（第4卷），人民出版社2009年版，第131页。
② 参见《马克思恩格斯文集》（第4卷），人民出版社2009年版，第135页。
③ 参见马啸原：《西方政治思想史纲》，高等教育出版社1997年版，第9页。
④ 《马克思恩格斯文集》（第4卷），人民出版社2009年版，第135页。

梭伦之后，雅典进入了庇西特拉图的僭主政治，庇西特拉图依然推行梭伦的法律，平民领袖克里斯提尼于公元前508年推翻僭主政治而当选为执政官。克里斯提尼沿着梭伦开辟的民主政治道路进行了更加深刻的政治改革和立法改革，彻底清除了氏族制的残余，削弱了贵族势力，使雅典的民主政治得到完善。公元前443年至公元前429年，伯里克利连年担任雅典首席将军，深入推进民主政治改革，雅典城邦民主政治最终确立，并达到了古代世界的极盛境界。随着雅典民主制的建立和完善，雅典公民的参政意识、权责意识、国家观念都深入人心。此时的雅典组建了由异邦人和奴隶担任的警察和宪兵队，其主要职责是检查市场上的伪劣商品，维持社会治安、公共场地的卫生和保护名胜古迹及风景区。①

三、罗马奴隶制国家的政治制度及其警察设置

古代罗马发祥于欧洲的意大利半岛，最早的罗马城是通过联合及归并附近村落的方式形成的。相传罗马城始建于公元前754至公元前753年，并曾经经历了7个国王的统治，史称王政时期。在王政时期的罗马人生活在一种以氏族、胞族、部落为基础的军事民主制下，公共事务由300个氏族首领组成的元老院来处理。② 但是由于氏族首领习惯于从氏族中的同一个家庭选出，年深日久便形成了氏族显贵。加之，随着生产力的发展和私有财产的增多，在罗马氏族公社内部逐渐出现了不平等和阶级分化，氏族部落的机关也逐渐被贵族所控制，这样，由国家取代氏族组织的条件就具备了。

（一）罗马共和国的营造官

公元前510年，王政时期结束，罗马开始进入共和国时期。这一时期罗马国势强大，大规模向外扩张，国内平民和贵族的矛盾和冲突不断，同时其共和体制也不断得到改革、发展和完善。公元前449年，平民对贵族的斗争

① 参见由嵘主编：《外国法制史》，北京大学出版社1992年版，第56页。
② 参见马啸原：《西方政治制度史》，高等教育出版社2000年版，第23页。

取得重大胜利。迫于压力，罗马颁布了第一部成文法，即《十二铜表法》（*Law of the Twelve Tables*）。《十二铜表法》内容详尽，涉及审判案例、债务、父权、监护、各种民刑案件的处理，以及经济政治制度方面的若干问题，如财产占有权、土地占有权、罗马公民的权利等。①《十二铜表法》为罗马国家的法制奠定了坚实的基础。后来，元老院又多次通过了一些重要的法律，罗马的法律制度和司法管理体系不断完善。

罗马共和国的中央国家机关由元老院、民众大会和高级官吏组成。其中元老院是国家最高权力机关，对国家的内政、外交、军事甚至立法都有重大的决策权、建议权和监督权。民众大会主要用于选举和对某些决议进行投票。高级官吏包括执政官、行政长官、监察官、保民官、高级营造官和高级财务官。

营造官是罗马的高级官吏，其职责类似于今天警察的职责。② 从公元前4世纪开始，每年由民众大会从平民中选出2名一般营造官，从贵族选出2名高级营造官。③ 营造官主要负责监督和维护罗马城内及罗马城墙一里范围之内的社会秩序和公共设施，监督保护城市的建筑物和营造物，监督维护广场、公共浴场、街道的清洁卫生状况，维护安全和秩序，同时负责城市的粮食供应，监督市场交易，防止投机、欺骗和短斤缺两的行为。可见，营造官行使了现代警察的某些职能。但除了履行维护治安的职责之外，营造官还拥有一定司法审判权力。

（二）罗马帝国的安全保卫力量

由于罗马对外频繁发动战争，对内残酷虐待奴隶，国内各种阶级矛盾日益尖锐，奴隶起义此起彼伏且规模不断扩大，加之，军人拥兵自重，互相厮

① 参见马啸原：《西方政治思想史纲》，高等教育出版社1997年版，第75页。

② 参见马啸原：《西方政治制度史》，高等教育出版社2000年版，第33页。

③ 营造官，也翻译为“营造司”，因其从罗马贵族中产生，故又称为“贵族营造司”。有文献记载，公元前367年，罗马设立“贵族营造司”，职能主要涉及城市治安和市场治安。参见［意］朱塞佩·格罗索：《罗马法史》，黄风译，中国政法大学出版社1994年版，第72页。

杀，阶级斗争和军人争权互相交错，罗马发生了长达数十年的大规模内战。最终屋大维（Octavius）战胜了政敌，结束了罗马数十年的内战，夺取了国家最高权力。公元前27年，屋大维被元老院授予“奥古斯都”（Augustus）称号，集国家最高军事统帅、终身执政官、终身保民官、大祭师长、国家元首于一身，建立了终身独裁政权，罗马就此进入了帝国时代。

为了加强统治，维护自身安全，奥古斯都建立了有别于军队、类似于现代警察的安全保卫部队。奥古斯都从军队挑选出部分士兵组成禁卫军（Praetorian Guard）作为皇帝卫士，其职责就是保护宫廷安全和皇帝的个人安全。在朱立斯·恺撒率领大军进入罗马以前，罗马法禁止在罗马城内驻军。奥古斯都组建的禁卫军驻扎于罗马城内维护安全，行使了现代警察安全保卫的某些职能，具有先进的历史意义。奥古斯都还组建“城市管理队”（Urban Cohort）①，承担城市警察的职责，负责城市巡逻和保卫城市。公元前14年，奥古斯都又建立了一支威季莱斯（Vigiles）特种警察②。起初，威季莱斯特种警察仅仅承担消防灭火的职责，后来，又被授权执行城市夜间安全巡逻、逮捕盗贼、追捕逃跑奴隶等打击犯罪的任务。有学者认为，威季莱斯特种警察是第一支设立在大城市中负责执法和社会管理的平民执法队伍（Civil Unit），也是迄今西方已知的第一支负责守卫城市、维护社会稳定以及消防灭

① 公元前27年古罗马皇帝奥古斯都设立的“城市管理队”，也有研究者称其为“城市治安长官”，是指领导和负责城市治安的部队。参见陆永：《当代中国警政与现代国家成长》，江苏人民出版社2015年版，第11页。

② 关于罗马皇帝奥古斯都组建的Vigiles有不同的说法。中国人民公安大学王大伟教授指出，公元6年，奥古斯都又建立了一支3500人的Vigiles，王教授称其为威季莱斯特种警察。参见王大伟编著：《英美警察科学》，中国人民公安大学出版社1995年版，第157页。而西南政法大学王小海博士则指出，公元前14年左右，奥古斯都组建了Vigiles，且Vigiles是由自由人（Freemen，即获得自由的奴隶）组成，称其为古罗马第一支“消防大队”。参见王小海：《西方警察的角色与社区警务战略》，群众出版社2014年版，第5页。又有美国学者称Vigiles为“治安官”，相当于巡逻员，负责维护秩序和消防。参见［美］罗伯特·兰沃西、劳伦斯·特拉维斯：《什么是警察：美国的经验》，尤小文译，群众出版社2004年版，第45页。在美国出版的*Introduction to Police Science*（《警察科学导论》）中，则称Vigiles是夜间巡逻队（Night Watchers）。See J. L. Sullivan, *Introduction to Police Science*, McGraw-Hill, 1977, p. 34.

火的公共安全队伍（Public Safety Unit）。[1] 正是由于奥古斯都在警察制度的设置上开了先河，警察史专家凯莉（Kelly）才将奥古斯都誉为“警务之父”(Father of Policing)。但是需要注意的是，奥古斯都的威季莱斯特种警察是非常残忍暴力的，现在英文中的“警戒”（vigllance)、“治安官”（vigilante）等都源于威季莱斯（Vigiles)[2]。

奥古斯都之后的罗马皇帝也依旧重视警察在维护国家安全和稳定方面所起的作用，扩大了罗马“警察”的权力。不但在全国完善了威季莱斯特种警察制度，还建立了正规的街道巡逻制度和遍及全国的警察局。[3]“自助”的传统逐渐为国家机构的正式执法所取代。[4] 由此，不仅单个罗马公民可以通过向司法官申诉求助于法律，而且“警察”机构也逐步在他们的工作中应用国家法律。“警察”作为皇帝的代理人管理社会秩序和监控人民行为，皇帝借助“警察”巩固其统治。古代罗马的警察制度带有中央集权和军事特色，为后来的欧洲大陆警察模式奠定了基础。

公元284年，戴克里先（Diocletianus）依靠自己的军事实力夺得了罗马政权，并进行了一系列军事政治改革，建立了一整套适应君主专制需要的帝国国家制度。戴克里先不仅增加了军团和常备军数量，巩固了国防和边疆安全，而且还改组了警察机构。罗马设立城市长官，下设警察大队，负责维持社会秩序，各行省亦设警察总署，警察总署的首领成为警察总监。[5] 整个帝国的警察都由国王的办公厅长官统辖，并配合巡防军监视民情动态，防止起义暴动。[6] 在君主制时期，国王独揽司法大权，到罗马帝国后期，诉讼程序逐渐被取消，司法日益腐败。

---

① 参见王小海：《西方警察的角色与社区警务战略》，群众出版社2014年版，第6页。
② See John S. Dempsey et al., *An Introduction to Policing*, Cengage Learning, 2014, p. 4.
③ 王大伟编著：《英美警察科学》，中国人民公安大学出版社1995年版，第157页。
④ 参见［美］罗伯特·兰沃西、劳伦斯·特拉维斯：《什么是警察：美国的经验》，尤小文译，群众出版社2004年版，第44页。
⑤ 参见王大伟编著：《英美警察科学》，中国人民公安大学出版社1995年版，第157页。
⑥ 参见马啸原编著：《西方政治制度史》，高等教育出版社2000年版，第41页。

四、中国奴隶制国家的警察现象

我国奴隶制社会从夏朝开始，经商朝和周朝，到春秋时代开始崩溃，历时一千余年。在中国奴隶制国家虽然没有称作“警察”的机构和人员，但与西方奴隶制国家一样，也时时面临维护公共安全和社会秩序的问题。我国《尚书·舜典》曾记载：“帝曰：百姓不亲，五品不逊，汝作司徒，敬敷五教，在宽。”舜认为百姓不亲则仇，不逊则争，仇恨和争端均为社会混乱无序的源头，因此必须积极防治，故设置“司徒”一职，以消弭仇争，辅弼教化，传播五品伦常，使民众遵守尊卑等级制度，消除纷争和仇恨，维护公共秩序。可见，在舜任部落联盟的首领时，其时设置的“司徒”就已经执行了警察的某些职能。这说明在原始社会解体的过程中，在奴隶制国家开始确立之初，就已经有了警察职能的萌芽。

约公元前21世纪，夏启废弃禅让制将天下据为己有，奴隶制国家在中国历史上正式出现。此后，商朝、周朝都沿用和保留了舜时所设置的“司徒”的官职，且司徒一直被列为“六卿”之一。周朝时期称司徒为“地官大司徒”，掌管典礼教化。① 实则，我国在奴隶社会时期，有着较为丰富多样的承担警察职能的机构和官吏。

（一）奴隶制国家夏朝的警察

警察的设立，在我国是近代史范围的事，但是执行警察职能的官吏，却是伴随着国家的产生而产生的。② 根据我国古代文献和地下发掘的遗存及考古发现，可以初步肯定夏朝已经具备了国家的基本特征。为了加强统治，夏朝建立了军队、行政机关、司法机关和监狱，而这些机关却执行了现代警察的许多职责。具体归纳如下：

---

① 参见孟庆超：《中国警察近代化研究：以法文化为视角》，中国人民公安大学出版社2006年版，第8页。

② 参见中国社会科学院法学研究所法制史研究室编著：《中国警察制度简论》，群众出版社1985年版，第1页。

第一，武装镇压臣属的篡权和暴动。夏朝用金属武器装备军队，军队听命于国王，国王用军队来征伐和镇压违背国王意志的臣属部落和暴乱。据史料记载，夏启曾统率这支军队征伐有扈氏，逮捕杀戮了有扈氏，以惩办他破坏和扰乱夏王朝统治秩序的罪行，并杀戮了有扈氏的亲族及其伙从者。①

第二，户政管理。史书记载，夏朝曾把它所统治的广大地区“画为九州，经启九道”（《左传·襄公四年》），并“抚有民三百五十万三千九百十人”《禹贡》。这表明夏朝已经按地域标注来划分管辖居民，也意味着户政管理工作自夏朝开始了。

第三，办理刑事案件。夏朝设立兼有警察职能的司法官“士”或“理”，来办理一般狱讼案件。

第四，执行法律。《左传》记载：“夏有乱政，而作禹刑。”“禹刑”就是夏朝警察职能机构惩罚犯罪的法律依据；“禹刑”的基本原则是维护奴隶主贵族的专政和君主的绝对权威，镇压奴隶和平民的反抗。夏朝警察主要承担执行法律、维持社会秩序和镇压奴隶反抗的职责。

第五，执行看守、羁押任务。为了惩治犯罪、维护社会安定，夏朝统治阶级设立了庞大的监狱。据《竹书纪年》记载：夏帝芬三十六年，开始建筑圜土。“圜土”就是指圆形的土牢，是为了适应夏朝领土扩展，奴隶数量大增，镇压力度加大而建立的监狱。圜土也成了夏商周三代对监狱的统称。此外，《史记·夏本纪》记载“召汤而囚之夏台”，夏台也是临时羁押场所。②因此，夏朝监狱行使关押罪犯、执行刑罚的警察职能。

（二）奴隶制国家商朝的警察

公元前16世纪，商汤代夏而建立商朝。据现有考古发现的资料研究，商朝是我国历史上第一个有文字可考的朝代。商朝的经济政治有了长足发展，殷商的奴隶制已经发展得比较典型和充分了，其警察职能机构的设置在夏朝

① 转引自林伟业、李文涛、林国合编著：《中国警察史》，辽宁人民出版社1993年版，第11页。
② 转引自林伟业、李文涛、林国合编著：《中国警察史》，辽宁人民出版社1993年版，第13页。

的基础上也有了新的发展。主要体现在以下方面：

第一，用军队对内镇压奴隶。甲骨文里记载的“丧众”、“途众”和“逆众”①，就是商代军队通过武装镇压奴隶、追捕惩罚奴隶来执行警察职能的血腥记录。

第二，用武官警卫宫廷和国王。商朝设立马、射、戍、亚、卫等武官，保卫京师，警卫宫廷和大王。其中“马”是骑兵队长，负责率兵巡逻，维持治安；“射”是弓箭手队长，辅助警卫；“戍”是负责统率边防的武装警察；“亚”是武将副职；“卫”则是保卫大王和都城的卫队长，主要负责率兵警卫国王和京师。考古工作者从河南安阳小屯村庞大的商朝遗址中发现，商朝每座宗庙遗址的大门口都埋着成组的奴隶，为首的一人，手执一戈一盾，其余的各执一戈，还有些在墓室底部埋有执戈奴隶。② 专家推测，这些殉葬奴隶是商朝统治者根据迷信派去在地下为墓主人充当警卫的。这些墓葬中的殉葬方式也反映了当时统治者对警卫工作的重视。

（三）周朝奴隶制国家的警察

周武王灭商之后，采取了“封建亲戚、以藩屏周”的政策，把他的同姓宗亲和功臣谋士分封在各地，建立诸侯国，即实行分封制。分封制实质上是上级奴隶主将土地、臣民和统治权力分割给下级奴隶主，用以分区统治和剥削压榨奴隶、实行奴隶主阶级专政的制度，也就是“分封建国”。分封制萌芽于我国夏朝，成长于商朝，发展完善于周朝。周朝初期共分封了71国；武王、成王之后，分封的办法仍然继续实行，直到平王动迁时还分封关中之地建立了秦国和郑国。分封诸侯叫“建国”，诸侯的封地被称为“诸侯国”。诸侯受封后，在自己国内，也按同样方式对其下属卿、大夫进行分封，分给他们固定的封地“采邑”和奴隶；卿、大夫在其采邑里，又同样对他们的属下的士进行分封。这样由上往下，逐级分封，便形成了一个由周王、诸侯、卿、

① 众，即指奴隶。丧众指奴隶逃亡，徒众指追捕逃奴，逆众指奴隶暴动作乱。

② 参见万川主编：《中国警政史》，中华书局2006年版，第46页。

大夫的"王臣公、公臣大夫、大夫臣士"的金字塔式政治等级结构，由此加强了奴隶主阶级对国家的统治。周朝实行分封制有利于各级奴隶主层层统治和剥削压榨奴隶，也有利于警察职能机构分区行使警察职权，加强镇压力量。①

周朝不但孕育了我国传统文化的基本基因，而且还奠定了我国警察制度的基础。余秀豪指出，"至周行彻法，置有'司虣'之职，诘奸察暴，以纠四方，其整理乡里，防止危害之法，极为缜密，是为中国警察之雏形"。②《周礼·秋官》与《周礼·地官》等史料记载了西周奴隶制国家执行警察职能的职官，主要有：③

第一，负责刑事案件或者治安管理的传统警察。如"司虣"是主管禁止市上喧闹、侵犯及结群饮食的官吏；"司稽"则掌市场内巡查稽查、检举不法之职；"禁暴氏"是掌管禁止以暴力侵犯他人及诈骗造谣等事的官吏。

第二，承担户籍登记管理的警察，即"司民"。

第三，负责交通管理的警察，即"野庐氏"。

第四，监狱警察。例如，"司寇"掌管监狱、刑罚及监察事务等职，"掌戮"是执行死刑的官吏，"掌囚"是负责看管未判刑的犯罪嫌疑人的官吏。

第五，特殊领域的警察。例如，"山虞"是掌管国家山林的官吏；"林衡"是守护巡逻森林，防止人为破坏森林的官吏；"川衡"是看护川泽，对于破坏川泽的人给予处罚和教育的官吏；"泽虞"是防止人们在沼泽之地人身财产受损害的官吏。

第六，负责边防或者城门检查的警察。"司险"是负责精准掌握国家地图和边防情况，并管理边疆要塞和出入境的官吏；"司门"负责货物进出口检查，征税和没收违禁品的官吏。

---

① 转引自林伟业、李文涛、林国合编著：《中国警察史》，辽宁人民出版社1993年版，第23页。

② 余秀豪：《警察学大纲》，商务印书馆1946年版，第5页。转引自宋远升：《警察论》，法律出版社2013年版，第22页。

③ 参见宋远升：《警察论》，法律出版社2013年版，第22～23页。

第七，负责消防安全的警察。“司烜”是负责在城中用木槌敲铃，提醒人们注意防火的官吏；“司爟”是负责对造成火灾者追究其责任并给予处罚的官吏。

（四）春秋时期奴隶制国家的警察

马克垚教授认为，“西周封建，立国数百，其实就是一些城邦……城邦史实当以春秋时代最为彰明较著”。① 春秋时期各国所设置的国君、卿大夫、士、国人（庶、众），就类似于西方城邦国家在政治体制方面的执政官、贵族会议、公民大会。相同的是，国君的权力较小，要受到贵族和国人的限制，“公卿执政”局面则是最好的证明。② 民众有一定参政议政的权利，也有参军作战的权利和义务；民众是城邦政治生活中的活跃力量，也是城邦中的权利义务主体。但由于铁器和牛耕等先进的生产工具的应用，生产力提高较快，社会分化激烈而迅速，同时大规模的兼并战争不断爆发，致使许多小国被兼并，形成了新的巨大的领土国家——战国七雄，这时各国先后设郡、县，原来的城邦制度已经消失了。③ 故春秋时期是中国从奴隶社会向封建社会过渡的历史时期。

春秋时期，警察部队有周天子的王师、诸侯军队和卿大夫的私兵三种。公室与大夫的警察部队各属己有，赋从己出。此时的警察职能机构除了延续周朝时期警察职能机构承担的警卫护卫、案件办理、户籍管理、公共秩序管理等职责，还开始重视交通管理。《礼记·王制》记载：“道路，男子由右，女子由左，车行中央。父之齿随行，兄之齿雁行，朋友不相逾。轻任并，重任分。斑白者不提挈。”此时的交通在管理上有男女分途、人车分流、提倡

① 西周封建，立国数百，其实就是一些城邦，有周人同姓者，也有异姓者，也有归附的殷人。这些城邦散布在广大的黄、淮、江、汉平原上，聚族而居，互相距离较远，为丛莽草莱阻隔，所以是小国寡民。城邦中心的城，是一个堡垒，居住着氏族贵族和国人，近郊的农村，也居住着自由民，称野人。参见马克垚：《古代专制制度考察》，北京大学出版社 2017 年版，第 30 页。

② 各国的贵族势力比较强大，往往干涉国君，操纵国家行政，就出现了“公卿执政”的现象。例如，齐国管仲、晋国赵盾、郑国子产、越国范蠡、秦国商鞅等。参见马克垚：《古代专制制度考察》，北京大学出版社 2017 年版，第 31 页。

③ 参见马克垚：《古代专制制度考察》，北京大学出版社 2017 年版，第 38 页。

礼让的规定。这些交通管理方法对于当今的城乡交通管理不无借鉴意义。总体来说，春秋时期，各诸侯国都有自己具有警察职能的官吏，其主要任务是维护社会秩序和服务于诸侯国的政治发展需要。

在奴隶社会中，东西方的奴隶制城邦都无警察之名，却有警察之实，承担警察职能的官吏和机关都是奴隶主用来剥削和镇压奴隶的工具，都是用来维护城邦公共安全和秩序的重要强制力量，这为人类警察具有相对稳定的专门职能定好了基调。特别是，我国在奴隶社会时期，因受专制政治影响，警察作用的范围和深度远非西方城邦国家所可比拟。[①] 例如，我国在奴隶制社会时期，统治者已经开始重视地方治安控制，并设置了一些具有治安管理职能的地方治安机构和官吏。例如，《周礼》中明确记载“司民掌万民之数，自生齿以上皆书于版”，这说明早在我国周朝就已在地方设立具有现代户籍管理职权的官吏。春秋时期齐、鲁、卫、吴、越等国建立的“书社”，就是当时户籍管理制度的一种形式。战国时期的“户籍相伍”，则是户籍制度和军事制度相结合的产物。[②] 户籍管理成为我国奴隶制时期国家开展地方治理和地方治安管理的主要方式。但是，不可忽视和否认的是，东西方奴隶制城邦中的警察职能往往与军队职能、其他司法和行政职能交叉混杂于一体，警察职能本身的界限并不明确。当然，奴隶制城邦警察职能的初步分工，也为后来警察职能的细化奠定了基础。

第二节　封建制国家的警察现象

国家是政治共同体的一种特定形式。自文明社会以来，政治共同体的形

① 参见孟庆超：《中国警察近代化研究：以法文化为视角》，中国人民公安大学出版社2006年版，第9页。

② 参见中国社会科学院研究所法制史研究室编著：《中国警察制度简论》，群众出版社1985年版，第9页。

式多种多样，从城邦、封建国家、王国、帝国，到今天的民族国家。在历史发展的过程中，一些文明幸存并得以延续，但政治共同体却数经变化。警察现象伴随国家变迁而变化，并在国家治理中日益彰显其特殊作用。

一、奴隶制国家向封建制国家的转变

奴隶社会，奴隶主占有全部生产资料和奴隶本身，奴隶不占有生产资料且没有私有财产和人身自由，故奴隶为了生存而向奴隶主提供劳动以获得最低生活资料。随着铁器的推广使用，生产力水平有了明显提高。生产工具的质的改变，使得生产方式发生变化，社会结构亦随之变动。奴隶社会末期，一方面，田地大量增多，奴隶主对奴隶的剥削压迫不断加大，奴隶的劳动强度不断增加，奴隶和奴隶主之间的矛盾日益尖锐，斗争日益激烈，故而阻碍了生产力的发展。另一方面，由私田纷争引起的战争也频繁爆发，社会矛盾不断激化。这一切都充分说明，生产力的发展给社会矛盾和社会制度带来深刻的冲击，而奴隶社会生产关系促进生产发展的潜力已经殆尽，并日益成为社会生产发展的桎梏。由于过多的田地已越来越超出了奴隶主所能控制的范围，一些开明的奴隶主就开始出租田地，给奴隶自由和生产工具，让他们种地，到年终向自己交租，这就形成了最初的地主和农民。人类进入了封建社会。

我国春秋时期，随着铁器的广泛使用和牛耕的推广，奴隶制国家长期实行的井田制逐渐瓦解。而各诸侯国为提升国力和军事实力，纷纷进行改革，社会分化激烈而迅速，同时大规模的兼并战争不断爆发，致使许多小国被兼并，形成了新的巨大的领土国家——“战国七雄”。战国时期，各国先后设郡、县，原来的城邦制度消失，同时，各国陆续承认土地私有，地主阶级崛起。中国社会随之改变，进入封建地主社会。公元前 221 年，秦统一六国，建立了中国第一个统一的封建王朝。

公元 476 年，西罗马帝国在蛮族的进攻下覆亡，西欧社会进入了一个新时期。君主们夺取了罗马帝国的权力后，由于他们没有足够的财力资源来维持官僚机构，也没有钱来维持法院和司法系统，更没有钱来支持军队的供养，所以君主们就把占领的土地分封给跟随其一起带兵作战的那些人了，这些人慢慢地就变成了拥有领主恩赐采邑的附庸。一开始采邑的赐予被视为是临时性的，后来如果没有特殊情形，采邑的占有变为了终身制。越到后来，采邑越来越不被认为是领主的，封臣的自主权力大大增加，但封建关系的本质没变：领主需要提供封地和保护，封臣需要对领主效忠并提供兵役，两者之间仍然存在一种与人身依附有契约的关系。① 欧洲逐渐建立了封建制国家，人类历史进入第二个剥削阶级专政的国家类型。

欧洲封建制国家大致从5世纪到15世纪文艺复兴时期持续了千年，也被史学家称为“中世纪”。其间，欧洲分裂为许多小国，各国以封建领主占有制为占支配地位的土地占有制形式。在国家政权中，领主是拥有土地的贵族，其把所属领地当作自己的世袭化私有财产，是国家的统治阶级，掌握着真正的权力。也就是说，领主得到封地的同时，也得到了这块土地的“特恩权”，即行政、立法、司法、军事、铸币等全部权力。在欧洲封建制国家中，从最高王权到最底层的农奴之间，有多个层次的领主，例如国王或皇帝、大领主、领主、附庸、普通骑士等，每个领主都可将自己的领地划分成数块然后封给自己的属下，从而形成了一个金字塔形的阶梯网络。各级领主与其附庸之间通过契约规定双方的权利和义务，一般来讲，领主不仅要给予附庸封地作为其武器、衣食等费用的物质来源，还负有保护附庸不受任何伤害的责任，而附庸则宣誓和承诺效忠于领主并向领主履行诸种义务，例如，应领主之召随领主征战、协助领主处理行政和司法等事务。因此，在封建主义的体系中，国王与不同贵族之间的关系既是一种经济关系，又是一种政治关系；既包含了人身依附的等级制色彩，又包含了一种基于传统的契约精神。②

无论是中国的地主制，还是西方的领主占有制，都是封建土地所有制，体现了地主阶级对其他阶级的统治。地主阶级利用手中掌握的土地，通过榨

① 参见包刚升：《政治学通识》，北京大学出版社2015年版，第112页。

② 参见包刚升：《政治学通识》，北京大学出版社2015年版，第112~113页。

取地租、放高利贷等手段，通过契约租赁、缴纳地租、雇用佃户等方式，对使用土地的农民进行剥削和压迫，地主阶级与农民之间就其本质而言依然是一种剥削与被剥削的关系。地主阶级统治着国家，其建立的军警狱讼等国家机关和官吏制度，本质上都是其实行阶级剥削和压迫的工具。

二、英国封建制国家的警察现象

在原始部落时期，英国的社会秩序主要依靠民众对自然和宗教的崇拜来维持，矛盾和纠纷通常用血亲复仇的方式解决。公元前1世纪，罗马军团开始入侵英国，并将管理希腊城邦的做法引入英国以维持社会治安秩序。公元1世纪到公元4世纪，罗马帝国征服了英伦三岛。在被罗马帝国统治期间，英国社会的治安由驻扎在不列颠的罗马军团来维护。罗马士兵在不列颠拘捕罪犯并交送法庭审理，这便是英国出现得最早的组织化的警务活动。但在罗马帝国崩溃、罗马士兵撤离不列颠后，英国的民间私人警务又再次复兴。

在英国，奴隶制没有发展起来，故英国基本是从原始社会直接进入封建社会的。原始社会中英国人所形成的崇尚自由、民主和地方自治的许多传统都被带入了封建社会，甚至对英国后世都产生了重大影响。古代英国的宗教势力和封建领主势力都较强大，而军权始终较弱，并没有形成强有力的君主专制统治。英国社会崇尚自由民主、重视公众自治、轻视君主统治和国家权力的传统，也为古代英国警察制度打上了深深的烙印。

（一）盎格鲁－撒克逊时期的民间自治警务（500～1066年）

公元5世纪，欧洲大陆的多个民族涌入不列颠，这些民族与当地土著融合，形成了盎格鲁－撒克逊人，并建立了一些小国。7世纪不列颠逐步建立封建社会，许多小国合并为7个王国，各国争霸200余年，史称“盎格鲁－撒克逊时代”。此时，不列颠依然是盛行民间自治警务。在古代不列颠，维护地方治安，捕捉盗贼是每个公民的义务，防止不法行为、对不法分子发起惩治的责任由地方社群以及不法行为的受害者承担。[①] 每个社区中 12～60 岁的男子都对社会治安负责，他们在自主维护地方安全的过程中探索出来了一些有效的做法。

1. 太兴制

在古不列颠盎格鲁－撒克逊时期（500～1066 年），太兴制（Tything）在维护地方治安方面发挥了重要作用。太兴制起源于古罗马，是一种古代打击与预防犯罪的制度，在公元 500～1000 年兴盛于欧洲。[②] 太兴制有一套固定的组建和运作系统。每 10 户人家形成一个太兴组，由 1 名太兴官来管理。太兴官的领导为百夫长，百夫长的领导为千户长。太兴组的主要工作是邻里监督、维护治安、捕捉盗贼、化民成俗。[③] 太兴制讲求组内自我治理，即如果太兴组中的一人犯罪，全组马上将人犯扭送见官，或送到村民自治法庭。太兴制实行连坐受罚制度，如果太兴官失职，则整个太兴组内的 10 户人家都要受罚。太兴制通过严格的制度约束，维持社会治安。

当时民间还盛行“擂鼓鸣金捕盗制”（Hue and Cry），也称“大喊大叫捕盗制”[④]，即群众一旦发现犯罪，由太兴官吹起号角，周围群众积极配合捕捉盗贼。可以说，太兴制是一种古代出现较早的群众自发自治的警务形式，它“是一种强制的集体组织担保制度，它不着眼于某个人犯罪被捕以后，而是预防某人犯罪的一种措施”[⑤]。所以在很长一段时间里，不列颠的社会秩序都是由这样一个全民参与、注重预防的社会治安自治保卫形式维护的。

2. 十户区制

10 世纪，盎格鲁－撒克逊王国的领土开始划分为若干个郡，设郡法庭和郡长；郡之下设若干个百户区，即每 100 户人家居住的地区构成一个百户区，

---

① 参见［英］彼得·乔伊斯：《警务发展与当代实践》，曹志建译，知识产权出版社 2015 年版，第 3 页。

② 参见王大伟编著：《英美警察科学》，中国人民公安大学出版社 1995 年版，第 161 页。

③ 参见王大伟编著：《英美警察科学》，中国人民公安大学出版社 1995 年版，第 161 页。

④ 王大伟编著：《英美警察科学》，中国人民公安大学出版社 1995 年版，第 157 页。

⑤ ［英］菲利浦·约翰·斯特德：《英国警察》，何家弘、刘刚译，群众出版社 1989 年版，第 8 页。

设百户区法庭和百户长；百户区之下设若干十户区，即相邻的10户人家居住的区域构成一个十户区，设十户长。这样一来，十户区既成为国家最小的行政区，也成为最基层的治安单元。

十户长负责带领本区域内的所有成年男性居民维持治安和法律秩序，并向百户长负责，但十户长是由各户户长轮流担任的。十户区内凡年满12周岁的成年男性居民，除非豁免，都要编入十户区，都有义务维护本十户区的治安秩序。发现犯罪，必须立即报告百户长，并由百户长通知十户区所有成员马上搜捕罪犯；也有权将违法犯罪者逮捕并移送百户区法庭或郡法庭审判。①

显然，十户区制是盎格鲁－撒克逊王国时代地方行政制度与太兴制结合的产物，也是英国早期民间自治警务的一种组织形式。十户区制以民间力量为主体，实行十户联保和集体负责，推行社区治安责任制，集中体现了集体预防警务的特点，是一种行之有效的维护治安的方法。

（二）英国历代封建王朝的警察制度（1066～1485年）

1. 诺曼王朝（1066～1154年）时期的十户联保制

1066年，诺曼底的威廉打败了英国军队，宣布自己为英国的统治者，创立诺曼王朝，建立了以封建骑士为核心的封建君臣体系。为强化中央集权，威廉一世改革了国家管理，形成了以郡区为主体的半自治性的地方行政和司法管理体系。

威廉一世以原有的太兴制和十户区制为基础建立了“十户联保制”（frankpledge）来维护地方治安。为强化责任，十户联保制要求设置专职保长。保长从十户区居民中选举产生，改变了原十户区制中十户长由十户人家轮流担任的传统。保长对百户长负责，带领居民抓捕盗贼，维持治安秩序。这一制度要求所有成年男子都必须加入十户区，并且立誓遵守法纪和公序良俗，共同承担防止本区内犯罪发生并积极抓捕罪犯将其送给法官审判的责任，否则十户人家都要受到连带处罚。在抓捕罪犯时，若十户区居民未能完成抓

① 参见王明生主编：《公安学基础新论》，中国人民公安大学出版社2015年版，第9页。

捕罪犯的任务，十户人家将被要求集体承担赔偿责任。此外，十户联保制还规定了严密的外来人员担保要求，凡陌生人来到十户区范围，必须有本十户区居民为其提供担保。对于没有担保就接纳外来人员的本保人家，则会给予处罚，并要求这户人家对来人承担担保责任。后来，“十户联保制”被“教区治安官制”所代替。这是一种典型的民众自治警察制度，其机构完全由本地民众组成，采用的手段也完全体现了当地民意或本地风俗习惯。①

2. 金雀花王朝（1154~1399年）时期的治安法官制度

公元10~11世纪，城市经济的兴起为中世纪封建国家注入了新的活力。商人、自由人、行业工人和附近农村的居民以交通便利的城镇和城堡为中心活动，逐渐形成了城市，城市人口日益增长，城市经济不断发展，封建领主在经济上日益依赖城市。但是，由于人口过于集中，城市的社会治安陷入困境，犯罪规模和数量都急剧上升。

（1）《温切斯特法令》确立的治安管理制度

1285年，英王爱德华一世颁布了著名的《温切斯特法令》。《温切斯特法令》在维护英国的地方治安方面有以下规定：第一，重申更夫制度（Watchman），即城镇居民必须推举一些诚实、能干的人担任巡夜看守，负责在夜间通过巡逻来预防、制止以及拘捕外地人，并须将罪犯和外地人押解至郡长处接受审讯。第二，重申大喊大叫（Hue and Cry）制度。正式确认大喊大叫是居民的治安责任和义务，要求当城乡居民在发现和追捕罪犯时，都必须发出并保持大声呼喊，以呼唤其他居民前来救援，并以呼喊声震慑罪犯。第三，重申了武器保有规则。要求每个年龄在15岁至60岁的男子都应当在其生活居住处保有武器，以对付违法犯罪活动，并派专人检查武器是否到位。第四，创设警务官（Constable）制度，要求每个百户区都要推选出两位健壮且守法的平民作为警务官，带领居民和更夫巡夜看守，维护本地区的法律和治安。② 警务官的具体工作有三个方面：一是向村民法庭报告每个居民的行

① 参见卢建军：《警察职权的界定与配置》，北京大学出版社2017年版，第38页。

② 参见马亚雄：《世界警察导论》，中国人民公安大学出版社2003年版，第8页。

为；二是捕捉人犯；三是承担“擂鼓鸣金捕盗制”的吹号角任务。[①] 但此时的警务官没有报酬，也不是专职工作，其工作积极性主要依靠其对公共安全事业的热心。此次创设的警务官，即后来“治安法官”的前身。

《温切斯特法令》重申和延续了民间原有的治安制度，也创设了具有现代警察职责的警务官制度，具有一定的进步意义。此法令颁布后，警务官以“公家人”的身份管理治安，标志着英国将警务活动纳入了国家法制体系，故此法令对英国社会影响深远。随着该法律的实施，英国社会维护治安的责任开始从由普通民众共同承担过渡到了由固定的人员和机构来承担。

（2）治安法官制度

14 世纪后半期，英国传统农业经济呈现解体的征兆，城乡人员流动性增强，各地联系越来越密切。但传统的地方自治制度阻碍了中央政策和法令的推行，故加强国王统治权的制度不断涌现。1361 年国王爱德华三世颁布《治安法官法》（Act Concerning Justice Peace），确立了治安法官（Justice of the Peace）[②] 制度，强化了国王在地方事务中的权力。

该法规定，英格兰每个郡任命一位爵士和三四名郡内知名人士为治安法官，其职责是保护民众不受违法犯罪、骚乱和暴动的侵扰，保护地方安全和秩序，对刑事案件进行调查和审判，包括对罪犯的缉查和逮捕，以及对扰乱社会治安行为的管制。该法还赋予治安法官一系列权力，治安法官不仅可以行使刑事司法权，而且可以行使行政执法权，将侦查、起诉和审判等职权集于一身。为了保障治安法官顺利履行职责，法律规定每位治安法官应当配备 3 ~4 名熟知法律的人作为助手协助其工作。该法也规定，治安法官辅助人员在协助治安法官开展工作时具有一定的自由裁量权。在很长一段时间里，治

---

① Constable，此处译作警务官制度，中国人民公安大学王大伟教授在其早期著作《英美警察科学》中将 Constable 译作公安员制。参见王大伟编著：《英美警察科学》，中国人民公安大学出版社 1995 年版，第 157 页。

② 关于英国的治安法官，英文写法有 Justice of the Peace，也有 Magistrate。

安法官都是英国维护社会治安的主要力量，他们既打击犯罪和逮捕罪犯，又指挥并监督巡夜看守和警务官的工作，一直作为打击犯罪的执行、指挥和监督三种主体而存在。

1380 年，英国政府又通过一项法令赋予治安法官镇压破坏公共秩序者，搜查、逮捕、审判除叛逆罪和死刑重罪之外所有刑事嫌犯的权力，其中包括通过预审程序对犯罪嫌疑人进行秘密审讯，取得口供笔录的权力。① 由此可见，治安法官不仅被赋予了处理社会治安秩序相关事务的行政管理权，而且被赋予了较多刑事司法权。这种司法型警务制度对已然处于农业占主导地位的英国社会来说应该是相当有效的。② 随后的都铎王朝也延续了这种治安法官的治安维护模式。

（三）雇用更夫阶段（1485～1714 年）

都铎王朝（Tudor dynasty，1485～1603 年）统治时期，英国从封建社会向资本主义社会过渡，新生的资产阶级和新贵族希望保持和平，以利于发展经济，此时英国广泛采用更夫（Watchman）作为主要的治安力量。斯图亚特王朝统治时期，王权专制被强化，社会混乱。1660 年，流亡的查理二世被迎回，斯图亚特王朝复辟。为了维护经济发展和治安，1663 年，伦敦市开始雇用更夫巡夜，更夫被称作“查理的走卒”③。此时的更夫虽然是政府雇用的，但是工资很低，所以受聘者也常常是年老体弱者。年老体弱、反应迟缓的更夫无法很好地履行巡夜、护卫、抓捕等职责，加之经济的发展也导致犯罪泛滥，故在向资本主义国家转型的过程中英国的社会治安较为混乱。

到 18 世纪时，英国已经形成了一个以各警区所任命的治安法官为基础的警务体系。但此时随着英国经济的发展和城市规模的扩大，治安法官的职责已经超出了执行法律和维持秩序的范围，逐渐承担起了检查酒馆、监督值夜

① 参见程汉大、李培锋著：《英国司法制度史》，清华大学出版社 2007 年版，第 161 页。

② 参见罗峰、李健和主编：《中国警学理论》，中国人民公安大学出版社 2017 年版，第 104 页。

③ 王大伟编著：《英美警察科学》，中国人民公安大学出版社 1995 年版，第 162 页。

班等其他职责。许多治安法官表现出对职责的懈怠和不满，出现了找人顶替治安法官履行职责的现象，致使公民对顶替者的素质和责任心表示担忧。①此外，还由于治安法官推选制度本身的缺陷，致使有些治安法官利用这一职务来谋取私利。② 一方面，随着工业革命的发展，英国社会出现了一个新的阶层——城市中产阶级，他们需要全心投入自己的生产和业务，无暇顾及公民事务；而另一方面，由于治安法官的腐败和低效，致使英国犯罪频发且犯罪人能轻易逃脱惩罚。可见，以治安法官为主体的治安控制体系已经陈旧衰落了。

工业革命的过程中，大批农民的土地被圈占成了农场、牧场和工厂，农民成为“自由”劳动力进入城市谋生，这促进了英国的城市化。一个个新兴工业城市的产生和发展，使得城市犯罪率以前所未有的速度上升，为了有效打击惩罚犯罪和警示预防犯罪，英国、法国等国都采取了严刑峻法，鞭打就是较为典型的一种。让犯人在鞭打柱上受刑，“鞭打从腰部开始，逐步扩展到全身”③；将鞭打犯人的过程特意向公众展示，号召公众前来围观，以起到对公众的警示作用。但这种严酷的刑罚也没能减少犯罪，因为“法律和秩序的瓦解是和工业革命与之俱来的”④。英国社会陷入了混乱无序的状态，创新城市治安管理和打击惩罚犯罪成为资产阶级不得不面对的问题。

（四）英国封建制国家警察现象的特点

封建社会时期的英国，警务活动已然出现。有学者对英国警察史的源头

---

① 参见［英］彼得·乔伊斯：《警务发展与当代实践》，曹志建译，知识产权出版社2015年版，第6页。

② 在乡村地区，治安法官往往是由土地所有者担任；在城镇中，由于缺少这样的人士，因而必须从其他社会阶层中物色治安法官人选，但是相对于热心公益（civic duties），这些社会阶层的人士有时候更热衷于利用担任治安法官一职来为自己谋取私利。例如，以履行职责相要挟来勒索钱财，截留向犯罪分子收取的罚金，还和告密者串通一气，大大败坏了治安法官这一职务的声誉。参见［英］彼得·乔伊斯：《警务发展与当代实践》，曹志建译，知识产权出版社2015年版，第6页。

③ 王大伟编著：《英美警察科学》，中国人民公安大学出版社1995年版，第162页。

④ ［英］彼得·乔伊斯：《警务发展与当代实践》，曹志建译，知识产权出版社2015年版，第7页。

做了简要描述，“村镇警察是中世纪早期自治且尽责的当地社区的传统的产物”①。此处的“村镇警察”虽非国家设置的正式的专职警察，但其对于维护社区治安秩序和保障社区居民安居乐业起到了不可替代的作用。在漫长的封建社会阶段，英国的警务活动表现出了鲜明的特点：

第一，民间自治警务传统源远流长。由于英国是从原始社会直接进入封建社会，故原始社会中的自由、民主和自治的观念都被带入了封建社会，并对英国的政治产生了深刻影响。首先，表现在王权上，受自由、民主和自治观念的影响，英国的封建王权发展缓慢，一直未能形成强而有力的君主专制统治。其次，表现在治安上，英国将维护社会治安当作所有社会成员的责任和义务，信奉自我警务原则，强调全民皆警，充分动员和发挥民众的力量来维护治安。例如，太兴制、十户区制、十户联保制、更夫制等警务制度，虽然在组织和操作上各有不同，但是都注重充分发动和组织民间的力量，并形成了一套民间警事自治的警务模式。正是这种民间自治警务的传统，保障了英国在封建王权较弱的情况下社会秩序的长久稳定。

第二，地方治安由地方自治的传统。从原始社会直接进入封建社会——英国独特的社会形态变迁历史，也将地方社区自治的观念带入到了封建社会。加之，君主权力微弱，故英国在地方治安秩序的维护上，形成了地方治安由地方自治的传统。社会治安、犯罪问题都交由地方的居民和团体实际负责，中央仅制定或者颁布规章制度。例如，《温切斯特法》仅重申和确立了维护治安的规则，并没有就治安问题进行全国统一的部署和安排，维护地方治安仍然是地方自己的事。这种治安由地方负责的传统，充分考虑了地方实际，发挥了地方治安的积极性，对英国地方的长治久安和居民安居乐业起到了积极作用。

第三，未设置专门的警察组织和专职警察力量。在封建社会，英国从事警务活动的人员都是由群众选举推荐产生的，而不是由政府任命的。例如，

① ［澳］大卫·迪克逊：《警务中的法则：法律法规与警察实践》，薛向君、罗瑞林、倪瑾译，南京出版社2013年版，第47页。

太兴制里的太兴官，就是由组成太兴组的10户人家选举产生；十户联保制中的保长，也是由十户区居民选举产生；巡夜更夫制度中的更夫，是城镇居民推举的诚实、能干的人；警务官也是百户区居民推荐的百户区内最强壮的人；治安法官也是先由地方从有名望的领主或士绅中推荐，而后才由国王任命的。在当时的英国，从事警务活动的人员是普通民众，而不是国家官员。这些人大多是凭借对治安的热情、积极性和奉献精神兼职从事安全维护工作，基本不拿薪水或者报酬。

第四，社会安全领域形成了“警即民、民即警”的传统。在英国古代社会的警务实践活动中，始终贯穿着“警即民、民即警”的思想。当时的警察并非现代意义上正式的职业警察，而是履行警察职责的普通公众。无论是盎格鲁－撒克逊时期所依托的百户区、十户区管理制度，还是诺曼王朝时期的十户联保制，无论是金雀花王朝时期的治安法官制度，还是都铎王朝时期的雇用更夫制度，维护社会公共安全和社会治安秩序的责任和义务基本都是由普通公众来承担的。在英国当时的社会条件下，全体公众都被动员起来参与犯罪防控和秩序维护，其警务形式和活动内容也直接体现了公众的愿望和要求。可以说，在封建社会时期英国围绕预防犯罪、维持秩序的长期实践中，形成了“警即民、民即警”的传统，警察与公众基本上形成了彼此不分的一体化关系。

三、中国封建制国家的警察现象

（一）中国封建制国家的警察现象

战国时期，社会经济有了长足发展，阶级关系逐渐发生变化，旧的贵族等级体系开始瓦解，新兴的地主阶级在许多国家掌握政权。战国时期兼并战争日益剧烈，各国为了富国强兵，纷纷开展政治、经济、军事、社会制度改革。变法运动成为潮流，各国通过变法，推动社会转型，逐步建立起封建君主专制的政治制度。其中，效果最为显著的是秦国的商鞅变法。变法使秦国国富兵强，为秦统一六国奠定了基础。公元前221年，秦并六国，统一天下，废诸侯国，设置郡县，创建了统一的多民族封建国家，开创了中国二千余年的大一统封建王朝。在漫长的封建社会，中国封建制国家的国家机关分工渐细，历朝历代都出现了一些履行警察职权的官吏和机构。

秦始皇建立中央集权后，设立了中央司法机关廷尉府，设置最高司法长官廷尉，其通过断疑治狱，行使一部分警察职权。为了保卫皇宫和皇帝的安全，秦朝设置卫尉掌管宫门屯卫，维护宫门即宫墙四周的安全；设置郎中令负责警卫宫廷大殿内部安全。在京师，设置中尉掌管京城治安。在地方，司法长官由郡守和县令兼任。在基层的乡里，创立了我国最早的基层治安机构——亭，维护乡村治安。此外，秦朝还建立了一系列社会治安管理制度，例如户籍登记制度、成丁傅籍制度、什伍联防制度、连坐和告密制度、通行凭证制度、消防制度、治安官吏考核奖惩制度等。①

汉代大体延续并完善了秦朝的治安机构设置和社会治安管理制度。可以说，秦汉时期奠定了中国君主专制时代国家管理的基本格局和模式，历代帝王统治的手段和方式大体与秦汉一致。② 为了严密对社会和民众的控制，秦汉以来的历代王朝都重视维护治安管理，也都建立了覆盖全国的治安网络，将治安管理延伸到社会底层。相对普遍的做法是，一般在首都设有专门管理京师治安的官吏和机构；在地方，警察行政和司法刑狱则常常由一个地方长官或机构兼任和管理；在乡村，地方治安则主要依靠民间自治组织来担任。秦汉以后的很长一段时间里都只是在其基本格局下进行一些调整。此外，秦汉以来的历代王朝都重视从“人”入手控制社会，为了控制人，户籍制度一直被沿用并不断发展。③

隋唐时期，朝廷在设置主管治安、维持秩序的机构和官吏时更加细致。在中央，设有左右金吾卫，御史台派出的左右巡使和京师的东西市市令等官

① 参见张兆端：《警察学原理》，中国人民公安大学出版社2007年版，第30页。

② 参见卢建军：《警察职权的界定与配置》，北京大学出版社2017年版，第3页。

③ 户籍制度规定了户籍登记时要记载年龄和土地占有等情况，一方面为国家征收赋税和摊派劳役提供了客观依据，另一方面也强化了社会治安管理。参见陆永：《当代中国警政与现代国家成长》，江苏人民出版社2015年版，第24页。

职，以此来负责京师市场治安和街市巡逻。在地方，府一级行政机关上设置户曹参军、兵曹参军、法曹参军，州刺史属下设置司户参军、司兵参军和司法参军，在县令属下设置司户、司兵和司法，依靠这些官吏来承担户籍管理、抓捕盗贼等警察职责。唐朝非常重视基层治安控制，县以下设有乡、里、保、邻等民间组织作为基层单位，由乡长、里正、村正和坊正在基层承担一些传统的治安管理、纠察犯罪的职责。如《通典》记载，“百户为里，五里为乡，四家为邻，三家为保。每里置正一长，掌按比户口，课植农桑，检察非违，催趋赋役”①。唐朝严密的基层治安控制制度，维护了唐朝的长治久安，促进了经济文化发展。此后的宋朝基本上延续了隋唐在社会治安管理上的制度。但是，宋代改革和发展了基层治安防范的制度设计。宋神宗时期王安石主导推行保甲法，规定五家为一小保，五小保为一大保，十大保为一都保，并分别选任保长，专门负责保区内的缉捕盗贼和治安防范。保甲制度按照兵农合一的思路培育民间治安力量，逐步成为维护基层社会秩序的重要辅助力量。

明清两代的中央集权制度高度发达，统治者根据自身的统治需要和社会现实在历代传统警察职权的基础上，又增设了一些特殊形式和特殊目的的警察职能机构和官吏，在明朝，具有代表性的就是建立了“厂卫制度”。“厂”是指东厂、西厂和内行厂，“卫”就是指锦衣卫。东厂初设于明成祖时期，享有抓捕的职权，随后权力扩张，可以任意越过司法机关缉拿其认为可缉拿之人。明宪宗时增设西厂，其权力胜过东厂，可以延伸至京城及地方。内行厂的职权则更大。锦衣卫创设于明洪武时期，是效忠于皇帝个人的秘密警察，执掌“直驾、侍卫、巡查、捕缉等事……而任遇渐加，视诸卫独重焉”。② 锦衣卫除了服从于皇帝外，还担任京师乃至外省的侦查缉捕职能，直接向皇帝请示汇报，是典型的“御用”特务机构。

在清代，前期涉及警政事务的中央机构主要是刑部、都察院和大理寺这

① 《通典》卷三《食货志·乡党》，中华书局1986年版，第23页。

② 《命会典·上二十二卫》。转引自卢建军：《警察职权的界定与配置》，北京大学出版社2017年版，第3页。

"三法司"和管理户籍的户部。在"三法司"会办司法的制度中，刑部执掌全国刑罚政令，负责复核各地上送的刑案、直接审理京畿地区案件、审理"监候"案件①、审定各种法律；大理寺最重要的工作是平反重辟，审查地方官对使用法律是否适当；都察院则负责监督、弹劾，"察核官常，参维纲纪"。实则，"三法司"仅涉及刑事案件处置方面的一些警察职责。而中央除了户部执掌全国户籍管理与警察职责密切相关之外，没有设置专门负责治安的机构和个人，更多的是中央机构在承担其他职责的同时兼任警察的某些职责。在地方，由地方行政长官巡抚、道台、知府、知县在管辖行政区内的军政、司法的同时兼任行使警察职责。② 在地方基层则实行保甲制度维护基层治安、控制民众。

（二）封建统治时期中国警察现象的特点

公元前221年，秦始皇统一六国建立专制主义中央集权国家。自此中国历朝历代都将警察作为维护封建统治阶级地位和利益的工具，都将警察职权作为国家权力的重要组成部分。由此，封建统治时期的中国警察现象别具特色：

第一，形成了国家主导警事的大格局。中国在封建皇帝统治时期已经拉开了国家主导警事的序幕，历代封建统治者大多设置了用来维持治安秩序的官吏和机构，尤其是在京师地区。在地方，行政首长则负有维护治安之责。此外，在地方政府的督促下，地方还设置有保甲乡勇制度。这样一来，在封建王朝的统治下，中国形成了一种由国家主导警事，地方群众广泛参与其中的社会治安控制体系。表2-1罗列了中国历代各种与警察业务相关的机构和官制设置。自从唐朝开始，无论中央官制还是地方县官，都有公设警察的功能。由此，中国封建王朝逐渐形成了由国家公设警察官吏或机构，由其维护公共安全的格局。国家主导警事，国家设置警察职能，已有上千年的历史了。

---

① "监候"分"斩监候"和"绞监候"，同为死刑。参见万川主编：《中国警政史》，中华书局2006年版，第316页。

② 参见宋远升：《警察论》，法律出版社2013年版，第24~25页。

表 2-1　中国历代治安官制简表

朝代	官制类型				
	中央警察	治安警察	刑事警察	承担地方治安职责的官吏	基层治安作用
周	司虣	禁暴氏、野庐氏、修闾氏、司烜、司爟、山虞、泽虞、川衡、迹人、蜡氏	司稽		
秦、汉	廷尉	卫尉、郎中令、中尉		由郡守和县令兼任	亭长
三国、魏晋南北朝	京兆尹	卫尉、野庐氏		州牧、刺史、县令	亭长
隋	京兆尹	左右巡使和京师的东西市市令		府设置户曹参军、兵曹参军、法曹参军；州刺史属下设司户参军、司兵参军和司法参军；县令属下设置司户、司兵和司法	乡长、里正
唐	京兆尹	金吾卫、节度使		府尹、州刺史、县令	县以下设有乡、里、保、邻等民间治安组织
宋	巡检司	巡检司	巡检司	巡检司、县尉司	保甲
明	巡捕营、五城兵马司		东厂、西厂和内行厂、锦衣卫	巡检司、按察使、捕盗通判、判官	里甲、保甲
清	步军营、五城御史	户部	刑部、都察院和大理寺；巡捕营、五城兵马司	巡抚、道台、知府、知县	保甲

第二，警察职能分散于各公共权力之中。中国封建社会时期，历代封建王朝为惩治犯罪、维持地方安宁和治安秩序都设置了警察职能，但许多警察职能分散于其他公共行政权力、武装权力和司法权力之中，警察职能和权限不具有独立性。在中国封建王朝简单的社会环境中，这种警察职能与其他公共职能相混淆的公共安全管理模式，与中国礼教所发挥的社会控制功能相配合，基本实现了维持王朝稳定和社会治安的功能。但随着晚清时期列强入侵和西方新思潮的传入，这种警察职能混淆于其他公共权力的公共安全管理模式不足以维持社会安宁与秩序，便面临瓦解。

第三，警察行使职权的随意性很大。首先，由于历代王朝将警察职权混淆于行政权、军权和司法权，故警察职权的边界不清，这也就容易产生失职和越权等现象。其次，中国历代封建王朝都将“人治”奉为国家统治的正统思想，主张依靠道德高尚的圣贤通过道德感化来治理国家。在“人治”和“德治”的治国理念的统领下，封建王朝缺乏平等的利益集团或政治权力与国家权力间的横向控制，国家统治权力一元化的特征鲜明，由此形成了一种单向的、自上而下的、等级森严的“线状”控权模式，这种权力状态和模式本身就容易滋生“独裁”与“专制”。反映在警察职权的行使中，则表现为帝王将相的意志在刑事案件办理和地方治安管理中起到了主导性的作用，而具有警察职能的机构和官吏的职权成为摆设。再者，中国历代封建王朝法制都不健全，具有警察职能的机构和官吏行使职权往往无法可依、无章可循，只能依靠其经验和智慧来办事，因此，警察行使职权的随意性很大，行为失范和权力滥用等现象较为普遍。

四、封建制国家警察现象的特点

就本质而言，封建制国家是经济上占优势地位的封建地主阶级建立的政治实体，封建制国家中具有警察职能的机构和官吏则是封建地主阶级维护其封建统治和利益、对广大农业劳动者进行剥削和压迫的政治工具。纵观东西方封建社会的发展和封建制国家与警察现象的变迁，各封建制国家的警察现象是随该封建制国家政治、经济、社会的变革和发展而调整机构设置和职权的，但从人类社会发展的历史和警察发展史的角度来看，封建制国家的警察现象自身具有鲜明的特点：

第一，封建制国家虽存在警察职能，但无警察之称谓。中外封建制国家都有着丰富多样的警察职能和警务活动，但并没有被称为“警察”的机关和人员。在封建社会时期，中外各国虽然都设置了名目繁多、名称各异的治安机构、警卫机构及官吏，但这些机构和官吏却没有叫作“警察机关”或“警察”的。然而不可否认的是，这些治安机构、警卫机构和官吏确实都行使了现代警察的某些职能，而且也都成为封建统治阶级维护其统治地位和社会治安的有力工具。可以说，封建社会的众多机构和官吏虽无警察之名，但却行了警察之实。

第二，封建制国家的警察职能与国家的其他职能相混淆。在封建社会，长期实行行政与司法合一，军事与行政合一的体制。① 在这种体制下，尽管警察职能对于封建制国家的统治来讲是绝对必要的，但长期实行军警不分、政警不分，即各封建制国家的警察职能常常与军事职能、审判职能以及其他行政机关的职能混淆在一起。最高统治者和地方长官集行政、军事、司法、警务等多种职权于一身，警察职权不独立。许多机构既具有军事性质和司法性质，又具有肩负社会治安管理的职责；许多官吏既主管军队，又主管审判，还主管公共安全。例如，秦朝时，各地方的警察职能主要由地方长官来兼任行使。在郡，郡守集本郡的军事、行政、警察大权于一身；在郡守之下专设郡尉，管理治安。在县，县令集本县军事、行政和警察大权于一身，在县令下设县尉，执掌治安。正如阮光铭在《警政概论》中所总结的：“古代的警察，在任何的国家中，都是和政务相混同的。”② 因此，警政不分、军警一

---

① 参见中国社会科学院研究所法制史研究室编著：《中国警察制度简论》，群众出版社 1985 年版，第 9 页。

② 阮光铭：《警政概论》，商务印书馆 1931 年版，第 1 页。转引自陆永：《当代中国警政与现代国家成长》，江苏人民出版社 2015 年版，第 22 页。

体，身份和角色多重，职权混杂，是封建制国家警察现象的鲜明特点。

第三，封建制国家尚未建立统一的专门的警察职能机关。在封建社会，中外警察职能往往与其他的国家职能相混淆，警察职能是由军队、行政机关、审判机关等国家机器共同行使的，造成了政警不分、军警一体的局面，因此，当时的国家并没有形成一个集中的统一的专门的警察职能机关。就中国封建社会而言，历代封建王朝并没有组建统一的、职能独立的警察机关，而是将警察职能分散于国家军队、行政机关、审判机关中。也就是说，从中央到地方，没有建成一个独立于军队、司法和其他行政职能的警察组织系统，而是将警察职能分散到了国家的各个公共权力执行机关。

第四，警察职权及警察行为尚不受法律规范和约束。在封建制国家，警察的权力源于迷信、禁忌、传统、习俗以及至高无上的王权意志。① 封建统治者常常直接使用暴力来执行保障国家安全、维护社会秩序和保持社会稳定的任务，例如，君主以诏书、敕令和口头命令的形式直接调动警察职能部门的工作人员。封建制国家极少出台和公布关于警察职权的法律规范性文件，警察职权的内容常常随帝王将相的个人意志而更改和变化，因此，警察职权缺乏法律规定性和稳定性。即使统治者颁布了关于警察官吏执行职务的法律和纪律，官吏往往也不愿意受法律约束，而总是随性而为、为所欲为，甚至是恣意妄为，致使法律规定成为一纸空文。在封建专制国家，帝王、长官或者宗教组织直接处理罪案是十分常见的社会现象。皇帝的意志、“神灵”的意志、行政长官的意志在警事管理和案件办理中具有主导作用。封建国家的高层统治者和宗教领袖在决定和采取什么警察行为上，有很大的主动权和随意性，故权大于法、言大于法、法外行权的现象十分普遍。又由于警察行为在法律上不严格，故死刑在封建制国家普遍存在。大量违背统治阶级意志和统治秩序的问题都依靠私刑解决了。皇帝、行政长官、宗教领导人、宗族头人等都有权使用私刑，他们常常使用私刑执行刑罚，成为古代警察制度的阶

① 参见谢闻歌：《英美现代警察探源及其社会调控职能透析》，载《世界历史》2000年第6期。

级基础和补充力量。①

第五，警察以保卫最高统治者的安全和利益为主要职责。无论是在东方还是西方，各封建制国家都重视使用警察保卫国家最高统治者（国王、皇帝等）及其皇亲贵胄的人身安全，因此，封建制国家往往在都城设置了大量行使警卫和安全保护职能的机构和官吏，在帝王的王宫更是配置了极为密集的警力，以保卫皇亲贵胄的人身安全和国家政权稳固。在中国封建专制主义制度下，皇帝是地主阶级的象征，皇权是专制主义的标志，加强皇权，维护皇帝的安全，便成为历代警察机构最重要的任务。② 可以说，在封建社会，各封建王朝所设置的行使警察职能的机构和官吏均把保卫国家最高统治者、宫廷的安全和维护都城治安秩序作为主要目标，因此，在都城的警察机构、官吏的设置和人员配置都极为讲究，由此也显示出封建制国家警察突出的政治镇压职能。

第六，逐步加强地方治安管理，以此来强化对基层人民的监管和控制。在封建统治时期，历代统治阶级都认识到，基层社会秩序和治安状况关系着整个政治统治的稳定，因此，逐步加紧了地方治安管理和对基层的控制。尽管封建制国家极为重视都城治安、王宫安全和王室安全，但其同样也在地方设置了行使警察职权的机构和官吏，负责地方治安管理，并逐渐形成了一些基层治安管理的方式和经验。例如，我国自商鞅变法起，“令民为什伍，而相受司连坐”，在秦献公时期实行的“户籍相伍”的基础上，实行邻伍联防、连坐，建立起基层治安管理制度，加强了对基层治安的控制。以此为源头和基础，宋代王安石“什伍其民”，“变募兵而行保甲”，规定 10 家为一保，挑选和任命能力强的当保长。50 家为一大保，设大保长。十大保为一都保，任命德高望重且被大众信服者为都保正。每一大保，每晚派出 5 个人轮流巡逻。

① 参见《公安学基础理论教程》编写组：《公安学基础理论教程》，中国人民公安大学出版社 1995 年版，第 7 页。

② 参见中国社会科学院研究所法制史研究室编著：《中国警察制度简论》，群众出版社 1985 年版，第 8 页。

农闲时还会组织农民搞军事训练。尽管这主要是一种军事制度，但其实行结果却强化了基层治安。① 由于封建制国家鲜明的阶级专政性质，以封建地主（或领主）为代表的统治阶级对地方治安的维护主要是通过一系列监管和压制行为来进行的。例如，我国封建王朝在地方设置的行使警察职权的机构和人员主要的警务活动为“稽查究奸”、镇压“奸党”和“叛逆”、缉捕盗贼等。② 明清两代在地方上延续了前朝的基层治安管理制度，在维护治安的同时，利用保甲制度镇压人民，在基层实行互相监视、告发和连坐法，以及强迫劳役、征抽壮丁等各项专制制度。中外封建社会的历史变迁表明，越是当封建王朝的政权处于摇摇欲坠的时候，从中央到地方的军警力量越是表现出政治镇压的职能，军警力量常常被用来镇压地方劳苦大众的反抗和平息祸乱，以维护王朝统治。

第三节　对古代国家警察现象的历史审视

奴隶制国家从原始氏族社会的私有制中孕育和诞生，其政治制度也是从氏族社会的管理形式演变而来，故在某些形式上带有原始氏族社会制度的痕迹。奴隶国家的政治制度是人类历史上最早的政治制度，无论各国政治制度的具体形式差异有多大，神权学说都是奴隶制政治制度共同的理论基础。封建制国家则以君主制和身份等级制作为国家制度的普遍形式，以“朕即国家”“君权神授说”为其政治制度的理论基础。在奴隶制和封建制的国家，经济以自然经济为主体，生产力水平相对低下。在奴隶制国家，国家组织机构初步形成，各机构的职能划分基本明确，初步形成了国家组织体系。在封建制国家，君主或皇帝占据最高统治职位，权力缺乏分割和制约，权力运行

① 参见中国社会科学院研究所法制史研究室编著：《中国警察制度简论》，群众出版社 1985 年版，第 9 页。

② 参见姚华、衣家奇：《公安学基础理论》，兰州大学出版社 1998 年版，第 38 页。

的特点是越来越趋于专制化。为维护封建地主阶级统治，封建王朝往往会设置庞大的官僚机构，以实现对整个社会的政治控制，将所有社会组织纳入政治生活中，从而使国家等同于社会。奴隶制国家和封建制国家在统治方面都重视国家政治镇压职能的发挥，如在中国古代就有“皇权不下县”之说，而忽视公共管理和公共服务的职能，这种国家我们习惯于叫作“古代国家”，又由于它与资产阶级建立的现代民族国家有较大区别，故又称其为“传统国家”。但在古代国家，即在奴隶制国家抑或封建制国家，虽然没有设立官僚机构或官吏名称叫“警察机关”或“警察”，但无疑都设置了具有警察职能的机构或人员。这说明，人类早期就存在警察现象了。

一、警察是国家的标配

警察并非源自本地社会的安全力量，而是被国家创造出来的，是经济政治精英所控制的一个官僚系统，是国家进行阶级统治的工具。[①] 安全、秩序和稳定是人类生存的基本需要，也是国家的基本目标。警察职能系统是国家为保障国家安全、维护治安秩序和社会稳定而设立的一种制度安排。警察与国家紧密相伴，警察是国家的重要组成部分。作为一项国家职能和一种强制性力量，警察是古代奴隶制国家和封建制国家的必要标准化配备。维持国家安全、社会秩序、公共安全事关国家安危和统治者利益，故在国家建立之初统治者都将设立警察作为统治和管理国家的必然手段。奴隶制国家和封建制国家都创立了与其国家政治经济发展相适应的警察职能机关，尽管并未独立、并非专职，但其仍是人类警察现象的源头所在。

奴隶制国家和封建制国家都出现了国家公设的警察。如前所述，雅典人在建立城邦时创立了“由步行的和骑马的弓箭手组成的真正的宪兵队”来承担警察职能；罗马共和国时期设立了具有警察职能的营造官来维护罗马城的整洁、安全和秩序；罗马帝国的奥古斯都建立了与军队不同的警察制度，例

① 参见樊鹏：《社会转型与国家强制：改革时期中国公安警察制度研究》，中国社会科学出版社2017年版，第31页。

如禁卫军、城市管理队、威季莱斯特种警察等。我国奴隶制国家时期夏朝设立了兼有警察职能的司法官“士”来办理一般狱讼案件；商朝设立了马、射、戍、亚、卫等武官，保卫京师，警卫宫廷和大王；周朝则设立“司虣”“司稽”“禁暴氏”“司民”“野庐氏”等名目繁多的机构和官吏以发挥国家在治安管理和社会控制方面的职能。从罗马帝国结束到现代民族国家兴起之前的上千年之前的欧洲，警察都是随主权国家的分权形式而存在的，例如，英国1285年根据《温切斯特法令》而创设的警务官（Constable）制度，就是在延续民间警务的基础上由国家设立的具有现代警察职能的制度。在中国，国家设立警察也有上千年的历史，从唐朝开始，无论是中央管制还是地方县官都有国家公设警察的功能。在日本，幕府的设立和平安时代开始兴起的武士也都属于公设警察。可见，在人类的早期，尽管人类在国家治理方面缺乏足够的经验，但在国家建立的同时，统治者都创建了名称各异的具有警察职能的机构和官吏来安邦治国。

二、警察职权与军权、司法权和行政权混为一体

综观东西方早期警察现象可以发现，奴隶制国家和封建制国家都没有建立独立的警察职能机关，而是将警察职权分散地赋予了军队、司法机关和行政机构。警察职权由军队、司法机关和行政机构共同行使，在职权运行中警察职权往往与政治、军事、审判等职能混淆在一起，表现出军警一体、政警不分的特点。也正因为早期国家军警一体、政警不分，故早期行使警察职权、履行警察职责任务的机构和人员往往都身兼数职、身份多重。例如，罗马共和国的营造官除了履行维护治安的职责，还拥有一定的司法审判权力。就中国古代行使警察职能的人员来看，从中央到地方，从国王、皇帝、中央要员到地方行政长官，均集军权、司法权、行政权于一身，并且还要负责管理社会治安。许多机构既具有军事性质，又具有治安机构的性质；有些机构既承担查找和缉拿罪犯的任务，又负责案件审理、定罪量刑和刑罚执行。这种警察职能未独立的情况普遍存在于东西方奴隶制国家和封建制国家之中，并延

续至近代资产阶级国家建立。有资料表明，在1742年前，德国高级文官都有警察职权。虽然警察职能对国家和社会来说是绝对必要的，但受历史条件及人类治理和管理社会的经验和能力的限制，奴隶制国家和封建制国家还没有形成独立的、专门的警察职能机关。因此，人类早期的警察现象并非独立的专职行为，而是混淆在军事、司法和其他行政行为之中。

三、设立警察的目的是实现社会控制

从人类早期关于警察的实践来看，无论是奴隶制国家还是封建制国家，统治者都将警察视为一种控制社会的手段。首先，警察是用来镇压被统治阶级的工具。奴隶制国家将警察作为镇压奴隶反抗、逃跑、罢工、暴乱的暴力工具，封建制国家将警察用于镇压农民、佃户等被统治阶级的有力工具，警察成为统治者镇压和对付下层劳苦大众反抗、巩固统治秩序、维护统治集团利益的工具。其次，统治阶级通过警察来实现对社会安全的控制。国家统治阶级必须掌握民情社情，牢牢控制人民大众，以避免自己遭到大众的暴力威胁和侵害，同时保证自己能够获得更多、更优质的社会资源和价值分配。而警察为国家统治阶级提供了一种将国家权力延伸并渗透到社会基层的组织和方式，利用警察可以避免大众日常生活中的“危险阶级”对社会安全产生威胁。[①] 因此，奴隶主和封建地主、封建领主便普遍在地方设立具有警察职能的机构和官吏，以将国家权力延伸到基层，了解基层社会的真实情况，以便及时监督、发现和控制公共危害和敌对行为。

四、重视首都的警力配置和安保职责

警察随着国家的建立而建立，警察首先是为了保护统治者特别是最高统治者自身安全而建立的。因此，人类早期国家极为重视在首都的警察职能机构设置和人员配备，也将保卫帝王及宫廷的安全作为最重要的职责。例如，

① 参见樊鹏：《社会转型与国家强制：改革时期中国公安警察制度研究》，中国社会科学出版社2017年版，第31页。

罗马帝国建立后，奥古斯都首先从军队挑选出部分士兵组成禁卫军（Praetorian Guard），来保护其宫廷安全和个人安全。斯图亚特王朝复辟后，也首先是在首都伦敦市开始雇用更夫巡夜，以改善治安状况。中国各封建王朝均注重保卫皇帝、宫廷的安全，都将维护京师安全和秩序作为主要目标，因此在中央警察职能机构设置和人员配备上都较为讲究。例如，隋唐时期，朝廷在中央设有左右金吾卫、御史台派出左右巡使负责京师的市区和街道巡逻，并设立东西市市令等官职负责京师的市场治安。

与在首都高规格配置警力相反，人类早期国家在地方上较少配置具有警察职能的机构和人员，而是鼓励民间组织和群众参与地方治安维护。例如，在盎格鲁－撒克逊时期（500～1066年），以“邻里监督、维护治安、捕捉盗贼、化民成俗”为要义的太兴制（Tything）就在维护地方治安方面发挥了重要作用，从而被视为古代出现较早的群众自发自治的警务形式。1066年后，英国地方又以太兴制为基础建立了“十户联保制”，这依然是一种典型的民众自治警察制度，其机构完全由本地民众组成，采用的手段也完全体现了当地民意或本地风俗习惯。① 在我国古代，封建王朝虽然也重视对基层的治安控制，但并未过多设计和布置地方警察职能机构及人员，而是注重了对民间治安力量的挖掘。例如，唐朝为了实现对基层治安的有效控制，县以下设有乡、里、保、邻等民间组织作为基层单位，由乡长、里正、村正和坊正在基层承担一些传统的治安管理、纠察犯罪的职责。

---

① 参见卢建军：《警察职权的界定与配置》，北京大学出版社2017年版，第38页。

第三章

民族国家构建过程中现代专职警察的创立

马克思在《政治经济学批判》序言中指出："随着经济基础的变更，全部庞大的上层建筑也或慢或快地发生变革。"①

警察与国家同步产生、同步发展，警察制度的演进与国家的变迁互相映射，因此，警察发展的历史就是国家变迁的历史，警察制度是国家发展在历史幕布上的一种投影。欧洲从中世纪向近代迈进的过程，是一个政治权力不断集中，国家对经济社会调控能力不断提高，并且在此基础上，国家与社会力量在互动中实现平衡，逐步建立健全民主政治体制的过程，这个过程也正是现代民族国家构建和成长的过程。② 随着现代民族国家的构建和成长，人类警察也从非正式阶段走向正式阶段，从兼职警察转变为专职警察，由此，掀开了现代警察制度发展的新篇章。本章拟从英国、法国现代专职警察创立的历程，分析现代专职警察创立的内在逻辑，考察现代专职警察与现代民族国家的构建和成长之间的关系，总结现代警察的本质特征。

第一节　英国现代专职警察的创立及其进步意义

在封建社会末期，商品经济的发展导致封建社会自给自足的自然经济逐

① 马克思：《政治经济学批判》，载《马克思恩格斯全集》（第 13 卷），人民出版社 1962 年版，第 9 页。

② 参见陆永：《当代国家警政与现代国家成长》，江苏人民出版社 2015 年版，第 17～18 页。

渐解体，资本主义生产关系开始萌芽。随着资本的原始积累，大量农民和手工业者破产而成为自由劳动力，社会生产从简单的商品生产向资本主义大生产过渡。此时，封建制度因其已无法适应资本主义生产力的发展而变成了束缚生产力发展的牢笼，新的社会生产方式呼唤新的制度来适应和促进生产力发展。随着资本主义经济的发展，资产阶级的力量不断壮大，为资产阶级革命做好了准备。在 16 世纪末的荷兰，17 世纪中叶的英国，18 世纪末的法国，19 世纪中叶的德国及其他一些国家，先后爆发资产阶级革命，建立资产阶级国家。现代专职警察制度正是在资产阶级国家的发展中逐步建立的。

有英国学者指出，法律秩序和公共安全面临严峻考验的时代，正是职业警察发展的初级阶段。由于伦敦的情形最糟糕，这个阶段自然也就从那里开始。警察的改革通常是从为反对都市骚乱和犯罪的邪恶势力，进行彻底自卫而开始的。①

一、英国现代专职警察的酝酿阶段

（一）时代背景

16 世纪的英国，由于纺纱机的发明，机器工业陆续建立，英国开始从农业国向工业国转变。工业革命刺激了大批人口流动——成千上万的人离开乡村涌入城市走进工厂做工。但是由于机器生产逐渐代替了许多人力劳动，于是英国出现了大量失业工人。大量失业工人因生活窘迫而沦为流浪汉和乞丐，这大大威胁着英国社会的治安稳定，也影响了经济发展。为了适应资本主义经济发展的需要，英国加大了对原有社会治安管理系统的控制。到了 17 世纪，英国政府开始在全国推行道德与社会规训的国家标准，要求社区治安人员开展警务活动时，将村落社会的行为规范和中央政府试图强加的道德与社

① 参见［英］菲利浦·约翰·斯特德：《英国警察》，何家弘、刘刚译，群众出版社 1989 年版，第 18 页。

会规训的新标准进行结合与调节，① 以强化国家对公共安全治理的引导，实现资本主义国家对有序治安环境的期望。

为了适应资本主义原始积累的需要，获得更多的廉价劳动力，也为了尽快改善社会治安，英国政府颁布了惩治流浪汉和乞丐的法令，要求流浪汉和乞丐或游手好闲者必须服从治安法官和警务官的命令。但法令的出台并未彻底改善英国社会治安混乱的情况，英国反而更加频繁地出现暴动和骚乱。1714 年英国颁布《镇压骚乱法》，规定只要聚众 12 人以上进行超过 1 小时的非法集会和暴动而危害到公共安全和秩序时，只要 1 名治安法官签署命令，治安法官手下的警务官和巡警就可以对集会者和暴动者执行驱散和实行镇压；若警务官和巡警杀死集会者和暴动者法律也不予追究。可见，此时英国在原有的治安法官制度的基础上，对设立独立于军事组织、并独立行使警察权力的警察力量，做了初步的探索和尝试。

工业革命推动英国的社会生产力取得了快速发展，英国人口开始向城镇和城市集中，一个个工业城市兴起，城市经济空前发展。18 世纪早期，伦敦市拥有了全国 10% 的人口。② 但由于城市人口数量庞大、社会财富过于集中，社会贫富分化非常严重，社会矛盾异常尖锐，城市治安状况十分糟糕，重大刑事案件层出不穷，扒手、盗窃、抢劫等侵犯有产者生命和财产的犯罪活动非常猖獗。18 世纪中期，杜松子酒的发明和广泛销售，又引起了大量的酗酒现象，英国的治安状况进一步恶化。18 世纪后半期，由于法国大革命、反法战争、食品匮乏等多种因素的综合作用，英国社会产生巨大震荡，各种抗议活动和骚乱频发，社会治安形势严峻。此外，随着城市化进程的不断推进，英国城市在交通、消防、公共秩序等方面时常呈现出混乱和无序的状态，而统治者在城市安全和秩序管理方面也束手无策。总之，英国维护社会秩序的

① 参见［澳］大卫·迪克逊：《警务中的法则：法律法规与警察实践》，薛向君、罗瑞林、倪瑾译，南京出版社 2013 年版，第 47 页。

② 参见［美］罗伯特·兰沃西、［美］劳伦斯·特拉维斯：《什么是警察——美国的经验》，尤小文译，群众出版社 2004 年版，第 62 页。

传统体制在打击犯罪和恢复秩序方面表现得软弱无力，英国社会治安秩序不断恶化，其首都伦敦尤为突出。正如当时伦敦的治安法官帕特里克·科洪（Patrick Colquhoun）在《论首都警察》中所指出的，18世纪的最后20年成为英国犯罪形势加剧的一个重要转折点。① 一切都表明，“犯罪问题已经演变成了一场危机”②，最终导致英国的社会治安急剧恶化。

“法律秩序的瓦解与工业革命的进程同步”③，警学专家克瑞奇雷（Critchley）如是说。在治安混乱、犯罪浪潮汹涌而来的形势之下，英国传统的分散于地方的治安法官制度由于“组织基础太小，数量太少”，加之自身的低效与腐败问题，而无力应对迅速恶化的治安形势。而英国原有的警务官和巡夜更夫则因无薪酬且自身专业素质较低等问题，在应对犯罪和维护公共秩序上也显得力不从心。在工业化和城市化的过程中，公众逐渐意识到“法律和秩序的瓦解是和工业革命与之俱来的”④。既然这样，那么对付犯罪和消除骚乱已经不只是地方的事务，而是国家要面对的问题，政府应当有所作为。这样的社会背景和公众认知为英国开始探索警察制度提供了基础和方向。

（二）改革与探索

1. 私人捕盗人制度的兴起与衰落

为了应对急速上升的犯罪率，私人雇佣的侦探出现了。私家侦探，或曰“自由职业捕盗人”的职责就是设法拿回犯罪分子偷窃的财物，有时还包括将犯罪分子捉拿归案。捕盗人的报酬由违法行为的受害者支付，或者用政府

---

① 伦敦的治安法官帕特里克·科洪指出：英格兰的赤贫阶层和犯罪群体多达130万人，约占总人口的1/8；伦敦潜在的犯罪群体多达11.5万人，约占伦敦人口的1/9。他认为，犯罪状况的严峻性并非仅仅体现为其每年直接导致200万英镑的财产损失，更体现为其在法国大革命背景下对整个社会秩序形成的冲击。参见许志强：《英国工业化时期的犯罪问题及其社会成因》，载《世界历史》2015年第2期。

② ［英］彼得·乔伊斯：《警务发展与当代实践》，曹志建译，知识产权出版社2015年版，第7页。

③ 王大伟等编著：《外国警学理论》，中国人民公安大学出版社2017年版，第95页。

④ ［英］彼得·乔伊斯：《警务发展与当代实践》，曹志建译，知识产权出版社2015年版，第7页。

为侦破诸如拦路抢劫等严重犯罪而悬赏的赏金支付。[①] 私家捕盗人在打击犯罪方面起到了积极作用，故雇佣私人侦探之风在 18 世纪晚期呈愈演愈烈之势。但是由于会出现私人捕盗人勾结盗贼自导自演偷盗犯罪以谋取报酬的现象，故私家捕盗人制度的发展式微。

2. 菲尔丁兄弟的警务改革实践

在私人捕盗人制度式微之时，出现了公共出资雇佣捕盗人员的制度，即个别治安法官雇用自己手下的警务官，作为教区治安法官的补充力量。伦敦市弓街警探（the Bow Street Runners）就是一次影响力较大也卓有成效的尝试。1748 年亨利 · 菲尔丁（Henry Fielding）出任伦敦弓街治安法院首席治安法官（Chief Magistrates），他组建了英国警察史上第一个专门的犯罪调查组织——弓街警探[②]。警探处于公众控制之下，负责侦办治安法官办公室报告的各种犯罪行为。1754 年，由于亨利 · 菲尔丁的健康状况恶化，其同父异母的兄弟约翰 · 菲尔丁（John Fielding）接任弓街治安法院首席治安法官的职务。与其兄长一样，他也认同弓街警探作为专门的犯罪侦查组织具有重大意义，并继续向前推动其兄长的警务改革。弓街警探的工作经费最初由捕获罪犯而获得的报酬支付（可能是政府为确保对罪犯定罪而提供的），后来转而由中央政府提供的补助专款支付。[③] 在公共基金的资助下，1763 年，约翰 · 菲尔丁组建了一支 8 人骑兵巡逻队（Mounted Patrol），在伦敦教区附近巡逻，专门镇压强盗和伦敦街头的拦路抢劫者。巡逻队在侦查和预防犯罪方面取得

---

① 参见［英］彼得 · 乔伊斯：《警务发展与当代实践》，曹志建译，知识产权出版社 2015 年版，第 9 页。

② the Bow Street Runners，此处翻译为“弓街警探”，参见［英］彼得 · 乔伊斯：《警务发展与当代实践》，曹志建译，知识产权出版社 2015 年版，第 9 页。中国人民公安大学王大伟教授在其早期著作《英美警察科学》中将 the Bow Street Runners 译作“舰队街巡捕”，参见王大伟编著：《英美警察科学》，中国人民公安大学出版社 1995 年版，第 157 页。2019 年出版的《犯罪学的历史》中译本，又将 the Bow Street Runners 译作“鲍街巡逻队”。参见［美］戴维 · 亚瑟 · 琼斯：《犯罪学的历史》，郭建安、宋金莹译，法律出版社 2019 年版，第 106 页。

③ 参见［英］彼得 · 乔伊斯：《警务发展与当代实践》，曹志建译，知识产权出版社 2015 年版，第 10 页。

了良好的成效，但由于缺乏政府支持，巡逻队仅仅工作9个月之后就被迫解散了。[①] 1792年，约翰·菲尔丁又组建了一支步行巡警队（Foot Patrol），巡警队在治安法官的领导下在伦敦的大街小巷步行巡逻。弓街警探和巡逻队等实践探索，特别是专门人员侦办刑事案件、以巡逻的警务方式预防犯罪等尝试，都为英国警务改革提供了经验借鉴。

3. 科洪的警务改革理论和实践

1780年，英国爆发了“戈登暴乱”（Gordon Riots）。这场暴乱引发的混乱不亚于一场战争：暴乱中，社会陷入无序和混乱，有的法庭被洗劫，有的监狱被侵袭，导致犯人肆意逃窜，原本维持地方治安秩序的治安法官的办公机构也遭毁坏。一时之间，烧杀抢掠此起彼伏，而英国的传统治安制度在大规模暴乱面前束手无策、无能为力，以至于整个伦敦城几乎召集不到足够的治安力量以制止暴乱。[②] 暴乱的肆意蔓延对英国的社会生产和生活秩序造成了极大的危害和干扰，英国政府强烈地意识到了原有治安制度的缺陷和社会控制力量的薄弱。为了平息暴乱，政府动用军队，结果造成了700人被打死的悲剧。[③] 社会公众则一方面谴责治安法官应对危机时的软弱无力，另一方面又谴责政府使用骑兵和步兵等武装力量来镇压暴乱的举动。设置训练有素的专职警察，完善社会治安管理制度，提高政府控制社会的能力，成为英国政府和公众的共同期待。

戈登暴乱平息后，以威廉·皮特（William Pitt）首相为首的英国政府在1785年向议会提出了一项法案，要求建立一个统辖伦敦全境的、统一的警务体系，并由3名支取薪水的警务专员（commissioners）负责管理。但此法案遭到拥有崇高自由理念和自治传统的英国大众的强烈反对。直到1792年，英国政府出台《米德尔塞克斯法官法》（Middlesex Justices Act），该法案要求在伦敦再设立7个治安法院，每个治安法院配备3名支领薪俸的治安法官，每

① See John S. Dempsey et al., *An Introduction to Policing*, Cengage Learning, 2014, p. 6.
② 参见许志强：《英国工业化时期的犯罪问题及其社会成因》，载《世界历史》2015年第2期。
③ 参见王大伟编著：《英美警察科学》，中国人民公安大学出版社1995年版，第158页。

名治安法官下辖 6 名受薪警员。[①] 该法案倡导伦敦的其他地区广泛采用弓街警探的运作模式组建警队，于是弓街治安法院的警探模式就被推广到了整个伦敦地区。

帕特里克·科洪（Patrick Colquhoun）被任命为泰晤士河地区治安法院的治安法官，在对英国警务传统和警务改革进行深入思考后，他出版了《论大都市警察》一书。该书指出，警察的职能在于侦破犯罪以及建立一个与良好秩序和安逸的市民社会有关的内政管理；警察不仅可以用来侦查、逮捕罪犯，而且可以预防犯罪；警察不应隶属于治安法院，而应当作为一个独立的政府职能部门。由于当时的泰晤士河及其码头是世界上最繁忙的码头，故也是犯罪高发地带。鉴于此，1798 年科洪倡议建立伦敦水上警察（the Marine Police）来预防码头犯罪。这项倡议获得了英国政府的支持，1799 年，由 90 人组成的泰晤士警察局成立了，专门负责泰晤士河河面和码头的日常巡逻和安全维护。因此，有研究者认为，科洪组建的警察队是英国的第一个国内警察机构（the first civil police department）。[②] 帕特里克·科洪对于警察职能、警务目标和警察职业独立性等理论问题的思考以及他在泰晤士河上开展的警务探索，都为英国现代专职警察制度的建立提供了理论铺垫和实践基础。

二、英国现代专职警察的诞生

进入 19 世纪，英国的工业化和城市化叠加快速进行，产业工人和城市无业人员的数量不断增加，工人运动蓬勃兴起，且规模越来越大。1825 年第一次经济危机爆发，工人阶级和资本家的矛盾被激化，一切都表明，英国原有的治安官制度已被动荡不安的社会生活所突破。为了有效地镇压工人运动，有力地维护公共秩序和打击惩治犯罪，建立一支分散于社会各处的、昼夜执行勤务的、方便调动指挥的、专职的新型警察队伍成为英国社会政治经济发

① 参见［英］彼得·乔伊斯：《警务发展与当代实践》，曹志建译，知识产权出版社 2015 年版，第 10 页。

② See John S. Dempsey et al., *An Introduction to Policing*, Cengage Learning, 2014, p. 6.

展的迫切需要。1829 年 4 月 15 日，英国内政大臣罗伯特·皮尔（Robert Peel）爵士提出了建立警察的议案《大都市警察法》（The Metropolitan Police Act），在皮尔爵士的解释、劝说和坚持下，议案顺利通过。1829 年 9 月 29 日，大伦敦警察厅宣告建立。

新创建的大伦敦警察厅是英国首都大伦敦地区的警察机关，[①] 直接接受内政部领导，向内政大臣负责，它不再履行刑事审判职能，而是专门负责维持治安、预防犯罪、刑事侦查和关押罪犯。最初，职业军人查尔斯·罗文（Charles Rowan）上校和律师理查德·梅恩（Richard Mayne）被任命为大伦敦警察厅总监，由其指挥、管理大伦敦警察厅。随后，“警察厅总监”被改称为“警察厅长”，这个称谓一直沿用至今。根据 1829 年英国《大都市警察法》的规定，伦敦各地以及周边区域成立了警队。当时的伦敦市人口已达 200 万，新的警务方案以查令十字街为中心，半径 7 英里，划分为 5 个大区，后来扩大为 17 个大区，每个大区设 8 个警区，每个警区分为 8 个巡区。而巡区的位置和大小则是按照警察能够在 15 分钟内巡视完区内的每个角落来设计的。[②] 每个大区设警监 1 名，由其指挥 4 名警督和 16 名警长，每个警长指挥 9 名警官。每个大区部署 165 名警官，警官总数约为 3000 人。[③] 警察的这种组织体系具有准军事化的特点，这也是当今英美国家大部分警察机构的特点。

大伦敦警察厅的新型警察的主要工作方式是上街巡逻以预防骚乱和犯罪。巡逻是当时警察唯一的勤务方式，除少数管理和后勤人员外，绝大多数警察

---

① 大伦敦警察厅（Metropolitan Police Service），直译意为“首都警务机构”，另译为“伦敦大都市警察局”“伦敦大都会警察”，区别于自治市伦敦城警察局。至 2010 年 2 月，大伦敦警察厅共有 52,111 名人员，包括 33,258 名警务人员、2988 名志愿警察、14,332 名文职人员及 4520 名警察社区支援员，使伦敦警察成为全英国规模最庞大的警察组织，它担负着包括反恐、保卫英国皇室及政府高层官员等重大的国家任务。参见《英国伦敦警察厅》，载铁血论坛网，http://bbs.tiexue.net/post2_11956764_1.html。

② 参见王明生主编：《公安学基础新论》，中国人民公安大学出版社 2015 年版，第 18 页。

③ 参见［美］罗伯特·兰沃西、［美］劳伦斯·特拉维斯：《什么是警察——美国的经验》，尤小文译，群众出版社 2004 年版，第 70 页。

都被安排上街值勤。新型警察积极主动、完全公开的警务工作方式很快就取得了成就。1834 年，英国下议院特别调查委员会的一份报告中指出，因抢劫和盗窃而造成的财产损失，从每年 90 万英镑下降到 2 万英镑。[①] 警察的街头巡逻和积极应对犯罪，无疑是治安好转的重要原因。大伦敦警察厅有效维护了伦敦的公共安全和秩序。

为了规范新型警察队伍管理，明确警察组织的目标和任务，罗伯特 · 皮尔审定颁布了由厅长查尔斯 · 罗恩和理查德 · 梅尼起草的《警察训令》。《警察训令》中规定了警察组织的性质、任务、警察人员的招募和警察行为准则等内容。在组建新型警察之初的 10 年到 20 年里，新式警察逐渐赢得了市民的支持和认可。

三、英国现代专职警察产生的原因

警察学界一般认为，英国是现代警察的故乡。[②] 对于英国警察产生的根源及其影响，警察史研究者在认识上存在较多分歧。[③] 但无论对其是赞美还是怀疑，学者们普遍都对这段历史给予了高度关注。西方学者将英国现代专职警察建立的原因大体归结为 4 种观点：治安控制论（Disorder Control Theory）、犯罪控制论（Crime Control Theory）、阶级控制论（the Class Control

---

① 参见王鹰：《自从有了警察》，法律出版社 2016 年版，第 11 页。

② 虽然传统的警察史将伦敦大都市警察厅视为拓路人，但最近，历史学家们指出，其他有些新型警察队伍出现的更早，特别是 1822 年皇家爱尔兰警察局的建立。其特别重要的意义在于，它提供了警务的准军事模式。在殖民地警察队伍的引进中，这种模式至少与英国同样具有影响力。此种观点参见［澳］大卫 · 迪克逊：《警务中的法则：法律法规与警察实践》，薛向君、罗瑞林、倪瑾译，南京出版社 2013 年版，第 50 页。

③ 我国专门研究英国警察史的专家夏菲教授总结了国外警察史研究者对于英国警察产生的根源及其影响的观点，大体将其分成三派：以查尔斯 · 李斯（Charles Reith）、克里奇里（T. A. Critchley）等为代表的"辉格派警察史"（Whig Police Histories），他们主要论述了现代警察出现的必要性、合理性，充分肯定了其作用；以罗伯特 · 斯托奇（Robert D. Storch）为代表的"修正主义"的警察史观，他们对辉格派警察史提出批评、质疑，认为现代职业警察并不比旧的治安组织更先进、更有成效，其产生的主要动因是维护资产阶级界定的新秩序；以克莱夫 · 埃姆斯利（Clive Emsley）、罗伯特 · 雷纳（Robert Reiner）等为代表的一些学者则综合以上两派的观点来研究英国警察诞生的历史。参见夏菲：《论英国警察权的变迁》，法律出版社 2011 年版，第 14 页。

Theory）和城市扩张论（Urban Dispersion）。[①] 每种观点都有合理的一面，但是也都失之偏颇，故很难单一地使用其中某一种观点来非常完好地阐释英国现代专职警察的诞生原因。作为由来已久的一种国家统治的工具和社会控制的手段，警察现象的出现、发展和创新必然是国家政治、经济、社会生活等各方面发展的综合结果。因此，应当将英国现代专职警察的建立置于英国资本主义工业国家发展的大背景中去考察，甚至将其置于人类社会分工日趋细化以及人类孜孜不倦地探索调控社会矛盾、管理社会秩序的新制度、新方法的立场中去考察。

结合警察的产生、警察起源的相关理论以及近代英国专职警察诞生时的社会背景来看，英国新型警察的诞生并非由某种单一的原因造成的，而是在英国资本主义工业发展到一定阶段后，其国内阶级对立、刑事犯罪极度猖獗、城市治安管理混乱、资产阶级需要巩固其政治统治等多方面原因综合作用的结果。

1. 面对工人运动，英国需要一支有别于军队的力量来调控国内的阶级斗争和阶级矛盾。恩格斯说，“工人阶级的状况是当代一切社会运动的真正基础和出发点，因为它是我们目前存在的社会灾难最尖锐、最露骨的表现。”[②] 18 世纪后半期，蒸汽机和棉花加工机的发明引发了工业革命，工业革命又推动了整个市民社会的变革。由于蒸汽机普遍用于纺纱机——机械织机的应用，“机械劳动在英国工业的各主要部门战胜了手工劳动”[③]，原先的家庭手工业者被机器驱逐出局，工人阶级失去了一切财产，同时也失去了获得生计的任何保证。在工业化的英国社会形成了两个经济状况和社会地位迥然对立的阶

① 治安控制论认为，近代警察的诞生是由于社会应对暴民骚乱的特殊需要。犯罪控制论认为，犯罪的不断增长和猖獗是近代警察诞生的推动力。阶级控制论认为，近代警察是资产阶级为维护统治地位剥削和镇压无产阶级反抗的产物。城市扩张论认为，警察只是城市建设的一种象征，是创建城市时一种随大流的时髦。参见王大伟编著：《英美警察科学》，中国人民公安大学出版社 1995 年版，第 148～150 页。

② 《马克思恩格斯文集》（第 1 卷），人民出版社 2009 年版，第 385 页。

③ 《马克思恩格斯文集》（第 1 卷），人民出版社 2009 年版，第 385 页。

级：资产阶级拥有巨额的财富，过着锦衣玉食、悠闲自得的生活，在社会中处于优势地位，他们傲视一切；而工人、农民、乞讨者、流浪汉等无产阶级一贫如洗，无衣无食且缺少谋生渠道，过着极度窘困的生活，在社会中处于被奴役、被压迫、被剥削的处境，他们渴求改善生存环境。

随着工业革命的发展，资产阶级积累了相当可观的财富，而无产阶级则一无所有，二者之间的矛盾日益加深，阶级对立更加鲜明。当阶级矛盾较为突出或激烈时，就出现了工人联合起来组织的罢工、示威和游行等工人运动。由于工人阶级受到了比以往的被统治阶级更为严厉的剥削和更为残酷的压迫，所以工人阶级对资产阶级的反抗意志也更坚决，工人运动的参与者也更众多、运动次数也更频繁、运动规模也更宏大。在富有斗争性和持久性的工人运动面前，资产阶级原有的治安法官制度“失灵”了。于是，资产阶级不得不调集国家军队来镇压工人运动，但是由于军队是对外的武装力量，这一性质极大地刺激了广大工人；加之，工人运动此起彼伏，军队力量又十分有限，常常奔波于各工业城市之间使国家军队也疲惫不堪，[①] 导致军队镇压工人运动收效甚微。面对经常性的、有组织的、大规模的工人运动，成立一支有别于军队、但训练有素的社会控制力量来镇压工人运动、调控阶级矛盾，作为紧迫的议题被提上了日程。

2. 面对城市化过程中激增的犯罪，英国需要一支打击惩治犯罪的专门力量。工业革命的飞速发展和圈地运动的合法化使得英国社会出现了许多失业工人、乞讨者和流浪汉。“随着无产阶级人数的增长，英国的犯罪的数字也

---

① 由于害怕工人暴动，1792 年，英国曼彻斯特、伯明翰、谢菲尔德、考文垂、南安普顿和诺丁汉等工业中心城市的富裕居民要求政府在城市周围驻扎军队。1792 年驻扎在这些城市周围的军队还只有 2 万人，到 1805 年已猛增至 16 万人。此起彼伏的反抗运动使得军队在一个又一个工业中心城市之间疲于奔命。警察史学家查尔斯·里斯（Charles Reith）担心地说：“假如暴动在全国各地同时爆发，政府部署的全部军队恐怕也无能为力了。1819 年发生在曼彻斯特的‘彼得卢大屠杀’中，全副武装的军队冲进 8 万多人的游行队伍，打死了 11 名示威者（包括一名儿童），打伤数百人。这件事反而激起了更大规模的罢工和抗议示威。”转引自谢闻歌：《英美现代警察探源及其社会调控职能透析》，载《世界历史》2000 年第 6 期。

增加了，不列颠民族已成为世界上罪犯最多的民族。”① 恩格斯根据英国官方每年公布的《犯罪统计表》，仔细研究了1805年到1842年英格兰和威尔士因刑事犯罪而被捕的人数，他发现，英国的犯罪率正在以不可思议的速度增长。在1805年到1842年的37年中，英格兰和威尔士因刑事犯罪而被捕的人数不断增长，且因犯罪被捕的人数增加了6倍，其中大部分罪犯属于无产阶级。恩格斯在深入全面考察英国工人阶级的工作生活境况后一针见血地指出：“蔑视社会秩序的最明显最极端的表现就是犯罪。只要那些使工人道德堕落的原因产生了比平常更强烈更集中的影响，工人就必然会成为罪犯，正像水在列氏80°时必然由液态变为气态一样。”② 随着犯罪率的上升，特别是在面临大规模破坏性的血腥暴动时，社会精英就开始担心社会本身的存在。

阶级矛盾十分突出、贫富差距异常悬殊、政府管理极度乏力等多种社会因素综合在一起，使英国的犯罪率直线攀升。事实上，自从资产阶级掌握了政权，犯罪问题就严重地威胁着资产阶级的利益，影响着资产阶级的统治秩序。采取积极措施，有效遏制日益增长的犯罪，是摆在资产阶级面前的一个棘手而重要的问题。在认真研究菲尔丁兄弟和帕特里克·科洪等提出的警务理论和开展过的警务改革之后，建立一支具有一定规模且专职对付犯罪的警察力量，就被当作控制犯罪增长、维护治安秩序的首选方案而提了出来。正如英国警察学专家所指出的，当无论在频率上还是在危害性上，犯罪与混乱的水平都发展到危及社会的正常运转的程度时，正式警察就出现了。③

3. 英国在社会转型期需要一支分散于四处的治安管理力量来维护秩序、管理城市。18世纪下半叶，英国人口急速向城市集中，城市人口迅速膨胀。一时间，英国出现了曼彻斯特、伯明翰、诺丁汉等一批新兴的工业城市，这些工业城市中不但工厂林立，而且人口众多。新型工业城市成为资本主义社

① 《马克思恩格斯文集》（第1卷），人民出版社2009年版，第443页。
② 《马克思恩格斯文集》（第1卷），人民出版社2009年版，第443页。
③ 参见［美］罗伯特·兰沃西、［美］劳伦斯·特拉维斯：《什么是警察——美国的经验》，尤小文译，群众出版社2004年版，第39页。

会发展中人口最聚集、财富最集中、贫富分化最严重、阶级斗争最尖锐的区域，同时贫困、酗酒、纵欲、混乱也是当时城市的真实写照，抢劫盗窃、杀人放火、车匪路霸屡见不鲜，城市治安管理日趋复杂，城市治安秩序受到严重挑战。对于资产阶级而言，良好的城市治安秩序是其实现政治统治和经济利益的直接保证。因此，建立一支分散于社会各个角落的专职力量来加强城市治安管理、维护城市秩序成为一件非常紧迫的事。

4. 警察行政需要纳入资产阶级“法治”轨道。资产阶级反对封建皇权，为了维护自身政治地位和经济利益，特别重视和强调法治的作用，主张运用法律制度体系和法治手段来保障自身权益。警政是法治的重要方面，把警政纳入资产阶级法治的轨道，是近代文明和法治进步的一种表现，其目的是使警察机关成为执行资产阶级意志、维护资产阶级专政的工具。

考察英国近代历史不难发现，工业革命不仅推动了英国的经济发展，而且从根本上改变了英国的社会结构和社会关系。工业革命加剧和激化了英国的社会矛盾和社会冲突，催生了大型工业城市的出现，加速了英国社会的阶级分化。英国社会中的这些翻天覆地的变化，刺激了英国社会特别是大城市犯罪率的普遍增长，骚乱暴动频发，社会治安混乱。而英国运行数百年且行之有效的那种以社区自治为基础、中央王权监督为特征的传统治安模式，在应对发生巨变且严峻的英国社会治安形势时显得苍白无力，难以奏效。为了镇压国内的阶级斗争，缓和社会矛盾，打击惩治犯罪，加强对城市治安秩序的控制，强化资产阶级法治，建立一种新型而有效的警察制度便成为当务之急。最终，英国内政大臣罗伯特·皮尔向议会提交了建立新型警察的议案。1829 年 7 月，英国议会通过了《大都市警察法》。根据 1829 年《大都市警察法》的规定，英国组建了一个直接由内政大臣指挥的警察厅，由其指挥和控制整个伦敦地区所有的新型专职警察队伍。

四、英国现代专职警察的进步意义

1829 年，在内政大臣罗伯特·皮尔的主导下，英国在首都伦敦设置了内政部直属的大伦敦警察厅，开创了现代专职警察的源头。随后，英国各郡市普遍建立专职警察，中央和地方警察力量不断调整，逐渐形成了特色鲜明的英国警察制度。

人类警察史是从非正式警务向正式警务过渡的过程。日本学者松井茂曾总结道："警察，初与军队混同，次与司法混同，最后始属于内务省，其沿革各国皆同。"① 英国警务则是走过了一条与强调地方自治、强调个人权利密切关联的道路：由市民自愿参与民间治安自治组织到司法行政职责混合的无报酬的治安法官制度，再到支付报酬的雇佣更夫、雇佣捕盗人制度，最后国家才根据法律建立了专职警察制度。只有将英国现代警察放入人类警察发展的历史长河中考察，才会看到英国 1829 年组建的现代专职警察不同于古代警察（奴隶制国家警察和封建制国家警察）的先进性，也才能看到英国 1829 年组建的专职警察在当代的延续和发展。

（一）警察成为一项专门职业

回望历史，英国警察从古代向近代发展的历程就是从自助式警务发展到专职警务的过程，从英国创建大都市警察厅起，警察获得了新生——成为一项专门的职业。这主要体现在以下方面：

首先，警察职能的独立化。这表现为警察职能与军务、审判、其他行政事务分离，警察职能逐渐独立。古代警察的职权由军队、审判机关和行政机构共同行使，警察职能也未从王权、政务、军务、审判等职能中分离出来，因此，古代没有形成独立的专门性警察机关来集中行使警察职权，也没有建立起结构稳定的警察组织系统，可谓是政警不分、军警一体。英国新型的专职警察制度建立以后，警察不再履行其传统的军事武装、刑事审判等职能，而是专门履行有关维护治安、预防犯罪、侦查犯罪方面的职能；除了在纪律作风、教育训练、武器警械使用上具有军事化色彩之外，警察机关实行其特有的警衔制度、职务晋升制度和奖惩制度，警察与军队有了明确区分。新型

① ［日］松井茂：《警察学纲要》，吴石译，中国政法大学出版社 2005 年版，第 38 页。

警察有了专门的职责和权限，其职能日渐从王权、政务、军务、审判等职能中分离出来，并形成了职能集中而独立的专门组织系统，因此有研究者也将新型警察称为“专职警察”或“正式警察”。从英国专职警察开始，Police和Policing才专指“警察”和“警务”。

其次，警察职业的专业化。“职业”（Profession）是指个人在社会中所从事的并以其为主要生活来源的工作。由于古代警察职能不独立，故古代警察人员身兼数职，身份角色复杂。现代警察制度诞生后，警察成为专事社会安全和治安秩序的“专职人员”，警察的身份是单纯的。英国新型警察创建之初，设立的新型警察招募条件为：35岁以下，身高5.7英尺以上，体型适当，能读会写，身体素质和心理素质良好。对照这一条件，有许多原来英国地方维护治安的守夜人就达不到标准。但统一设定招募条件，并适当提高职业准入门槛，保障了新型警察队伍的整体水准。而且随着社会的变迁和警察职业的发展，社会逐渐积累了警察职业的思维意识、理论知识和技术，因此，要求从事警察职业的人必须具备一定的专业思维和专业知识。加之，随着科学技术的发展以及社会对警务工作期望的提升，警察职业体系也表现出专业分工日益明细的趋势，逐渐出现刑事侦查、治安管理、警务战术与指挥、警察管理等专门业务。警察职业分工的日益细化又促进了警察专业知识和技术技能的发展，也加快了警察职业专业化发展的步伐。

再次，警察装备的专门化。为了便于警察执行任务，为警察配备专门的任务装备是必不可少的。英国新型警察开始身着专门设计的不同于军人的制服并佩戴特殊标识和警号开展工作，这既方便警察以法定身份执行公务，又有利于公众对警察实行监督，还便利了公众向警察发出救援求助。统一的制服既是国家赋予着装者权力的象征，又是警察公开执行警务的标志，它有利于警察分散执勤，也有利于公众向警察求助。许多学者将统一制服看作现代警察制度建立的外在表现，因此英国新型警察也被称为“制服警察”。为了方便开展警务，英国现代警察从初建时就重视警用器械装备的配备。例如，英国新型警察一开始就配备了一个随身携带的可以发出警报和召唤救援的手摇警报器。警务装备保障专门化也是现代警察区别于古代警察的特点，并且随着经济与科技的发展，警用通信、交通装备的现代化程度越来越高，警务装备保障已经成为警务保障的重要内容。

最后，英国现代警察创建后，警察开始享受独立的职业薪俸。也就是说，作为警察职业的从事者可以从职业行为中取得报酬，警察成为一种可以全身心投入的、赖以为生的职业。[①] 因此，也有研究者将英国建立的新型警察称为“职业警察”。

（二）强调警察法治

英国现代警察的创立，是警察职业化的起点，同样是警察法治化的开端。古代警察的职权不是来自法律，而是来自皇帝、神灵和长官的意志。当时，皇帝、行政长官、三军统帅、宗教领袖、宗族头人等都有权参与罪案处理和动用私刑，警察行为的随意性很大，不太受法律约束，有时无法可依，有时有法也不依。随着资产阶级人权思想及法治观念的推广与普及，人们开始拒斥私刑制度，排除执法的随意性，由法律明确规定警察的职责权限，依法行使警察职权的呼声日益高涨。于是，通过法律组建职权明确、依法行事的现代警察力量，构建具有法治化特点的现代警察制度成为历史的必然。英国现代警察从建立之初就具备了法治化特点。

英国大都市警察的权力来自法律授权，即1829年议会通过的《大都市警察法》。这部法律是第一部在名称中包含了“Police”一词的中央警察立法。[②] 该法确定了大伦敦警察厅的合法地位和主要职责，规定了中央政府在建警方面的权力，规定了中央政府、内政部与大伦敦警察厅之间的领导关系，还对大伦敦警察厅的活动范围、人员招募、组织管理和执法保障等都做了详尽规

---

① David Bayley, *Patterns of Policing: A Comparative International Analysis.* 转引自谢闻歌：《英美现代警察探源及其社会调控职能透析》，载《世界历史》2000年第6期。

② “Police”正式成为立法的名称是在1800年，即《格拉斯哥警察法》，它属于地方立法，无法与《1829年大都市警察法》相提并论。参见李温：《英国警察法：历史发展与当代改革研究》，黑龙江人民出版社2009年版，第6页注释1。

定。大伦敦警察厅成立后，在内政大臣罗伯特·皮尔的主导下，英国内政部颁布了《警察训令》(Police Instruction)。《警察训令》规定了警察组织的性质、任务，还规定了警察招募和警察行为准则等内容，可以说，《警察训令》具有警察法的性质，它与《大都市警察法》一起成为创设新型职业警察的法律基础和规范性指导。《警察训令》的起草者——大伦敦警察厅的两位首任厅长查尔斯·罗恩和理查德·梅尼都坚信警察按照法律规范行事具有重要意义，他们认为，“警察维持秩序、执行法律的行为本身要受到法定程序和法律规范的制约。遵守法律是大都市警察的首要要求”①。他们在管理中坚定地贯彻这一主张，带领警察厅尊重法律，遵守法律，依法行事，减少警察对公民的侵犯和妨碍。从建立新型专业警察之初，英国就奠定了法治警察的历史传统：警察必须置于法律之下，必须向法律负责，并且要保卫法律所提供的自由。②

英国新型职业警察机关是在法律的推动下在全国陆续组建的。自1829年创建大伦敦警察厅以来，英国先后根据《1835年自治城市警察法》《1856年郡和市警察法》《1919年警察法》《1946年警察法》《1964年警察法》《1994年警察及治安法庭法》《1996年警察法》等一系列法律组建了郡、市、镇的警察组织。如果说《大伦敦警察法》的颁布和实行是英国建立专职警察的区域性尝试，那么《1856年郡和市警察法》就是推动在英国全国范围内全面建警的实施方案，在该法的推动下，在英国全国范围内统一着装、相对固定的警察组织结构逐步形成。《1919年警察法》则为英国警察的统一化和规范化提供了法律依据，大大推动了英国警察的专业化发展。《1964年警察法》对传统的地方分治警察体制进行改革，加强了中央警察机关的权力，促进了英国全警队伍的规范化。此外，英国还通过立法来实现对警察机关的监督和问责。例如，《1964年警察法》要求建立地方议会警务督察委员会，《1976年警察

① 夏菲：《论英国警察权的变迁》，法律出版社2011年版，第37页。

② 参见［英］菲利浦·约翰·斯特德：《英国警察》，何家弘、刘刚译，群众出版社1989年版，第171页。

法》要求设立警察投诉委员会。

在英国，警察的职权与责任义务的相关问题也是由法律规定的，国家要求警察必须严格遵循法律来执行职务。从新型职业警察建立起，对英国警察职权的规定一直散见于普通法，而缺少制定法的基础。[①] 例如，在侦查权方面英国一直非常谨慎，认为警察是身着制服的公众，警察只拥有极少数的公民所不拥有的权力。在《1829 年大都市警察法》中规定了警察对闲散人员、流浪者的逮捕权；《1835 年自治城市警察法》也赋予了警察逮捕扰乱公共秩序、有犯罪嫌疑的行为人的权力；《1839 年大都市警察法》则扩大了警察执行逮捕的权力。但对于真正围绕罪案侦查而引起的逮捕权、询问权等一系列侦查权的明确规范是《1984 年警察与刑事证据法》（The Police and Criminal Evidence Act 1984）。《1984 年警察和刑事证据法》使英国警察法在内容上出现了由组织法向职权法的发展转向。该法第一次以制定法的形式将英国历史上分散、零星、不确定的警察权力变得相对集中、统一和更具确定性，为警察权力的行使构建起基本的法律框架。[②] 该法对警察在刑事侦查过程中的执法权限及其行使条件和程序作了明文规定，成为英国警察长期主要的执法依据，对英国警务程序产生了深刻影响。例如，有关羁押的登记、监督和讯问行为必须要有严格的时间规定和完整的记录，对此形成了一整套常规做法。[③] 该法改善了英国警察过去按习惯办事、自由裁量权过大的问题，为英国警察树立起了依法办事和规范化执法的意识。该法调和了警察职权和嫌犯人权之间的矛盾，系统规范了警察的搜索权限与义务，并组建了警察申诉权力委员会，加强了对警察的监督管理。《1984 年警察和刑事证据法》在规定了警察在刑事侦查方面的主要权力的同时，还为后续刑事司法改革奠定了基础，因此，它被人们称为“现代英国警察权力的宪章”。此后，为强化警察的专业与效率、防止各地因追诉权行使不一致所导致的差异，英国于 1985 年颁布了

---

① 参见高文英、邢捷主编：《警察法学》，中国政法大学出版社 2017 年版，第 47 页。

② 参见高文英、邢捷主编：《警察法学》，中国政法大学出版社 2017 年版，第 47 页。

③ 参见薛向君：《英国现代警察的治理与问责》，知识产权出版社 2013 年版，第 24 页。

《犯罪追诉法》（Prosecution of Offences Act）以改革刑事侦查和检察制度；1986年英国国会还通过了《1986年公共秩序法》（Public Order Act 1986），推进了警察权力法治化进程。其后颁布的《刑事上诉法》《刑事诉讼和侦查法》等法令则进一步明确规范了警察行使职权的程序和要求。

此外，英国还注重对特殊领域专门问题的立法，例如为应对恐怖主义的现实威胁，英国分别颁布了《1974年恐怖主义预防法（临时法）》［Prevention of Terrorism（Temporary Provisions）］、《2000年反恐怖主义法》（Terrorism Act 2000）、《2005年恐怖主义预防法》（Prevention of Terrorism Act 2005）、《2006年反恐怖主义法》（Terrorism Act 2006），对警察在恐怖主义案件调查中的盘查权和嫌犯羁押期限等做了特殊规定。

综上所述，英国现代专职警察制度是通过法律确立起来的，警察依照法律来执行职务已经成为一项重要原则。重视警察法制建设，持续推进警察职权法治化运行，是英国现代警察的重要特点。

（三）以预防犯罪为工作目标

在罗伯特·皮尔建立新型职业警察之前，在英国从事犯罪调查和抓捕犯罪人的职业群体是菲尔丁兄弟组建的"弓街警探"（Bow Street Runners）[①]等，警探只有在犯罪已发生且被受害者雇用后才能有效地处理财产型犯罪。更为令人难以相信的是，警探有时被发现与罪犯勾结和串谋以满足他们的利益。那时，警探和强盗之间的界线是相当模糊的，警探很容易逾越合法的界限。而且，即使是最好的警探，也只会在犯罪发生之后并且有足够的酬金时才采取调查行动。但是罗伯特·皮尔提出法案组建了专职警察之后，警察对犯罪更多的是起到预防作用。1829年发布的《警察训令》在其开头部分明确指出，每个警察从他一入职就应当牢记，他所从事的主要工作的目标是预防刑事犯罪，而不是侦查犯罪或者处罚罪犯；只有以预防犯罪为核心开展工作，才能确保公民安全和社会安宁；预防犯罪的效果要比在犯罪发生后才对其开

① Bow Street Runners，此处同前文翻译为"弓街警探"，又译作"舰队街巡捕""鲍街巡逻队"等。

展侦查和处罚犯罪人要好很多。[①] 这里明确了警察工作的主要目标和任务是预防犯罪。

在现代专职警察创立之前，公共安全领域内的执法都是应对性的，是对已发生犯罪的被动反应。而功利主义哲学认为，预防犯罪要比事后应对的效果要好。受此思想影响，罗伯特·皮尔认为一支以预防犯罪为己任的警察队伍的存在会使犯罪分子安分守己，并能够避免年轻人走上犯罪的道路，[②] 故其提出警察的任务重在预防犯罪。虽然罗伯特·皮尔的新型警察建立于英国社会犯罪问题严重、骚乱多发的背景下，应对犯罪是新型警察必须要面对的任务，但英国新型警察应对犯罪并不依赖于侦查和处罚犯罪人。受自治传统的影响，英国公众认为，警察仅仅是穿着制服的公众，他们只拥有极少数的公民所不拥有的权力，故英国公众比较排斥和限制警察的侦查权。在大都市警察厅建立之初，并未建立侦查部门，而是继续由弓街警探行使侦查职能。[③] 为了实现预防犯罪的工作目标，大都市警察以巡逻作为最主要的勤务方式。通过安排警察到不同地区进行徒步巡逻，可以及时发现和处理可疑的违法犯罪行为。

此后，在经历了几起谋杀案侦破的失败和侦查人员受贿的丑闻后，大都市警察于 1878 年正式建立了犯罪调查局（Criminal Investigation Department，CID），侦查员的数量也得到了增加。但尽管如此，英国法律还是迟迟未授予警察在侦查方面的较大的强制权，直到《1984 年警察与刑事证据法》的颁布。在该法之前，警察尽管也享有逮捕权，但主要是对社会闲散人员、流浪

① 参见夏菲：《论英国警察权的变迁》，法律出版社 2011 年版，第 36 页。

② 有研究者认为，罗伯特·皮尔创建现代警察，其“现代”的具体含义涉及了警务工作的三个核心因素：任务、战略和警察组织结构。在罗伯特·皮尔创立现代警察之前，针对公共安全领域的执法都是应对性的，是对已经发生犯罪的反应。而罗伯特·皮尔提出警察的任务是预防犯罪，因为从功利主义的观点来看，预防犯罪要比事后应对的效果要好。参见［美］塞缪尔·沃克、［美］查尔斯·M. 卡茨：《美国警察导论》，张小兵等译，中国人民公安大学出版社 2016 年版，第 60 页。

③ 直到 1842 年，大都市警察厅才组建专门的侦查部门，但人手极少，仅有 2 名督察和 6 名警长组成。1867 年，为应对爱尔兰恐怖主义活动，侦查部门扩员后人数增加到 15 人，其人数与当时大都市的 8000 名警察相比，依然是微不足道的。参见夏菲：《论英国警察权的变迁》，法律出版社 2011 年版，第 75 页。

汉以及轻微违法行为人具有逮捕权。这种逮捕权的实施更多地表现为一种管理社会秩序和预防犯罪的功能，而不是侦查破案寻找罪犯的功能。即使在《1984年警察与刑事证据法》颁布后，警察的侦查权扩大了，英国依然重视预防犯罪，自20世纪70年代在英国开始兴起，八九十年代在全国范围内得到普遍推行的社区警务就印证了这一点。

现代犯罪学研究认为，产生犯罪的根源在社会，抑制犯罪的根本力量也在社会；与其花大力气侦查、打击、惩治犯罪，不如预防和减少犯罪发生；要从根本上预防和减少犯罪就必须从净化基层社区环境、加强社区建设做起。在此理念的指导下，英国从20世纪80年代起全面开展社区警务，通过推进警察和地方社区之间的咨询与合作机制，来解决社区安全隐患和治安问题，以预防犯罪。英国的许多警察局都建立了社区关系改进部门，有些地方则建立了警察社区联络组，其实质都是通过增加地方警察委员会和警察局长向社区咨询的义务，确保警察能够了解社区的情况，能够听到社会不同群体的声音，并接受社区的意见。通过改善和建设社区微观环境来达到抑制犯罪的目的。因此，重视预防犯罪的作用，开展以预防为主的警务活动，是英国新型警察的重要特色。

（四）警察与公众保持良好关系

英国新型职业警察制度源于英国集体自我警务这一古老传统，警察不是政府的警察，而是社区群众的公共警察，是为警察即公众，公众即警察。正如有研究者所说的，“在英国社会中从来不存在中央政府可以任意支配的警察力量……警察永远来自人民，也为了人民”①。在英国，现代警察从一开始就代表政府机构承担起维护公共安全的职责，对公众负有最终责任。伦敦的第一届警察厅长（London’s first police commissioners）查尔斯·罗文上校和律师理查德·梅恩以及英国新型警察的创建者——罗伯特·皮尔爵士认为，“警

---

① ［英］罗伯特·赖纳：《警察的政治学分析》，但彦铮译，知识产权出版社2017年版，第84页。

察和公民之间的相互尊重对新型警察队伍取得成功具有至关重要的意义”①。

英国新型警察从一开始就继承了“警察是公众、公众是警察”的优秀传统，并重视培育良好的警民关系以促进警务工作。建警之初，在英国警察颁布的《警察训令》中规定了警察与公众交往中必须遵守的行为准则。其中，最引人注目的是关于警察理性、文明、合法执法的要求：第一，警察要平等对待所有人，不应将公众区分为不同阶层或者阶级，不应实行差别对待。第二，警察要礼貌待人，不可粗暴无理，要彬彬有礼，不可傲慢蛮横。第三，警察执法要理性，不能感情用事，不能轻率随意而为。第四，警察执法要有合法性支持，不得侵犯和干涉公民的自由和权利。第五，警察依法执法时一定要坚定、果敢、自信。② 此外，《警察训令》中还阐述了情绪控制对警察开展工作的益处，并劝告警察不要为任何人的任何言语和威胁所激怒，不要发火，应当以平和的坚决的方式执法，以取得公众的配合与协助。③ 可见，英国新型警察从建立之初就主张通过树立儒雅绅士般的警察形象来赢得公众对警察的尊重和信任。“从那时起到现在，准则一直是警察的立身之道，它奠定了警察与公众关系的基石。”④ 综观《警察训令》中的“警务九条原则”，提到最多的是“公众”：警务活动要赢得公众的支持和配合，警察工作以维护公众需求和利益的目标。正因如此，“警务九条原则”至今都闪烁着光辉，一直为各国警界所谨守，并被奉为各国警界的座右铭。

英国创立新型警察之初，通过对警察执行公务时行为举止的规范和要求，希望让警察用温和、绅士的文职警察形象来博取公众的认同。在警察的平民化形象和“警察即公众”的观念获得普遍认可之后，英国在警务细节设计方面也表现出了对公众的高度尊重和重视。在执行巡逻任务时，英国警察总被

---

① See John S. Dempsey et al., *An Introduction to Policing*, Cengage Learning, 2014, p. 7.

② 参见［英］菲利浦·约翰·斯特德：《英国警察》，何家弘、刘刚译，群众出版社1989年版，第39页。

③ 参见［英］菲利浦·约翰·斯特德：《英国警察》，何家弘、刘刚译，群众出版社1989年版，第39~40页。

④ ［英］菲利浦·约翰·斯特德：《英国警察》，何家弘、刘刚译，群众出版社1989年版，第39页。

分配到相对固定的某个较小的街区，他们被期望和要求熟悉巡逻片区的居民，由此使警察成为该街区居民生活中的一部分。[①] 在武器配备上，英国除督察级以上警官配发短剑和手枪外，占警力中绝大多数的督察级以下的警长、警员都不配发武器，仅仅配备一根用于自卫的警棍，即使在值勤时警察也是非武装的。警察之所以没有可用于攻击目的的武器，其初衷是确保警方在为维护法律与秩序而必须出手干预时，会首先采用“说服、劝告和警告”，只有在说服、劝告和警告无效的时候才能使用武力，并且其所使用的武力应该是为了实现目的所必需的最低限度的武力。[②] 在最初的 10 年到 20 年里，英国专职警察谨慎地使用暴力，顶住了公众的讽刺和攻击，坚持文明礼貌地对待公众，终因其鲜明的文职性、平民化形象渐渐赢得了公众的尊重和承认，受到了公众的信任和支持，最终一改公众所害怕和憎恨的“泼皮警察”（Peelers）印象，而转变为负责维护社会秩序和自由并受公众喜爱和欣赏的“宝贝警察”（Bobbies）。[③]

在职责与任务方面，除了打击与预防犯罪之外，英国专职警察还承担大量的社会福利和公共服务工作。例如，除了维护治安秩序之外，英国警察还承担监督度量衡、检查桥梁等行政职责；19 世纪 40 年代，“夜间巡逻的警察向每户收取每周 1 便士的费用，提供叫早服务”[④]。关注公共安全和公众需求，维护社会秩序和公共安全一直是英国警察的目标。20 世纪 70 年代早期，时任伦敦大都市警察厅厅长的罗伯特·马克爵士（Sir Robert Mark）曾说道：“我们（警察）执行的是公众的共同意愿，而不是执行哪个政府部长、市长

---

① 英国警察的巡逻制度不同于巴黎警察。巴黎警察对各地区采取流动巡逻。巴黎的警察巡逻队从来没有连续几个晚上被派到同一个地区，这样就不利于警察和公众密切接触。See John S. Dempsey et al., *An Introduction to Policing*, Cengage Learning, 2014, p. 7.

② 参见［英］彼得·乔伊斯：《警务发展与当代实践》，曹志建译，知识产权出版社 2015 年版，第 16～17 页。

③ 参见［美］罗伯特·兰沃西、［美］劳伦斯·特拉维斯：《什么是警察——美国的经验》，尤小文译，群众出版社 2004 年版，第 71 页。

④ 夏菲：《论英国警察权的变迁》，法律出版社 2011 年版，第 75 页。

或其他公共官员的意愿。”① 英国警察注重与其服务的社区之间发展积极的关系和合作，体现了警察的公共性价值，即警察是为了公众和公共利益而存在的。②

如前所述，在英国之前，世界各国都有自己的治安制度，只不过都不是现代意义上的警察制度。把英国作为新型警察制度的起源，主要原因在于这种警察是按照法定程序组建的，有完善的建警原则，是专职、有统一制服的，属于政府部门而不属于某个地方或某种势力。③ 英国是新型警察制度的发源地，英国建立警察制度后，美国和其他资本主义国家竞相仿效，逐渐形成了各自的专职警察系统。1844 年美国建立纽约警察局，1848 年德国在柏林建立巡警队，后来各重要城市都建立了警察局；日本学习德国，于 1874 年成立东京警视厅。中国主要学习日本，同时又模仿各国租界里的巡捕警务制度而建立了中国的现代警察制度。

第二节　法国现代专职警察制度

法国是欧洲大陆国家，也是西方警察制度的主要发源地之一。法国乃至整个欧洲大陆的公众和政界都认为维护治安和打击犯罪等警察所承担的任务是国家的职责，因此，维护社会治安秩序理应由国家通过制定法律、规章让国家警察统一予以实施。

资产阶级兴起后为求得自己的生存和发展，在政治上支持不断壮大中的王权，希望借助王权实现民族的统一，创造统一的市场，为资本主义发展扫清道路。通过宗教改革，教皇至高无上的一统权威被摧毁，服从于国王权威的民族教会被建立，基督教普世国家分裂为众多独立的主权国家。16 世纪，

① ［英］罗伯特·赖纳：《警察的政治学分析》，但彦铮译，知识产权出版社 2017 年版，第 11 页。
② See John S. Dempsey et al., *An Introduction to Policing*, Cengage Learning, 2014, p. 7.
③ 参见王鹰：《自从有了警察》，法律出版社 2016 年版，第 12 页。

欧洲大多数国家都建立了强有力的君主制，其中法国和普鲁士是绝对君主制度的最好代表。① 在绝对君主制下，君主大权独揽，等级会议作用衰落。因为在王朝政治下，国家只是君王的私人财产，并不具有公共的意义。② 16 世纪法国的中央集权制初见端倪，新型警察制度逐渐萌发。

一、大革命以前法国的警察现象

（一）中世纪晚期的治安队伍

中世纪的法国史是一部皇权与地方权贵之间的权力斗争史。在中世纪，法国国王取得了对国家的独裁权，从“诸侯之首”发展到无可争议的首领。在实现这种转变的过程中，法国国王们将法国的组织形式由封建主义国家推进到中央集权的政治国家。为了控制封建地主，法国国王设立了皇家法官；为了维护皇家法律和法令，国王又设立了忠实于国王的常备军。为了维护皇家利益，国王在全国设立了许多独立的城市，这些城市直接对国王负责，而并不隶属于封建贵族的统治，但这些城市被授予维护城内秩序的权力。

13 世纪，随着巴黎城市雏形的形成，作为国家的首都和国王的家园，巴黎很快设立了皇家官员——集行政长官、法官和“警察”首脑于一身的市长。此时的法国，在城市设立了治安官、治安监察员、执达吏和夜间纠察队，这可以认为是法国最早一批维持治安的人员。这支治安队伍同时肩负了司法管理的职能和维护城市资产者的生命、财产安全的职能。

（二）14～16 世纪的骑警

在法国农村，治安秩序由军队维持。为了维持军队各级的内部秩序，常备军也建立了自己的“警察”。1356 年，法国在广大农村地区成立骑警（也称马巡队）以作为维持军队内部纪律的武装力量，骑警的主要职责是追捕逃兵。这支骑警部队就是法国国家宪兵的前身。15 世纪末期，骑警长官经常根

① 参见景跃进、张小劲主编：《政治学原理》，中国人民大学出版社 2006 年版，第 62 页。
② 参见景跃进、张小劲主编：《政治学原理》，中国人民大学出版社 2006 年版，第 62 页。

据国王或领主的授权，指定一名副官协助维持地方治安。由于其职能与城市中的治安官类似，而管辖的地界范围又相对较大，他们往往也被命名为“省治安官”。[①] 以骑警为基础的“省治安官”制度一直被沿用下来。弗朗索瓦一世时期（1515～1547年），为应对农民流离失所和盗抢成风的问题，骑警的职权被扩大，特别是被赋予了一定的审判权和入户搜查权以及武力使用权。逐渐地，骑警也基本从流动性较强的军队编制中脱离出来，成为相对独立和稳定的治安力量，其职权从最初仅有的追捕逃兵，逐渐扩展到负责管理公路上的一切犯罪行为和治安管理。正是基于此，也有研究者将法国骑警视为世界上第一支有组织的正式警察队伍。

（三）17世纪的警事改革

17世纪，法国国内矛盾日益加深。中央王权和地方封建割据势力之间的矛盾逐渐激化，底层民众与专制政府的对抗不断加剧。无奈之下，自1630年起，国家经常命令骑警作为最为可靠的警察力量离开自己原先的管辖范围——农村，进入城市镇压叛乱。然而，镇压的效果却不甚理想。由此，警事改革被提上了日程。

路易十四执政之后，为加强君主政体的绝对权威，也为了有效控制社会，1666年，其委托掌玺大臣塞吉耶成立专门委员会开展警事改革。这次改革促成了警察职能和司法行政职能的区分，[②] 加强了中央政府对地方警力的控制，[③]

① 参见黄广凌：《16－18世纪法国近代警察制度的形成和发展刍议》，载《湖北警官学院学报》2011年第4期。

② 专门委员会提出设立警务专员（lieutenant de police）和司法专员（lieutenant civil）：前者负责向国王报告国内的政治局势和治安状况，并直接领导整个巴黎的治安监察员；后者负责相关的司法审判工作。这也是警务与司法分离的决定性的一步。从此以后，警察不再只是司法机关的附属，而成为一个独立的国家机器。参见黄广凌：《16－18世纪法国近代警察制度的形成和发展刍议》，载《湖北警官学院学报》2011年第4期。

③ 专门委员会提出，巴黎的治安监察员和夜间纠察队均由警务专员拉雷尼直接指挥；警务专员有权在不经议会批准的情况下颁布治安条例。这样，警务在名义上仍隶属于市政，实际上却牢牢控制在中央政府手中。参见黄广凌：《16－18世纪法国近代警察制度的形成和发展刍议》，载《湖北警官学院学报》2011年第4期。

还增强了警察的预防犯罪的职能。[①] 此外，为加强对社情民情的掌握，这次改革还组建了秘密警察，达尔让松（Dargenson）被任命为警务专员，负责领导和管理17世纪末期法国的秘密警察，为巴黎编织一张深入社会基层和公众生活的密探网络。达尔让松部署了40名监视员（秘密警察人员）专门搜集某些贵族和大资产者的行动和私人生活信息，征询和掌握民众对国王和政府的看法，调查核实所有流言蜚语和小道消息的来龙去脉。由此，法国的秘密警察制度就此形成。很快地，经改组的警察力量成功镇压了国内的反叛。

（四）法国资产阶级革命前夕的骑警制

18世纪，资本主义经济在法国已有了较大发展，城市中的手工工厂不断增多，个别资金雄厚的企业不仅雇用了数千名工人，而且还拥有先进的设备。这一方面造成了大量工人、农民失业，生活窘迫；另一方面又使资产者成为经济上最富有的阶级（但其在政治上仍处于无权地位）。绝对主义的君主制引发了资产者、城市平民和农民的不满情绪和大规模反抗，导致法国君主专制几近崩溃。1720年，统治集团改革原有骑警，组建以小队行动为主要特征的骑警制，以增进骑警队伍的机动灵活性和作战的应变能力。[②] 但法国高度的中央集权管理则使得这种以小队为行动单元的骑警制难以很好地适应地方实际，其执行力大打折扣，作战效能不高。实际上，此时的骑警主要承担了搜捕在乡间流动的流浪汉、维护乡村治安、减少农村地区安全隐患的职责。

18世纪中期，法国将国内警察按照警事范围分为5类，即负责日常消防、救援、治安的警察，负责司法实务的警察，密探等秘密警察，负责国家

---

① 专门委员会提出，夜间纠察队不再只是固守哨卡，而必须在街头流动巡逻，并详尽汇报自己的活动和观察到的情况。治安监察员必须定期探访市民，巡查某些可疑的地点，搜集舆情。参见黄广凌：《16－18世纪法国近代警察制度的形成和发展刍议》，载《湖北警官学院学报》2011年第4期。

② 为加强骑警的机动灵活性，法国以省为单位成立了若干骑警大队，并组建了560支骑警分队，每队的编制为5人。同时加紧对骑警实行高度中央集权管理，即人员的任命和升迁由中央直接控制，行动则由国王派驻各地的督察官调配。参见黄广凌：《16－18世纪法国近代警察制度的形成和发展刍议》，载《湖北警官学院学报》2011年第4期。

财务经济的警察，负责国家安全的警察。这种划分比较系统和科学，大致奠定了现代警察制度的基本框架。[①] 然而在君权没落和人心尽失之时，所有美好的设想都是空洞乏力的，法国社会一片混乱，社会治安严重恶化。

二、资产阶级革命时期法国的警察制度

18 世纪末，资产者、城市平民和农民同特权阶级的矛盾日益加剧，法国政治处于巨变之中。特权阶级为稳固维护其特权地位，使用高薪培植“秘密警察”以作为控制社会的专政力量。据统计，当时整个法国有多达万人的密探，而在其时人口仅 50 余万的巴黎就有约 3000 名密探出没。[②] 收集情报成为秘密警察的重要任务，秘密警察渗透到各种政治团体、劳工团体、社会团体中，收集政府所需要的政治情报和社会经济情报。通过秘密警察，国家实现了对公民的控制和监视。但这一切都无法阻挡法国封建君主政权的覆灭和资产阶级革命的浪潮。受伏尔泰、孟德斯鸠、卢梭、狄德罗等一大批启蒙思想家的影响，拥有巨大社会财富的资产者越来越想争取政治地位。于是，资产者凭借其经济实力、政治才能和文化知识领导了资产阶级革命。1789 年 7 月 14 日，法国群众攻克了象征专制统治的巴士底狱，法国大革命爆发，统治法国多个世纪的君主制在 3 年内土崩瓦解。

（一）大革命前期警察制度的更替

1. 君主立宪派统治时期（1789 年 7 月至 1792 年 9 月）：市政警察和国家宪兵

革命者代表夺取了巴黎市政府政权，建立了国民自卫军以负责巴黎市区的治安稳定。根据天赋人权、君主立宪、三权分立、主权在民等思想，组建了最高国家权力机关——制宪议会。制宪议会宣布废除君主专制制度，取消教会和贵族的特权，并于 1789 年 8 月 26 日通过法国《人权宣言》。1790 年，

① 参见黄广凌：《16－18 世纪法国近代警察制度的形成和发展刍议》，载《湖北警官学院学报》2011 年第 4 期。

② 参见王养冲、王令愉：《法国大革命史（1789－1794）》，东方出版中心 2007 年版，第 102 页。

法国资产阶级共和国根据法国《人权宣言》建立市政警察。1791 年 9 月，制宪议会制定了宪法，强调“一切政权由全民产生”和“三权分立”，规定行政权属于国王、立法权属于立法会议，司法权属于各级法院。由此，法国成为君主立宪制国家。

1791 年，骑警队也被改组为“国家宪兵”，并通过法令明确国家宪兵的性质是“执行民事任务的军事组织”。之后 1 年内出台的 3 项法令也对这个变动进行了法律上的确认，同时为了在广阔的领土上更有效率地行动，法国还大大增加了国家宪兵的人员数目——从 4000 人猛增到 1.1 万人，并在原来单一的骑兵队的基础上新增了步兵小队，使宪兵队的出动更加灵活。[①]

2. 吉伦特派统治时期（1792 年 8 月至 1793 年 6 月）：治安委员会

法国大革命引起周边国家强烈的不安，普鲁士、奥地利、西班牙等国组成联军攻打法国。1792 年 7 月，巴黎人民再次掀起共和运动的高潮，于 8 月攻占国王住宅，拘禁了国王、王后，推翻立宪派的统治。此后，吉伦特派取得政权。为控制社会治安和镇压保王势力的复辟活动，吉伦特派建立了治安委员会。1792 年 9 月，法国军队打败外国干涉军后，普选出了国民公会，宣布成立了法兰西第一共和国。1793 年 1 月 21 日，国民公会判处国王路易十六死刑。

3. 雅各宾派统治时期（1793 年 6 月至 1794 年 7 月）：公安委员会

法国国王路易十六走上断头台的消息震惊欧洲，欧洲各国成立反法同盟对法国进行武装干涉，然而吉伦特派对此束手无策。1793 年 5 月 31 日至 6 月 2 日，巴黎人民发动第三次起义，推翻了吉伦特派的统治，拥立以罗伯斯庇尔为首的雅各宾派专政。1793 年 6 月 24 日，雅各宾派颁布 1793 年宪法，即法国第一部共和制的民主宪法。

在法国处于内忧外患的复杂形势下，一方面，罗伯斯庇尔组织爱国力量打败了企图颠覆革命的反法同盟；另一方面，建立了高度集权的政治制度，

① 参见陈丹：《法国国家宪兵的前世今生》，载《现代世界警察》2014 年第 6 期。

实行恐怖统治以镇压异己。为了镇压保王党人士和不同政见者的叛乱，雅各宾派主导由立法议会选举9名委员组成公安委员会。公安委员会有权采取对内对外的一切防御措施，公安委员会的讨论是秘密的，它负责监督和督促临时执行会议所担负的一切行政工作，如果它认为临时执行会议的决定与国家利益相违背，可以停止决定的执行。反之，临时执行会议对经公安委员会2/3委员签署的命令，则应立即执行。国库应拨款十万锂交公安委员会以应付各种秘密支持。[①] 公安委员会只对立法议会负责。此外，罗伯斯庇尔欲"将恐怖进行到底"，他推动法国实行暴虐、血腥的恐怖主义的法律，共和国的统治机关公安委员会和原有的治安委员会一同行使着警察权力。[②] 雅各宾派恐怖的统治政策，使法国走向分裂和内讧。

4. 热月党与督政府统治时期（1794年7月至1799年11月）：共和国警察总部

1794年7月27日，热月党人发动热月政变，推翻雅各宾派肆意屠杀异己的恐怖暴力统治，法国大革命中的市民革命结束。1795年10月，热月党人成立新的革命政府——督政府，他们清除了罗伯斯庇尔时期的革命恐怖政策和激进措施，建立了共和国的正常统治。1795年10月25日，革命政府颁布了被称为法国近代资本主义社会的第一部警察法律[③]的《轻罪及刑罚法典》[④]。该法第一次明确将警察分为行政警察和司法警察两大类。按照该法规定，行政警察负责维护日常的公共秩序，其主要任务是预防违法犯罪活动并执行有关公共秩序的法律、规章和规则。司法警察则相当于刑事警察，负责调查行政警察未能防止的各种程度的违法犯罪活动，收集犯罪证据并将罪犯送交法庭起诉和审判。该法典对警察的这一划分后来为各国政府所沿用。

1796年，督政府设立共和国总警察部，作为全国警察首脑机关，执行与

① 参见马啸原：《西方政治制度史》，高等教育出版社2000年版，第228页。
② 参见程琳主编：《公安学通论》，中国人民公安大学出版社2014年版，第84页。
③ 参见程琳主编：《公安学通论》，中国人民公安大学出版社2014年版，第85页。
④ 参见周小兰：《19世纪前半叶法国警察制度探析》，载《史学月刊》2018年第8期。

共和国安全和稳定相关的法律，在巴黎等大城市还设立了警察中心局作为各地方警察的指挥机关。共和国总警察部及各警察中心局的运行由地方政府提供财政支持，受制于地方。1796 年督政府废除地方自治制度，加强了对地方警察的控制，实行对警察的中央集权管理。1796 年 10 月，督政府颁布法律，规定警察必须以维持公共秩序、个人的自由权利和安全为目的，并从组织上提出行政警察和司法警察两种基本形式，赋予了警察警告、预防、取缔、驱散、镇压、罚款、行政拘留、提起公诉的权力。① 1798 年，督政府发布法令规定，国家宪兵是专门为维护共和国内部的秩序和执行法律而组建的一支武装力量，其主要任务是维护乡村和主要道路的安全。该法令为国家宪兵提供了法律保障，此后国家宪兵作为一支维护安全与秩序的力量延续至今。

（二）大革命后期法国警察制度的更替

1799 年 11 月 9 日，拿破仑·波拿巴发动雾月政变，结束了督政府的统治，建立临时执政府，自任执政官开始执政。其时，国内保王党垂死挣扎、阴谋复辟，资产阶级内部各种势力激流涌动、明争暗斗，欧洲各国联手反法，对法兰西共和国虎视眈眈意欲颠覆。新任统治者拿破仑义无反顾地担负起了扫荡欧洲封建君主专制势力、巩固大革命成果的重任。

1. 强化共和国总警察部的职能

1799 年 12 月，法国通过了新宪法（“共和八年宪法”）。这个宪法在形式上保留了共和制度，但实际上却把一切权力交给了 10 年选举一次的 3 名执政。拿破仑·波拿巴任第一执政，他获得了很大的权力——任命部长、官吏、使节以及统率全部武装部队和提出立法建议的权利，第二执政和第三执政则只有建议权。

拿破仑执政时期的法国国家机构是以警察官僚的中央集权为基础的。②法国分为 88 省（后来加上被征服的领土共为 180 省），各省均由第一执政任

---

① 参见程琳主编：《公安学通论》，中国人民公安大学出版社 2014 年版，第 85 页。

② 参见［苏］鲍爵姆金主编：《近代史》（第 2 卷），黄鸿森译，生活·读书·新知三联书店 1964 年版，第 81 页。

命省长主持，城乡基层行政单位的首长及其助理也由政府委派。这样一来，在革命进程中产生并在当时法国国内政治生活中起过巨大作用的地方和省区自治就完全被摧毁了。同时，警察机构得到了加强。为了镇压国内外敌对势力的阴谋活动，巩固政权并凝聚力量对付外敌，拿破仑将情报工作和控制公众思想作为重要工作交给共和国总警察部。时任总警察部部长的约瑟夫·富歇一方面重新启用法国17世纪的密探传统，建立密探队伍，使用各种证件来控制公民，对文艺界和新闻出版业进行严格检查，并利用传媒诱导和控制公众思想；另一方面，着力开展警务情报工作，为拿破仑政权提供保障和支持。当时共和国总警察部的权力相当大，各省省长都必须向总警察部部长报告包括警务在内的所有工作。当时的法国警察获得了极为广泛的权力，常有被捕者不经审判和侦查就被监禁数年之久，① 警察的专横跋扈在法国已成司空见惯的现象。

2. 建立巴黎警察厅负责首都治安管理

为了防止共和国总警察部权力过大，1801年拿破仑建立直接受命于他的巴黎警察厅。拿破仑颁布敕令，划定巴黎警察厅的职责主要是负责首都生计物资的补给，具体工作包括监管税收和价目表，确保生计物资的自由流通，管理营业税的征收和核查，严查禁售商品，巡查巴黎、普瓦西、索城等市场；规定巴黎警察厅的运行经费由巴黎市政府提供，并任命杜波瓦伯爵为第一任警察总长。② 由于职权和辖属关系较为明晰，巴黎警察厅运作良好，巴黎治安得到极大改善。

3. 设立地方警察机关加强统治

拿破仑不但加强了首都巴黎的警察机关职能，而且在法国各地设置了警察机关。在10万人以上的大城市设立一个警察局，并由共和国总警察部亲自

---

① 1800年年底，逃亡贵族集团谋杀第一执政未遂，事情发生后，几百个同这个案件毫无瓜葛的民主派人士遭到了逮捕和流放，有些人还被处死刑。参见［苏］鲍爵姆金主编：《近代史》（第2卷），黄鸿森译，生活·读书·新知三联书店1964年版，第81～82页。

② 参见周小兰：《19世纪前半叶法国警察制度探析》，载《史学月刊》2018年第8期。

任命1名警察总特派员；在5000人以上的市镇设一个警察分局，并同样由共和国总警察部亲自任命1名警察特派员。通过设置地方警察机关和配置由中央警察机关任命的特派员，拿破仑建起了高度中央集权的警察体制，加强了对全国的统治。19世纪，法国政府又通过一系列法律调整和固定了警察的职权。

1804年5月，拿破仑建立君主制帝国——法兰西第一帝国，结束了法国执政府的统治。拿破仑时期从中央到地方建立的较为整齐严密且职权清晰的警察体系，不仅有效维护了拿破仑帝国内部的社会秩序稳定，而且积极保障了拿破仑能够集中精力去应对奥地利、普鲁士、英国、俄罗斯等反法同盟的联合夹击，起到了维护帝国安全和稳定的作用。

三、法国现代专职警察的建立

（一）首次出现穿制服的都市巡警队

1829年巴黎警察厅组建了1支由100人组成的制服警察队伍——都市巡警队。这支警察队伍身着蓝色制服，头戴三角帽，走上街头巡逻，维护巴黎市区的公共安全和治安秩序。这支警察队伍虽然规模较小，但它是法国历史上第一支着统一制服的警察，且专门履行治安警察的职责，可以认为是法国现代警察建立的标志。由于这支警队比英国罗伯特·皮尔的大伦敦警察厅的制服警察还先于数月巡逻执勤，因此，它在警察史上具有重要意义。这支都市巡警队隶属于巴黎警察厅市政警察局，专门负责巴黎的都市安全，这种都市巡警制度很快就被推广到法国的其他城市。

（二）设内政部统管全国国内安全和秩序

波旁王朝复辟后，成立了内政部来负责管理和领导法国全国的内部安全、法律和秩序、移民等繁杂的事务。1818年，政府削弱了拿破仑时期建立的共和国总警察部的职权，并将其降级归入内政部之下。时至今日，内政部都是法国政府的一个重要部门，它负责监督和管理警察、地方政府以及国家其他内部事务，职权强大。巴黎警察厅也被归入内政部，受其领导和直接指挥。

此后，隶属于内政部的国家总警察部统领了法兰西第二共和国、法兰西第二帝国、法兰西第三共和国的警察力量，为不同时期法国的国内安全和秩序稳定做出了积极贡献。

四、巴黎公社的无产阶级政权及其警察制度

1870年，法国在同普鲁士的战争中惨败，巴黎人民发动起义，推翻了第二帝国的统治，建立了法兰西第三共和国，资产阶级掌握了政权。资产阶级临时政府对逼近巴黎的普鲁士军队采取了屈膝投降的态度，引起了巴黎人民的不满，1871年3月18日，巴黎爆发了工人革命，推翻了临时政府，建立了人类历史上第一个工人政权——巴黎公社，马克思曾热情地称颂它“是把人类从阶级社会中永远解放出来的伟大的社会革命的曙光”①，我国学者认为“巴黎公社是无产阶级共和国的第一次实践”②。

（一）摧毁旧的国家机器，建立无产阶级政权和政治体制

为了巩固革命的胜利果实，确保无产阶级对公社的领导权，无产阶级在粉碎资产阶级旧的国家机器之后建立了以人民群众为中心的政权，牢牢地将公社政权的领导权掌握在无产阶级手中。

1. 组建国民自卫军

在军事制度上，无产阶级废除常备军，建立人民自己的武装力量，并认为这是新政权最重要的标志。事实上，在巴黎公社正式宣告成立之前，执行着政府职能的国民自卫军中央委员会就已经下令废除了声名狼藉的巴黎“风纪警察”；在巴黎公社成立后的两天，巴黎公社取消了征兵制和常备军，把一切能荷枪作战的公民都要参加的国民自卫军宣布为唯一的武装力量。③ 为了保卫新生的无产阶级政权，公社组建了一支真正属于人民的军队——国民

① 马克思：《法兰西内战》，载《马克思恩格斯文集》（第3卷），人民出版社2009年版，第151页。
② 景跃进、张小劲主编：《政治学原理》，中国人民大学出版社2006年版，第71页。
③ 参见马克思：《法兰西内战》，载《马克思恩格斯文集》（第3卷），人民出版社2009年版，第104页。

自卫军，这为国际社会主义运动提供了宝贵的经验：建立无产阶级政权后，首要紧迫的一件事就是建立自己的武装力量来维护其政权。

2. 实行普选制和监督制

无产阶级政权是工农建立的革命政权，必须组建能够保障人民地位、维护人民利益的政治体制。由于巴黎公社在性质上区别于帝国，故公社在政治制度方面实行普选制和监督制。公社由巴黎各区通过普选选出的市政委员组成，市政委员大多数是工人或工人阶级的代表，他们通过普选产生并对选民负责，并可以随时被罢免。公社彻底摧毁资产阶级国家旧的国家机器，组建无产阶级新的国家机器，“把现今吸吮着他们鲜血的公证人、律师、法警和其他法庭吸血鬼，换成由他们自己宣传并对他们负责的领工资的公社勤务员”①。

（二）废除旧警察署，成立治安委员会

与“曾是集普天下坑蒙拐骗之大成的”法兰西第二帝国相比，巴黎公社显示出了走向属于人民、由人民掌权的政府的趋势。② 公社政权最主要的特点是，它是建立在高度民主的基础上的立法和行政高度统一的为人民服务的工作机关。

巴黎公社建立后，十分注重安全领域的改革，废除了旧的警察署，建立了新的由武装人民组成的治安机关，并成立了治安委员会。③ 公社政权设置了警察等行政部门，但其公职人员只能领取工人工资的报酬，不享有原来法兰西帝国高官显贵们的特权和公务津贴。此外，通过设置监管行政和立法的

---

① 马克思：《法兰西内战》，载《马克思恩格斯文集》（第3卷），人民出版社2009年版，第161页。

② 参见马克思：《法兰西内战》，载《马克思恩格斯文集》（第3卷），人民出版社2009年版，第162～163页。

③ 公社建立后，立即颁布法令，废除了旧的常备军，并用人民武装即国民自卫军代替它。公社还废除了旧的警察署、旧的法院，建立了新的由武装人民组成的治安机关和由人民选举产生的法官组成的法院。公社行使立法机关的权力，废除了原先的议会制度，公社也废除了原先的行政机构，重新建立了10个委员会来行使国家行政机关的权力。这10个委员会是：执行委员会、军事委员会、财政委员会、粮食委员会、劳动工业与交换委员会、教育委员会、社会服务委员会、对外联络委员会、治安委员会、司法委员会，这些委员会都在公社委员会的直接领导下进行工作，他们的领导人都由公社委员会的委员兼任。参见马啸原：《西方政治制度史》，高等教育出版社2000年版，第236页。

工作机构来防范代表和官吏“由社会公仆变成社会主人”[①]。马克思特别提到，社会公职已不再是中央政府走卒们的私有物，故“警察不再是中央政府的工具，他们立刻被免除了政治职能，而变为公社的负责任的、随时可以罢免的工作人员”[②]。

在法律制度上，巴黎公社废除旧司法制度，实行司法人员选举制，法官直接对人民负责；在政权组织原则方面，废除资产阶级官僚集权制度，实行无产阶级的民主集中制。

巴黎公社运动在短暂的时间内在无产阶级政权建设等方面取得了积极成果，但很快就遭到了法国政府的镇压，存在仅仅 72 天就失败了。但毋庸置疑，它作为无产阶级专政的一次伟大尝试，必然是无产阶级革命史上的一个光辉节点。

五、法国现代警察制度的发展

1881 年法兰西第三共和国政府成立了保安总局（后称为国家保安局），并将其归入内政部之下。保安总局专门负责领导和监督除巴黎警察厅外的各省警察局。此后，法国于 1884 年 4 月 5 日颁布命令，规定凡县市人口在 1000 至 4 万的，设置警察署长，县市的警察事务属于县市长的职权管辖范围。如若人口超过 4 万以上的县市，则该地警察组织由大总统以命令的方式决定。另外，全国设立中央警察署长 1 人，“以司发号施令职责”[③]，来领导管理县市警察事务。通过中央警察长官和县市警察长官的全面设置，警察事权统一到了法国中央政府。1907 年 12 月，法国通过总统令在地方设置多种警察分布于各地，规定这种警察绝不受任何人的干涉和利用，并接受内政部长的指挥和监督。[④] 由此，法国警察制度不断健全，并形成了相对典型的中央集权

① 恩格斯：《法兰西内战·恩格斯写的 1891 年版导言》，载《马克思恩格斯文集》（第 3 卷），人民出版社 2009 年版，第 110 页。
② 马克思：《法兰西内战》，载《马克思恩格斯文集》（第 3 卷），人民出版社 2009 年版，第 154 页。
③ 李士珍：《警察行政之理论与实际》，中华警察学术研究社 1948 年版，第 6 页。
④ 参见李士珍：《警察行政之理论与实际》，中华警察学术研究社 1948 年版，第 6 页。

型的警察设置和管理运行体制。

“二战”后，从国家层面而言，法国有国家警察、国家宪兵、市政警察三大警察机构为社会提供治安管理和公共安全服务。

（一）国家警察总局领导的国家警察

1966 年戴高乐总统提出警政改革，为加强中央对警察的领导，巴黎警察厅和国家保安局合并组成国家警察总局，仍归由内政部领导。至此，法国形成了一套中央集权型的警察管理体制，政府设内政部统管全国稳定和安全秩序，内政部领导国家警察总局，在国家警察总局下设 7 个直属单位和 11 个分管各项业务工作的中央局以及巴黎警察局。① 国家警察实行垂直领导，中央局根据不同业务要求在全国 22 个大区和 96 个省分设数量不同的分支机构，直属中央管理指挥。法国国家警察日常管理的最高长官是国家警察总局局长。法国国家警察部门犹如一座结构严密的“金字塔”，国家警察总局处于金字塔的“塔尖”，其他国家警察部门根据级别的不同而居于金字塔“塔身”的不同位置，上级领导下级，下级服从于上级，形成一种垂直领导体制。

随着社会发展和治安形势的变化，法国国家警察总局的下设机构部门也一直处于动态优化调整之中。② 例如，随着人权事业的发展，2005 年 10 月法国国家警察总局成立受害人权益保护办公室来监督和指导国家警察和宪兵在执法过程中采取适当的方式与受害人沟通。为了适应现代公共交通发展和管理的需要，2010 年 5 月法国国家警察总局组建公共交通安全协调办公室，负

---

① 法国国家警察总局下设的 11 个业务局是：行政管理局、培训局、司法警察中央局、本土警戒局、边防警察中央局、情报警察局、公共安全局、监察局、治安部队总局、警察国际技术合作局、高级人士安保局等。参见程小白：《法国警察管理概述——赴法国研修考察报告之一》，载《江西公安专科学校学报》2002 年第 5 期。

② 2016 年资料显示，国家警察总局下设 10 个直属机构、9 个业务局和 2 个公共机构。其中，10 个直属机构分别是：黑豹突击队、反恐办、效能办、信息和通信服务办、警史办、禁毒办、受害人权益保护办、公共交通安全协调办、重大事件应急处理办、国土安全服务采购和物资装备办。9 个业务局分别是：资源管理和技能培训局、总督察局、司法警察中央局、公共安全管理中央局、边防管理中央局、安全部队中央局、国际合作局、警卫局、巴黎地区警察局。2 个公共机构分别是国家警察高等学院、国家警察科学研究所。参见赵旭辉：《法国最新警察管理体制之启示》，载《河北公安警察职业学院学报》2016 年第 1 期。

责协调警察、宪兵及其他有关部门共同维护公共交通安全，沟通公共交通安全情报与信息，调研推广维护公共交通安全的成功经验。为适应国际社会联手打击国际恐怖主义、毒品、走私犯罪的需要，2010 年 9 月 1 日，法国国家警察总局成立国际合作局，并向法国驻外使领馆及相关国家派出警务合作机构或人员，以开展与外国或国际组织的警务合作。2013 年 8 月，法国成立警卫局，专门负责本国和外国政要及其他重要人员的安全保卫工作。为加强警务保障和安全物资的统一采购和管理，2014 年 1 月法国成立国土安全服务采购和物资装备办公室，负责协调国家警察总局、国家宪兵总局、国家安全总局相关安全物资与警用装备的研发、采购和供应。

巴黎警察厅是隶属于法国国家警察总局的一个特殊业务局。根据法律规定，巴黎警察厅是国家警察的组成部分，划归内政部国家警察总局领导和管理，其首长巴黎警察厅厅长由国家警察总局委派。但巴黎警察厅有其相对独立的特殊权力，其警务辖区范围包括巴黎市、上塞纳省、塞纳——圣但尼省和瓦勒德马恩省。

国家警察总局各业务局又下设若干分局。以国家警察总局司法警察中央局为例，它下设刑事科技、行政管理、经济犯罪侦查、有组织犯罪侦查等 4 个分局，除行政管理分局外，其余 3 个分局均为警务实战部门，负责全法国重大犯罪案件的侦查、指导、协调、服务与支援工作。司法警察中央局在全国各地都有分支机构，实行条条管理。

法国国家警察受国家警察总局领导和指挥，国家警察总局是内政部的一个重要组成部分，受内政部领导。法国国家警察承担了执行法律和制定并执行各项规章制度等一系列职责。国家警察与法国公民的日常生活息息相关，国家警察负责公民护照、身份证、驾驶执照以及其他证件的申请和办理，还负责卫生检查、公共福利以及消防等公共事务。

（二）受国防部、内政部共同领导的国家宪兵

法国宪兵的前身是 14 世纪建立的骑警（或马巡队）。骑警在维护法国乡村治安秩序上发挥了重要作用，故而历来受到国家重视。1791 年 12 月 14 日，

法国政府将骑警改组为国家宪兵。自成立以来，法国宪兵一直以负责乡村和小城镇（一般人口数量在1万以下）的治安为其主要责任。同时，法国宪兵又是一支以执法为特征的军事部队，它“有别于一般的军队”。在法国大革命中，法国宪兵一方面对内抑制内乱，维护社会治安秩序；另一方面，对外奋勇抵抗反法联军，保卫国家安全，是法国维护国家安全、社会稳定的重要力量。

与国家警察不同，法国国家宪兵是一支军事性质的警察力量，主要承担以军事手段打击犯罪和恐怖主义、维护军内纪律、保障航空运输安全等任务。国家宪兵隶属国家宪兵总局，由内政部、国防部双重领导。根据2009年8月3日法国发布的第2009－971号法律规定，国家宪兵平时接受内政部的领导，国家宪兵的经费不再列入国防预算，但在战时以及与国防有关的工作中，国家宪兵仍将接受国防部的征调和领导。① 也就是说，当前法国国家宪兵实行的是“平时以内政部领导为主、战时以国防部领导为主”的管理体制。具体而言，法国国家宪兵除了在社会中履行治安行政警察和司法警察的职能，还承担3项特殊的职能：一是在军中执法，维护军纪，调查军人犯罪案件；二是维护和恢复社会秩序，处置突发事件；三是承担边防巡逻和抢险救灾等职能。②

（三）市政警察

1981年密特朗当选法国总统后，实行了权力下放政策。根据1999年4月15日的法令，法国地方政府可以招募市政警察来维护地方治安。市政警察由地方城市根据其交通和社会治安状况来确定招募的警察种类和人数的，其主要负责城市市政管理、治安管理和调查处置交通违法行为。市政警察直接接受当地市议会和市长的领导，其运行经费全部由当地政府保障。

市政警察是法国警察的组成部分，它是国家警察和国家宪兵的一种补充。

---

① 参见赵旭辉：《法国最新警察管理体制之启示》，载《河北公安警察职业学院学报》2016年第1期。

② 参见赵旭辉：《法国最新警察管理体制之启示》，载《河北公安警察职业学院学报》2016年第1期。

市政警察没有刑事司法权，它仅是一种国家警察的辅助力量，只协助国家警察做一些维护治安的工作。

六、法国警察制度流变之审视

（一）法国警察渊源久远，法国警察变迁与国家政治变迁同步

法国现代警察制度源于13～17世纪法国封建君主制时期的治安力量和警务实践。法国早期的警察现象是在维护王权和国内公共秩序（尤其是首都巴黎的秩序）的需求下产生的，但其组织松散、职权模糊。法国大革命中，随着革命进程的发展，各种名目繁多的警察组织和机构被一届一届的执政者所建立、改组或撤销，但这些警察都带有或浓烈或轻微的军事色彩。大革命前期，由于剧烈的社会动荡，各种政治势力频繁登场和谢幕，此时的警察力量总是不稳定的，许多关于警察的法令和政策也是过渡性的。从警察起到的职能和作用来讲，警察往往会参与政党派别的政治斗争，警察总是为当政者的政治利益服务的，其政治镇压职能非常明显。因此，日常的秩序维护、治安管理等警察职能明显发挥不足。大革命后期，执政者注重警察体系建设，不但重用共和国总警察部，还建立了首都巴黎警察厅，设立了地方警察机构，完善了从中央到地方、从首都到其他城市的警察机构建设。

法国警察的历史表明，法国警察的变迁与法国国家政权结构的形成有着重要的关系。在法国历史上，警察在每一次国家政权的形成过程中都发挥了关键性作用，警察既是权力本身，又是权力的创造者。正如历史学家史蒂德所言，“法国警察的变迁是法国国家变迁不可分割的一部分”，法国警察“伴随着国家整体的政治变迁而发展成长，是国家积累、集中权力这一复杂过程的一部分，到目前为止，这一过程经历了君主制、帝国、革命、共和国以及随后的战争几个阶段”。① 法国大革命以来的历届执政者都将警察当作国家暴

① See Philip J. Stead, *The Police of France*, Macmillan, 1983, p. 162. 转引自樊鹏：《社会转型与国家强制：改革时期中国公安警察制度研究》，中国社会科学出版社2017年版，第30页。

力和强制能力的代表，将警察制度作为一项重要的国家基础性政治制度向社会推行，通过警察制度来实现对国家和社会的控制。

（二）最早建立了无产阶级专政政权的治安委员会

1871 年 3 月 18 日巴黎公社的建立，是无产阶级共和国的第一次伟大实践。为了巩固和维护工人政权，巴黎公社废除了旧的警察署，建立了新的由武装人民组成的治安机关，并成立了治安委员会。治安委员会是公社政权的专政机关，它是建立在高度民主基础上的为人民服务的行政机关。虽然巴黎公社的存续时间较短，但在政权存续期间却第一次建立了代表无产阶级意志和利益的治安委员会，这无疑是一次伟大的尝试，更为无产阶级政权建立警察制度提供了宝贵的经验。

（三）现代专职警察建立早，警察制度发展较快

法国是较早建立现代警察制度的国家，也是现代警察的发源地之一。1829 年巴黎警察厅组建的制服警察队伍——都市巡警队，是法国现代警察制度建立的标志，它在人类警察史和法国警察史上都具有重要意义。此后法国逐渐建立了国家警察、国家宪兵、市政警察 3 支强大的警察队伍，为法国提供治安管理和公共安全服务。3 支队伍职责分工明确，并能很好地涵盖法国社会的各个方面。国家警察总局领导的国家警察本身就形成了一个严密的组织体系，从中央到地方，从首都到全国，法国的 22 个大区和 96 个省都建有国家警察的分支机构，警力配置充足。从治安管理到刑案调查，从犯罪预防到暴恐处置，几乎有关安全和秩序的工作都由国家警察承担。国防部、内政部共同领导的国家宪兵则是一支具有军事性质的警察力量，它主要负责人口数量少于 1 万的小城镇和乡村的治安秩序，并负责一些国防任务。市政警察是法国警察中的后起之秀，它实现了警察与地方的紧密结合，主要负责地方的市政管理、治安管理和调查处置交通违法行为。国家警察、国家宪兵、市政警察这 3 支警察队伍互相协调和支持，共同构筑了法国的国内安全和秩序。

（四）中央集权型警察领导体制独树一帜

有研究者在对法国警察的发展做了大量而广泛研究后发现，法国警察的权力范围之广，足以令美国和英国的观察家感到吃惊。“令人吃惊的事实是，那么多的警察力量掌握在中央政府——今日的政治政府——手中。”① 也就是说，法国的警察力量是由全国统一组织指挥，并为中央利益服务的。近代法国建立内政部作为统管全国公共安全、法律和秩序、移民等繁杂事务的统一机关。内政部的设立，将法国警察引向了中央集权管理的方向。在中央，法国政府的内政部是法国国家警察的最高领导机关，全法国所有的安全力量都接受内政部的领导和指挥。内政部设国家警察总局，具体实施对全国国家警察的管理和指挥。作为国家宪兵领导机构的国家宪兵总部，虽然因其军事性质而隶属于法国国防部，但当国家宪兵在从事治安管理和有关国家安全的活动时，也要接受内政部的领导。因此，内政部是法国国家警察和国家宪兵的中央最高领导机关，对全国警察的管理、监督、协调具有真正的实权。而分散于地方的警察分支机构和宪兵（至少在社会安全事务上）要接受中央的领导和管理。此外，法国中央政府为保证对国家警察和宪兵的直接控制，在政府预算中拨出较为可观的份额维持其运作。警察成了由国家财政负担的职权独立的机关，其在国家内政中的地位和作用越来越重要。

（五）警察体制与国家文化传统高度吻合

法国的传统——特别是关于身份证明的规定以及权力高度集中于政府之下的传统——为警察的广泛权力奠定了基础。② 与英国警察格外重视公民的自由和权利相比，法国警察偏重于维持秩序，相对忽视公民的个人自由。法国一向将维护治安和打击犯罪等任务视为是国家的职责，也极力主张建立强而有力的国家治安力量及有关的专职机构和人员来维护包括公共安全、公共

① ［美］罗伯特·兰沃西、［美］劳伦斯·特拉维斯：《什么是警察——美国的经验》，尤小文译，群众出版社2004年版，第47页。

② 参见［美］罗伯特·兰沃西、［美］劳伦斯·特拉维斯：《什么是警察——美国的经验》，尤小文译，群众出版社2004年版，第49页。

卫生、公共安宁及公共道德在内的公共秩序。这与大革命时期法国政治动荡的历史有密切关系，更与法国高度集权的政府传统有关。历届法国政府都极为重视警察在维护执政精英利益中发挥的作用，也都善于利用法国警察收集关于政治对手的情报，以及关于社会秩序总体征兆的信息。可以说，法国警察反映了法国的文化和政治发展状况，以及不同时期法国执政精英的利益。

法国警察制度的独特性与法国的法律文化传统也是一脉相承的。首先，法国全国实行统一的法制。法国拥有一套统一、完整的法制体系。无论是作为国家立法机关的国民议会通过的法律，还是作为国家司法机构的法院发布的命令，抑或是政府各部门与各省政府、各市政府依据国家统一法律所发布的行政决定，尽管其表现形式和法律效力不同，但都能施行下去，形成一个统一的法律系统。而且从法律制定到法律实施，全国形成了由中央领导的统一法制体系。其次，警察职权源于统一的国家法律。法国中央立法机关制定的法律在全国都有效，国家警察和国家宪兵，自上而下，都必须无条件执行国家统一的法律。不论是国家治安力量的机构组织、工作任务，还是地方行政长官（省长、市长）所享有的治安职权；不论是违法犯罪的打击惩治工作，还是违法犯罪的预防工作；不论是治安事件处置，还是日常治安管理，都无一例外地要遵守国家法律规定。也就是说，法国各级政府和所有警察，都必须以统一的法律作为日常工作的遵循。由于全国拥有统一的法制，从中央到地方，从立法到执法，法国全国形成了在中央统一领导下的统一的法律体系和执法结构，因此，法国实行与法制相匹配的中央集权型警察管理体制。法国各级政府、法国所有警察，都无一例外地遵循国家统一的法律制度，这截然区别于英国那种受制于地方法律、各地分治、各自为政的警察领导体制。因此，法国是中央集权型警察领导体制的典型国家。

第三节　民族国家构建视域下现代专职警察的内生逻辑

国家是政治共同体的一种特定形式，民族国家又是国家的一种特定形式。

现代专职警察是伴随资本主义发展和民族国家构建而出现的。作为从城邦国家到封建制国家一直都长期存在的警察现象，随着民族国家的兴起和发展，也发生了重大变迁。在近代民族国家的构建过程中，警察现象实现了从非正式阶段到正式阶段的过渡和转变。民族国家是现代专职警察创立的基本政治条件。

一、民族国家的构建过程

在当代政治社会中，民族国家既是全球政治的基本单位，也是各国国内政治生活的基本框架。但在漫长的人类历史中，国家是统治者的私产，人们普遍认同的是王室或宗教，而非民族国家，民族国家是近代社会政治经济发展的产物。尽管君主专制国家是具有统一主权的国家，但是它并不是现代意义上的民族国家。“民族”和“国家”是两个不同的概念。民族主要偏重心理文化概念；国家则主要是一个政治单位和政治法律概念，是拥有一定人口、领土，具有完备的法律，建立起自治政府即拥有主权的政治单位。民族国家起源于中世纪后期的欧洲，它是伴随着近代民族化进程而出现的一种政治现象。

民族国家是从15世纪以来欧洲专制主义类型的国家里逐渐产生出来的，西欧可以看成民族国家的发源地。美国政治学家查尔斯·蒂利（Charles Tilly）认为，现代民族国家的兴起与封建君主之间频繁发动战争有密切关系，民族国家建立的过程可以被视为一个“战争塑造国家，国家制造战争”的过程。[①] 15世纪晚期，欧洲有500个左右的独立政治单元，但它们的边界划分常常是模糊不清的。在这些政治单元内部，国王和贵族之间争夺权力，政治单元之间则不断地发生战争。君主为了生存和赢得战争就要发展军队、官僚制度和税收系统。在这样的军事竞争格局中，凡是那些没有发展出军队、官僚制和税收系统的政治实体就慢慢被消灭了，而那些拥有军事优势的政治实体通过

① 参见包刚升：《政治学通识》，北京大学出版社2015年版，第115页。

发动战争会占领更大的地盘。就这样，在一个“战争塑造国家，国家制造战争”的政治军事过程中，欧洲现代国家开始兴起。① “17 世纪，nation 的意思变为今天统治我们的强有力的大型政治实体。国家权力与占有一块领土并有许多共同点的民族的概念合并到了一起。这就是民族国家（nation-state），一个民族和政府结构的结合体。”② 17 世纪至 18 世纪，法国、英国、德国、意大利等国家都先后建立了现代民族国家。此后，经过北美独立运动、拉丁美洲民族独立运动和两次世界大战，民族国家这种政治共同体的形式逐渐扩散到美洲、东欧、亚洲、非洲。

民族国家的构建过程，主要以政权的官僚化、渗透性、分化以及对下层社会控制的巩固为主要特征。③ 在民族国家构建的过程中，国家通过完成对暴力、税收、土地的垄断等一系列过程，成为维系社会经济秩序的“最高协调器”。④ 与古代国家不同，民族国家是一种独立自主的政治实体，其成员效忠的对象乃是有共同认同感的“同胞”及其共同形成的体制。与古代国家相比，民族国家在以下 6 个方面取得了明显进步：一是确定了国家的领土范围和边界；二是创立了新的立法和执法机制；三是集中了国家行政权力；四是形成了财政税务管理系统；五是发展外交并使国家间的关系规范化；六是引入了常备军。⑤ 民族国家的兴起，凭借它们提供秩序、安全、法律和财产权的能力，构成了现代经济世界的萌芽基础。⑥

---

① 参见包刚升：《政治学通识》，北京大学出版社 2015 年版，第 115 页。

② ［美］Bernard E. Brown：《比较政治学读本》，北京大学出版社 2003 年版，第 144 页。转引自景跃进、张小劲主编：《政治学原理》，中国人民大学出版社 2006 年版，第 63 页。

③ 参见陆永：《当代国家警政与现代国家成长》，江苏人民出版社 2015 年版，第 17 页。

④ 参见［德］诺贝特·埃利亚斯：《文明的进程：文明的社会起源和心理起源的研究》（第 2 卷），袁志英译，生活·读书·新知三联书店 1999 年版。转引自陆永：《当代国家警政与现代国家成长》，江苏人民出版社 2015 年版，第 16 页。

⑤ 参见［英］戴维·赫尔德：《民主与全球秩序》，胡伟等译，上海人民出版社 2003 年版，第 38 页。转引自朱旭东：《现代国家与公安创新》，中国人民公安大学出版社 2008 年版，第 42～43 页。

⑥ 参见［美］弗朗西斯·福山：《国家构建：21 世纪的国家治理与世界秩序》，郭华译，学林出版社 2017 年版，第 1 页。转引朱旭东：《现代国家与公安创新》，中国人民公安大学出版社 2008 年版，第 38 页。

二、民族国家是拥有暴力垄断权的政治实体

在国家产生之前的原始社会，单纯质朴的道德和民风规范着人类的行为，维系着社会的正常运行。而当私有制和阶级出现后，社会安全和秩序就变成了极度棘手的问题，国家也就应运而生。自此，国家成为政治共同体的一种特定形式。伴随着人类发展，一些文明幸存下来并得以延续，但政治共同体的形式却数经变化，从城邦、封建国家、王国、帝国，到今天的民族国家。那么，到底什么是国家？又应该如何定义国家呢？

（一）国家是合法垄断使用暴力的组织

德国社会学家马克斯·韦伯（Max Weber）认为，国家是暴力的垄断使用者。马克斯·韦伯指出："国家是这样一个人类团体，它在一定疆域之内（成功地）宣布了对它正当使用暴力的垄断权。"① 简言之，国家是合法垄断使用暴力的组织，国家拥有唯一的合法地使用暴力的权利。英国社会学家迈克尔·曼（Michael Mann）发展了韦伯的观点，他对"国家"作出了更为详尽的界定：第一，国家是一组分工合作的制度和人员；第二，国家具有向心性，即与中心具有双向交流的政治关系；第三，国家具有明确的地域；第四，国家借助某种有组织的暴力，行使某种程度的权威，确保令行禁止。② 具备以上 4 项内涵的国家可以通过各项制度的运行来促进经济社会发展，通过对法律、政策的执行来保障社会成员的生命权、自由权和财产权，通过社会成员齐心协力发展社会福利来实现国家统治。

（二）传统国家并未垄断暴力

人类为了公共安全和社会秩序建立了国家，但传统国家对暴力的垄断程度还不高。在国家与暴力的关系上，英国著名社会学家安东尼·吉登斯

---

① ［德］马克斯·韦伯：《学术与政治》，冯克利译，生活·读书·新知三联书店 1998 年版，第 51 页。
② 参见［英］迈克尔·曼：《社会权力的来源》（第 2 卷·上），陈海宏等译，上海世纪出版集团 2007 年版，第 64～65 页。

（Anthony Giddens）认为，古代国家中央集权控制的暴力工具与地方军阀或各种造反领袖控制的地方军事力量，两者之间具有变化莫测的紧张关系。此外，其他超出了国家控制范围的暴力工具垄断方式，如武装起来的部落集团、游牧武士的团伙、劫掠者、土匪或海盗，在远离城市行政管辖范围的地界，时常很是兴盛，有时甚至还兴盛于城市行政管辖地的毗邻区。[①] 这说明，古代国家（传统国家）对暴力的垄断程度不高，对社会的监控能力较低。

（三）在民族国家构建的过程中国家逐步垄断暴力

现代民族国家完全垄断了暴力的使用权，成为唯一能合法地使用暴力的组织。美国著名政治学家、社会学家查尔斯·蒂利对国家的起源做了另一种逻辑解读，他把早期的国家构建过程比喻成有组织的暴力犯罪集团竞争的过程。[②] 在政治斗争中，最强大的有组织的暴力集团最终垄断了暴力，就完成了初步的国家构建。也就是说，一个社会的基本问题是需要一个最高的暴力机构来垄断特定地域范围内的暴力。这种状态无疑要比每一个人随时随地可能对其他人行使暴力要好得多。事实上，民族国家构建的过程就是国家对暴力逐步垄断的过程。查尔斯·蒂利认为通过4个方面的变化，国家实现了对暴力的垄断：第一，出于为战争做准备的目的，国家开始解除平民武装，对日常社会生活施加更紧密的控制，布置专门警察遏制犯罪活动和小规模的个人暴力；第二，战争的技能不再是直接的报复，而是朝着政治潜力的非暴力展示；第三，为了保护自己免遭小规模的攻击，普通人开始求助于法院和警察；第四，与彼此诉诸准军事行动相反，地方政府（包括警察）开始在公共空间的非暴力使用上达成协议。[③] 通过这4种变化，谋杀、袭击和其他小规模的暴力迅速减少。从18世纪开始，西欧国家出现了持久而广泛的国内和

---

① 参见［英］安东尼·吉登斯：《民族—国家与暴力》，胡宗泽、赵力涛译，生活·读书·新知三联书店1998年版，第68页。

② 参见包刚升：《政治学通识》，北京大学出版社2015年版，第110页。

③ 参见［美］查尔斯·蒂利：《集体暴力的政治》，谢岳译，上海世纪出版集团2006年版，第56～57页。转引自朱旭东：《现代国家与公安创新》，中国人民公安大学出版社2008年版，第43页。

平。这说明，在国家通过加强对社会的控制而垄断了暴力之后，国家合法地具有了垄断使用暴力的权利。

从很多国家的政治发展史来看，垄断暴力也是民族国家构建过程中的核心问题。因此每个国家都将国家的暴力镇压机关——军队和警察牢牢地掌握在自己手里，例如，巴黎公社建立无产阶级政权后立即粉碎了旧的国家机器，并重新组建军队（国民自卫军）、警察（治安委员会）、法庭和监狱等暴力性质的国家机器，实行司法人员选举制。

（四）国家排他地使用暴力的3个要素

马克斯·韦伯不但提出现代国家是合法地垄断使用暴力权利的组织，他还设定了现代国家垄断使用暴力的逻辑框架。[①] 他认为，在权力开放的秩序中，国家排他地使用暴力必须具备3个要素[②]：建立军警、制度制约权力（宪法）、经济和社会利益能够进入政治系统并起到支持和监督作用。在马克斯·韦伯的暴力控制逻辑中，国家拥有唯一的合法地使用暴力的权利，首先，国家必须组建由当权者（政府）控制的强大的、统一的军事力量和警察组织，将军警力量作为国家控制社会暴力和暴乱的基本暴力工具。其次，国家公共权力的分配和行使必须受到一系列制度和法律的规范和约束，以限制国家暴力工具的非法使用。最后，经济支持和社会支持是政府或者党派掌控和享有国家暴力垄断权力的必要条件。国家设置暴力机关，并承诺限制暴力的使用，以及确保政治和经济的开放进入，促进社会的健康有序发展。在马克斯·韦伯设定的国家垄断暴力的逻辑框架中，设立暴力工具、建立法律规范制度和建设社会支持系统是实现国家垄断暴力的3个基本要素。

---

① 参见［美］道格拉斯·C. 诺思、［美］约翰·约瑟夫·瓦利斯、［美］巴里·R. 温格斯特：《暴力与社会秩序——诠释有文字记载的人类历史的一个概念性框架》，杭行、王亮译，格致出版社、上海三联书店、上海人民出版社2013年版，第27页。

② 参见［美］道格拉斯·C. 诺思、［美］约翰·约瑟夫·瓦利斯、［美］巴里·R. 温格斯特：《暴力与社会秩序——诠释有文字记载的人类历史的一个概念性框架》，杭行、王亮译，格致出版社、上海三联书店、上海人民出版社2013年版，第27页。

三、现代国家是压制暴力的制度设计者

现代民族国家的构建过程表明，所有公民的攻击权、报复权等涉及暴力的私权，已经让渡给了国家；全部强制性暴力已经作为公权力被加以垄断，私人不再拥有暴力使用权。但现代社会不可能避免暴力侵害的出现，所有国家都要面对暴力问题。没有一个社会能够以完全铲除和消灭暴力的方式来解决暴力问题，至多能对暴力加以控制和应付。事实上，从马克斯·韦伯到查尔斯·蒂利，这些学者都把处理暴力问题视为国家的基本问题。

社会中的暴力行为如何得到控制呢？应对和控制暴力的方式根植于社会制度与组织中，单靠人际关系是不能控制暴力的。[①] 在有记载的人类历史中，暴力的停息（和平）并不是因为暴力专家们放下了武器，而是暴力发展出了一些能减少暴力的动用的安排（明确的或暗含的）。[②] 这种用来减少暴力动用的安排，就是一系列制度。制度是“游戏的规则”，是支配和约束个人关系的一种互动模式。[③] 制度包括正式制度、成文法、正式的社会惯例、非正式的行为规范、共同秉持的对世界的信念以及实施手段。制度通常被认为是对个人行为的一种约束。社会要发展，就必须建立起某些形式的制度来控制暴力。但要控制暴力，仅有制度还不够，必须建立与制度相匹配的组织，由特定人员以组织的名义，通过协调行为来实现组织目标。现代开放社会一般是

---

① 在小群体的社会里，人们通过获取个人的详细信息来学着相互信任，这些信息包括是否有暴力癖好，以及对多次重复交往后不断增进的关系能否带来收益的信念。在相对较大的群体里，没人能知道群体中或社会上所有成员的个人信息，因此，单靠人际关系是不能控制暴力的。参见［美］道格拉斯·C. 诺思、［美］约翰·约瑟夫·瓦利斯、［美］巴里·R. 温格斯特：《暴力与社会秩序——诠释有文字记载的人类历史的一个概念性框架》，杭行、王亮译，格致出版社、上海三联书店、上海人民出版社 2013 年版，第 17 页。

② 参见［美］道格拉斯·C. 诺思、［美］约翰·约瑟夫·瓦利斯、［美］巴里·R. 温格斯特：《暴力与社会秩序——诠释有文字记载的人类历史的一个概念性框架》，杭行、王亮译，格致出版社、上海三联书店、上海人民出版社 2013 年版，第 39 页。

③ 参见［美］道格拉斯·C. 诺思、［美］约翰·约瑟夫·瓦利斯、［美］巴里·R. 温格斯特：《暴力与社会秩序——诠释有文字记载的人类历史的一个概念性框架》，杭行、王亮译，格致出版社、上海三联书店、上海人民出版社 2013 年版，第 18 页。

通过制度来限制暴力的。制度设计出规则，通过改变实施暴力的代价来直接制止暴力，最明显的，就是规范对暴力行为的惩罚。为了使压制暴力的规则和制度能够被遵循和执行，国家暴力机关就出现了。国家暴力机关中的官员可以、能够、必须非人际化地（铁面无私地）实施规则。换言之，只有存在着有能力在非人际化的基础上实施规则的组织，制度才能控制暴力。

控制暴力、减少暴力行为和混乱无序，是现代国家的重要职责和目标，现代国家是停息暴力的制度设计者。国家垄断了暴力使用权，私人不再享有暴力，实施暴力将受到国家的制裁。为了控制和应对暴力，国家必须建立一系列制度，如警察制度、司法制度和武装力量。警察、法院等社会控制机构及其运行制度正是国家创设的代表国家来平息暴乱、压制暴力、制止暴行、处理暴力问题的手段。奥地利籍英国自然科学和社会科学哲学家卡尔·波普尔（Karl Popper）在其著作《开放社会及其敌人》中指出，一切长远的政治都是制度性的。[①] 在民族国家，警察制度就是国家设立的一种控制暴力、减少暴力和混乱的制度。该制度通过分享国家公共权力而获得控制和减少暴力的权力，通过参与保障公共安全和秩序维护等活动而预防、打击违法犯罪、压制暴乱、解决冲突和纠纷，主要采取限制性、强制性的手段，通过限制公众的自由和权利来维护国家公共安全和社会治安秩序。相对于武装力量，依靠警察制度控制暴力的直接性、激烈程度和成本都比较低。在现代国家的语境下，警察能够从防止公共危害、维护公共秩序的角度而不是冲突对抗的角度，来日常地、分散地、温和地实现对暴力的强制性镇压。因此，在和平时期，为了实现长治久安，现代国家更愿意建设和使用一支高效的警察队伍而不是武装力量来控制暴力。

四、现代专职警察产生的内在逻辑

纵观人类历史文明发展进程，警察作为一种政治现象，它伴随私有制和

---

① 参见［美］小威廉·克尔·缪尔：《警察：街角政治家》，曹志建、徐婧译，社会科学文献出版社 2019 年版，第 214 页。

阶级而出现，伴随社会分工的发展而逐渐从其他公共权力中独立和分化出来，最终与国家权力融为一体。前文阐述了英、法等国在民族国家的构建过程中现代专职警察的创立，也描绘了警察现象从非正式阶段过渡到正式阶段的历程，或人类警事从业余警务转变为职业警务的过程。有研究者说，要想说明警察现象发展演变的历史，并不需要说明一切时间内发生过的事实，而只需要重点解释历史事实的关键之处。① 在此，需要重点分析的是，人类是如何创建现代专职警察制度的，而不是它们是何时出现的。

（一）现代专职警察是民族国家加强行政监控的逻辑使然

欧洲现代民族国家的历史发展进程说明，民族国家的产生过程就是从分散的权威向中央集权国家演变的过程，故现代民族国家的行政监控体系日趋完善，国家的行政监控能力日趋增强。对于国家的概念，安东尼·吉登斯做出了与马克斯·韦伯的国家定义接近的界定，即将国家界定为这样一种政治组织：它在统治地域上是有章可循的，而且还能动用暴力工具来维护这种统治。② 安东尼·吉登斯将国家区分为 3 种类型：传统国家（包括城邦和封建制国家）、现代民族国家（主权国家）、绝对主义国家（从传统国家向现代民族国家过渡的一种国家形态）。他通过考察欧洲从传统国家经由绝对主义国家到现代民族国家的发展历程后指出，民族国家的现代性可用 4 个维度来衡量，即行政监控、军事秩序、工业主义和资本主义。其中行政监控是现代民族国家的重要维度，甚至是第一特征，因为所有的现代民族国家都必定牵涉到对其统辖的社会系统的再生产的各方面实施有效的监控和管理。实则，绝对主义国家已经出现了行政监控的集中和扩张，而伴随资本主义社会的产生和发展而兴起的民族国家，得益于运输、通信、信息处理手段的进步和改善，其行政监控能力大大增强。安东尼·吉登斯认为，民族国家的本质特征是

① 参见［美］罗伯特·兰沃西、［美］劳伦斯·特拉维斯：《什么是警察——美国的经验》，尤小文译，群众出版社 2004 年版，第 33 页。

② 参见［英］安东尼·吉登斯：《民族—国家与暴力》，胡宗泽、赵力涛译，生活·读书·新知三联书店 1998 年版，第 300 页。

“反思性监控”的全面化，正是由于监控的扩张和发展，民族国家才实现了行政集中和强制的能力。

在传统国家，迷信、宗教、习俗和禁忌支配人们的道德和价值标准，家庭（家族）是社会控制的重要组织。奴隶制和封建制国家的组织机构职能分化程度都较低，常常军警不分、政警混淆、行政与审判混为一体，且私刑私狱普遍存在，故而形成了一种非正式的警察制度。受社会生产力水平的限制，传统国家对暴力的垄断并不彻底，故而传统国家对社会的行政监控能力较弱。

到了十七八世纪，资本主义生产社会在欧洲空前发展，国王和贵族之间权力争夺激烈，各国之间频繁爆发战争。随着竞争性权力和权威中心的瓦解，西欧国家不断完善其行政机构，增强对内镇压和控制的职能，逐渐垄断了军事暴力和强制手段，形成了新型民族国家。在政权建设的过程中，民族国家通过政权的官僚化、渗透性、分化以及对下层社会控制的巩固，实现了对社会的有力控制。专业警务的出现与民族国家的出现紧密关联，专职警察是民族国家加强行政监控的逻辑使然。在保障公共安全和秩序方面，传统国家那种分散的、混杂于军权、审判权的警察职能已经不能满足资本主义经济社会蓬勃发展的需要。加之，启蒙运动以来“自由、平等、博爱、天赋人权”的思想已被资产阶级广泛接受和深入内化，法治思想也已成为资产阶级重要的执政理念，故古代社会那种凭借国王和长官的主观意志来定罪量刑的做法以及私刑制度受到资产阶级当权者的强烈批判和反对。为了保障资本主义经济的顺利发展，为了强化国家的行政监控能力，新型警察首先在经济最发达、社会震荡最厉害的英国、法国等西欧的民族国家出现。建立专职警察力量，尽管规模有限，但也标志着政府关于社会控制的供给和再造的立场开始发生改变。[①] 随着欧洲普遍建立起民族国家，以及各国对外扩张的加剧，新型警察陆续在欧洲各国和欧洲以外的国家纷纷建立。根据罗伯特·雷纳的研究，

① 参见［英］马丁·因尼斯：《解读社会控制——越轨行为、犯罪与社会秩序》，陈天本译，中国人民公安大学出版社2009年版，第46页。

截至20世纪20年代，政府应当领导正式社会控制的理论已被人们广为接受和支持。通过警察、监狱和其他刑事司法制度，一个复杂的官僚机器被建立起来，以应对更为严重的越轨行为。① 现代警察制度逐渐成为现代国家社会治理的基本制度。

（二）现代专职警察是社会职能普遍专业化的逻辑延伸

如果社会史可以理解为向“日益复杂”与分工发展的一般运动，那么现代专职警察的出现可以理解为这种一般化过程的一部分。② 随着社会日益复杂化、专业化，所有工业化国家在其发展史上的不同时刻都创设了职业化、专业化的警察。在某种程度上，独立的警察职业的发展是社会职能普遍专业化的逻辑延伸。也就是说，随着社会发展出管理经济、宗教、福利、医疗保健以及其他活动的专门机构或组织，社会也同样发展出专门的社会控制机构或组织。

社会整体组织形式的发展与警察发展之间有密切关系。从迪尔凯姆的理论来看，各种社会都是以机械的或有机的这两种基本方式组织起来的。机械组织的社会和有机组织的社会的区别在于社会的专业化与分工。机械组织的社会是以共同利益为纽带结成的社会，它通常是原始的、欠发达的或前工业化的。在这种社会中，个人都是互相独立的，因此社会结合或集体认同的基础是集体意识。因此，在机械组织的社会中设立社会控制的目的是保护集体意识和共同信念。而有机组织的社会通常是先进的、发达的或工业化的，在这种社会中，人们从事特殊的职业，社会结合的基础则是人们相互依赖以满足基本需要。因此，在有机组织的社会中设立社会控制的目的，是确保个人之间的关系可测而有序。③ 随着社会从非正式的机械组织向更加正式的有机

---

① 参见［英］马丁·因尼斯：《解读社会控制——越轨行为、犯罪与社会秩序》，陈天本译，中国人民公安大学出版社2009年版，第52页。

② 参见［美］罗伯特·兰沃西、［美］劳伦斯·特拉维斯：《什么是警察——美国的经验》，尤小文译，群众出版社2004年版，第37页。

③ 参见［美］罗伯特·兰沃西、［美］劳伦斯·特拉维斯：《什么是警察——美国的经验》，尤小文译，群众出版社2004年版，第36页。

组织转化，社会职能与职业逐步专业化。在这社会转化的过程中，警察的发展同样表现为非专业化警务向专业化警务演变。

一些运用跨文化的人类学方法研究警察发展的学者认为，警察是随着社会体制的日益分工或专业化而发展起来的。① 在古代国家，尽管也有政府组建具有警察职能的机构，但其职能往往并不独立，加之，临时性的特征明显，即政府组建这样的机构只是为了应付社会秩序出现的紧急问题，问题解决后随即解散。传统国家也有被任命的承担维护安全和秩序职能的人员，但他们往往身兼数职，业余和兼职的特征明显，且通常处于政府权力的控制之外。② 随着经济的发展，新兴工业城市的发展，人们逐渐意识到，“仓促”的反应再也无法及时有效地应付犯罪行为，更无法彻底地解决社会秩序问题，社会需要常备的、反应迅速的、专业化的力量来及时控制违法犯罪和应对社会秩序问题。因此，随着社会体制的日益复杂化、专业化，现代专职警察出现了。

（三）现代专职警察是社会精英维护其利益的理性选择

自由和秩序是一对动态的矛盾，警察起到了平衡社会中自由与秩序之间冲突的作用。美国警察学研究领域的著名学者赫尔曼·戈尔茨坦（Herman Goldstein）曾指出：就其职能而言，警察是自由社会的异端。③ 一方面，人类崇尚自由，期望政府最大限度地保护个人自由；另一方面，自奴隶社会起，人类各城邦国家就出现了警察作用——使用暴力强制人们按照社会法规来行事。

在机械组织的社会中，人们处于一种相对平等的状态，而随着人类过渡到有机组织的社会，社会日益复杂，并出现了阶层，产生了阶级。在阶级社会中，一些社会成员获得了财富、地位和权力，这些人处在社会上层，我们

---

① 参见［美］罗伯特·兰沃西、［美］劳伦斯·特拉维斯：《什么是警察——美国的经验》，尤小文译，群众出版社 2004 年版，第 37 页。

② 参见［美］罗伯特·兰沃西、［美］劳伦斯·特拉维斯：《什么是警察——美国的经验》，尤小文译，群众出版社 2004 年版，第 35 页。

③ 参见［美］罗伯特·兰沃西、［美］劳伦斯·特拉维斯：《什么是警察——美国的经验》，尤小文译，群众出版社 2004 年版，第 5 页。

称之为“社会精英”。生产的发展、社会分工的出现及其专业化，给社会成员普遍带来了利益，但社会精英获得了大部分利益。维持社会秩序不变是社会精英的利益之所在，为此，社会精英制定法律并设立国家公共权力机关，通过国家机器的运行来保护其经济政治利益。

美国著名学者理查德·伦德曼（Richard Lundman）在《警察与警务工作之导论》（*Police and Policing*：*An Introduction*）中指出，① 在有机社会中，只有精英才拥有推动社会变化的能力与资源。照此理论来讲，现代专职警察是社会精英维护其利益的工具。对社会精英而言，维持社会现状和社会秩序，就能实现其利益。因此，社会精英设立正式的社会控制组织——正式警察——的目的，就是通过维持社会现状以维持其自身的利益。② 当精英们感受到社会上出现的混乱威胁其社会地位时，他们才着手创建专职的正式警察力量来恢复秩序。正如理查德·伦德曼所阐明的，“混乱并不是设立警察的直接原因，社会精英对混乱的恐惧才是真正的原因”③。在人类进入有机社会后，随着社会精英的出现，当社会精英们的地位和利益受到社会混乱或无序的威胁时，精英们开始设立专职的正式警察以保护自己受到威胁的利益。换言之，现代专职警察是在社会精英们无法忍受社会混乱或无序时为了维护自身利益而创建的。

（四）现代专职警察是控制危险阶级的必然选择

在任何社会中，发生一些违法犯罪，出现一些秩序混乱的情况，都是正常的。在古代社会，混乱和犯罪相对是无组织的、偶然的，依靠古代国家兼职的、业余的、临时性的非正式警察就能够打击犯罪、消除混乱、维持治安。但人类进入资本主义社会以后，工业化发展带来的人口急剧增长和劳资矛盾

---

① 参见［美］罗伯特·兰沃西、［美］劳伦斯·特拉维斯：《什么是警察——美国的经验》，尤小文译，群众出版社2004年版，第38页。

② 参见［美］罗伯特·兰沃西、［美］劳伦斯·特拉维斯：《什么是警察——美国的经验》，尤小文译，群众出版社2004年版，第38页。

③ ［美］罗伯特·兰沃西、［美］劳伦斯·特拉维斯：《什么是警察——美国的经验》，尤小文译，群众出版社2004年版，第38页。

突出等问题引起了大量社会问题，其中最为严重的就是犯罪猖獗和秩序混乱。有关资料显示，英国的犯罪率在18世纪后半期呈缓慢增长趋势，18世纪末至19世纪初，英国的犯罪率开始呈现快速增长的态势；19世纪20~40年代，犯罪形势最为严峻，达到高峰期,① 故有学者称19世纪早期是“匪徒的黄金时代”或“犯罪纪元”②。此外，各种暴乱和危害治安秩序的事件频繁爆发，使社会陷入混乱无序当中。

如果犯罪和混乱只是孤立的捣蛋者行为，那么社会精英阶层一直无须担心。然而犯罪和混乱的严重程度和爆发频率逐渐超出了以往，社会精英都感受到了混乱和犯罪对自己及社会地位的严重威胁。随着犯罪数量的攀升，特别是当面临大规模破坏性的血腥暴动时，精英开始担心社会本身的存在。③此时，社会精英们认为，犯罪和暴乱都起因于“危险阶级”——无产阶级，因此，他们决定设立正式警察。社会精英真正担心的问题，并不是整个社会乱作一团，而是对自身利益和地位充满威胁的危险阶级。所以对社会精英来讲，正式警察的职责不单是控制犯罪，而且还承担着控制危险阶级的艰巨任务。④ 正如英国警学专家斯托奇（Storch）指出的，创建新型警察就是用来对抗那些“不受欢迎的人”，他们占领街道，对资产阶级的统治秩序、财产和利益观念构成了威胁。⑤ 因此，正式的专职警察是在社会精英阶层对社会中出现的犯罪和混乱有了新的认识之后，为了应对和控制危险阶级而建立的。

综上所述，新型的专职警察的出现与民族国家的出现密切相关，职能独立的正式警察组织的建立与社会分工和日益专业化——包括经济制度、政治

① 参见许志强:《英国工业化时期的犯罪问题及其社会成因》，载《世界历史》2015年第2期。
② 参见［英］罗伯特·雷纳:《警察与政治》，易继仓、朱俊瑞译，知识产权出版社2008年版，第23页。
③ 参见［英］罗伯特·雷纳:《警察与政治》，易继仓、朱俊瑞译，知识产权出版社2008年版，第39页。
④ 参见［英］罗伯特·雷纳:《警察与政治》，易继仓、朱俊瑞译，知识产权出版社2008年版，第39页。
⑤ 参见［英］贝珊·洛夫特斯:《社会变迁与警察文化的嬗变》，蒋荣丰、徐爱华、赵鹏荣译，南京出版社2013年版，第29页。

制度、宗教制度以及其他制度的分立都息息相关。社会专业化发展推动人类进入了有机组织的社会。在有机社会中，在财富、地位和权力等方面占优势的社会精英自然而然充当了领导者的角色，他们强烈期望运用权力维持和巩固其地位和利益。然而犯罪猖獗、暴乱频发，社会精英的利益遭到严重威胁；令社会精英更为担心的是，它们明显感受到一个“危险阶级”正严重威胁着其社会地位。为了应对犯罪和混乱，控制危险阶级，社会精英创立了专职警察。

第四章

现代警察的组织管理与本质特征

警察行政是国家内务行政的重要组成部分，是警察组织（机关）、警察人事管理和警察业务执行的总称。其目的在于提高警察工作效率，充分发挥警察职能作用。现代警察责任重大，手段刚柔并济，业务内容繁杂，服务范围广泛，对国家、社会和公众有着重大的意义，因此，现代警察行政制度是现代国家和市民社会不可或缺的组成部分。研究警察行政制度，整理和总结其内在规律，阐发警察行政理论和原则，对于优化警察行政管理，促进警务改革，推动警察制度创新和发展大有裨益。美国经济学教授阿夫纳·格雷夫（Avner Greif）归纳了制度的一系列要素：规则、规范、信念以及组织。[①] 现代警察制度即现代警察组织按照一定的规则、规范、信念和模式运作的系统。现代专职警察建立之后，警察组织的官僚化发展、警察管理体制的演变以及警务变革和警务理论创新共同勾勒出了现代警察行政制度的发展嬗变与未来走向。

第一节　警察组织之建立与发展演变

警察职能必须通过一定的社会组织形态，即警察组织实现。警察组织对警事进行统一管理，依法对有关国家安全和社会治安秩序的社会关系进行调整，从而发挥警察的功能，实现国家安全和社会稳定有序的治理状态。

---

① 参见［美］道格拉斯·C. 诺思、［美］约翰·约瑟夫·瓦利斯、［美］巴里·R. 温格斯特：《暴力与社会秩序：诠释有文字记载的人类历史的一个概念性框架》，杭行、王亮译，格致出版社、上海三联书店、上海人民出版社2013年版，第36页。

一、警察组织的概念及特性

（一）警察组织的概念

1. 组织的概念

“组织”（organization）一词是由“器官”（organ）一词发展演变而来的。英国哲学家斯宾塞（H. Spencer）于1873年将“组织”一词引入社会科学，彼时“组织”是指组合起来的系统和社会。20世纪，随着组织理论的兴起，“组织”一词逐渐被赋予了更丰富的含义。被誉为现代组织理论的重要奠基人之一的切斯特·I. 巴纳德（Chester I. Barnard）将组织界定为“一个有意识地协调两人或两人以上活动与力量的系统”①。著名管理学家、认知科学创始人、“人工智能之父”赫伯特·A. 西蒙（Herbert A. Simon）认为，组织就其实质而言是人类群体中的信息沟通与相互关系的复杂模式。美国著名社会学家、管理学家理查德·H. 霍尔（Richard H. Hall）则认为，组织是一个集合体，它有相对明确的边界、规范的秩序（规则）、权威阶层（等级）、沟通系统及成员协调系统；组织具有一定连续性，存在于一定环境之中，它往往围绕多个目标开展活动，其活动又会对组织成员、组织本身以及社会产生影响。② 研究者专业背景不同，对组织的定义也不同。加拿大组织理论研究专家加雷思·摩根（Gareth Morgan）在其著作《组织》中从历史、哲学、心理、政治等多个方面对组织的起源、发展、走向进行了高屋建瓴的论述，并归纳出了10个经常被人引用的组织定义。无论对组织的定义多么不同，但事实上，形态各异的组织却有着诸多共性。③ 基于此，组织可以被界定为：

---

① 陈振明等：《公共管理学》（第2版），中国人民大学出版社2017年版，第28页。

② 参见陈振明等：《公共管理学》（第2版），中国人民大学出版社2017年版，第28页。

③ 各类组织具有诸多共性：第一，组织是人们在相互交往中形成的一定行为关系的集合；第二，组织有着某种特定的目标；第三，组织有一定的结构和行为方式；第四，组织有其内在的精神意识，这种精神意识并非自发形成，而是有意养成的，最终系统化为组织文化；第五，组织是一个开放系统，随着组织环境的变化而有机发展。参见陈振明等：《公共管理学》（第2版），中国人民大学出版社2017年版，第28页。

在一定社会环境中，人们通过相互交往而形成的具有共同心理意识，并为了实现某一特定目标而按一定的方式联合起来的有机整体。[①] 警察组织是人类进入阶级社会后出现的一种组织，它是人们为实现警察目标而组成的具有一定结构形式、特定功能的社会系统。

2. 警察组织的概念

警察组织是国家为发挥警察职能和作用，执行各种警察行政事务和业务，以警察人员为基础结合而成的警察行政机关系统。警察组织有广义和狭义之区分。广义上，警察组织是指由一切警察机关结合而成的组织体，也就是国家警察行政体系。其中既有纵向的上下级隶属关系，又有横向的平行机关之间的联系，不仅包括中央警察机关，也包括各省、市、县等地方警察机关，是全国性的警察行政系统。狭义上，警察组织是警察行政体系中个别警察机关本身的构成，即指各个警察机关内部的组织结构，例如各级警察机关内部的设置、员额编制以及职权分配等组织事项。

由上可知，警察组织在广义上是指国家警察行政体系，即指由国家全部警察机关构成的系统整体；在狭义上则是指某个具体警察机关的组织机构。

3. 警察机关的概念

在实践中常用且与警察组织密切相关的一个词是“警察机关”。“警察机关”是指国家行政系统中行使警察职权并具有独立地位的个别组织，即警察机关往往指警察组织体系中某个具体的或者特定的警察组织实体。可以将全国警察组织体系中的警察机关进行分类，例如，基于管辖区域，警察机关一般分为中央警察机关和地方警察机关；基于业务性质，警察机关可以分为一般行政警察机关（例如市、县警察局），专业警察机关（例如铁路警察局、民航警察局等）等。

有些学者更倾向于从政治层面去认识警察机关的内涵。就政治层面而言，

---

① 参见陈振明等：《公共管理学》（第2版），中国人民大学出版社2017年版，第28页。

警察机关可以被定义为一个合法的政府机构，其具有维持秩序、预防犯罪和执行政府法律的职权。① 换句话说，警察机关能确保政府是社会中的一个稳定和受尊重的实体。也就是说，警察机关是一个政府机构，它运用职权维持秩序，预防政治敌人或其他危险阶级犯罪，并对每个人执行政府的法律，但那些可以对警察实施政治影响的人除外。② 如前所述，在理论上，警察能使所有人都遵守法律，而不得有例外。事实上，政治对警察的影响并没有使这一理论得以实现。正如先前的定义所暗示的，对警察的政治控制必然导致对警察机关的重新定义。

（二）警察组织的特性

警察组织是一种公共行政组织，它是以维护公共安全和社会治安秩序为组织目标，行使法定警察职权的警察机关，是警察的社会结构形态。

1. 警察组织是公共组织

组织有公共组织、私人组织、其他组织之分。在政治活动领域进行宏观调控和制定重大方针政策的组织，是公共组织或政府组织；在经济活动领域，以营利为目的，从事生产、运输、贸易等经济活动的组织，是私人组织；社会活动领域中的组织，是非政府非营利性组织。组织的属性与其特定的目标有关。如果组织的目标是服务公共利益，这种组织就可称为公共组织，否则，就可以定性为其他性质的组织。③ 根据以上划分和判定方法，警察组织属于公共组织，其具有公共的特征。从国家、政府角度看，警察组织依照国家法律建立，涉及国家公共权力中警察权的实施，其组织目的关乎国家公民的公共福利。从组织职能和活动范围看，警察组织的职能体现了与多数人的利益相关的公共职能，警察组织的活动范围也是公共活动的范围，涉及较多社会

---

① Jack R. Greene, *The Encyclopedia of Police Science*, 3rd ed, Volume 1, Routledge Taylor & Francis Group, 2007, p. 1026.

② Jack R. Greene, *The Encyclopedia of Police Science*, 3rd ed, Volume 1, Routledge Taylor & Francis Group, 2007, p. 1026.

③ 郑晓均主编：《警察行政研究》，知识产权出版社 2017 年版，第 22 页。

公众参与的事务领域。从组织目标来看，警察组织是对公共利益产生巨大影响作用的组织，而不是为了获取私利；是为全体公民服务的，而不是为私人服务的。警察组织向社会提供公共安全服务和公共安全产品，这些服务和产品均服务于典型的公共利益，因此，警察组织是典型的公共组织。

2. 以维护公共安全和社会治安秩序为组织目标

考察组织的若干特征可以发现，组织目标与行为是组织的本质特征。[①]特别是组织目标，由于它既是成立组织的基础，又是组织的发展方向，因此，通常被当作对组织进行系统研究的逻辑起点。现代警察组织有其特定的组织目标和行为，与政治活动领域中的其他公共组织有重大区别。

任何组织的设立都要有明确的目标和宗旨，它是组织存在的基础，是组织的发展方向。现代警察机关以保护公众的生命财产安全、增进公众福利、维护社会治安秩序为组织目标。现代国家构建中，警察逐渐成为专门维护公共安全和社会治安秩序的国家力量，警察组织则是专门从事警察行为的国家行政机关，以维护公共安全和社会治安秩序为组织目标。作为警察行动的主体的社会结构形态，它是国家警察行动的总代表，对警察行动后果承担责任，并向全体公民负责。

3. 警察机关是国家设置的具有武装性质的行政机关

国家为行使公共统治权力，必须依赖组织，警察组织就是国家行使警察职权的组织。警察组织是警察机关组成的系统，表现为有组织的社会实体。警察机关是基于国家统治和治理的需要行使警察权的机关，是政府依法执掌警察事务、开展警察业务的机关，是国家重要的行政机关。

与法院、检察院不同，警察机关参与公共安全事务管理，负责维护国家安全和社会治安秩序，是国家的行政机关。由于要预防、制止、侦查违法犯罪，要对抗和制服违法犯罪人的各类暴行，要应对各种紧急情况和危难情形，警察机关被国家赋予了强大的强制性权力，例如，驱散、约束、强制传唤、

① 参见陈振明等：《公共管理学》（第2版），中国人民大学出版社2017年版，第28页。

拘传、逮捕、羁押等，用警察机关的暴力来震慑、威吓、制服不法分子的暴力行为。同时，国家还为警察机关配备了武器和警械等，确保其可以执行国家统治阶级的意志。因此，在国家机器中，警察机关是具有武装性质的行政机关。

4. 警察组织具有权威性

现代国家任何行政组织的建立和运行都必须以宪法和相关法律为依据。作为政府重要的行政机关，警察组织依国家宪法而组建，代表国家行使行政职权，其权力的形成由宪法和法律明确规定。现代国家授予警察机关警察权，即警察机关在维护国家安全、公共安全和社会治安秩序方面的管理权和执法权。警察权属于国家公共权力，属于国家主权范畴，是国家基本权力之一。警察机关具有行使国家警察权的资格。为了实现其组织目标，警察机关衍生出了大量具体工作，执法就是其重要内容之一。警察组织在职权范围内的一切行政指令和行为，各类组织、全体公民都必须遵照执行，不得违抗。因此，警察组织具有极强的权威性。警察组织的权威性来自国家法律授权，故警察组织开展活动既具有突出的强制性，又具有严格的法制性。

5. 警察组织负责开展多样的警务活动

警察组织通过行使警察权，发挥警察职能，实现维护安全与秩序的目的。警察行使警察权的过程即警察依法采取警察行动或者开展警务活动的过程。现代警察组织是现代国家政权中依法行使警察权，专门开展警务活动的具有武装特点的治安行政和刑事司法专门机关。警察机关依法执行法律，履行警察职能，维护国家安全和社会治安秩序，管理本国的社会公共安全事务，是现代国家治理体系中的重要一环，在国家公共安全治理方面发挥重要作用。警察组织以警务活动的方式参与公共安全事务。警察机关依照宪法和有关法律的规定行使警察权，既参与国家公共安全领域内行政管理活动，又参与国家刑事司法活动，还为公众提供安全服务和紧急救援。警务活动即为了实现公共安全和治安秩序，警察机关及其成员在其职责范围内所开展的各种警事活动和程序。①

二、警察组织的建立与发展

从历史演进的观点看，组织产生的最初原因是人类的“生存需要”（survival needs），随着人类文明的进步，组织的作用已从原本单纯的“生存”功能转变为“经济”“政治”“社会”等复杂而多元的功能。警察组织的产生则是政治发展的结果，它是国家在行政分工中，为了处理关于安全和秩序方面的事务，而对其警察人员相互关系、任务与职责分配等所做的系统安排。

（一）警察组织的建立

建立警察组织是公共事务管理的需要，是政治发展的结果，而不是市场运作的结果。经济学家希克斯（John Richard Hicks）认为，公共组织所提供的服务和产品的范围与种类不是由消费者的直接愿望决定的，而是由政府决定的，在民主国家，是由公民代表决定的。② 这揭示了公共组织是公共的或政治的结果，而不是市场运作的结果。在古代国家，警察职能尚未集中于一个统一的机关，故无专门独立的警察组织，有的仅是兼具警察权力、附带行使警察职能的若干机关。专门独立的警察组织是随着现代专职警察的创立而

① 与前文对“警察”概念的历史演变的考察相似，“警务”（policing）这一术语在古代英国主要是公众自发维护地方治安的活动，即是一种“民间自治警务”。18 世纪末 19 世纪初，“警务”被用来表示更为宽泛的正式社会监控体系，旨在促进社会公共安全和秩序以及公众福祉。它包括了公共卫生、建筑、税收、安全维护、秩序保障等多种国家行政功能和广泛的执法功能。而在 19 世纪初近代警察制度建立之后，“警务”仅指国家设立的警察机关及其成员就维护公共安全和社会治安秩序而开展的警事活动和程序。本书就是在这个意义上使用“警务”这一概念的。当然，笔者也注意到，薛向君的《英国现代警察的治理与问责》一书在“绪论”中将“警务”界定为“各种各样的活动和程序，由多种个体和组织执行，包括商业机构所从事的警务活动”。这种观点将警务范围扩大，不仅包括国家刑事司法系统提供的“公共警务”，而且包括商业机构如安保公司等提供的安保服务。为了避免对“警务”概念界定过于宽泛可能会带来的很多问题，本书只关注“公共警务”，即只研究作为国家刑事司法系统核心和执行法律的正式机构的警察部门所开展的与安全和秩序相关的活动和程序。

② 参见陈振明等：《公共管理学》（第 2 版），中国人民大学出版社 2017 年版，第 29 页。

建立的。在民族国家构建中，公共安全事务与卫生防疫、税收、社会救济等逐渐分离，促成了国家政府职能部门的分工，新型的专职警察由此而出现。在民族国家构建中，社会组织模式从宗族型和封建效忠型演变为国民实体型，一系列政府组织产生了，警察组织就是其中的一种。警察成为民族国家社会控制的关键，警察组织通常也被设在大的政府机构内部，① 比如，英国的内政部承担从街道照明到社区安全服务等各种管理和服务职能。警察组织成为政府的重要组成部分，其成员与社会公众联系紧密。19 世纪后半叶，警察是城市发展中政府提供的诸多“理性”服务之一。而在法国、意大利、日本，警察这种职能已由国家警察机关来行使。② 警察日益成为现代国家机器的重要组成部分，警察组织也成为国家政府的重要行政组织。可见，警察组织的产生是以行使警察权、发挥警察行政作用、办理警察事务、执行各种警察业务、实现安全与秩序为目的的。

（二）形成系统化的组织

警察组织是伴随社会组织模式从机械一体化向有机体化演变而产生发展起来的。国家行政组织是一个职责分明、层次合理、结构严密、信息畅通、协调有序的体系，而警察组织既是这个体系的一个子系统，其自身也组成了一个完备的功能体系。自资产阶级创立现代专职警察以来，各国逐渐形成了一个系统化的警察组织。现代警察组织以专职警察人员为基础，由功能分化的多个警察部门构成，通过一套严密的组织制度和运行制度，最终实现公共安全管理和治安秩序维护的总目标。

1. 专职警察人员。人是组织的基本因素，近代民族国家出现的专职警察人员是建立警察组织的基本要素，也是警察组织的灵魂。在古代国家，执行警察职能的人员是兼职的，且执行警察职能的人员分散于国家军政、行政、

① 参见［美］罗伯特·兰沃西、［美］劳伦斯·特拉维斯：《什么是警察——美国的经验》，尤小文译，群众出版社 2004 年版，第 53 页。

② 参见［美］罗伯特·兰沃西、［美］劳伦斯·特拉维斯：《什么是警察——美国的经验》，尤小文译，群众出版社 2004 年版，第 82 页。

审判等各个机关，不具备警察组织的基本要素。而随着现代专职警察出现，警察人员成为专职从事公共安全管理和社会治安秩序维护的人，为警察组织的建立提供了基本条件。警察组织是由警察人员构成的。

2. 明确的组织目标。警察组织的目标，是警察组织活动的方向和目的，是警察组织存在的基础和理由，它决定着警察组织的行为方式和发展方向。古代国家虽有警察行为和职能，但警察职权没有统一集中于一个专门机关——警察组织。在近代民族国家构建过程中，警察事务与其他公共行政事务和审判等司法活动逐渐分离，导致国家所有警察职权都集中于一个专门机关——警察组织，警察组织就产生了。警察组织成为专门负责公共安全和社会治安秩序的机构，警察组织也与军队、审判及其他行政机关有了界限。确立明确而清晰的组织目标对于凝聚警察组织全体成员和组织内部各部门有重要作用。

赫伯特·西蒙（Herbert A. Simon）认为，组织目标是一个十分复杂的实体，它实际上是一个包括很多约束成分的集合，它既指导组织行为，又约束组织行为；约束集的所有成分并不是同等重要的，这种不平等最终导致了组织的多样性。① 警察的组织目标也并不是一个单一的结构，而是一个多成分的约束集，它同时指导和约束警察机构的行为。1973 年，美国律师协会提出了警察组织的 11 个目标②：查明罪犯和犯罪事实，以及在适当的地方逮捕罪犯并参与随后的法庭诉讼；通过预防性巡逻和其他措施减少某些犯罪的产生；帮助身处危险的人；保护宪法担保人③；协助行人或车辆前进；帮助无力照顾自己的人；解决冲突；查明可能变成严重执法问题或政府问题的问题；在社区中创造并维持安全感；改进并维持社会秩序；提供其他紧急救助。伦德曼认为，尽管全社会是警察服务的首要受益者，但服务公众并不是警察唯一

---

① 参见［美］罗伯特·兰沃西、［美］劳伦斯·特拉维斯：《什么是警察——美国的经验》，尤小文译，群众出版社 2004 年版，第 194 页。

② 参见［美］罗伯特·兰沃西、［美］劳伦斯·特拉维斯：《什么是警察——美国的经验》，尤小文译，群众出版社 2004 年版，第 192～193 页。

③ 结合美国律师协会 1973 年制定的《城市警察职责规范》得知，此处的“保护宪法担保人”意即保护公民享有宪法赋予的权利。参见叶俊：《窥探国外警察制度》，载《民主与法制时报》2015 年 11 月 29 日，第 8 版。

的目标。因此，在公众之外，警察组织还要满足特殊群体的需要、政府的需要以及劳工的需要。也有研究者指出，为了降低组织目标的复杂程度，建议对组织目标的成分进行轻重缓急排序。例如，美国国家刑事司法准则与目标顾问委员会认为，警察组织的基本目标是维持公共秩序，以及控制法律上认定为犯罪的行为，然后是向社会提供其他各种服务。① 实则，无论如何罗列警察组织的目标，现代警察组织的目标都由传递性成分和反身性成分组成。组织目标的传递性成分是预定的对环境的影响，体现了组织的存在理由。就警察组织目标而言，传递性成分包括 3 项内容：执行法律、维持秩序和提供服务。组织目标的反身性成分强调组织的维持与生存。警察组织目标的反身性成分包括公共关系、政治关系和劳动关系。

3. 警察组织制度。警察组织在建立过程中，逐渐形成了警察组织程序和警察组织结构方面的制度。警察组织程序方面的制度是以书面形式针对组织建构和运行规范所制定的必须由全体警察共同遵守且具有约束力的规章、程序或准则。这些规章、程序或准则对于保证警察组织协调统一行动具有重要意义。英国现代专职警察建立之初颁布的《警察训令》就是英国建警之初警察组织的程序制度，规范着警察组织的目的、任务等。警察组织结构制度则反映警察组织内部分工，包括警察组织的机构设置、职位设置和职权划分等。

4. 警察组织的运行机制。从静态看，警察组织包含了从中央到地方的层级的划分、各级权责的分配、警察职能的划分、内部部门的分工。但从动态看，警察组织也是一个充满动态的组织行为活动体，它通过警察组织各层级之间、各职能部门之间的沟通、协调与合作，激发警察组织全体成员的能动性，开展警察行动，实现组织目标。通过管理过程，让静态的警察组织要素围绕组织目标发挥效能的体系，即为警察组织的运行机制。警察组织运行机制的形成，是国家建立完整的警察组织系统并开始运行发挥效能的重要标志。

警察组织的系统化是现代警察制度创建并发展到现代的自然结果，它是

① 参见［美］罗伯特·兰沃西、［美］劳伦斯·特拉维斯：《什么是警察——美国的经验》，尤小文译，群众出版社 2004 年版，第 193 页。

伴随着警察职能的独立化、警察职权的法治化和警察职业的专业化而必然展现的一个完整体系。从现代国家治理的各项制度安排来看，现代警察制度是现代国家的标配，每一个现代国家都必然拥有一个从上至下的完整的警察系统组织体系。

三、警察组织的官僚体制

警察组织是警务活动的关键要素。警察组织既组织警察活动，同时又是服务大众的工具。官僚结构是现代警察组织的基本结构形态，也是警察管理研究和警察组织改革的焦点之一。

（一）马克斯·韦伯的官僚制及其组织设计

马克斯·韦伯认为，统治在日常生活中主要是指行政管理，因此，在现代国家中，真正的权力必须而且不可避免地掌握在官僚机构的手中。① 根据韦伯的国家概念，官僚机构在国家中处于中心地位。

韦伯认为，“统治”就是要让具体的甚至是一切的命令得到服从，而事实上，任何一种统治关系都包含着一种特定的最低限度的服从愿望，统治正是从服从中获取利益。由于种种利害关系的影响，服从被无条件地内化。在韦伯眼里，“服从”应该意味着，服从者不但要将命令内化为自己的行为准则，而且要放弃自身对命令本身价值的态度和看法，也就是说，服从者只考虑服从命令即可。服从决定统治的类型。而任何统治都企图唤起并维持对它的“合法性”的信仰。② 在统治与服从的基础上，韦伯将合法统治分为3种类型：传统型、魅力型、合法型。所谓传统型统治，其统治的合法性建立在遗传下来的制度和统治权力的神圣的基础之上，并且得到成员的认同。③ 魅力型统治的合法性是建立在组织成员对统治者个人超凡能力和品质的承认上

① 参见［美］马修·戴弗雷姆：《警务全球化：国际警务合作的历史基础》，薛丹云等译，南京出版社2013年版，第12页。

② 参见徐大同主编：《西方政治思想史》（第3卷），天津人民出版社2006年版，第728页。

③ 参见［德］马克斯·韦伯：《经济与社会》（下），林荣远译，商务印书馆1997年版，第294页。

的，例如尊严、英雄品质或者非常值得模仿的行为。在魅力型统治中，组织未形成专门的职业化官僚，统治者与成员之间的关系也是随意的。合法型统治则是现代统治的最成熟形式，是建立在法理性原则和制度性原则基础上的。

依据合法型统治，韦伯提出了官僚制的组织设计。韦伯认为，社会的合理形态应该越来越向按照工具计算的效率原则方向发展，而现代国家的官僚制是社会最完美的体现。现代型国家官僚机构是负责贯彻政府制定的政策的公共机构，它努力通过组织设计实现高效管理。根据合法型统治赖以存在的两大原则，韦伯从规则和制度出发提出了合理统治的基本范畴①，也即国家官僚机构的组织设计要遵循的几项原则：第一，约束原则。即官员事务的运作受规则约束。第二，权限原则。即官员事务的运作是在一定管辖范围之内。第三，职务等级原则。任何机构都有固定的监督和监察制度，下级机构都有权投诉上级机构，或者向上级机构提出异议，上级机构需要作出相应的反馈。第四，议事的“规则”原则。议事需要一定的规则，这种规则是技术性的规则或准则。第五，财务分开原则。在合理情况下，行政管理决策需要同行政管理物资和生产物资完全分开，职务机关的财富需要与私人财富完全分开，办公场所同私人住所完全分开。第六，任命与晋升原则。成员的任命和晋升一般按照一套明确的选拔、考核和评估程序进行，以确保组织内成员能力与职责相匹配，避免内部任命和晋升的不公平和不合理。公私权力分开，不允许成员将职位占为己有或假公济私，要求成员各司其职，各行其权，各负其责。第七，行政管理档案制度原则。行政管理建立在保存书面文书档案的基础之上，公职人员及其物资设备、文书档案组成办公机关，成为现代组织行为的核心。

（二）警察官僚体制

警察机构有自己的发展规律，官僚化是警察组织的核心。② 与现代社会

---

① 参见徐大同主编：《西方政治思想史》（第3卷），天津人民出版社2006年版，第731～732页。

② 参见［美］罗伯特·兰沃西、［美］劳伦斯·特拉维斯：《什么是警察——美国的经验》，尤小文译，群众出版社2004年版，第103页。

中的其他大型组织一样，现代警察机构也是官僚化的组织。警察官僚体制源于管理权的集中和警察机构的自然发展。

1. 警察官僚化是警察机构自然发展的结果

警察官僚化是正式警察组织自然发展的结果。美国历史学家埃里克·蒙克内（Eric H. Monkkonen）认为，建立制服警察标志着在城市内部设立了一个专门的社会控制机构。① 制服警察作为一个群体形成，为警察组织的发展奠定了基础。这种发展包括缩小职责范围，明确职务，制定规范以及建立正式的组织体制。由于建立现代制服警察的目的在于强化社会控制或者严密犯罪防控，这需要建立一套职责分工明确的警察组织体系。官僚化是一种职责分工的组织体制，它正好符合实践的需要，因此，警察官僚化是人类正式的警察组织自然发展的结果。

2. 警察组织内部分工促进了警察组织官僚化

警察组织是一种权责分配体系，是由若干不同部分适当配合而构成的完整体。② 依据韦伯的合法型统治的特点，警察局长如果在作出决策和行动的时候与警察局的指导方针是一致的，他们就获得警察局的支持。③ 为集中管理权，警察机构内部设立了各种专门的部门。20 世纪初期，警察局内部设立了专门控制违法犯罪的部门，例如专门的禁酒部门、禁赌部门、侦探部门、人事部门等。这些专门职能部门的建立消减了以往巡警面临的腐败诱惑，故受到公众的欢迎。同时，建立专门职能部门也让警察管理者感受到在面临某种问题带来的公众压力时他可以“有所作为”，例如，当公众对交通安全问题非常不满时，警察管理者可以设立一个“交警队”。而警察人员自身也因着便衣比身着制服巡逻更便利而喜欢这些部门。随着青少年犯罪组、交通事故组、刑事侦查组、教育培训组等更专业的部门的创立，警察组织逐渐成为

---

① 参见［美］罗伯特·兰沃西、［美］劳伦斯·特拉维斯：《什么是警察——美国的经验》，尤小文译，群众出版社 2004 年版，第 96 页。

② 参见邱华君编著：《警察学》（第 7 版），千华数位文化股份有限公司 2007 年版，第 50 页。

③ 参见［美］查尔斯·R. 史旺生、［美］列尔纳德·特利托、［美］罗伯特·W. 泰勒：《警察行政管理：结构、过程与行为》，匡萃冶等译，中国人民公安大学出版社 2013 年版，第 255 页。

更加复杂的组织。专业职能部门的出现强化了警察机关的集中管理，加强了警察机关的官僚化。①

为了更好地应对社会变迁引发的新情况，警察管理的新领域也得到了发展。警察管理者和社会精英借鉴了经济管理的现代化组织管理原则，并应用到警察组织管理中。20 世纪早期各国普遍掀起的警察职业化运动，则加强了警察组织的人事管理和勤务管理，进一步助推了现代警察的官僚化发展。例如，20 世纪 20 年代，美国改革警察招录制度，按照行政程序招录和任命警察，并成立全国警察局长联盟，限制了警察招募的随意性，也明确了警察职业身份，并进一步明确了警察的首要任务是执行法律。曾做过警官、担任过警察局局长并任教于加利福尼亚州立大学伯克利分校的奥兰多·温菲尔德·威尔逊（Orlando Winfield Wilson）在 1950 年出版了《警察管理》一书。该书提出了 11 项警察组织管理原则，并成为推动美国警察组织官僚化发展的重要经典著作。该书于 1977 年再版，极大地影响了警察管理人员的思想和行为。在这本权威经典书籍的影响下，美国警察组织逐渐形成了一套结构复杂、等级森严的庞大官僚机构，警察机关的官僚化特征开始出现。②

3. 警察组织官僚化是行政官僚化的一种表现

现代警察组织是警察机关的系统。警察组织实行官僚体制，其内部单位组成机关，机关形成系统，层层节制，体系完整。现代警察制度在世界各国的快速推广和普及，是现代国家政府职能日益扩大的一般发展趋势。正如埃里克·蒙克内指出的，“制服警察的发展可以简单地看作是城市行政官僚机

① 参见［美］罗伯特·兰沃西、［美］劳伦斯·特拉维斯：《什么是警察——美国的经验》，尤小文译，群众出版社 2004 年版，第 96 页。

② 现代官僚化的特点有：（1）在追求共同目标时，它是能够同时运行多项工作任务的复杂组织。（2）不同的工作被分成互相分离的单元，如“局”。（3）组织机构是分等级的或是金字塔机构，员工、一线管理者与首席执行官之间存在明确的分工。（4）级别较低的员工被授权对具体工作负责。（5）指挥体系明确，能清楚地确定谁是每项工作的负责人以及谁负责对员工的监督。（6）上下级关系明确，从而使每位员工听从一位或只听从一位管理者的命令。（7）书面规程和法规完善，以确保组织内部的统一和一致。（8）信息通过组织的指挥体系流动。（9）职业发展过程明确，个人通过组织按序晋升。参见［美］塞缪尔·沃克、［美］查尔斯·M. 卡茨：《美国警察导论》，张小兵等译，中国人民公安大学出版社 2016 年版，第 109 页。

构发展的一部分”[①]。在《1860 – 1920 年美国城市警察》(*Police in Urban America, 1860 – 1920*)一书中，蒙克内在考察了美国城市建立警察机构的历史和过程后发现，尽管有些城市建立警察是为了对付暴乱或出于对犯罪的恐惧，但更多的既没有暴乱，犯罪率也没有上升的城市也普遍建立了警察机构。[②]

美国由于独特的建国历程和崇尚地方自治的历史传统，不存在全国统一的警察机关。美国警察是与美国各城市的消防机关、卫生部门、供水部门以及其他类似的公共机构一同发展起来的。因此，美国城市警察史是制度化的公共行政官僚机构的职能和控制发展演变的历史，而不是依靠警察来预防控制犯罪的思想产生并普及的历史。[③]

4. 警察官僚体制的核心

如前所述，警察组织属于公共组织，具有公益性质。警察组织和其他类型的公益组织的关键问题在于找到一条途径去适应两方面的压力，即来自内部的压力和来自外部的压力。第一，警察组织必须对外部压力作出反应。社会公众通过选举和任命代理人来控制警察机关，这种外部民主式控制要求警察组织实施官僚化的高效统治；而在官僚化统治下，警察组织的内部工作在效率标准的支配下会变得越来越官僚，而不是越来越民主。[④] 第二，警察组织必须对内部压力作出反应。警察局的基层警官并不希望自己被当成“机器上的齿轮”，他们希望对组织部门应如何运转发出自己的声音，提出自己的想法。因此，警察管理者既需要满足社会的需求，还需要满足组织内部的警官的需求。官僚体制是警察组织最有效的组织形式，警察官僚体制的核心就

---

① 参见［美］罗伯特·兰沃西、［美］劳伦斯·特拉维斯：《什么是警察——美国的经验》，尤小文译，群众出版社 2004 年版，第 82 页。

② 参见［美］罗伯特·兰沃西、［美］劳伦斯·特拉维斯：《什么是警察——美国的经验》，尤小文译，群众出版社 2004 年版，第 82 页。

③ 参见［美］罗伯特·兰沃西、［美］劳伦斯·特拉维斯：《什么是警察——美国的经验》，尤小文译，群众出版社 2004 年版，第 82 页。

④ 参见［美］查尔斯·R. 史旺生、［美］列尔纳德·特利托、［美］罗伯特·W. 泰勒：《警察行政管理：结构、过程与行为》，匡萃冶等译，中国人民公安大学出版社 2013 年版，第 192 页。

是如何满足社会和警员两方面的需求。对社会而言，警察组织通过官僚体制推动组织目标的实现，即维持公共安全和社会秩序、保障公众基本权益不受侵犯以及为公众提供安全服务。对警员而言，警察组织通过官僚体制推动组织建设，实现警察专业化发展。

为了回应社会和公众对警察组织的要求和期待，警察组织内部出现了业务分工，开启了专业化发展之路。而警察的专业化又促进了警察组织官僚化。就美国警察的历史而言，警察局普遍采用 O. W. 威尔逊（O. W. Wilson）的警察行政管理原则，即专门化、等级制度、清晰的职能划分、成文规定与政策等，开展组织管理。① 警察局的警察遵照成文的部门规章开展警务活动，即“照章办事”，这推动了警察组织的官僚化发展。然而，警察组织的官僚化却让警察组织内部越来越不民主，警察的行为活动被警察官僚体制所控制。从专业化的角度讲，专业人士在通过大量训练具备专业知识和技能后才能对关键事件作出独立判断。而警察组织的官僚化却造成了与此相反的结果，即专业化的警察只能被迫遵循一系列刚性的规则，被剥夺了独立判断和发出自己声音的权利，进而使警察行业的职业自主性在一定程度上被削弱。这种状况正将警察组织推向尴尬的境地，即虽然警察组织的官僚化加强了，但警察组织面对的内部压力却加大了。因此，警察组织在发展中，特别是官僚化过程中如何积极应对来自内部的压力和来自外部的压力，成为一个必须要解决的重要问题。

（三）警察官僚体制的优点和弊端

1. 警察官僚体制的优点

警察官僚体制对警察组织的发展起到了积极作用。首先，官僚主义强调体系完整、结构严整、层层节制，这无疑加强了对警察组织行为活动的控制和管理。其次，官僚主义强调组织内部职责分工与协作配合，这对于提高警

① 参见［美］塞缪尔·沃克、［美］查尔斯·M. 卡茨：《美国警察导论》（第 8 版），张小兵等译，中国人民公安大学出版社 2016 年版，第 114 页。

察组织工作效率起着重要作用。例如，在20世纪20～60年代，美国扩大了他们从军队借鉴来的警察组织和管理模式。① 再者，警察体制官僚化促进了警察机关内部的业务分工，也推动了警察组织和人员的专业化发展。以美国为例，1900年美国警察机关只有巡逻和侦探两个警种分工，随着社会发展和警察组织官僚化，青少年、交通、社区关系、警察培训、犯罪防控等许多新的警务专业领域逐渐出现并获得发展，警务工作的专业性不断加强，警察职业的专业化趋势开始显现。最后，警察组织官僚化的发展也间接推动了警察专业化发展。警察机关内部业务分工日益细化要求警察人员能够统一执法行为标准，具备专业的警察科学知识，并运用现代科学技术开展警务。例如，在20世纪20～60年代，美国警察通过引入电话、无线电车辆和调度系统改进了反应技术，并试图通过更统一的培训使警察行为趋于统一。这些改革都试图为警务工作打好基础，并将警察的地位从政客转变为专业人员。②

此外，警察官僚化体制能够实现对警察自由裁量权的控制，并在一定意义上减少警察渎职和腐败。许多专家的调研都表明，警务工作是"能见度"较低的工作。警务工作构成了刑事司法这一已经很隐蔽的系统中最隐蔽的部分，因此为警察的自由裁量和专断行为创造了最大的机会。③ 而司法体系中的官僚主义程序以及警察组织官僚体制则监督和限制了警察的行为，控制了警察的自由裁量行为，并减少了腐败和渎职等危害警察组织生存和发展的现象。

2. 警察官僚体制的弊端

官僚主义虽然具有高度的控制性和高效率等优点，但也有其不可避免的缺点。第一，官僚体制的结构死板，拘泥于形式，官僚、职员过分地遵守秩

① Jack R. Greene, *The Encyclopedia of Police Science*, 3rd ed, Volume 1, Routledge Taylor & Francis Group, 2007, p. 203.

② Jack R. Greene, *The Encyclopedia of Police Science*, 3rd ed, Volume 1, Routledge Taylor & Francis Group, 2007, p. 203.

③ 参见［美］塞缪尔·沃克、［美］查尔斯·M. 卡茨：《美国警察导论》（第8版），张小兵等译，中国人民公安大学出版社2016年版，第397页。

序，导致对工作人员和公众的反应过于迟钝。同时，官僚机构通常比较死板和生硬，不能及时地适应外界环境变化。官僚化的警察组织也常常无法合理应对不断变化的犯罪形式，无法及时适应他们所服务的社区变化，也无法及时满足社区成员的期待。

第二，官僚体制容易产生一些小官僚，即在组织中总存在一些渴望安全但又不怎么追求上进的职员。① 长久下去，官僚化容易导致组织及其成员失去活力和创造性。例如一些小官僚为了完成工作而坚持惯例，缺乏创造性和自发性。许多观察家发现，普通警察存在严重的风纪问题，并认为警察局应该向警察工作提供更多的机会，使其履行职责更具有灵活性。②

第三，讲求层级制容易导致官僚组织内部的沟通被破坏。现代管理学认为，组织沟通的效果决定组织管理的效率，若能在组织管理中做好沟通与联络，则极有利于绩效目标的实现。但在层级制的官僚化组织中，重要信息无法传送给需要的人，最终可能导致组织作出错误的决策或者追求矛盾的目标。警察官僚体制也同样容易出现组织内部沟通不畅，导致工作效率低下乃至决策不当的情况。

第四，虽然官僚主义是最有效的组织形式，但它与人力无关的性质和压迫性的程序会给个人自由带来威胁。③ 实施官僚制管理容易使组织管理者和成员片面强调和遵守那些为了追求效率而制定的冷冰冰的规章制度，组织内部毫无人情味，也容易导致人本主义理念的缺失，进而影响管理效率。警察组织官僚化也是如此。

第五，官僚机构往往容易变得封闭和利己，并逐渐脱离其服务的公众。组织的自我保护、生存需求会影响组织目标的实现。这会导致警察局被指责

---

① 参见［美］查尔斯·R. 史旺生、［美］列尔纳德·特利托、［美］罗伯特·W. 泰勒：《警察行政管理：结构、过程与行为》，匡萃冶等译，中国人民公安大学出版社 2013 年版，第 200 页。

② 参见［美］塞缪尔·沃克、［美］查尔斯·M. 卡茨：《美国警察导论》（第 8 版），张小兵等译，中国人民公安大学出版社 2016 年版，第 112 页。

③ 参见［美］查尔斯·R. 史旺生、［美］列尔纳德·特利托、［美］罗伯特·W. 泰勒：《警察行政管理：结构、过程与行为》，匡萃冶等译，中国人民公安大学出版社 2013 年版，第 200 页。

脱离公众，没有听取社区居民的心声，没有回应公众的安全需要和服务期待。例如，在20世纪20～60年代，美国警察行政改革过程中，警察逐渐远离公众，并经常将公众视为不必要的干扰。在制度上，警察变得更封闭，并将自己的工作秘密化。[①] 警察虽然身着制服，能有组织地对紧急情况作出迅速反应，以维持它的公共合法性，但它与公众的关系却是疏远的。

综上，警察官僚体制由于实施没有人情味的制度会对个人自由带来威胁，也容易产生小官僚警察；由于实行层级制，而没有加强组织内部沟通和交流，工作效率会较为低下；由于过分遵守秩序和墨守成规，警察组织不能积极回应政府期望和公众需求，且工作方式方法不够灵活，缺乏创新。此外，有些学者认为，官僚体制强调层级制，适合处理常规的工作。而由于警察工作复杂多样，且基层警员享有非常大的自由裁量权，因此，官僚体制并不太适合于警察系统。[②]

理论研究和实践表明，对于警察组织与管理而言，警察官僚结构必不可少。[③] 事实上，官僚结构已成为现代警察组织的常见结构形态，它在加强警察组织管理和推动内部专业分工方面起到了重要作用，但过度的官僚化则导致警察组织丧失生机与活力，并且影响了警务效率。因此，借鉴现代公共管理理论，运用科学管理方法，对警察组织过度官僚化倾向予以改革是必要的。

有管理学家认为，85%的组织问题都是由于管理不善引起的。在对美国警察组织管理进行考察后，美国刑事司法学者理查德·N. 霍尔登（Richard N. Holden）将人本主义思想引入警察管理，出版了《现代警察管理》一书，阐述了警察管理的性质和任务、领导、决策、组织职能、行动、服务、人员配备、训练、制定政策和道德标准、工作评估、管理实践等问题。该书提出，

---

① Jack R. Greene, *The Encyclopedia of Police Science*, 3rd ed, Volume 1, Routledge Taylor & Francis Group, 2007, p. 203.

② 参见［美］罗伯特·兰沃西、［美］劳伦斯·特拉维斯：《什么是警察——美国的经验》，尤小文译，群众出版社2004年版，第204页。

③ 参见张兆端：《中英美警察管理思想与理论比较研究——兼论推进公安管理学学科、学术、话语体系建设》，载《中国人民公安大学学报（社会科学版）》2020年第6期。

警察组织管理应当树立“以人为本”的理念，因为人是决定警察组织工作效率的关键性因素。书中指出，是人而不是计算机、枪械、警车或拘留所，决定公共执法机关的工作效率；警察组织管理人员应当具备调动和挖掘警务人员工作积极性和创造力的能力，这是有效执法和有效管理的要求。[①] 由此，开启了警察组织科学化管理的时代。

第二节　现代警察体制模式及其发展演变

警察组织是为处理业务、执行勤务而对其警察人员之间的相互关系，根据任务与权责所做的分配和有系统的安排。警察组织是一种权责分配体系，是由若干职能部门互相配合而构成的完整体。为达成组织目标，警察组织必须对警察人员及其工作进行层级设置与功能划分，并使各单位、各部门、各警察人员之间形成整体协作和密切配合。警察制度就是国家对警察组织设置、警察职权划分以及警察组织与政府和政府各部门之间关系所作的系统安排。自现代专职警察组织成立以来，警察制度不断发展演变，并形成了风格迥异的类型。

一、现代警察体制模式的分类

现代警察制度的类型即运用比较研究的方法对现代职业制服警察建立以来各国警察制度进行分类，也可称为现代警察体制模式（models of early modern police system）。[②]

（一）欧洲大陆模式与英国模式

在19世纪末20世纪初，西方国家普遍建立了现代专职警察制度。美国

① 参见［美］理查德·J. 霍尔登：《现代警察管理》，张鸣等译，中国人民公安大学出版社1990年版，前言。

② “模式”一词在英文中指为辅助分析某一体系的简化分类。

纽约市警察局副局长瑞曼德·布莱恩·福斯迪克（R. B. Fosdick）于20世纪初到欧洲考察了各国警务，于1915年出版了《欧洲警察制度》一书，讲述了英国警察组织与欧洲大陆国家警察组织之间的区别，开创了警察模式研究的先河。[①] 5年后，福斯迪克又出版了《美国警察体制》一书。福斯迪克一生共出版比较警察学方面的著作14部，有研究者认为“他可能是第一个尝试研究不同警察体制与发展的区别的人”[②]。根据警察的基本职能，福斯迪克将当时西方国家的警察制度划分为两种类型，即欧洲大陆模式（the continental model）与英国模式（British model）。[③] 以英国为代表的国家，其警察的社会管理职能和服务职能突出，警察的职责单一，重在保护公民个人及地方社区的安全并为之提供服务，警察的权力较小，由此形成风格独特的英国警察模式。以法国、普鲁士、奥地利、意大利等为代表的欧洲大陆国家，其警察的政治统治职能突出，警察的职责繁杂，重在维护国家中央集权的政治统治，警察的权力很大，由此形成了典型的欧洲大陆型警察模式。福斯迪克关于警察制度的分类研究，为世界各国建立和发展现代警察制度提供了重要的参考依据。此后，有关西方警察制度的分类，大多是以此为基础展开的。

---

① 福斯迪克考察欧洲回国后发表的比较警察学论著，据王大伟教授《英美警察科学》所述，“他（瑞曼德·福斯迪克）有关比较警察学的论文于1915年发表，由于该篇文章的历史意义，于1969年再版”。参见王大伟：《英美警察科学》，中国人民公安大学出版社1995年版，第144页。另有学者认为，福斯迪克于1915年出版《欧洲警察制度》一书，将当时欧洲各主要国家的警察制度划分为欧洲大陆型与盎格鲁－撒克逊型两种类型。参见马亚雄：《关于西方国家警察制度分类的几个新问题》，载《河南公安学刊》1994年第6期；程琳主编：《公安学通论》，中国人民公安大学出版社2014年版，第88页。

② ［美］罗伯特·兰沃西、［美］劳伦斯·特拉维斯：《什么是警察——美国的经验》，尤小文译，群众出版社2004年版，第43页。

③ 关于福斯迪克对警察制度的分类到底分哪两类，现存在争议。有学者认为其将警察制度分为欧洲大陆模式（the continental model）与英国模式（British model）。这种观点认为，欧洲大陆模式是指欧洲大陆的警察体制；英国模式，即英国警察体制，是通过制定《大宪章》和《权利法案》建立起的注重保障公民个人自由的警察体制。参见［美］罗伯特·兰沃西、［美］劳伦斯·特拉维斯：《什么是警察——美国的经验》，尤小文译，群众出版社2004年版，第43页。又有文献指出，福斯迪克将警察体制分为欧洲大陆型（the continental model）与盎格鲁－撒克逊型（the Anglo-Saxon model）。参见程琳主编：《公安学通论》，中国人民公安大学出版社2014年版，第88页。

（二）地方自治型、中央集权型、地方自治与中央集权结合型

美国学者 R. D. 亨特通过对西方国家警察制度进行深入考察和研究，把西方国家警察管理体制分为地方自治型、中央集权型、地方自治与中央集权结合型 3 种类型。亨特在其专著《英、美、法三国警察体制比较》中指出，警察管理体制的分类建立在民主国家刑事司法体制关注的焦点问题上，即如何达成犯罪控制和自由正义之间的平衡。过少的控制会导致因犯罪和恐惧犯罪而丧失自由，过多的控制又会导致因政府干预和恐惧指控的自由丧失。① 他认为，民主国家警察体制的类型首先要考虑的是公民愿意拿多少自由来换取避免犯罪而获得安全，也即公民能够容忍社会中存在多少犯罪。

地方自治型警察体制又称为极端分散的警察体制，以比利时、加拿大、荷兰、瑞士和美国等为代表，这些国家因惧怕一个庞大的警察组织体系滥用权力而建立地方自治的警察，注重对警察权力进行限制，宁愿以较高的犯罪率来换取公众更多的自由。而这种警察体制的弊端在于警力过于分散，缺乏联络与沟通，无法进行全国或多地区的警察联合行动，故警务效率低下。中央集权型警察体制则以法国、意大利、芬兰、泰国、爱尔兰、丹麦和瑞典为代表，实行这种体制的国家其警察机构直接由中央政府领导，中央政府对全国各警察机构在管理和业务等方面具有领导权。地方自治与中央集权结合型体制也称为轻度分散体制、妥协体制、混合体制，日本、巴西、澳大利亚、英国是实行这种管理体制的典型国家。这些国家采取国家和地方共管的方法，即地方有权设置警察机构，但设置数量不像地方自治型国家那么多，地方也是按照国家统一标准管理警察机关。这种体制既消除了公众对国家警察机关滥用权力的担心，又提供了比地方自治型更有效的警察组织。

（三）英国模式、美国模式、大陆模式、殖民地模式

1990 年，英国学者梅拜（Mayby）在《比较警务问题》一书中，根据警察的合法性来源、管理体制和警察作用，将世界 200 多个国家和地区的警察

---

① 参见王大伟等：《外国警学理论》，中国人民公安大学出版社 2017 年版，第 107 页。

分为英国模式、美国模式、大陆模式、殖民地模式四种。[①] 英国模式即警察的合法性来源于法律，警察机关由地方政府组建，主要由地方管理，警察性质为非武装的平民化，警察不仅要打击犯罪，而且要承担社会服务和行政职能。美国模式则与英国模式高度相似，但在管理体制上地方享有更多自治权，警察在性质上是武装性质的文职官员。大陆模式的警察合法性源于中央政府，来自皇帝或绝对的独裁者。其管理体制为中央领导，其性质为武装的军事力量，其作用强调行政职能。殖民地模式警察的合法性来源于殖民当局，其管理部分受中央领导，表现为武装性质，雇用外国人当警察，强调警察的镇压作用，警察承担极为广泛的政治与行政职能。

（四）大陆派与海洋派

我国台湾地区学者邱华君则依照各国所采用的法系，以组织、权力、业务、服务、人事、教育、勤务、经费八大要素作为参照指标，在1991年出版的《警察学通论》一书中将欧美警察管理制度划分为两大派：大陆派（civil law system）和海洋派（common law system）。大陆派警察体制的代表国家有法国、日本等，海洋派警察体制的代表国家有英国、美国等。两种类型的警察体制在组织、权力、业务、服务、人事、教育、勤务、经费八个方面有区别。[②]（见表4－1）

表4－1　邱华君关于大陆派警察体制与海洋派警察体制的对比

对比项	大陆派警察制度	海洋派警察制度
组织方面	实行集中管理，全国形成统一的警察组织体系，中央警察机关有权指挥监督地方警察机构，指挥系统清晰明确	实行分权式管理，全国没有统一的警察组织系统，中央警察机关对地方警察机构少有直接指挥权，仅起到协调作用。中央警察与地方警察在人事权方面有着明显的划分

① 参见王大伟：《英美警察科学》，中国人民公安大学出版社1995年版，第99~100页。

② 参见王大伟：《英美警察科学》，中国人民公安大学出版社1995年版，第105~106页。

续表

对比项	大陆派警察制度	海洋派警察制度
权力方面	警察权力较大，警察处分权较广，警察强制权动用较多	警察权力受到限制，大多无警察处分权，警察强制权动用较少
业务方面	警察所辖业务，除维护秩序外，包括一般行政工作，内容广泛	以秩序维护、生命财产保护、危害预防为主要职责，消防、卫生、建筑等不属于其范围
服务方面	不强调服务精神，以执行法令为主要任务	特别重视为公众服务，注重警察与公众之间的良好关系
人事方面	中央警察机关对地方警察机关的人事任命、调遣等有支配权	中央和地方各自具有独立的人事管理权
教育方面	中央管理警察教育培训，经费由国家负担	中央有警察高等教育机构，地方自办警察基层教育机构，中央和地方分别管理和开展警察教育培训
勤务方面	执行勤务单位是警勤区，分局下设派出所	以巡逻为主，分局下设巡逻区
经费方面	经费由中央统一列入国家预算	中央警察机关经费由中央负担，地方警察机关经费由地方负担

（五）盎格鲁－撒克逊模式、大陆模式、殖民地模式、共产主义模式

对苏联警务起源与发展进行系统全面研究后，露易斯·谢利于1994年提出了对警察体制模式的分类，她认为世界警察体制模式可以分为4种类型：盎格鲁－撒克逊模式（Anglo-Saxon model）、大陆模式（continental model）、殖民地模式（colonial model）、共产主义模式（communist model）。在盎格鲁－撒克逊警察模式中，警察分散于地方并由地方政府掌控，警察肩负控制犯罪和维持秩序的双重任务。大陆警察模式存在于中央政府拥有绝对政治统治权的国家，警察表现出较强的中央集权化色彩和武装色彩，强调对公众的政治统治和行政控制。殖民地模式则出现于绝大部分殖民地，其警察紧密依赖殖民地政府，且中央集权化、军事化色彩突出，重视对殖民地民众的政治统治和行政控制。共产主义警察模式主要指苏联设立的警察制度，虽在体制和职

责上与大陆警察模式相似，但却肩负维护共产主义意识形态的任务，因此对公民生活的各个方面渗透较深。

二、现代警察体制模式的形成与演变规律

孟德斯鸠曾指出，一个民族的政体，最符合这个民族的秉性。[①] 政治制度、司法制度、警察制度都应该是量身而作，适合于特定国家的，不具有普遍适用性。现代警察的体制模式在形成发展中表现出以下规律。

（一）警察体制模式是警察组织所处环境的产物

柏拉图指出，管理得最好的国家最像各部分痛痒相关的一个有机体。[②] 一国警察组织的设立、警察职权的配置以及警察与政府和政府其他部门之间的关系如何，是与国家的历史文化传统、经济政治发展和社会状况相协调相匹配的，也即一国警察体制模式是由其特殊而具体的国情决定的。警察是人类社会发展到一定历史阶段的产物，现代制服警察更是伴随着资本主义经济政治发展而产生的，警察体制的类型反映了“产生它的社会”。无论采取何种形式——自愿式的警察、官僚式的警察、民间治安维持会——每个社会都会有警察。警察是社会的产物，并严重依赖于社会。[③] 在社会演变上，警务的出现是与作为政府单位的国家的出现紧密联系的。随着政治权力集中于一国政府，国家创立了正式警察以执行法律。作为国家的延伸，警察的权力来源于国家权力。国家的组织形式与警察的体制和权力有关[④]。有研究者对罗马帝国建立的早期非正式警察、19 世纪意大利的警察、法国现代警察和日本明治时期的警察进行考察后指出，虽然这些国家在不同历史阶段的警察现象和警察制度在具体细节上各不相同，但相似之处仍然不少，即各个社会的警

① 参见［法］孟德斯鸠：《论法的精神》（上卷），徐明龙译，商务印书馆 2012 年版，第 15 页。

② 参见［古希腊］柏拉图：《理想国》，郭斌和、张竹明译，商务印书馆 1986 年版，第 197 页。

③ 参见［美］罗伯特·兰沃西、［美］劳伦斯·特拉维斯：《什么是警察——美国的经验》，尤小文译，群众出版社 2004 年版，第 78 页。

④ 参见［美］罗伯特·兰沃西、［美］劳伦斯·特拉维斯：《什么是警察——美国的经验》，尤小文译，群众出版社 2004 年版，第 42 页。

察在职能和体制上都深刻反映了各自社会的文化传统，同时，各国政府体制和文化传统对警察组织形式和警察职能也有着重要影响。[①] 警察制度的形成和特色与其所在国家的组织形式紧密相关，与其所在国家法律体系相一致。

威尔逊在分析警察组织时发现，警察组织是其所处社区的政治文化的产物。同样地，罗伯特·兰沃西在研究中发现，警察部门的活动反映了他们所处社区的政治组织的区别，兰沃西的研究恰好印证了威尔逊的理论。兰沃西的资料进一步显示，即使在同一种政治组织内警察活动也有很大的区别。[②]

（二）警察体制模式始终处于动态调整变化中

警察是伴随着国家中社会阶级结构的重组和相对强大的中央政府的建立，而作为社会变迁的一部分而产生的。民族国家构建中，社会组织模式从宗族型和封建效忠型演变为国民实体型，一系列政府组织产生了，其中就包括警察组织。警察组织伴随社会组织模式由机械一体化向有机体化的演变而产生、发展和演变。成立现代警察组织的目的是维护统治阶级利益和社会精英的利益，其主要职责是预防和控制威胁现存秩序的违法犯罪，维护治安秩序。从秩序高于自由的传统出发，警察体制不断改革和调整，警察被赋予广泛的控制市民社会的权力，承担更为广泛的政府活动，以适应社会变化。[③] 一个警察组织正如人类身体器官或机器一样，不管起初设计得如何完善，但是在经过一段时间的运转和发展，特别是受到外在环境对其的影响后，也不免出现故障或者偏差，必然需要加以修正和改进，否则组织便不能维持其既定的目标。特别对一个国家而言，其警察管理体制或者模式不是一成不变的，而是可以根据维护公共安全和社会秩序的需求作出调整变化。因此，在分析警察体制模式时，应当以动态和发展的眼光去考察和分析，既要考察历史发展，

---

① 参见［美］罗伯特·兰沃西、［美］劳伦斯·特拉维斯：《什么是警察——美国的经验》，尤小文译，群众出版社2004年版，第52页。

② 参见［美］罗伯特·兰沃西、［美］劳伦斯·特拉维斯：《什么是警察——美国的经验》，尤小文译，群众出版社2004年版，第27页。

③ 参见［美］罗伯特·兰沃西、［美］劳伦斯·特拉维斯：《什么是警察——美国的经验》，尤小文译，群众出版社2004年版，第54页。

还要结合时代变迁，抓住警察的本质去研究和比较。

如前所述，大陆派和海洋派作为两种特色鲜明的警察体制模式，在组织、权力、业务、服务、人事、教育、勤务、经费八个方面有重大区别。但是在“二战”之后，由于交通的发达，各国之间人员交往、文化交流不断增多，国家之间彼此影响不断加深，加之受各国国情以及国内政治制度改革与变迁之影响，时至今日，各国在原本独具特色的警察管理体制基础上，表现出了新的变化。例如，地方自治型警察体制国家加大了中央对地方警察的控制和管理，而地方警察的权力在一定程度上被削减了。中央集权型警察体制国家则将中央的权力更多下放给地方，增大了地方在公共安全方面的自主权和决策权。

（三）警察体制模式出现相互靠近和融合的趋势

在当今网络犯罪、有组织犯罪、跨区域犯罪日益猖獗的形势下，为了协同有效打击犯罪，国际范围内各国的警察体制模式出现了一个相同的趋势，即大陆派中央集权型警察体制与海洋派地方自治分权型警察体制之间出现了相互靠近和融合的趋势。

以英国所代表的海洋派警察制度为例，在组织性质上，英国警察的非武装、平民化色彩突出，警察一般不配枪。大部分警察也不着制服，如刑侦队（CID）和许多文职人员。在职责方面，英国警察除了打击和预防犯罪，还承担大量社会服务工作。20 世纪 60 年代，英国警察多住在乡间，步行巡逻，了解民情。但到 70 年代，受快速反应警务模式影响，英国警察向城市集中，开始使用汽车巡逻，一度造成警民关系紧张。此后，社区警务、预防警务等新生警务模式兴起，警察又逐步回归公众视野。在警察权力方面，英国警察权力较小，警察权力受到较多限制。而 20 世纪 80 年代以来，面对恐怖主义活动的不断威胁，北爱尔兰和英国重要的机场、码头的警察也开始了武器装备的现代化进程，警察开始戴钢盔，穿防弹衣，配枪械。原有的盎格鲁－撒克逊警察体制模式与欧洲大陆警察体制模式的差异在缩小。

以法国所代表的欧洲大陆型警察制度为例，其警察的军事化色彩鲜明，配枪则是明显特征。国家宪兵在执行一般任务时配 9 毫米自动手枪，执行特殊任务时，配备军队常规武器；国家警察所有警官配手枪。但是受国际社会整个警务发展趋势的影响，法国警察配枪越来越少，特别是在街面和公共场合，国家警察都尽力表现出一种文职化警察的风格。① 德国也建立了联邦警务架构，把更多的警务职能下放给了16个州的联邦刑警局（Bundeskriminalamt，BKA）和联邦调查局（Bundeskriminalpolizei，BKP），每个部门都获得了衔接紧密的联邦授权。

以上变化说明，关于警察体制模式的划分仅具有相对性，并不具有绝对性。在承认差异的同时，更应当看到各种基本警察体制模式的交叉、渗透与融合。② 各国警察管理体制上的交叉、渗透、融合，更多的是随着社会变迁国家对警察制度所做的适应性调整与改造。

三、现代警察组织管理体制的发展方向

各国以自己的偏好塑造了各自的警察体制，各国的警察组织的结构特点、警察职权配置方式和内容、警察行为方式等又反映了其借以产生发展的社会的文化。欧洲大陆型警察体制不同于说英语国家的警察体制，只要警察体制借以发展的环境不同，警察体制模式之间的差异就会存在。但又必须承认，虽然各种警察体制具有不同抑或独特之处，但不同警察体制模式发展中却有一些共同性。笔者考察了各国警察组织和警务运行存在的问题，发现各国在警察组织管理体制方面都在尝试相似的改进。

（一）强化中央警察领导机关的统一协调能力

梅可望先生认为，现代警察组织应当是一个统一的体系，即警察机关自上至下结构明确，脉络一贯，步调一致，协调合作，是共同担负警察职责的统一体。③ 这表现在三个方面：一是地域的分层统一，即国家中一致性的警察事务由中央警察机关统筹，直辖市中一致性的警察事务由各直辖市警察机

① 参见王大伟：《英美警察科学》，中国人民公安大学出版社1995年版，第136页。

② 王大伟等：《外国警学理论》，中国人民公安大学出版社2017年版，第112页。

③ 参见邱华君编著：《警察学》（第7版），千华数位文化股份有限公司2007年版，第35页。

关统筹，仅在市、县中具有一致性的警察事务，则由各市县警察机关自行决定。二是业务的单独统一，即警察机关虽然通常以地域为组织基础，但有时也以主管业务范围作为组织基础。三是地域与业务二者相结合的统一体系，在这种组织形态下，容许业务的单独统一，但全国仍有最高警察机关，凡属全国性的警察组织，不论其为地域的或业务的，都在其管辖之下。体系统一的警察组织上下贯通，协调合作，容易实现组织目标。在体系统一的警察组织中，中央警察机关具有统一指挥和领导全国警察机关的职责和权力，管理全国警察机关的人事，统筹警察通信、交通、武器、警械、警队建设等方面工作。越是在当代人财物流动频繁、违法犯罪蔓延迅速、治安问题复杂多变的情况下，中央警察机关的统一指挥、全面领导和协调各方的功能也越重要。因此，加强中央警察机关在警察管理体系中的指挥领导和监管协调作用，是现代警察管理体制中应当重视的方面。

有研究者对西欧和北欧15国的警察机构变革进行研究发现，随着跨国犯罪、有组织犯罪和网络犯罪的日益猖獗，各国都强化了“国家警务中枢”。[①] 1993年，荷兰将其148个警队整合成一个全国和地方一体化的警察结构；以英国警察体制改革为蓝本的瑞典和丹麦分别于1995年和1998年各自组建了国家情报局。2000年1月，卢森堡将其两个警察部门合并；2001年4月，比利时则将宪兵、国家司法警察和市政警察整合为一支警察力量，并分为联邦和地区两个层级。由此可见，欧洲大陆许多国家在“新安全进程”（new security agenda）中调整了国家警察结构，加强了国家对警察的控制和领导，中央层面的警察部门在警务协调与合作等方面发挥了独特的重要作用。

（二）健全地方警察组织

警察组织在一国中发挥重要的行政作用，代表国家部分行政统治权，因此警察组织要在国家领土范围内全面分布。国家统治的彻底执行要依靠警察

① 参见［英］本·鲍林、［英］詹姆斯·谢普蒂基：《全球警务机制研究》，倪铁译，法律出版社2014年版，第82页。

组织，凡属国家法令行使的区域和公民活动的地区，也应当设置警察组织，因此，要健全地方警察组织设置。领土范围内，在地方全面设置警察组织是维护国家主权和人民权利的有力保证。警察组织是公共行政组织，地方警察组织必须与地方政治和经济社会发展相适应，地方警察组织还要积极配合国家各项建设需要。因此，国家必须重视地方警察组织建设，健全基层警察组织。辖区范围仅仅是影响地方警察组织设置和警力配置的一个因素，地方警察组织设置和警力配置必须综合考虑地方社会经济文化发展等多方面的实际情况，绝不可千篇一律，墨守成规。

（三）完善警察组织内部结构

美国警察学者威尔逊（N. W. Wilson）提出，警察组织结构应当坚持一定原则，首要的是组织内部结构设置要合理，要将相似的工作或目的、程序、方法或对象相同的职责，纳入一个或一个以上部门，并由一个主管部门管辖。其次，组织内部各部门分工要明确，既要避免职权重复，又要避免职务被忽略或遗漏，还要避免单位管理不应管理的事务。再者，随着现代警察组织官僚化发展产生的弊端，警察组织结构日益讲求经济适度，繁简得体。组织内部机构的多寡必须根据实际需要决定，编制大小必须符合机关目的，主管的控制幅度和层级要适当①，整个组织事权明确。此外，随着社会变迁，特别是科技和经济发展，警察业务发生变化，新兴警察业务不断出现，警察组织应适应新兴警察业务需求，及时调整内部结构。

（四）努力提高警察行政绩效

在警务实践逐渐丰富和警察制度不断发展的过程中，各国日益重视警察

① 控制幅度（span of control）是一个主管指挥和监督部属的数量。20 世纪 90 年代，美国洛杉矶县警察局的特别顾问梅里克·鲍勃（Merrick Bobb）对当地警察参与枪击事件进行调研后发现，该问题并非只是几个“坏家伙”在作祟，而是源于糟糕的管理方法。鲍勃发现最严重的问题是每名警长要监管 20～25 名警察，这一比率远远超出了警察局自己制定的 1∶8 的标准。控制幅度的理论假定任何一名监管员都能有效监管一定数量的人。在警务工作中，合理的控制幅度为 1 名警长监管 8～10 名巡警。超过这一控制幅度，监管效果就会大打折扣，继而可能导致警察业绩的下降。参见［美］塞缪尔·沃克、［美］查尔斯·M. 卡茨：《美国警察导论》（第 8 版），张小兵等译，中国人民公安大学出版社 2016 年版，第 520～521 页。

行政绩效，也总结出了提高警察行政绩效的一些经验，主要有以下方面：

1. 警察物质保障现代化。工欲善其事，必先利其器。科技的发展使大量科技成果应用于警察事业，蕴含高科技的警务仪器、设备、工具层出不穷。这些新仪器、新设备、新工具往往具有轻便、灵活、准确、灵敏、快捷的优势，投入警察管理和警务运行则可大幅度提高警察行政绩效。因此，警察组织应加强警察物质保障的现代化、科技化，并汰旧换新，不断推动警务办公自动化和智慧警务建设进程。

2. 更新警察组织管理理念。人是管理中的核心，提高组织成员素质，是促进管理效能的重要途径。警察组织管理中要积极借鉴现代管理科学的先进理念和方法，想方设法提高警察人员的素质和积极性，通过提升警察人员个体的效能提高整个组织的效能。特别值得注意的是，要帮助警察人员养成良好且高尚的职业意识，即警察是执行公务、为民服务的公务人员，应时刻以公共利益为重，积极主动发挥服务精神和主观能动性，而不应以“官吏”身份自居，更不得有特权思想，甚至颐指气使。

3. 优化警察组织结构和运作方式。警察制度应符合时代发展并适应社会需求，凡是警察法令规章、组织结构、工作程序等不合时宜，就应当随时检讨、修订、增删。警察组织结构与制度应当根据权变理论的观点作较富有弹性和灵活性的规定，不宜过于僵化。要善于吸取管理学新知识新理论，学习借鉴先进管理经验，对管理警察事务的方法、流程、手续等进行不断检讨、改进和简化。促进警察政策畅顺落地，提高警察行政绩效。

第三节　现代警察的本质

现代专职警察的出现与民族国家的出现紧密关联。作为国家的延伸，警察权力来源于国家权力。警察在国家统治中起着重要作用，警察在支持政治权力集中上起着重要作用，警察是国家权力的工具。[①] 这便是对现代警察本质的高度概括。

一、现代警察是现代国家的治理技术

从传统国家发展到现代民族国家，国家统治社会的技术发生转变，即在不同类型国家中，国家的行政监控方式有所不同。传统国家对社会的统治以暴力监控为主，而民族国家却在暴力监控方式之外发展出了非暴力监控方式的统治技术。

（一）国家统治技术的转变

1. 传统国家的统治技术：以暴力监控为主

限于生产力发展水平，古代国家缺乏直接管理其统治区域的手段，故古代国家的治理技术水平不高。传统国家的统治主要依靠公开地使用暴力实现。

吉登斯认为，不同国家类型所使用的行政监控方式不同。传统国家在统治中更多地依靠暴力来控制社会，但由于社会上总是存在强盗、劫匪及各种社会帮派对权力中心的武力挑战，因此传统国家中以暴力为基础的行政监控是不稳定的。在早期资本主义国家，由于国内阶级斗争的激化和尖锐，国内统治更多地依靠军队、警察、法庭、监狱等暴力机构通过暴力手段进行。换言之，国家垄断暴力之后，设立暴力机关通过暴力手段来镇压国内的受支配阶级的反抗，国家暴力机关的主要任务是调解统治阶级和被统治阶级之间的矛盾，以维护统治阶级的统治地位和利益。

2. 现代民族国家的统治技术：发展出非暴力监控

暴力监控的手段是传统国家运用的主要统治技术，也被现代民族国家所继承。但不同的是，现代民族国家除了依靠暴力对社会实施控制外，还发展出了对社会的非暴力的行政监控。现代国家的构建“是一个公共权力不断寻

① 参见［英］罗伯特·雷纳：《警察与政治》，易继仓、朱俊瑞译，知识产权出版社2008年版，第44页。

求国家与社会、市场关系合理化的持续性历史进程"①。欧洲现代国家形成过程的突出特点是，国家权力对社会和经济生活各个方面的控制逐渐加强，与此同时，公民的权利和义务也在逐步扩大。吉登斯认为，在工业资本主义制度下，阶级斗争无所不在，而占有或控制大量资产的统治阶级却并没有或不需要直接依靠暴力工具来维护自己的统治，而是使用契约、管理等和平的控制来实现有效的行政监控。此外，现代民族国家与民主之间存在内在联系，而民主可以理解为多元政治，也即多数人的统治，意味着政府的行为被公民的权利所左右。② 吉登斯认为，现代民族国家具有行政监控权力强化的特征，国家对整个社会有着比以往更加强大而有力的控制，但这种行政权力的集中、国家控制的增强却并不导致国家的专制，反而能与民主真正互生互动。民族国家的行政监控力量的强化主要是依靠国家内部绥靖——统治阶级和被统治阶级之间相互妥协、相互控制。③ 此外，这种监控也具有互相性——统治阶级对被统治阶级进行监控，被统治阶级通过国家内部绥靖过程对统治阶级也形成了监控。统治阶级和被统治阶级之间通过"控制辩证法"互相施加影响和控制，从而构成民主的多元政治。

（二）现代民族国家的治理技术

1. 军事暴力依然是国家监控必不可少的手段

军事暴力在现代民族国家的兴起和组织过程中发挥了重要作用，军事暴力是现代民族国家的重要特征。19 世纪以来的军事暴力（战争），特别是两次世界大战，对民族国家自身以及民族国家间的关系都造成了重大影响。正如吉登斯所言，"20 世纪的战争对一般化变迁模式的作用是如此突出，以致要想理解这些模式而不求诸战争是非常荒唐的。战争的重要性不仅在于他们

---

① 杨雪冬：《市场发育、社会生长和公共权力构建——以县为微观分析单位》，河南人民出版社 2002 年版，第 6 页。

② 参见朱旭东：《警察制度的确立与现代国家的成长——以欧洲国家为例》，载《中国人民公安大学学报（社会科学版）》2009 年第 2 期。

③ 参见朱旭东：《现代国家与公安创新》，中国人民公安大学出版社 2008 年版，第 60 页。

导致了敌对时期或者稍后的重大变迁，而且世界体系中其他社会类型制度，都是如此”①。因此，现代国家在统治中，仅仅依赖非暴力手段实施行政监控是不够的，军事暴力依然是国家实现有力的行政监控必不可少的手段。

2. 非暴力的监控手段不断发展

在当代，随着经济的发展和政治民主化进程的加快，市民社会逐步发展，社会事务日益复杂多样，需要国家管理的事务也越来越多，此时国家不仅需要调节统治阶级和被统治阶级的关系，而且要处理和调节各阶级内部的矛盾。在这种形势下，国家对内统治权较少地表现为运用强制性手段和暴力来镇压反抗行为、反动活动或是平息暴乱、制止冲突，更多表现为国家政府及其各职能机关深入社会生产生活的各个领域发现影响国家安全与社会稳定的各种矛盾、冲突、纠纷或者问题，然后运用法律的、行政的、教育的、文化的等各种非暴力手段来化解矛盾、消除纠纷或者解决问题。可以说，在当代，国家统治中运用的非暴力的监控手段不断发展。警察一直被视为国家主要的暴力工具之一，在现代社会中，它除了承担打击惩治违法犯罪的功能，还承担起了越来越多的服务职能，例如，消防、救护、救助、救援等，也就是说，社会上“不带枪的警察”越来越多，这就是运用国家暴力工具的非暴力监控手段的一种表现。在统治形式上，现代国家在司法强制力之外，还广泛使用精神病院、医院、监狱、收容教养所等机构和组织的监控（也称“纪律权力”）来帮助国家维持法律和秩序。正如众多西方学者所说，尽管国家的这种对内统治职能在维持法律和秩序方面依然具有相当重要的作用，但20世纪国家的统治形式毕竟发生了极大变化，它不仅依靠暴力强制，还更多地借助于同意和合法性。② 因此，现代民族国家需要跟随社会变迁的步伐，不断发展和扩充非暴力的行政监控手段。

---

① ［英］安东尼·吉登斯：《民族—国家与暴力》，胡宗泽、赵力涛译，生活·读书·新知三联书店1998年版，第290页。

② 参见刘昌明：《全球化与当代国家政治职能》，山东大学出版社2006年版，第60页；朱旭东：《现代国家与公安创新》，中国人民公安大学出版社2008年版，第55页。

3. 法治是国家重要的监控手段

民族国家是现代社会基本的政治组织单位，它的构建和发展的过程就是提升国家的控制能力的过程。吉登斯认为，“民族—国家存在于由他民族所组成的联合体中，它是统治的一系列制度模式，它对业已划分边界（国界）的领土实施行政垄断，它的统治靠法律以及对内外部暴力工具的直接控制而得以维护”①。现代国家即是合法垄断暴力使用权的政治体，它为统治者和被统治者提供进行行政监控和管理的机制，同时现代国家还是民主政治社会的共同体，它要求作为公民代表的统治者要为广大公民的权益负责。现代社会与传统社会的重大不同是，现代社会的重要特点是国家主权和个人自主权并存。在现代社会中，个人走出了家庭、家族、地域和教派的“阴影”，成为社会的基本单位，个人权利成为现代法律保护的对象。而现代国家则实行不同于传统国家的权力运行制度以实现其公共目的。正如安东尼奥·葛兰西（Gramsci Antonio）所说，“武力和同意，统治权和领导权，暴力和文明”是现代国家本质的三个方面。② 国家不仅仅是统治阶级用来辩护和维护自身统治的，它还是统治阶级设法赢得它所统治的那些人积极同意的实践和理论活动的整个复合体。

现代政治的任务一直是驯服国家权力，使其朝着其服务的人民认为合法的方向发展，并通过法律规范权力的行使。③ 因此，法治日益成为现代国家实现良治的一种重要手段和方式。在现代国家，领导人无权直接使用暴力，用法律约束暴力、通过法律间接使用暴力已经成为现代各国的通例。国家治理从本质上来讲离不开法治，正如弗朗西斯·福山（Francis Fukuyama）所指出的，国家的本质就是执法，即拥有委托一名身着制服、手持枪支的人强迫

① ［英］安东尼·吉登斯：《民族—国家与暴力》，胡宗泽、赵力涛译，生活·读书·新知三联书店1998年版，第147页。

② 参见徐崇温：《西方马克思主义》，天津人民出版社1982年版，第197、199页。转引自朱旭东：《现代国家与公安创新》，中国人民公安大学出版社2008年版，第40页。

③ 参见［美］弗朗西斯·福山：《国家构建：21世纪的国家治理与世界秩序》，郭华译，学林出版社2017年版，第13～14页。

人民遵守国家的法律这样一种最高权力。[①] 法治成为国家治理的重要手段，法治一方面要求合法、准确、有效地行使国家暴力；另一方面，也要求约束、规范和限制国家暴力，防止滥用国家暴力的情形发生。

二、现代警察是现代国家实施暴力监控的重要工具

恩格斯曾精辟地指出，警察与国家一样古老。人类发展史表明，警察在维系治安秩序、镇压违法犯罪、抑制矛盾纠纷等方面发挥不可替代的作用。在现代国家，警察已经是国家政权的重要支柱之一，警察制度俨然是现代国家控制暴力的基本制度安排，它掌握着强大的强制力，因此警察是国家权力的核心，是政权运转的核心，同时也是国家其他各项公共权力得以运行的有力保障。现代警察是现代国家对社会实施暴力监控的工具，它具有鲜明的政治性。

现代国家是合法垄断暴力的组织，目的在于对社会实施控制。国家对暴力的垄断减少了强制性特权的滥用，但是国家拥有了唯一的合法地使用暴力的权力。正如安东尼·吉登斯所说，现代国家是“权力集装器”——国家是源于社会又高于社会的组织，它垄断了暴力，可以对社会实施强制和监控。国家是在一国之内合法垄断强制力的“权力集装器”。

为了实现社会控制，国家通常运用权力进行社会控制。“归根到底，国家的权力表现为实际的暴力、军队、民兵、警察力量，以及其他社会控制工具。国家的核心任务是维持整体社会秩序。”[②] 民族国家垄断暴力使用权后，可以运用不同的方式对社会实施监控。暴力监控就是国家对社会实施控制的一种重要方式，军队和警察是国家暴力监控的首选。正如吉登斯所说，国家是这样一个政治组织：它的统治在地域上是有章可循的，而且还能动员暴力

---

① 参见［美］弗朗西斯·福山：《国家构建：21 世纪的国家治理与世界秩序》，中国社会科学出版社 2007 年版，第 6 页。转引自朱旭东：《现代国家与公安创新》，中国人民公安大学出版社 2008 年版，第 169 页。

② ［美］罗伯特·兰沃西、［美］劳伦斯·特拉维斯：《什么是警察——美国的经验》，尤小文译，群众出版社 2004 年版，第 38 页。

工具来维护这种统治。[①] 国家是暴力的合法垄断者，军队和警察是国家展现暴力的工具，军事武装和警察制度是民族国家进行社会控制和国家治理的标配。对此，列宁说："常备军和警察是国家权力的主要强力工具。"[②] 弗朗西斯·福山也认为，国家享有集中的权力，该权力的后盾是对合法强制权力的垄断，体现在军队和警察上。[③] 国家完全垄断暴力后，设置警察制度，将人身强制权力统一地交由国家的警察力量依法施行。

按照韦伯对国家排他性权力控制的定义，国家拥有对暴力的合法使用和垄断使用的权力。罗伯特·诺齐克（Robert Nozick）对韦伯关于国家的定义给出了另一种解释——只有国家可以决定谁来使用武力以及在何种条件下使用武力。[④] 民族国家建立后，统治阶级按照其意志组建政府对国家进行统治和管理。政府是国家的代言人，它代表国家掌管着各个国家机器，因此，它掌控着对暴力的垄断和对税收的垄断。在暴力垄断中，警察直接接触社会，它仅是暴力垄断的表层，暴力垄断的内层则是军队。[⑤] 因此，在国家政权中，警察和军队是使用权力的主要国家机构，国家通过警察和军队来监控社会以维护统治阶级的利益和地位。[⑥] 在米歇尔·福柯（Michel Foucault）所阐述的现代社会制度中，国家对监狱、学校、军营、工厂以及公共行政系统在内的广泛社会领域都进行监控，逐渐形成了一种以"全景敞视主义"为外在形态

① 参见［英］安东尼·吉登斯：《民族—国家与暴力》，胡宗泽、赵力涛译，生活·读书·新知三联书店1998年版，第59页。

② 《列宁选集》（第3卷），人民出版社1995年版，第178页。

③ 参见［美］弗朗西斯·福山：《政治秩序的起源：从前人类时代到法国大革命》，毛俊杰译，广西师范大学出版社2012年版，第79页。

④ 参见［美］约拉姆·巴泽尔：《国家理论——经济权利、法律权利与国家范围》，钱勇、曾咏梅译，上海财经大学出版社2006年版，第28页。

⑤ 参见樊鹏：《社会转型与国家强制：改革时期中国公安警察制度研究》，中国社会科学出版社2017年版，"序二"第30页。

⑥ 在国家语境中，权力通常被视为导致物质性伤害的能力。此外，权力还包括"权威"和"强加意志的能力"的含义。中世纪时的罗马教皇在梵蒂冈之外的国家所具有的巨大权力——这种似乎是精神权力——就是不牵涉武力的权力例证。因此，将权力等同于使用暴力的能力，似乎就不恰当了。参见［美］约拉姆·巴泽尔：《国家理论——经济权利、法律权利与国家范围》，钱勇、曾咏梅译，上海财经大学出版社2006年版，第25页。

的监视和惩罚机制。这种“全景敞视主义”将国家统治阶级作为监督者，让其处于监视的中心位置；设立监狱、警察等国家机器作为有效监督社会的工具，并让其以精巧的建筑学般的设计改进监控的效果，使社会中的每一个个体和单位都无处藏匿。① 故在现代国家，现代警察必然是国家暴力监控社会的工具，是为了维护统治阶级（社会精英）所需要的政治安全和社会秩序而实施社会监控的工具。此外，与国家的其他监控工具相比，警察因具有分散性、机动性和武装性特点，实则为国家提供了一种将权力延伸并渗透到社会基层的组织与方式②，因此，在现代国家，尤其是和平时代，政治家都愿意建设一支高素质的警察队伍以维护国家安全、秩序，实现国家长治久安。

三、现代警察是现代国家重要的执法力量

法治已越来越成为现代国家社会治理必不可少的手段。现代专职警察通常依国家法律创立，并在社会中执行国家法律，维护社会秩序，保护公民合法权利。现代警察要参与行政管理和刑事司法活动，是现代国家重要的执法和护法力量。

意大利思想家马基雅维利（Niccolò Machiavelli）曾经指出，解决人与人之间的冲突有两种途径，一是法律，二是暴力。前者是合乎人性的方法，后者则是兽性的体现。但是马基雅维利认为，人的身上兽性的成分太多，因此，君主要获得并维持自己的统治，要同时具备狐狸的智慧和狮子的勇敢。是狐狸，以便认识陷阱；是狮子，以便使豺狼惊骇。③ 事实上，人类心理始终坚守两个最基本的价值和观念：自由的价值，或者说，只是意愿（will）而不是暴力（force）才是政府的基础的观念；正义的价值，或者说，只是权利（right），而不是强力（might）才是所有政治社会以及任何一种政治秩序的

① 参见王智军：《警察的政治属性》，社会科学文献出版社2009年版，第202页。

② 参见樊鹏：《社会转型与国家强制：改革时期中国公安警察制度研究》，中国社会科学出版社2017年版，第125页。

③ 参见唐士其：《西方政治思想史》，北京大学出版社2002年版，第181页。

基础的观念。[①] 为实现人类始终坚守和追求的自由和正义，国家建立政治秩序的基础应当是法律，而不是暴力。被誉为“美国独立的巨人”的美国第二任总统约翰·亚当斯（John Adams）认为，一个共和国，其真正的含义并不在于民主，而在于确立法律在国家中至高无上的地位。[②]

自亚里士多德以来，行政权、立法权和司法权三种权力已经成为公认的对国家权力（功能）的经典划分。警察是国家授权可以使用暴力维护安全的重要国家机器。警察和国家的作用是一致的。在政治国家建立之初，警察是作为君主权力的手脚或者武器来使用的，警察权力是政治权力的变体。[③] 近代启蒙思想影响下，警察的功能和作用逐渐缩小并集中到防止公共危害上，警察权力逐渐从司法、军事等公权中剥离。资产阶级革命之后，警察则成为专门维护公共安全和社会秩序的力量，警政成了国家重要的政务之一，警察掌控着国家有关于安全保障和秩序维护方面广泛的行政权。而依据现代分权理论，在国家权力结构中，行政权主要指对法律的执行权。因此，在各国的政治实践中，警察、财务、外交等职能一直是整个国家机器的中心，相应的职能机关也享有对应行政领域的执法权。由此可知，警察职能机关是国家执法机关的重要组成部分，警察制度是国家法治系统的重要组成部分。在现代文明社会中，为了保障公民的自由和合法权益，为了实现社会的安全、秩序和幸福，衍生出了大量的执法工作，可以说，执法成了警察重要的业务之一。当下，各国警察都承担了治安行政管理方面的执法任务和预防、侦查、控制犯罪方面的刑事执法任务，警察无疑成了横跨行政法律部门和刑事法律部门的执法力量。

四、现代警察是为社会提供公共安全物品的政府组织

在现代国家构建过程中，现代社会也兴起了。市民社会从发轫之初就与

---

① 参见徐大同主编：《西方政治思想史》（第3卷），天津人民出版社2006年版，第293页。

② 参见唐士其：《西方政治思想史》，北京大学出版社2002年版，第266页。

③ 参见卢建军：《警察职权的界定与配置》，北京大学出版社2017年版，“代自序”第5页。

现代国家纠缠在一起，现代国家在市民社会及其阶级的发展中起着十分重要的建设作用。[①] 黑格尔指出，市民社会处在家庭和国家之间，它是以国家为前提的。[②] 黑格尔认为，市民社会包含三个环节：一是需要的体系；二是司法；三是警察和同业公会。其中，司法和警察虽是市民社会所必需的，但其职能又必须由国家来承担。因此，司法和警察既是市民社会的组成环节，同时又是需要国家来建立和管理的。[③] 现代警察通过行政执法和刑事执法活动来维护治安秩序，通过为公众提供各类安全救援与安全服务，向社会公众提供安全稳定的社会秩序，因此，现代警察是现代国家中为社会提供公共安全物品的政府组织。这也体现了现代警察的公益性。

虽然现代国家的统治范围更趋广泛，国家对社会渗透的能力不断强化，但国家的公共性和服务性却日益增强。英国学者戴维·赫尔德（David Held）认为，作为权力制约体系的现代国家，它提供一套对统治者和被统治者进行管理和监督的机制；同时，作为民主政治社会共同体的现代国家，“统治者”成为公民的代表并对他们负责。国家的公共性可见一斑。我国学者李强在研究分析西方众多学者对现代国家特性的描述后指出，现代国家垄断合法使用暴力的权力和税收的权力，其目的不在于为国家机构自身或国家机构的成员谋求福利，而在于为一国的人们提供“公共产品”。[④] 又如，波奇切波认为，国家是一组以一个行政权威为首并在某种程度上由行政权威加以协调的行政管理、治安和军事组织，是一个自主结构——一个具有自身逻辑和利益的机构。[⑤] 在波奇切波看来，国家具有公共服务性。在现代国家发展中，国家有

---

① 参见［英］迈克尔·曼：《社会权力的来源》（第2卷·上），陈海宏等译，上海世纪出版集团2007年版，第34页。转引自朱旭东：《现代国家与公安创新》，中国人民公安大学出版社2008年版，第65页。

② 参见［德］黑格尔：《法哲学原理》，范扬、张企泰译，商务印书馆1996年版，第197页。

③ 参见朱旭东：《现代国家与公安创新》，中国人民公安大学出版社2008年版，第222页。

④ 参见朱旭东：《现代国家与公安创新》，中国人民公安大学出版社2008年版，第40页。

⑤ 参见［英］迈克尔·曼：《社会权力的来源》（第2卷·上），陈海宏等译，上海世纪出版集团2007年版，第55页。转引自朱旭东：《现代国家与公安创新》，中国人民公安大学出版社2008年版，第65页。

义务为社会成员提供福利和公共物品。

警察是国家为社会成员提供公共安全物品的技术设置。黑格尔所说的市民社会中的“警察”并非合法使用国家强制性手段的、鹰犬式的警察，而是承担特定社会职能的组织。“作为向社会公众提供公共安全服务和管理的警察，它对市民社会的普遍事务和公益设施进行监督和管理，调解生产者和消费者之间的冲突，化解人与人之间的矛盾……还要限制市民的不良行为，并通过举办慈善事业承担缓解贫困的职责。”① 警察一方面代表了国家的公共权力；另一方面，警察是代表国家向社会提供公共物品的社会组织，其社会公益性显而易见。

第四节　现代警察的特征

纵观警察发展史，现代警察随现代国家的政治经济发展而不断成熟，并集中表现出一些鲜明的共同特征。

一、现代警察具有专职特征

自人类出现警察现象开始，设置警察就被视为促进城邦秩序和公众福利的政务活动。在奴隶制城邦，警察是关于国家安全秩序和公民福利的所有事务的总和，警察即国家的全部政务。但到了中世纪，随着经济发展和社会分工，国家行政事务也出现专业分工趋向。人类进入 13 世纪后，因海上贸易不断繁荣，欧洲城市不断发展和兴盛，文化日益繁荣，罗马法开始复兴，绝对君权主义慢慢抬头。国家政务的内容日益纷繁复杂，原有的分散于其他机关部门的警察职能和监控手段已不足以应对复杂多样的国家事务。到中世纪晚期，欧洲各国为提升国家实力和在国际社会的竞争力，竞相扩充军备和外交。

① ［德］黑格尔：《法哲学原理》，范扬、张企泰译，商务印书馆 1996 年版，第 239～243 页。转引自朱旭东：《现代国家与公安创新》，中国人民公安大学出版社 2008 年版，第 222 页。

由于军事和外交主要是针对外国的，故此时军事、外交与警察逐渐分离。17世纪后，随着三权分立思想被广泛传播和普遍接受，立法权、司法权也开始与警察权分离。由此，警察不同于军事，不同于外交，不同于立法权，也不同于司法权，而是一种独立的国家职能。此时，人们更多地将警察界定为“以国家的安宁和民众的福利为目的的行政事务”，即警察是有关于国家安宁和公众福利的国家内政事务，其外延相当广泛。

进入18世纪，自然法学派兴起，个人自由观念逐渐得到社会认同。对于国家而言，其不能满足于仅仅以权力限制民众自由而消极地维持社会秩序，还应当积极地增进国家繁荣、社会稳定与公众福祉；国家要实现对社会的有力监控，不能仅仅运用公共权力和强制性手段限制公众自由，还需要发展其他温和的行政手段来实现其更高的目标。因此，国家政务被划分为职能不同的多个部门。于是，卫生、交通、建筑、文化等具有民生福利性质的行政事务相继脱离警察部门，警察的职权受到进一步限制。18世纪末以来，警察的含义发生了重大变化，即随着国家政务的多样和复杂，警察已不能涵盖国家所有内部行政事务了，而仅以通过国家权力限制公众自由，维持公共安全和社会秩序为职责。受此观念影响，法国刑法明文规定，警察是为维护公共秩序、自由、所有权及个人的安宁而设立；受法国影响，1794年普鲁士普通州法主张“警察为维持公共之安宁秩序，除去国家或个人之危害，所必要之制度”①。18世纪英国著名学者亚当·斯密也曾探寻警察的源起，他说，警察是来自法国的名称，源于希腊语“公民权”一词，其意义本来是指政府政策，但现在只指政府的次要部门的管理，如保持清洁、维持治安，设法做到价廉物博等。② 由此可见，在18世纪，警察的概念已缩小了许多，专指国家内政中维护公共安全和社会秩序的行政事务，而这种认识，也成为社会对警察的共识。

---

① 范扬：《警察行政法》，商务印书馆1940年版，第5页。

② ［英］坎南编：《亚当·斯密全集》（第6卷），陈福生、陈振骅译，商务印书馆2014年版，第177页。

诚然，近代民族国家建立以来，警察已蜕变为国家内务行政中的一部分，其职责范围缩小了，仅限于防止公共危害，维护公共秩序。但是警察在国家内务行政中绝不是亚当·斯密所说的“政府的次要部门的管理”，而是至关重要的。我国著名警学专家李士珍先生在考察苏联和德国的现代警察制度之后说：“警察在国家内政当中，其地位高于其他行政。苏联在革命中全国的行政没有哪一项不依赖警察，而贯彻到社会的各个阶层。因此，当代政治家都说苏联革命的成功和以往德国谋求复兴都得利于警察，这不是一句虚话。警察在一般国家不问国情如何，而警察在国家行政上的地位均在日趋重要，不问政体如何，而警察在国家行政上的职权均在日益加强，这是研究警察学的所有学者的公认。”①

警察实践植根于强调公平、公正和正义（equity，fairness and justice）的西方政治哲学，警察起初是抓“窃贼”的，但他们更传统的角色是维护地方秩序。在维护公共安全与秩序的历史性角色中，警察主要致力于维护社会秩序、控制暴力和尽量减少内乱，其维护公共和平与秩序的目标确实值得称赞。② 在当下，各国内部行政事务更趋多样而复杂，但在政治民主化的推进下，警察对国家诸般行政所起的协助和保障作用更明显。从警察是国家的暴力监控工具来看，国家的宪法、法律和命令的权威性主要依靠警察的强制性暴力手段保障；从警察是现代国家的法治工具来看，警察也是国家各项法律和命令的主要执行者、贯彻者和落实者；此外，国家的各种行政事务都与警察行政息息相关，例如经济建设、交通管理、税收、卫生防疫、文化教育、社会救济、市政建设等的推进，都要依靠警察协助。警察作为国家权力的一个重要组成部分，在规制行为、抑制矛盾、维系秩序等方面发挥着重要的作用。可以说，在现代国家，警察已经渗透到社会生活的方方面面，尤其是与

---

① 李士珍：《警察行政之理论与实际》，中华警察学术研究社 1948 年版，第 7 页。

② Jack R. Greene, *The Encyclopedia of Police Science*, 3rd ed, Volume 1, Routledge Taylor & Francis Group, 2007, p. 202.

减少公众对犯罪的恐惧和提高社区“生活质量”联系在一起①。因此，从历史的纵向比较，警察行政的外延日趋缩小，其职责随时代的演进虽然被限制在“防止公共危害，维护公共秩序”的范围内，但其在整个国家政治体系中居于关键地位，任务也更为复杂繁巨。

二、现代警察具有暴力特征

（一）拥有暴力手段

暴力性是警察的重要而鲜明的特点。美国学者卡尔·克劳卡斯曾提出，讨论“警察是什么”时应该着重分析警察的“手段”，而不是分析警察应该做什么。② 他认为，不论是在维持秩序，还是在打击犯罪，警察都拥有威胁性暴力，并能够使用暴力，这就构成了其社会角色的核心，也使警察就是警察。基于对警察暴力性手段的强调，克劳卡斯总结道，警察是享有国家授予的在国家领土范围内使用暴力的一般权力的机构和个人。③

警察的暴力性质也使警察不同于其他行政机关。警察可以使用多种强制性手段，例如拘捕、羁押等，并配备武器警械，拥有武器警械使用权，因此，警察实质上是国家的一个特殊的暴力机关。正如毛泽东在《论人民民主专政》中指出的：“军队、警察、法庭等项国家机器，是阶级压迫阶级的工具。……它是暴力，并不是什么仁慈的东西。”④ 警察享有使用暴力解决各类社会问题的权力。有研究者认为，公众报警即是求助于暴力⑤——求助于警察所拥有的暴力性手段。

---

① Jack R. Greene, *The Encyclopedia of Police Science*, 3rd ed, Volume 1, Routledge Taylor & Francis Group, 2007, p. 202.

② 参见［美］罗伯特·兰沃西、［美］劳伦斯·特拉维斯：《什么是警察——美国的经验》，尤小文译，群众出版社 2004 年版，第 4 页。

③ 参见［美］罗伯特·兰沃西、［美］劳伦斯·特拉维斯：《什么是警察——美国的经验》，尤小文译，群众出版社 2004 年版，第 5 页。

④《毛泽东选集》（第 4 卷），人民出版社 1991 年版，第 1476 页。

⑤［美］罗伯特·兰沃西、［美］劳伦斯·特拉维斯Ⅲ：《什么是警察——美国的经验》，尤小文译，群众出版社 2004 年版，第 4 页。

（二）暴力是警察实现其作用的必备条件

具有暴力性质和使用暴力手段是警察的特色，是警察区别于国家其他机关的重要标志，同时也是警察实现其社会作用所必备的条件。

从功能而言，维持公共安全和社会秩序是警察的主要功能。近代民族国家的建立就是国家中维护公共安全和社会秩序的力量从非正式的兼职力量过渡、转变为正式的专职力量的过程。自近代民族国家建立以来，警察成为国家机器中专职维护国家安全和社会稳定的力量，警察制度成为国家设立的平息暴乱、压制暴力、制止暴行、处理暴力问题的专门制度。暴力是国家赋予警察的维护国内安全和稳定的各种权力和强制性手段。在维护社会公共秩序和安全过程中，警察发现、制止、制服、处置违法犯罪，需要暴力；警察预防违法犯罪、救护公众、守护特定目标、抢险救灾、紧急救援，需要暴力；警察执行法律和协助其他行政机关执行法律，也需要暴力。暴力是警察完成其社会任务，发挥其社会作用必需的条件。尤其在科技飞速发展的当下，为了积极有效应对各类升级变异了的传统犯罪和新型犯罪，提高警察装备、配备的现代化程度，是增强警察暴力性手段效果的重要途径。

值得注意的是，警察虽然是国家的暴力工具，但是它并非唯暴力的。尽管警察有权运用暴力制服和战胜违法犯罪分子，然而警察的暴力也可以是潜在的。警察的暴力引而不发，发挥震慑、威吓作用，不战而制服违法犯罪分子。

三、现代警察具有双重职能

现代警察具有政治镇压和社会管理两项最基本的职能。

（一）政治镇压职能

警察的职能是指警察的社会效能和作用。警察的职能是由国家的职能决定的。恩格斯说，“国家是从控制阶级对立的需要中产生”①。国家具有政治

① 《马克思恩格斯文集》（第4卷），人民出版社2009年版，第191页。

职能，即国家的阶级统治职能。马克思主义认为，迄今为止所有有文字记载的历史都是阶级斗争的历史，国家是为一个社会的经济生产方式和阶级利益服务的。恩格斯还明确地指出：“国家无非是一个阶级镇压另一个阶级的机器”①，国家是合法地垄断暴力使用权的组织，统治阶级为了维护其统治地位和利益，通常运用暴力、法制等特殊的强制力控制被统治阶级，镇压被统治阶级及一切破坏现存的政治法律秩序、社会秩序的分子的反抗，这种职能就是国家的政治职能。为实现政治统治，国家通常设置军队、警察、监狱、法庭等暴力工具。在众多国家机器中，警察是代表国家权力的一个重要暴力工具，因其具有暴力性而在国家统治中居于特殊的重要地位。警察忠诚地执行统治阶级的政治意志，它是国家实施政治镇压的暴力工具，因此，警察具有政治镇压的基本职能。在古代国家中，警察职能主要体现在为保护奴隶主、贵族阶级和封建地主（领主）阶级的利益、巩固其统治地位，而对其对立面——奴隶、贫民等实行的暴力镇压。民族国家建立后，国家视野下的安全长期以民族国家为主体，以政治安全和军事安全为重心，着重用军警的力量施政。与传统国家相比，现代国家权力更加集中，对社会和经济生活各个方面的控制大大加强，其政治镇压职能依然十分明显。现代警察依旧是现代国家实现统治的重要工具。例如，在 17 世纪以后的法国，警察制度虽然改革频繁，警察组织形式也变化繁多，但基本趋势是警察作为一种镇压对立阶级和社会控制的组织而存在。当代国家警察政治镇压职能主要表现为对威胁统治阶级的统治与国家安全的政治势力进行镇压。

与此相似的是，现代英国著名警学专家罗伯特·雷纳（Robert Reiner）也认为，与国家的统治功能相一致的是，警察具有管制公开的政治异议活动的“高层警务”功能。② 著名学者琼－保尔·布罗德在《高层警务和底层警务》中指出，高层警务是信息主导型警务的一种，源于路易十四时期建立的

---

① 恩格斯：《法兰西内战·恩格斯写的 1891 年稿导言》，载《马克思恩格斯文集》（第 3 卷），人民出版社 2009 年版，第 104 页。

② Rober Reiner, *The Politics of the Police*, Harvester Wheatsheaf, 1992, p. 3.

法国政治警察，致力于保护一国政府，使其免受国内不利因素的威胁。它保护的是整个政府的高级利益，涉及运用各种警务措施，比如国内情报收集、国家安全保卫或是为了保护一国政府而采取的国家安全措施。其首要手段是通过人（特勤）或技术方法获取情报。在西方国家，高层警务通常由国家级警察机构或特殊情报机构执行，这些组织主要负责对抗来自国内的对国家安全的威胁。① 当代学者的这些观点形成了一个共同认识，即现代警察具有政治镇压、排除危险、维护国家统治、巩固国家安全的职能。

（二）社会管理职能

马克思和恩格斯从未简单地把国家等同于镇压机器，在他们看来，政治机器仅是国家的一部分，是国家政治职能的一个组成部分。② 关于国家自主性的研究认为，国家既是统治阶级的国家，又是相对自主统治阶级的，并非统治阶级的简单工具。对此，恩格斯曾说："政治统治到处都是以执行某种社会职能为基础，而且政治统治只有在它执行了它的这种社会职能时才能持续下去。"③ 这也说明，现代国家具有自主性，国家还具有社会职能，即统治阶级运用国家权力执行对社会公共事务的社会管理职能。为实现公共利益，国家建立大量职能部门作为公共事务管理机关。在众多公共事务管理机关中，警察则是以维护公共安全和社会公共秩序为主要职责的职能机关，它忠诚地执行国家管理公共事务的意志，无条件地执行国家政策和法律。警察通过维护广大公众的利益和整个社会的正常秩序来实现社会稳定和维护公共秩序，这就是警察的社会管理职能。民族国家构建过程中，市民社会不断发展，国家所管理的事务日趋复杂多样。在这样的背景下，国家作为社会各种力量的仲裁者的角色日益突出，国家对社会实施监控时更多地使用非暴力的方式。尽管警察是作为暴力监控工具而存在的，但在现代国家中，"不带枪的警察"越来越多，警察承担了更多的治安行政管理、处理治安事故、抢险救灾、救

① 参见薛向君：《英国现代警察的治理与问责》，知识产权出版社2012年版，第21页。
② 参见朱旭东：《现代国家与公安创新》，中国人民公安大学出版社2008年版，第50页。
③ 《马克思恩格斯选集》（第3卷），人民出版社1995年版，第219页。

助帮扶、为公众排忧解难等工作。这也说明，现代国家警察的社会管理职能大大扩展。

同样，现代英国著名警学专家罗伯特·雷纳（Robert Reiner）也认为，国家兼具阶级统治职能和社会服务职能，与国家的社会服务职能相一致的是，警察具有日常执法和维护街头秩序的“低层警务”职能。[①] 在雷纳看来，警察除了发挥其政治镇压职能来维护国家政治统治外，还要发挥其社会管理和服务的职能以维持社会生产生活秩序。学者琼－保尔·布罗德在《高层警务和底层警务》中同样也指出，在社会中多见的是“低层警务”，即各级警察机构执行的街头巡逻、打击一般犯罪等维持社会秩序的警务。[②]

国家的政治职能与社会职能是相互依存、密不可分的。一方面，从根本上讲，社会管理职能是为统治阶级服务的，但这种职能的执行和实现必须依靠国家权力，故社会职能又与政治统治密切地联系在一起。因此，在这个意义上讲，政治职能是社会职能的前提。另一方面，国家只有有效地实现了社会管理职能，政治统治才能够持续，因此，政治职能又必须以社会职能为基础。国家的两大基本职能决定了警察也具有政治镇压和社会管理两项基本职能。警察的两项基本职能也是相互联系、相辅相成、互为条件、互相作用的。二者都是统治阶级意志的体现，因为国家政权的安全问题是阶级统治的根本问题，只有在稳固的政治统治下，统治阶级才能按照自己的意志行使社会管理职能，因此，警察的政治镇压职能通常是被置于首位的。但警察的社会管理职能可以为政治镇压职能提供必要的社会基础和公众资源，安定而良好的社会秩序也有利于警察加强其政治镇压职能。因此，对现代国家而言，警察最基本的双重职能都需要强化，丝毫不得偏废。

四、现代警察具有法治特征

若要国家的政治、经济、宗教、市民社会等各大系统实现相互协调和正

---

① Rober Reiner, *The Politics of the Police*, Harvester Wheatsheaf, 1992, p. 3.

② 参见薛向君：《英国现代警察的治理与问责》，知识产权出版社2013年版，第21页。

常运行，建立法律制度及其运行机制就必不可少。斯宾诺莎指出，法律的目的与国家一样，是为了维护社会的稳定和秩序，特别是社会分工的秩序。他曾感叹，若是人生来只听清醒的理智的指挥，社会显然就用不着法律了，教导真正的道德信条就够了；但人性自私自利，大多数人往往为肉体的本能和情绪所支配，只顾眼前。“因此之故，若无政府、武力和法律以约束压抑人的欲望与无节制的冲动，社会是站不住的。”① 为了维护社会的安定与秩序，有必要通过政府和法律来节制人的私欲。早在法国大革命时期，法国《1791年宪法》第二章“王位、摄政和部长”第一节“王位和国王”之第3条就规定，在法国，没有比法律更高的权力；国王只能根据法律来治理国家，并且只有根据法律才可要求服从。美国思想家约翰·亚当斯也指出，共和国的真正含义在于确立法律在国家中至高无上的地位。法治是现代国家治理的基本方法。

洛克的政治权力分离原则主张通过政治权力之间的分立，用内部制衡机制来制约监督者，从而使自由国家之治获得合法性。阿克顿勋爵（Lord Acton）的历史箴言“所有权力都易腐败，绝对权力导致绝对腐败”（All power tends to corrupt，absolute power corrupts absolutely）仍然适用于当前的自由民主国家，也适用于对警察权力的规范和制约。弗朗西斯·福山指出：“国家的本质是‘强制执行’：最终可以派遣身着制服的专人用枪强迫使人们遵守国家法律。在这方面，美国的国家是非常强大的：在联邦、州和地方各级，它有一个规模庞大的执法制度，执行一切法律规范，从交通规则，到商业法律，到违反人权法案，不一而足。美国拥有大量执法权力、广泛且往往惩罚力度强的刑事和民事司法体系。”② 因此，创立法律制度来规范和约束国家公共权力，特别是限制国家暴力工具的非法使用显得尤为重要。

西方现代国家建构的历程表明，随着资产阶级革命的兴起和成功，启蒙

① 顾肃：《西方政治法律思想史》，中国人民大学出版社2005年版，第160页。

② ［美］弗朗西斯·福山：《国家构建：21世纪的国家治理与世界秩序》，郭华译，学林出版社2017年版，第13页。

运动伸张的人权、自由、法治等理念在建构现代政治制度的浪潮中得以确认和落实。[①] 作为国家暴力工具的警察，其本身就属于资产阶级法治系统的一部分。英国不只是近现代警察制度的起源地，也是警察法治的起源地。1829年，英国现代专职警察依据《大都市警察法》而创立。该法系统阐述了现代警察的组建原则[②]：警察是在政府控制之下，以军队为榜样建立的一支稳定有效的队伍；它采用科学的选拔与训练方法，以减少犯罪为其效益的标志；接近公众是警察工作的关键，彬彬有礼是警察质量的保证。此后，英国各地方警察的建立都是不同法案推动的结果，警察的职责、权力、义务、行为准则等都由法律来确定，警察法治化是现代警察创建之初就已经具备的特点。随着现代国家政治的民主化、法治化发展，警察职权法治化、警察执法规范化已经成为各国警察建设的共识性目标。

---

① 参见夏志强：《国家治理现代化的逻辑转换》，载《中国社会科学》2020年第5期。

② 参见王大伟、付有志编著：《世界警察理论研究综述》，群众出版社1998年版，第113页。

第五章

警察权及其法治化运行

英国著名哲学家伯特兰·罗素（Bertrand Russell）认为，在社会科学上权力是基本的概念，犹如在物理学上能是基本的概念一样。[①] 从警察现象的出现到现代警察制度的建立，从发达资本主义国家到发展中国家以及殖民地国家的警务实践，各国警务实践样态看似迥异，实则千差万别。但在多样性背后隐藏着统一性：客观存在并支撑警察制度和警务实践的权力（警察权）是解读和分析各种警察制度的共同线索和核心要素，换言之，警察制度的核心是警察权。

人类社会发展的一般方向是使个人从束缚他日常活动的习俗和成规中解放出来，建立起一个法治下的自由社会。哈耶克（Friedrich August von Hayek）明确指出，法治不但是自由的保障，而且是自由的法律的体现。只有在法治之下，人们才有真正的自由。法律是一把“双刃剑”，它赋予了警察机关较为广泛而强大的警察权，同时它也规范和制约着警察权的运行。法治作为现代国家重要的治理手段，它要求警察职权法治化，警察行动必须处于法律约束之下。唯有如此，警察才能实现保障安全和维护秩序的职能与作用，而非侵犯和损害公民个人自由和权利。

---

① 参见［英］伯特兰·罗素：《权力论：新社会分析》，吴友三译，商务印书馆1991年版，第4页。

第一节　警察权的本体性问题

一、国家权力及其架构

（一）权力的概念与渊源

权力是社会历史发展到一定阶段的产物，它是人类社会生存和发展不可或缺的力量。现代意义上的权力概念深受近代自然科学的影响。霍布斯对权力的界定是一个能动者影响被动者行为的能力。在霍布斯看来，人们对权力的追逐是永恒的、无休止的，这种欲望只有靠主权者的最高权力才能加以控制。[①] 可见，霍布斯对权力的理解是与物理学对“力”的理解类似的。由于法律和政府制定的公共政策以国家强制力作为后盾，且政府合法垄断了国家暴力，因此，对权力概念的阐释往往与强制力联系在一起。马克斯·韦伯认为，权力是一种可能性，即处于某种社会关系内的一员能够不顾抵制而实现其个人意志的可能性，而不管这种可能性所依赖的基础是什么。[②] 这种关于权力的界定抓住了权力的3个基本特点：一是认为权力可以制定和实施法律与公共政策；二是这种权力具有强制性；三是权力被政府官员垄断性地掌握。[③] 学界视这种界定为“经典权力观”，具有精英主义的气质（少数人掌权而多数人无权）。此外，学界对“权力”的定义还有很多。但从本质来看，权力是一种社会关系。任何主体只要能够运用其拥有的资源，对他人产生强制性的影响力、控制力，能促使或命令、强迫对方按自己的意志和价值标准作为或不作为，即拥有权力。

---

① 参见景跃进、张小劲主编：《政治学原理》（第2版），中国人民大学出版社2006年版，第18页。

② 参见［美］E. 博登海默：《法理学——法哲学及其方法》，邓正来、姬敬武译，华夏出版社1987年版，第341页。

③ 参见景跃进、张小劲主编：《政治学原理》（第2版），中国人民大学出版社2006年版，第19页。

从渊源上讲，权力乃为权利而生，为权利而设。权利指的是宪法和法律赋予公民的某种权益。这种权益，可以表现为权利享有者有权自己作出或不为一定的行为。权利可以宽泛地理解为人皆有之，而且是人人平等地拥有的。而权力主要是一种强制力量或者支配力量，即有能力以自己的"强制力"作为或不作为。权力只有特定的人和机构才拥有，而且其"能力"有大小、高低之分。为了保障人皆有之的权利，每个社会成员让渡出自身部分权利以形成公共权力。因此，权力为保障权利而生，权力为权利保障而设。权力在将自然权利确认为法定权利的过程中就起了决定性作用，同时，权力还保障法定权力的实现和救济。但是，虽然权力因公民让渡而形成，但公民可以监督权力的行使。再者，为了保护公民权利，必须将权力限制在合理范围内。

（二）国家权力的来源与架构

1. 国家权力的来源

在社会的政治权力体系中，国家权力处于最高的位置。国家并非天生就拥有权力。封建君主制国家的国王、皇帝号称"受命于天"，实则其统治权力要么是通过改朝换代夺取政权取得；要么通过王朝的世袭制度，得到"先帝"的授权和臣子的拥戴才执掌权力。各级官吏也是朝廷任命的。凡主权在民的国家，其政府首脑和政府机构经由人民选举产生，其权力是人民授予的。国家权力来源于人民的授予，是用来管理国家和社会公共事务，为公共利益服务的，故它本质上是"公共权力"或"公权力"。国家权力往往以强大的国家官僚机器和国家暴力机器作为支持和威慑，因此强制性较强，它与相对方之间多表现为命令与服从的关系。[①] 若相对人不服从，则可以给予其法律制裁，因此，国家权力属于硬强制力。国家权力的主要功能是通过宪法和法律来维护国家与社会的法治秩序，保护法律所确认的各种社会关系不受侵犯，

---

① 国家权力与相对方之间也有较灵活的指导、合作关系，如行政合同、非指令性的计划、号召等。

保障公民与社会组织的法定权益。

2. 国家权力的架构

权力是支配他人的手段，而支配他人的手段总共有 4 种，即硬的暴力、钱财、软的思想、(支配者的) 人格。[①] 在国家语境中，权力通常被视为导致物质性伤害的能力。警察直接接触社会，是暴力垄断的表层，而军队则是暴力垄断的里层，因此，军队和警察是国家政权最重要的组成部分。而政权运转必须拥有一定物质基础，因此国家建立后要实现对税收的垄断。此外，权力还包括“权威”和“强加意志的能力”的含义，也就是将统治者、统治阶级的意志上升为国家意志，形成法律、政策、价值观念等，并将这些思想意志（支配者的人格）在社会中贯彻执行。另外，权力还用“软的思想”去控制和影响人，例如，中世纪时的罗马教皇在梵蒂冈之外的国家所具有的巨大权力，这种权力不牵涉武力，可以视为一种精神权力。因此，将权力完全等同于使用暴力的能力，似乎就不恰当了。

国家权力的结构和分工，自从国家产生就已经存在。从政治学角度来看，权力是迫使对方强制服从的制度性力量，它是基于强制性原则的。从国家权力的运行结构来看，除了有纵向的权力分工外，为了实现国家职能，还存在横向的各种权力及职权的划分。自亚里士多德以来，行政权、立法权和司法权三种权力已经成为公认的对国家权力（功能）的经典划分。[②] 孟德斯鸠认

---

① 参见樊鹏：《社会转型与国家强制：改革时期中国公安警察制度研究》，中国社会科学出版社 2017 年版，“序二” 第 30 页。

② 有研究者考证，亚里士多德在《政治学》中讨论的是政府职能，而非权力，他提出审议、执行与裁判是政府的三种职能。参见余凌云等：《法治中国建设背景下警察权研究》，经济科学出版社 2021 年版，第 13 页。同时，该研究者考证，孟德斯鸠的原著中使用的是执行权或执行分支的概念，而行政权的概念并未出现。据此，孟德斯鸠的分权理论准确来说应当是立法、执行、司法的三权分立。而中国学界讨论行政权时，往往将其混同于执行权，实际上有翻译混乱之影响。参见余凌云等：《法治中国建设背景下警察权研究》，经济科学出版社 2021 年版，第 8 页。1789 年，法国女政治家德瓦妮声称在孟德斯鸠三权分立框架之外发现“第四权”，即行政权。这一思想迅速流传。行政权这一概念得到广泛使用，但却无力吞噬已经深入人心的权力分立主张，更多的人还是将行政权概念用于典型的政府管理领域，避免其取代带有民主性质的立法权和职能上相对独立的司法权。这个新生的概念缺乏雄厚的理论积淀和思想基础去完成更大的宏图，但它具备足够

为，一切政治职能都必然可以被分为立法、行政和司法三类，每个国家都有三种权力：立法权、行政权和司法权，他还把权力分离的观念融入了体制各组成部分之间的法律制衡系统之中。[①]孟德斯鸠关于三权分立的理论，奠定了现代分权制度的基础。但在实行中，三权分立也暴露出诸多弊端。第一，行政、立法和司法机构之间的分立，易使三方因立场不同而斗争激烈，在政治决策和公共政策上难以达成共识，导致决策效率低下，甚至会产生政治僵局和决策滞后问题，严重的可能导致国家治理危机。第二，因国家权力分散于三大机关，当出现决策错误或者执行偏差时，三方往往互相推卸责任，导致追责困难。第三，实行三权分立的国家在政治实践中，并未形成有效的权力制衡机制，更何况，三权之间相互渗透的情况十分普遍，三权分立几乎从未真正实现过。第四，广大劳动人民在实行三权分立的国家政权中并非居于支配地位，其对国家权力运作施加的影响很小，这就使“分权”与“制衡”事实上成为协调资产阶级内部权力分配的一种机制，广大劳动人民不可能在这种制度下享有真正的民主。从这个意义上来说，三权分立本质上是一种资产阶级民主制度，而非广大劳动人民真正当家作主的制度。

的实践支持去挤入理论上原本属于执行权的部分空间。在基佐将法国的行政权与执行权概念融合起来后，行政权与执行权的概念在大陆法系国家逐渐开始通用，但在普通法系国家仍呈区分状态。参见苏宇：《行政权概念的回溯与反思》，载姜明安主编：《行政法论丛》第17卷，法律出版社2015年版。在美国，由于传统三权中并不包含行政权，后期的行政权和执行权本身在很大程度上并不重合。在兼收立法、执行、司法职能的独立规制机构大规模兴起以后，行政权更加呈现出组织上和功能上的独立特性，成为所谓的“无头的第四部门”，而与执行职能相距更远。在美国，严格意义上的行政权甚少被讨论，它仅仅包括总统被议会立法授予的权力，以及不受总统直接管理与指挥的独立规制机构所行使的权力。参见余凌云等：《法治中国建设背景下警察权研究》，经济科学出版社2021年版，第9页。

① 在《论法的精神》中，孟德斯鸠论证了三权分立的必要性。他指出：“立法权和行政权如果集中在一个人或一个机构的手中，自由便不复存在。因为人们担心君主或议会可能会制定一些暴虐的法律并暴虐地执行。司法权如果不与立法权和行政权分置，自由也就不复存在。司法权如果与立法权合并，公民的生命和自由就将由专断的权力处置，因为法官就是立法者。司法权如果与行政权合并，法官就将拥有压迫者的力量。如果由同一个人，或由权贵、贵族或平民组成的统一机构行使这三种权力，即制定法律的权力、执行国家决议的权力以及裁决罪行或个人争端的权力，那就一切都完了。”参见［法］孟德斯鸠：《论法的精神》（上卷），徐明龙译，商务印书馆2012年版，第186～187页。

在宽泛的意义上，现代国家中的“行政机关”被看作在一个完整的政府组织系统内，与负责制定普遍规则的“立法机关”和负责依据法律裁决社会纠纷的“司法机关”并立的一个“分支”，主要负责国家政策的“执行”。①依据现代分权理论，行政权作为国家权力结构的一个分支，主要指对法律的执行权，但在各国的政治实践中，行政权一直是整个国家机器的中心。在近代国家政治制度确立的初期，在国家权力结构的构造上，普遍的观念是期待立法权对行政权进行制约，行政权只是执行法律之权，仅限于警察、财务、外交、军事等职能。但到20世纪，特别是第二次世界大战后，随着国家管理社会领域的扩大，行政权力不断扩张，出现了所谓的“行政集权民主制”，这也导致当代国家行政机关设置上的一些新趋势。② 随着社会的发展，司法权与其他国家权力在职能上的分工已经变得越来越模糊，司法权与行政权已经出现日趋混合的趋势，司法权与行政权之间的界限已经变得越来越模糊。③

洛克的政治权力分离原则主张通过政治权力之间的分立，用内部制衡机制来监督监督者，从而使自由国家之治获得合法性。警察是国家授权使用暴力维护安全的重要国家机器，其作用和国家的作用是一致的。警察作用从国家军事、司法以及其他行政中分离出来，警察权成为一项独立的权力，这正是国家政治权力分化的表现。在政治国家建立之初，警察职能是作为君主权力的手脚或者武器来使用的，警察权力是政治权力的变体。④ 在17世纪，警察的作用并不是现代意义上的，而是涉及更为广泛和普遍意义上的社会秩序维持。如前所述，早期“警察”指的是“一个城市或国家的常规管理或统治方式、道德或经济”⑤，是政府的一般功能，其表现为广泛的行政职务活动，

① 参见景跃进、张小劲主编：《政治学原理》（第3版），中国人民大学出版社2015年版，第99页。

② 参见景跃进、张小劲主编：《政治学原理》（第3版），中国人民大学出版社2015年版，第99页。

③ 参见赵敏：《论警察权力寻租性腐败的产生及其制约》，载《西北大学学报（哲学社会科学版）》2015年第5期。

④ 参见卢建军：《警察职权的界定与配置》，北京大学出版社2017年版，“代自序”第5页。

⑤ ［澳］大卫·迪克逊：《警务中的法则：法律法规与警察实践》，薛向君等译，南京出版社2013年版，第48页。

因此，警察所享有的权力也是模糊不清的。“法律是那些不谨慎的警察的迷宫。很多警察怀疑他们有什么权力？其实原因很简单，在于法律非常模糊。”① 那时，警察权威更多来自实践，而不是议会或法院合法界定的权力。后来，在近代启蒙思想影响下，警察任务逐渐集中和局限于防止公共危害、防御危险，警察权力逐渐从司法、军事等公权中剥离出来。随着资产阶级革命和近代民族国家构建，警察成为专门维护公共安全和社会秩序的力量，警政成了国家重要的政务之一，警察制度也成了国家法制系统中的重要一环，警察权亦成为国家权力的重要组成部分。

二、警察权及其相关概念解读

与“警察”的概念相比，“警察权”概念出现则要晚很多。1648 年《威斯特伐利亚和约》中出现的“内政法权”被视为警察权概念的先声，但警察权概念的形成要晚至 100 年以后。② 现代的警察权力概念是从十七八世纪英国对国家与社会关系的重新界定中产生的。警察权力的重要发展出现在 18 世纪，特别是英国 1750 年的《警察保护法》（Constables Protection Act），该法将法律豁免权授予根据治安法官委任状行事的警察。③ 为警察提供权力，并将这些权力写进法律典籍的过程由此开启。1829 年，英国创建了伦敦大都市警察厅，由此带薪警务和专职警察队伍开始发展。虽然当前许多研究发现，伦敦大都市警察厅的专业化、中央指导和标准化环节十分薄弱，但其最大的意义或许是它所解释的一种趋势：执法的各个方面朝着隶属于中央指导的方向不断增加的趋势。④ 也就是说，伦敦大都市警察厅标志着国家不断加强对警事的垄断的趋势。在其后，19 世纪的第 2 和第 3 个 25 年里，英国、澳大利

① ［澳］大卫·迪克逊：《警务中的法则：法律法规与警察实践》，薛向君等译，南京出版社 2013 年版，第 50 页。

② 参见余凌云等：《法治中国建设背景下警察权研究》，经济科学出版社 2021 年版，第 9～10 页。

③ 参见［澳］大卫·迪克逊：《警务中的法则：法律法规与警察实践》，薛向君等译，南京出版社 2013 年版，第 51 页。

④ 参见［澳］大卫·迪克逊：《警务中的法则：法律法规与警察实践》，薛向君等译，南京出版社 2013 年版，第 49 页。

亚等国警察制度发展和警务重组都反映了中央政府进一步垄断警务的尝试，即中央政府试图通过将警务浓缩在一个“专业的”、有组织的机构中来垄断警务活动的尝试。这一切都表明，随着警察制度的发展，警察越来越成为国家的一项重要政务，警察权也日益区分于军事权、司法权、审判权以及国家其他行政权，警察权也日益具有自身独特的内涵。

警察是国家重要的行政机关，它负责保障公共安全、维护社会秩序和执行法律，因此，国家赋予了警察履行职责必需的权力，即警察权。警察权是国家赋予的，反映国家的意志。“民主主义之国家，则不依法律，不得制限人民自由，故警察权之基础，须求之于法律。”① 因此，警察权系国家通过法律赋予警察的一种公共权力。警察权属于国家权力的组成部分，属于国家权力的一种分设形态，它有合法性基础。警察权的概念可以从广义和狭义两个层面来理解，此外，警察职权是与警察权密切关联的一个概念，对二者进行区分也十分必要。

（一）广义的警察权

在最广义上，警察权仍然相当于政府的全部治理权力，或者从另一角度进行界定，其相当于私人的权利由于公共利益所受限制的总和。② 这种对警察权的界定为政府权力的不断扩张提供了理论支持，但随着公共权力法治化进程，这种界定逐渐消退了。

在次广义上，警察权相当于国家在必要的前提下行使的全部权利，即维护安全、健康、伦理的国家权力，它在理论上被限定于这个利益范围之中，可以通过立法或者制定规章的方式行使。③ 这种含义上的警察权，由于对其目标往往采取较为宽泛的理解，它的范围就不仅及于打击犯罪、保障交通、社会伦理等领域，还延伸到了一些经济规制事务，如对雇员工作时间的限制。城市区划的调控、谷物仓储的收费额度等，这些都被视为与秩序维持相关的

---

① ［日］松井茂：《警察学纲要》，吴石译，中国政法大学出版社2004年版，第29页。
② 参见余凌云等：《法治中国建设背景下警察权研究》，经济科学出版社2021年版，第16页。
③ 参见余凌云等：《法治中国建设背景下警察权研究》，经济科学出版社2021年版，第16页。

内政事务。[①]

在广义上，警察权是一种国家权力，是政治上的强制力，即指国家为维持公共安全与秩序，对公民进行强制的权力。在此意义上，警察权是指国家有关警察活动的一切权力，包括国家关于警察行为的决策和实施的权力，包括履行警察刑事职能和行政管理职能中所运用的一切权力，它既属于国家基本权力中的管辖权和自卫权，又属于一般的统治权和管理权。具体而言，就是为了防止和镇压国内异己力量的颠覆、排挤和破坏，协调、化解各种社会矛盾、保证社会处在一定秩序之内的警察权力。[②] 这是学理上的、实质的警察权概念。在此意义上，警察权应包含四个要素：一是警察权为国家所享有，属于统治权的一种；二是警察权之行使有其特殊目的，即维持社会安宁秩序；三是警察权对人民有命令强制的效果，人民不得抗拒；四是警察权只有在必要时才可动用。显然，这种关于警察权概念界定的首要前提是预设权力的权力本位论，即权力的设置与行使在于保障公民权利的实现，而非警察权力至上。

广义上的警察权的行使主体分散在各政府部门。国家为有效推行政务，将行政事务作细密分工，几乎每个政府部门依法皆有“为维持公共安全与秩序，必要时具有对公民行使强制的权力”。因此，警察权的行使主体较为分散，卫生、环保、税收等机关及其工作人员，为了实现公共安全和维护秩序，依法也可以取得对公民的强制性警察权。

（二）狭义的警察权

狭义上，警察权是指国家宪法、法律赋予警察机关及其警察人员执行警察法律规范、实施警务活动的权力。此意义上的警察权是警察机关依法取得并在警务活动中实施的权力。此种理解在最早将警察变为专业组织的英国最为典型和常见。在英国，由于现代专门警察机构的建立，警察权率先经历了

---

① 参见余凌云等:《法治中国建设背景下警察权研究》，经济科学出版社2021年版，第16页。

② 参见聂福茂、余凌云主编：《警察行政法学》，中国人民公安大学出版社2005年版，第22～23页。

彻底的组织化和形体化，之后这一概念很快就成了警察机关维持秩序的权力。它包含实施逮捕、拘留、检查等一系列具体措施的权力，与各种警察措施形成了具体化的内涵。①

通常所说的警察权是狭义上的警察权概念，下文所述的警察权也是以狭义上的警察权概念为基础的。狭义上的警察权包括国家赋予警察机关执行法律和开展警务活动的一系列权力，而在现实生活中，警察权则是以具体形式存在的，它的行使往往由具体的警察机关来执行和落实，这种被配置到警察机关的权力就是所谓的警察职权。在狭义上，部分国家的学者认为警察权是警察机关及其工作人员行使的权利。

（三）警察职权

警察职权是对狭义的警察权概念的一种界定。警察职权是指国家法律授权警察机关及其警察人员在警察职责范围内行使的权力。“二战”后，因为警察权的分散化运动，逐渐形成了“警察职权”（police authority）的概念。从词源来看，“职权”即指“执行职务的权力”，或者指“权能”。因此，在此意义上，警察职权专指依据组织法规定由警察机关行使的权力。而从组织法的角度来看，各机关皆有法定职责范围，将警察权横向平行分配给形式上的警察机关掌管，就是警察职权。也就是说，为了使警察机关及其警察人员圆满完成使命，正确履行职责，国家以法律法规的形式，具体将警察权配置到不同层级、不同部门、不同岗位，这种对应到某个具体警察职位上的警察权就是警察职权。由此可见，警察职权是警察权的具体配置和转化形式，是对抽象的警察权的具体化和明确化，是根据不同警察机关的层级地位、职责任务赋予具体的警察机关实施警务活动的资格和权能。②

（四）警察权与警察职权的关系

警察权与警察职权既有联系，又有区别。二者都来自公民权的让渡，二

① 参见余凌云等：《法治中国建设背景下警察权研究》，经济科学出版社2021年版，第17页。

② 参见卢建军：《警察法治化的思辨与实证》，中国人民公安大学出版社2012年版，第5~6页。

者的目的都是完成警察任务，即实现公共安宁和社会有序。但警察权是抽象的，而警察职权是相对具体的。警察职权直接的来源是警察权，它是警察权的具体化。

从广义的警察权概念来看，警察权的行使主体分散于政府各部门。而从组织法的角度来看，各机关都有法定职能和执掌权限，将警察权横向平行分配给各机关，其中分配给形式上的警察机关（中央警察机关、各地方警察机关）执掌事务的范围，就是警察职权。因此，警察权能将警察职权涵盖，而警察职权仅为警察权中的一部分，但是主要部分。

从政治学、行政学或社会学等学科视角来看，警察权是一种权力，是一种抽象的国家权力，是所有警察机关及其警察人员进行警务活动的权力集合体。而警察职权则是警察权的具体配置和转化行使。在现实生活中，为保证警察权依法、有效、正确行使，就必须通过法律明文规定，将警察权具体化并分散配置于不同层级、不同种类、不同地域的警察机关，这种被依法配置到具体警察机关的权力即为警察职权。① 警察权和警察职权是两个密切关联但又不完全等同的概念，两者之间是抽象与具体的关系。警察权是抽象的、原则上的国家权力，只有通过明确具体的任务和职能转化为部门职权，才能实现现实意义上的警察权。

若从法学的学科视角来看，权力因权利而设。警察权是国家为保障公民的各项自由和权益而通过法律设置的，它首先是一个法律概念，具有权利属性。现代社会，国家权力均须接受国家宪法和法律约束，国家权力经过宪法和法律分类整合到具体的国家机关就脱胎换骨成为职权，而不再是权力。②也就是说，在法律面前，国家机关只有职权，没有权力。在现代国家，警察机关依照国家宪法，享有职权。此时，警察职权、警察权限与警察权利具有同一性。它们由法律设定并受法律限制。警察机关具有法律上的人格，其享

① 参见徐韬等：《中外警察法比较研究》，中国检察出版社2009年版，第5页。
② 参见高文英、邢捷主编：《警察法学》，中国政法大学出版社2017年版，第17页。

有的职权与自然人享有的权利都受法律保护和限制。[①] 法律面前人人平等，除法律赋予的职权外，警察机关不应该也不可能享有任何法外之权。

三、警察权的属性定位

美国法学家杜博认为，警察权是“最为宽泛、最不明确和最欠审查的政府权力”[②]。据我国学者研究考证，与博丹式的主权学说和孟德斯鸠式的分权学说理论相比，警察权这一主题在19世纪没有出现影响整个西方世界的专门著述，各国对警察权认识的发展呈现出明显分化和相对独立性；除非有专门立法或权威司法判例，一国之内学者们对警察权概念的界定和见解也不尽相同。[③]

（一）域外国家警察权的属性定位

1. 德国警察权的属性定位：不属于政府分权

19世纪中叶以前，对警察权概念的系统研究几乎仅限于德意志邦联地区。[④] 作为启蒙运动时期最后一位主要哲学家，康德认为，无论是立法权还是执行权都不应该行使司法职权，只有任命法官作为行使司法职权的官员[⑤]。他的这一思想也被许多同时期思想家和研究者接受。1799～1809年，德国警察法专家根特·冯·伯格在出版的7册《德国警察法手册》中首先从概念上将宪法和政府从行政中区分出来，而有了宪法和行政法、政府和行政的区别；第1册中开创性地提出警察权与司法权在政府中的区分，为专门论述警察权概念属性之先声。[⑥] 冯·伯格还从政治与法律两个层面出发，分别使警察学与警察法对应警察权运行中的合目的性与合法性面向，自此时起，警察权即

① 参见高文英、邢捷主编：《警察法学》，中国政法大学出版社2017年版，第18页。

② M. Dubber, *The Power to Govern Men and Things: Patriarchal Origins of the Police Power in American Law*, Buffalo Law Review, 2004, 52: 1277. 转引自苏宇：《警察权属性的考辨与反思》，载《公安学研究》2021年第2期。

③ 参见余凌云等：《法治中国建设背景下警察权研究》，经济科学出版社2021年版，第14页。

④ 参见余凌云等：《法治中国建设背景下警察权研究》，经济科学出版社2021年版，第14页。

⑤ 参见徐爱国、李桂林：《西方法律思想史》，北京大学出版社2014年版，第177页。

⑥ 参见余凌云等：《法治中国建设背景下警察权研究》，经济科学出版社2021年版，第12页。

正式获得理论生命；他认为警察法就是警察权行使之法，即施政之法。[①] 此时，警察在行政上的任务虽有所限缩，但任务范围仍涵盖宽广，亦即排除对人民安全和福祉的阻碍和危害属于警察的职权。后来受到冯·伯格之影响，黑格尔在 1821 年出版的《法哲学原理》一书中认为，警察权是施政权中包含审判的系列权力和警察的系列权力，但没有确认警察权自身作为一种权力形态的存在。[②] 黑格尔认为，在市民社会中，应该被考虑并获得增进的是每个人的特殊性与福利，“而这是通过警察与同业公会做到的”[③]，警察的任务实际上是对社会公共事务的一种监督管理。

从 19 世纪初开始，警察权概念开始在德国诸多学者著作中不断出现。1807 年，罗莰在立法权、执行权和司法权以外单独分析警察权，但认为警察权与国家权力划分出的执行权在性质上最为接近。[④] 施泰因则倾向于在执行权的框架中讨论警察权。这些观点似乎将警察权置于执行权概念下，但细究就会发现，几位公法学家其实都没有真正将警察权放置于国家权力分立的框架之中考虑，他们都没有将警察权定位成国家权力分支的意愿，也从来未明确认为警察权包含、从属或等同于执行权。[⑤]

综上，无论从理论层面还是制度层面看，德国关于警察权的认识和规定都基本上是将警察权当作一种相当宽泛的国家内部治理权力存在，并没有明确界定它的内涵，也没有将其归入政府权力中的某一种，以确认其属性。

2. 英国警察权的属性定位：与司法权并行且不同

1829 年，在时任内政大臣罗伯特·皮尔的倡导下，英国建立了专职警察队伍，并颁布《大都市警察法》和《警察训令》，明确了组织目标和警察行为准则。《警察训令》指出，警察应该一直为实现其法定功能而行动，而绝

---

① 参见苏宇：《警察权属性的考辨与反思》，载《公安学研究》2021 年第 2 期。
② 参见余凌云等：《法治中国建设背景下警察权研究》，经济科学出版社 2021 年版，第 12 页。
③ ［德］黑格尔：《法哲学原理》，邓安庆译，人民出版社 2016 年版，第 367 页。
④ 参见余凌云等：《法治中国建设背景下警察权研究》，经济科学出版社 2021 年版，第 14 页。
⑤ 参见余凌云等：《法治中国建设背景下警察权研究》，经济科学出版社 2021 年版，第 14 页。

不能用为个人与国家报仇或武断地审判与惩罚犯罪的方式篡夺审判权。[①] 此条规定从侧面阐明警察权是有别于司法权的。在英国刑事司法制度中，警察享有侦查权，但对于最为严厉的刑事强制措施——逮捕权，虽然法律明确规定了无逮捕证可以实施逮捕的情形，[②] 但警察原则上是根据法官签署的逮捕证而执行逮捕的，也就是说，在英国，对犯罪嫌疑人的逮捕决定权是归属于法官的，并不归属于警察。

英国警察权不具有司法权属性。边沁曾对警察与司法的关系做过这样的评述："损害必定来自外敌，或内敌，或灾祸……之于来自内敌的损害，避害办法可以分为发现任何具体的作恶图谋以前所用的，和只能在发现此等图谋以后才用的。前者通常被归入一个可称作警察预防的部门，后者则被归入司法部门。"[③] 由此可见，边沁认为事前预防犯罪的警察与作为事后惩罚犯罪的司法的功能定位是不同的。警察与司法虽同为国家进行内政管理、应对来自内敌损害的重要手段，但两者并行不悖而不可混同，这也成为英国现代警察制度建立的理论依据。[④] 从权力有限性这个角度来看，英国警察权不具有司法权属性。

3. 美国警察权的属性定位：与司法权并行且不同

美国由于坚持权力分立与制衡原则，故而力求避免警察权带有司法权属性。特别是在美国刑事侦查诉讼模式中，警检分离，侦查权和控诉权相对独

---

① 参见［英］罗伯特·雷纳：《警察与政治》，易继仓、朱俊瑞译，知识产权出版社2008年版，第22页。

② 2002年《英国警察改革法》第2章"关于警察权力的修正和补充条款"专门规定了"无逮捕证可以实施的逮捕"。参见刘伯祥主编：《外国警察法》，中国法制出版社2007年版，第170页。2005年英国《严重有组织犯罪和警察法》在第3部分"警察的职权等"规定了地方治安官基于法定原因在必要时可对正要实施犯罪的任何人、正在实施犯罪的任何人、有合理理由怀疑其正要实施犯罪的人、有合理理由怀疑其正在实施犯罪的人、已经实施犯罪的人实施无证逮捕。出于下列目的，治安官有合理理由逮捕被怀疑人：查明被怀疑人之姓名、查明被怀疑人之地址、阻止该被怀疑人、保护儿童或其他易受攻击的人远离被怀疑之人、对犯罪人或被怀疑人的行为进行迅速而有效的调查、防止对犯罪的任何起诉因被怀疑之人消失而受到阻碍。参见刘伯祥主编：《外国警察法》，中国法制出版社2007年版，第446～447页。

③ ［英］边沁：《道德与立法原理导论》，时殷弘译，商务印书馆2009年版，第260～261页。

④ 参见李弘扬：《警察权属性定位问题研究》，载《河南警察学院学报》2021年第2期。

立；法官作为中立的第三方介入侦查，对侦查机关的侦查权进行司法审查，以有效制约侦查权，防止侦查权滥用；对犯罪嫌疑人逮捕的决定以控告书（由检察官向法院提出指控）或起诉书（由大陪审团提出）为依据，这种诉讼模式充分体现了美国警察权并不具有司法权的属性。

美国警察权的概念是从“内政事务”（internal police）引申而来，最初指宪法为各州政府保留的、联邦权力不能侵入的、旨在促进州内公民一般福利的权力。[①] 随后，警察权概念以宪法中“必要且合适”（necessary and proper）条款为依托逐渐在联邦层面得以确立和发展。此时，警察权指国家为维护安全、健康与伦理而有必要行使的全部权力。随着政府活动范围和目标的扩张，美国的警察权从最初由政府基于必要性（necessity）而为安全、秩序与道德（safety，order and morals）的目标进行干预的权力，逐渐扩展到所有的政府规制事务，包括经济规制、行业立法和精神性利益等，加入了道德、智识和美学方面的规制功能。[②] 这种意义上的警察权，由于对其目标往往采取较为宽泛的解释，它的范围就不仅及于打击犯罪、保障交通、保护社会伦理等领域，也延伸到了一些经济规制事务，例如对雇员工作时间的限制、城市区划的调控、谷物仓储的收费额度等，许多事务都属于立法权的调控范围。[③] 随着法律实证化的进程不断加深，美国的警察权概念以“必要且合适”条款为起点，逐渐被实证化的立法权所吸收，最后已经完全成为一般性立法权的某种理论基础，用以支持基于“必要且合适”条款的立法性规制权。[④] 综上，警察权在美国远非属于执行权或行政权之类的政府权力分支，而是作为国家权力行使的一种理论基础、一种功能向度而获得认识，更多地支持立法权的运行。[⑤]

---

① 参见苏宇：《警察权属性的考辨与反思》，载《公安学研究》2021年第2期。
② 参见苏宇：《警察权属性的考辨与反思》，载《公安学研究》2021年第2期。
③ 参见苏宇：《警察权属性的考辨与反思》，载《公安学研究》2021年第2期。
④ 参见苏宇：《警察权属性的考辨与反思》，载《公安学研究》2021年第2期。
⑤ 参见苏宇：《警察权属性的考辨与反思》，载《公安学研究》2021年第2期。

4. 域外各国警察权属性定位的共同点

通过对域外国家警察权的考察可以看出，各国历史文化传统与政治法律制度定位着各国警察权的属性，但是各国警察权属性定位却表现出两点共同之处：

第一，警察权并不归属于传统政府权力中的某个分支。考察发现，各国并未明确规定警察权在政府权力中的归属。随着各国对警察权的概念、目的与功能的认识逐渐深刻，日益形成警察权是与传统政府权力迥然不同的权力的观点。警察权的属性定位与立法权、执行权、司法权乃至后期的行政权均有所不同。

第二，警察权并未成为传统政府分权之外新的权力分支。孟德斯鸠的分权理论先后在美国、法国占主导地位，这种状况限制了其他权力的成型。尽管自法国大革命以来市政权、选人权、规制权等概念被先后提出，但却一直无法进入主流的国家权力框架之中，甚至包括更早的英国著名思想家洛克提出的对外权在今天也较少出现在各国宪法和宪法性文件中。① 现代政府权力框架形成的过程说明，欧美国家的现代政府权力框架在历史发展中渐次成形，并未吸纳所有类型的权力。在世界范围内，整个分权学说的基本架构历经300余年而逐渐成形，但警察权概念未曾成为任何意义上的政府权力分支。② 意即在现代国家权力框架中，警察权并没有像立法权、执行权、司法权或者检察权、审判权那样成为某个国家的一个权力分支。③ 警察权也并未在国家权力架构体系中成为三权之外的一个新权力分支。

（二）中国警察权的属性定位

定位警察权的属性是公法学中重要的基础理论问题，然迄今为止，中国学者对警察权的属性与定位等基本问题仍存在较大分歧，莫衷一是。

---

① 参见余凌云等：《法治中国建设背景下警察权研究》，经济科学出版社2021年版，第13页。
② 参见苏宇：《警察权属性的考辨与反思》，载《公安学研究》2021年第2期。
③ 参见余凌云等：《法治中国建设背景下警察权研究》，经济科学出版社2021年版，第9页。

在我国，警察权这一概念仅仅广泛存在于警察学、警察法学等相关领域学术研讨中，它在现实中缺乏明确的规范依据。我国宪法、法律、法规与规章中也并未明文表述警察权之概念及属性，① 人民法院在判决中也提及它，整个法律实务都少有人使用它。即使党的十八大以后发布的《关于全面深化公安改革若干重大问题的框架意见》及相关改革方案等重要文件也未提及“警察权”，仅使用了“执法权力”的概念，提出了从完善执法权力运行机制方面全面深化公安改革的任务要求。由于缺乏宪法、法律规范和中央文件依据，学术界研究阐释警察权以及定位其属性的难度增加，这也在一定程度上促成了对警察权属性的不同观点：

第一种，行政权说，主张警察权本质上是一种行政权。此说在学界流行甚广，主张此说者包括陈卫东、刘茂林、孙振雷、彭贵才、张盛国、张洪波、刘燕玲、刘亚妮、刘贵峰等数十位学者。②

第二种，双重属性说，主张警察权具有行政权与司法权（或行政权与侦查权）的双重属性，其中，司法权的部分主要指刑事侦查方面的职权。持此

① 我国《宪法》第140条规定，人民法院、人民检察院和公安机关办理刑事案件，应当分工负责，互相配合，互相制约，以保证准确有效地执行法律。其中并未规定何为警察权，也未确定警察权的属性。我国《人民警察法》《人民武装警察法》《国家安全法》《公安机关组织管理条例》等都未提及警察权，而是运用职权、职责、任务等概念构建了权力运行框架。在我国，警察权还不是法律术语，在警察立法中基本不用，更谈不上立法解释。参见余凌云等：《法治中国建设背景下警察权研究》，经济科学出版社2021年版，第25页。

② 详细论述参见苏宇：《警察权属性的考辨与反思》，载《公安学研究》2021年第2期。各位研究者相关观点分别参见陈卫东：《刑事诉讼法再修改后刑事警察权与公民权的平衡》，载《法学家》2012年第3期；刘茂林：《警察权的现代功能与宪法构造难题》，载《法学评论》2017年第1期；刘茂林：《警察权的合宪性控制》，载《法学》2017年第3期；孙振雷：《法治警政建设中的警察权配置——以〈人民警察法〉修改为视角》，载《河南警察学院学报》2017年第3期；张洪波：《公共领域中的警察权》，载《政法学刊》2008年第4期；张建良、刘蜜：《规制警察权权限范围的思考——兼评“城管警察”的组建》，载《湖北警官学院学报》2007年第5期；张盛国：《论警察职权的重新配置——兼与“警察权的支解与让渡”一文作者商榷》，载《北京人民警察学院学报》2003年第4期；刘燕玲、刘亚妮：《论警察权与警察执法权威——以暴力袭警为背景》，载《中国人民公安大学学报（社会科学版）》2010年第3期；刘贵峰：《我国警察权研究》，中国政法大学2006年博士学位论文，第25、52页。

说者包括蒋勇、沈国琴、杨志芳、郝薇等。[①]

第三种，独立权力形态说，主张警察权并不归属于立法权、行政权或司法权，而是与之并列的权力类型，将警察权与之分开来单独讨论。持此说者包括陈兴良、郭济、惠生武、马腾等。[②]

第四种，综合性权力说，该学说基于我国《人民警察法》所明确的警察范围，进而主张警察权是在对行政、刑事、司法、安全和武装等权力进行整合的基础上形成的一种综合性权力，而公安机关警察权则属于行政权，[③] 李元起、师维持此观点。[④]

第五种，多义说，该学说将警察权区分为广狭不同的两层或三层含义：先确认较广泛意义上的警察权是属于整个国家的一种权力，较狭窄意义上的警察权是属于警察机关的权力，再对较狭窄意义上的警察权进行权力属性的界定。[⑤] 多义说的主要持论者包括高文英、李荣坤等。[⑥] 其中，高文英的观点颇具代表性，影响也较大。她将警察权力分为最广义、广义与狭义三种，最广义的警察权是指国家有关警察活动的一切权力；广义的警察权是指国家赋予警察机关的一切权力，包括履行警察刑事职能和行政管理职能所运用的一

---

① 详细论述参见苏宇：《警察权属性的考辨与反思》，载《公安学研究》2021 年第 2 期。各位研究者相关观点分别参见蒋勇、陈刚：《公安行政权与侦查权的错位现象研究——基于警察权控制的视角》，载《法律科学（西北政法大学学报）》2014 年第 6 期（尽管蒋、陈在此文中论及“警察权作为一种强力的行政权”，综合全文，其仍然认为警察权包含公安行政权与侦查权）；沈国琴：《正当法律程序与警察行政权的行使》，载《中国人民公安大学学报（社会科学版）》2007 年第 3 期；杨志芳、郝薇：《论警察权威构建——以警察权特征为视角》，载《云南警官学院学报》2015 年第 4 期。

② 详细论述参见苏宇：《警察权属性的考辨与反思》，载《公安学研究》2021 年第 2 期。各位研究者相关观点分别参见陈兴良：《限权与分权：刑事法治视野中的警察权》，载《法律科学（西北政法大学学报）》2002 年第 1 期；郭济：《中国公共行政学》，中国人民大学出版社 2003 年版，第 21 页；惠生武、马腾：《论警察权的性质与特点》，载《河南公安高等专科学校学报》2010 年第 2 期。

③ 参见苏宇：《警察权属性的考辨与反思》，载《公安学研究》2021 年第 2 期。

④ 参见苏宇：《警察权属性的考辨与反思》，载《公安学研究》2021 年第 2 期；李元起、师维主编：《警察法通论》，中国人民大学出版社 2013 年版，第 9~11 页。

⑤ 参见苏宇：《警察权属性的考辨与反思》，载《公安学研究》2021 年第 2 期。

⑥ 参见高文英：《警察法学语境下的警察权研究》，载《净月学刊》2017 年第 3 期；李荣坤主编：《警察学》，中国人民公安大学出版社 1998 年版，第 24~26 页。

切权力；狭义的警察权则包含了多种见解；尽管如此，狭义警察权的范围应当既包括行政职权，也包括刑事职权，具有综合性。①

第六种，功能说，该学说从警察权保障安全与基本秩序的功能出发，认为警察权是一种维持秩序、防止危险的国家权力。持此观点的有余凌云、苏宇等。②

（三）警察权的功能性权力定位

警察权的属性定位在公法学中有重要的基础理论价值，中外学者已有理论研究成果为我们定位警察权属性提供了理论养分和有益启示。本书认为，不宜将警察权归属于已有的政府权力类型，亦无须在现有权力之外将警察权创设为一种新的权力形态。警察权与立法权、司法权、行政权等国家权力不处在统一逻辑维度上，没有必要在政府分权的意义上定位其属性。我们或可走出国家分权的视角，即从警察权功能入手定位警察权的属性。

近代德国多从功能层面界定警察概念和讨论警察权属性。1871 年到 1918 年的德意志第二帝国用法律界定警察的职责："有义务采取措施以维持社会和平、安全和秩序，保护公众或个别成员远离现实的危险。"此时警察的任务仅在于防御危险，公共福利工作则被排除出警察任务范围。魏玛共和国时代，以《魏玛宪法》为根据，德国于 1931 年 6 月 1 日颁布《普鲁士警察行政法》。该法确认了警察任务单一化的原则，延续并明确了警察防止危害的功能，指出防止危害的所有行为皆属于警察职权范围。该规定虽将福利措施排除于警察职权外，但其范围仍相当宽广，因防止危害的任务皆属于警察，其涵盖范围广，而警察概念仍属功能性的，与防止危害有关的机关都包括在内。有德国学者认为，警察权可以被视为一种秩序权，而"秩序权"概念本质上就不需要某一种分权理论或权力分支方面的类型学作为其发挥作用的基

① 参见高文英：《警察法学语境下的警察权研究》，载《净月学刊》2017 年第 3 期。

② 参见余凌云等：《法治中国建设背景下警察权研究》，经济科学出版社 2021 年版，第 22～23 页；苏宇：《警察权属性的考辨与反思》，载《公安学研究》2021 年第 2 期。

础，而是转以权力的社会功能为其依归。① 而从功能层面上刻画警察权的内容，就避免了使警察权与立法权、司法权、行政权等国家权力处于同一维度上。这种对警察权属性定位的认识与欧美国家对警察权的认识具有共通性。以美国为例，基于“必要且合适”条款，伴随着政府活动范围和目标的扩张和法律实证化进程，警察权已经被视为是国家权力的一种理论基础，而并非作为国家权力的一个分支。②

与立法权、执行权、行政权、检察权、审判权、司法权、监察权等结构性权力不同，警察权体现了国家在保卫公共安全、维持社会秩序等方面的功能，是一种功能性权力。③ 作为一种功能性权力，警察权是国家开展防止危害、维护秩序、保障安全等活动的理论基础与权力边界，其核心是国家为了消除公共安全危害、保持社会安全有序、保障公众安全自由，应在什么范围内、使用何种强制手段行使权力，意即维护公共安全的相关机关采取手段措施排除危害、维护安全和秩序均不得超出警察权的功能界限。

此外，警察权的属性定位应符合国家法律体系和社会实践需要。从前文对警察权概念的论述以及中外多国警察权属性定位来看，警察权的概念与属性定位源流复杂，既无对错高下，也未形成统一模式，而是各国根据自身的理论认知和实践需要对其进行界定和应用的。中国对警察权概念的界定与定位，也不能脱离中国自身的法律规范体系及制度实践，应当寻求概念生成、理论发展。与中国自身法治实践之迫切需要的密切结合，要求概念与理论能够填补概念结构上最突出的空白地带，为完善法治体系作出切实的贡献。

---

① 参见余凌云等：《法治中国建设背景下警察权研究》，经济科学出版社2021年版，第15页。

② 参见余凌云等：《法治中国建设背景下警察权研究》，经济科学出版社2021年版，第16页。

③ 现代公权力“概念群”至少包含了两种非常重要的权力类型，一是刻画法律制定、执行、依法裁判乃至法律监督等可以归属于法治过程不同环节的权力，包括立法权、执行权、行政权、检察权、审判权、司法权、监察权等，它们以不同的组合方式及相互关系构筑成现代政府的权力架构，此类权力可被称为“结构性权力”；二是刻画国家在实现维持秩序、生存照顾、对外交往、军事行动等不同功能的权力，最初包括内政权与对外权，其后又演化出警察权、财政权、外交权、军事权、市政权等，此类权力可被称为“功能性权力”。参见苏宇：《警察权属性的考辨与反思》，载《公安学研究》2021年第2期。

四、警察权的特征

（一）国家性

警察权与其他公共权力相同，它具有国家性。首先，警察权来自国家权力。“民众一闻警察官三字，便以为负警察责任者，只在斯人，殊不知警察权之基础，系建筑于国家权力之上。”① 警察权力由国家赋予，来自国家，其本质上是一种政治设计，为维护社会安宁有序而存在。其次，警察权为国家所享有，属于国家的一种统治权。警察权是基于国家的一般统治权，为了防止公共危害、实现国家安宁、促进公众福利，必要时以命令或者强制的方式发动的权力作用。最后，警察权的行使代表国家意志。“行使警察权者，乃官吏，非官吏之自身。”② 官吏，是国家机关的代表；警察采取警察行动，是警察代表国家在行使警察权；警察行动的内容与方式表达和反映的是国家的意志，而不是作为社会成员的警察人员个体的意志。简言之，警察权是一项重要的国家权力，警察机关及其人员行使警察权的活动是执行国家意志的行为。

（二）法律性

亚当·斯密在《法律、警察、岁入及军备演讲录》里讨论“法律学”时指出，法律的目的在于防止损害，而这乃政府的基础。③ 在谈到法律和政府的目的时，亚当·斯密指出：“它们保护了那些积累了巨资的人，使他们能够平安地享受劳动的果实。由于法律和政府的作用，一切技艺日益蓬勃发展。法律和政府还使人们能够安居乐业，不受外来的侵略。法律的制定和政府的建立乃是人类智慧和聪明的最大结果。”④ 警察权是由法律规定的，这就决定

---

① ［日］松井茂：《警察学纲要》，吴石译，中国政法大学出版社2004年版，第37页。

② ［日］松井茂：《警察学纲要》，吴石译，中国政法大学出版社2004年版，第44页。

③ 参见［英］坎南编：《亚当·斯密全集》（第6卷），陈福生、陈振骅译，商务印书馆2014年版，第32页。

④ ［英］坎南编：《亚当·斯密全集》（第6卷），陈福生、陈振骅译，商务印书馆2014年版，第182页。

了警察权来源的合法性和正当性，同时也决定了警察权是不可以随意变更的，在一定时期内具有稳定性和持续性。警察权具有法律性。首先，警察权本身及其行使都是由法律来规范的。国家权力由宪法和法律授权，相对具有稳定性，不容朝令夕改，擅自变更。作为国家权力的警察权，其权力种类、作用对象、行使主体、行使方式、行使程序等都由国家通过法律明确规定。也就是说，警察权自身有着明确的法律规定性。其次，警察权的启动必须符合法定情形，警察权的行使必须严格依照法律规定，警察行动的手段、形式、程序必须限定在法律框架内，否则权力动用就缺乏合法性支持。此外，“法无授权皆禁止”，警察权是有限的，警察权的行使必须受法律规范，不能擅行或滥用警察权力，否则必须承担法律责任。

（三）公共性

如前所述，权力源于民众权利的让渡，按照政治学“权力必须对权力来源负责”的基本原则，权力必须以对公众权益的保障为起点和归宿，此即权力的公共性。警察权的公共性，是警察权力作为一种公共资源对社会整体利益（公共利益）的维护。警察因安全和秩序而存在，警察权则以维护公共安全和秩序为目的。警察权的设置和行使目的在于维护公共安全和社会治安秩序，其权力运行的目的和结果是实现“最大多数人的最大幸福和利益”，这也体现了警察权力的公益性质。警察权的设置和行使必须基于公共利益（安全和秩序）的考虑，而不能出于非公共利益，更不能谋求部门或单位的私利。若警察权的设置和行使不是为了公共利益目的，那社会将是危险的，公众也不会感受到幸福。警察的权力源于人民，警察权力是人民权利的具体化。[①] 警察权的行使有其特殊目的，即在于维持社会秩序，通过向公众或者社会组织提供均等化的公共安全产品和公共安全服务，实现国家安全、社会稳定、治安有序和保障公民权益。

① 参见［英］罗伯特·赖纳：《警察的政治学分析》（第4版），但彦铮译，彭静校译，知识产权出版社2017年版，第84页。

（四）不可处分性

警察权是一种国家权力，它不同于个人的私权利，不能由掌握这种权力的国家机关自身随意处分，即警察权具有不可处分性。警察机关及其工作人员不得将警察权据为己有，也不享有对权力的自主性，不得自由、随意支配和处分警察权。警察权的不可处分性就决定了拥有警察权的主体机关对警察权负有责任或义务，即权力（权利）义务的重合。有一份权力就有一份责任。拥有国家权力者，行使权力是其应尽的职责。对于警察机关及其人员而言，行使警察权是其应尽的职责。因是职责，警察机关及其工作人员就不得擅自转让权力，更不得出售权力，也不允许放弃行使权力，只能根据已有的法律事实或法律规定严格行使权力，履行义务。

（五）特殊强制性

与其他国家权力相比，警察权具有特殊的强制性。各国法律都赋予警察机关对特定的人、物、空间使用某些特殊强制手段与措施的权力。例如，各国警察机关都拥有依法使用警械或武器来预防和制止犯罪分子实施危害活动的权力，也拥有针对特定人员依法采取强制措施限制其人身自由、剥夺其财产权利、限制其进入某空间的权力。当警察采取特殊性强制措施和手段时，权力相对人只能服从。警察权对公民有命令强制的效果，公民不得抗拒。

（六）综合性

警察权具有行政管理和刑事司法的综合性。警察权是维护国家安全与社会秩序的一种公共权力，这样的权力结构不可避免地是二元的，既有行政性质，也有刑事司法性质。[①] 警察机关承担的任务中既有治安秩序管理类的行政管理事务，又有刑事侦查、刑事拘留之类的刑事司法任务，与这两类警察任务相匹配的是，法律也赋予了警察机关行政管理职权和刑事司法职权。因

① 参见余凌云：《警察法讲义》，法律出版社 2015 年版，第 40 页。

此，警察权是行政职权和刑事职权的综合体。这一点也是其他国家机关的职权所不具备的。

第二节　警察权的范围与配置

马克思主义经典理论认为，警察的起源与国家一样古老。而与警察相依而存的警察权，在成为维护社会公共秩序与安全的必要手段之前，同样经历了一个漫长的发展过程。在不同历史阶段，警察权的范围和边界不同，权力配置与权力种类的表现样态也不同。但警察权总是有着与其所处时代、所处国家（或地区）相呼应、相匹配的鲜明特征，其范围和配置模式总是随着人类文明的演进而调整，并更趋理性和科学。

一、警察权的范围

在人类历史长河中，警察始终是国家与民众进行权力交流的最直接渠道。一方面，警察是公众生命与安全的保护者；另一方面，警察又是国家进行政治统治和社会控制的工具。警察成为国家和公众之间沟通的中介和桥梁，且无论对公众还是对国家，警察都发挥了其他力量所不能替代的作用。

（一）设定警察权范围以实现警察任务为依据

警察组织目标的达成与警察权的权限有着密切关系。为完成警察任务，警察机关除需要物质保障外，尚需赋予其完成警察任务所需要的职责和权限。宪法和法律规定警察机关承担什么任务，就必须赋予其什么职责和权限。警察任务的完成依赖于国家赋予的警察职权，故警察任务是警察权的基础和根据，警察权是警察任务的表现形式和实现手段，两者均受国家宪法和警察法的制约。

警察权具有有限性，其范围以实现警察任务为依据。英国 1929 年皇家警察权力与程序调查委员会曾声称[①]：警察从未被认为是，无论在法律上还是传统上，有别于普通公民的一种力量。警察仅仅是“带薪履行某些行为的人，作为某种责任，如果他有兴趣，他可能自愿履行这些行为”。事实上，警察拥有的权力不比普通公民的更多，而且民意对于任何企图给予警察更多权力的行为都表现出了极大的戒备。

由此可见，在英国，警察权力大多以普通法为基础，警察权与普通公民的权利并无二致，严禁警察权力肆意扩张。警察权须围绕警察任务实现来设定，一旦警察权超出实现警察任务的范围，则需要对其加以规范和限制。

（二）警察权以维护公共安全与秩序为边界

警察权由国家法律赋予，它为警察机关执行法律提供了正当性依据，其权力范围非常广泛，涉及社会生活的方方面面。警察权范围的大小本质上取决于法律在维护社会秩序与保障公民权利之间寻求平衡或倾向程度。[②] 警察权限范围的确立必须以有效实现警察任务为依据，同时还必须兼顾与保障公民权利。警察权等国家权力来源于人民权利的让渡，来源于人民通过法律的授予，其根本目的在于维护公民的合法权利和保障公民的正当权益。历史上统治阶级将权力神秘化，为权力披上神圣的外衣，并有意颠倒权力和权利的关系，为剥夺人民群众的权利寻找各种依据，把人民群众本应享有的权利当成是掌权者的高贵恩赐和善心施舍，从而导致了警察权力与公民权利的根本对立[③]。在现代民主法治社会，警察权虽是国家通过法律赋予警察的权能，但其设定须在维护公共秩序和保障公民合法权利之间寻求合理平衡，其设定须以维护公共秩序为必要和边界，而不得侵入私人领域。警察机关作为政府的一个部门，其事权范围不应超越“公共安全”的限度，要以有利于社会资

① ［澳］大卫·迪克逊：《警务中的法则：法律法规与警察实践》，薛向君等译，南京出版社2013年版，第49页。

② 参见卢建军：《警察职权的界定与配置》，北京大学出版社2017年版，第34页。

③ 参见谢建平：《权力清单制度：国家治理体系和治理能力现代化的制度性回应》，载《华东师范大学学报（哲学社会科学版）》2014年第6期。

源的优化配置为其价值取向。①

（三）警察权以警察机关职责范围为权限边界

如前所述，在一定意义上，现代专职警察因社会分工而产生。实则，随着民族国家构建，国家管理的社会事务范围愈加广泛和复杂，政府必须通过专业化的分工才能实现对公共事务的有效管理。警察权正是政府内部职能分化的结果。在现代政府管理体系中，警察主要管理与安全和秩序相关的公共事务，因此，在政府内部界定警察机关与政府其他职能机关之间权力的边界就显得十分必要。根据警察在政府内部的职责分工，警察权力应当限定在保卫国家安全、维护社会秩序、防止公共危害以及与之相关的增进公众福利和幸福的内政事务范围内。凡不属于以上范围的事务，或无法律特别授权的，警察不得介入。在警察职权范围之外的政府权力，则由政府其他相关职能部门（行政机关）掌管。现代法治的要义在于“人民主权”，警察权力必须由法律授予，警察执法不得超越警察的职权范围。警察权力应限定于预防违法犯罪、防止公共危害、维护公共安全、保障社会安定和秩序，不能延伸至公民私人空间和政府其他行政管理领域或者其他司法领域，既要防止其侵害公民自由和权利，又要防止其干扰其他行政管理权和司法权的行使。

只有当其他行政机关行使职权遭遇障碍（如非法抗拒或不法攻击等）时，警察机关才可以协助的方式依法介入。因为，在国家成为唯一合法垄断暴力的组织后，军队和警察成了国家行使垄断性暴力的主要载体，而在政府公共事务管理中，警察是唯一合法地使用暴力手段的机关。当国家政府需要运用较为严厉的强制性手段去消除或应对非法抗拒或攻击时，就必然或只能动用警察权。而此时，警察权的介入和行使的主要目的是排除其所协助的职能机关所遭受的执法障碍，它对其所协助的职能机关履行职权起到了辅助保障作用。此时警察权仅仅是以协助的方式依法介入，其介入程度和限度以保

① 参见向池山：《中国社会主义现代警务机制概论》，中国人民公安大学出版社2010年版，第11～12页。

证其他职能机关有效履行职责为限，而不是要取代或剥夺其他职能机关履行职权。

（四）警察权范围的延伸

一般而言，警察的任务越繁多，警务内容越复杂，警察权力的范围越广泛，警察可使用的手段也越丰富。自民族国家构建以来，警察承担的任务主要包括保卫国家安全，维护社会公共秩序，预防、打击和惩治违法犯罪活动以及为公众提供安全服务和援助四方面，实则警察权的内容也是紧紧围绕这四方面任务而设定的。随着时代发展和社会变迁，警察权作为国家公共权力的性质虽然没有变，但警察权已经从为国家服务转变为为社会服务的权力，而这种发展变化也契合了当今民主法治的要求。

首先，随着预防警务理念的发展，警察自由裁量的机会越来越多，警察权作用的对象有所扩展。管辖范围日益扩大的法律将更为广泛的对象纳入警务范畴，不仅包括已然造成危害的罪犯，也包括那些仅仅是有危害之嫌的对象，以及那些被认为应负保安之责却不作为的部门。对任何对象的处置，都需要自由裁量并作出选择，而不是按法律条文出牌。当民事法、行政法在权力运作中的比重越来越强势，警察运用法律也随之突破刑事法的传统原则、标准和程序。①

其次，随着信息技术的不断发展和国际交流的不断增进，影响公共安全和社会秩序的因素更趋多元性、复杂性和交织性，人类逐渐进入了风险社会。对于任何国家而言，不得不提前就安全风险、社会不稳定因素和秩序问题而“未雨绸缪”。即使这样，各国也难以完全避免重大安全事件和局部地区治安秩序混乱现象的发生。为了及时排除安全风险和不安定因素，尽量维护秩序，各国都赋予了警察紧急状态之下的处置权。警察的紧急状态处置权，是即时强制的一种特殊形态。警察法上的紧急权理论，其内涵实质上相当于民法与

① 参见［英］本·鲍林、［英］詹姆斯·谢普蒂基：《全球警务机制研究》，倪铁译，法律出版社2014年版，第23页。

刑法上的正当防卫和紧急避险。[①] 紧急权不是给予警察裁量的权限，因为裁量必须有法律的界限和约束，是“戴着镣铐跳舞”，是给予警察在紧急状态下权宜处分的权力，是超出行政所划定的警察权界限之外的一种法外权力。[②] 在风险社会图景下，警察在紧急状态之下的处置权有扩张之趋势，这一点应予以重点关注，并应考虑警察紧急状态处置权与公民基本权利之平衡，即在紧急状态之下运用警察权时应最大限度保护公众的基本权利和自由不受侵犯。

最后，增进公众幸福、促进社会福利成为现代国家越来越重视的一项警察职责，故而警察权的范围也在拓展。现代警察行政管理是向社会公众提供服务，是一种服务式管理，而非管制。当然，警察机关服务社会的使命主要应当通过履行其法定职责来实现。根据相关法律规定和警察机关性质，警察机关服务社会的范围应当主要局限于与其本职工作密切相关且最适宜由警察机关实施的活动。[③] 具体包括五个方面：第一，为危难、紧急情形下公众的报警求助提供服务；第二，为遭受自然灾害的公众提供救助服务；第三，利用警务专业知识向公众提供服务，例如，提供警务咨询、法治宣传、治安防范指导等；第四，化解民间纠纷、调解生活矛盾方面的服务，例如，为公众调处纠纷、开展社区帮教服务等；第五，职责范围内的其他社会性服务，例如新冠疫情期间，为防止公众聚集而采取邮寄方式为办理证件的公众发放证件。在以上五种警察服务中，救助性服务是警察最常见最重要的一项延伸职权。如前所述，在风险社会中，安全风险增多。而警察人员分散于社会各个角落，警察队伍自身又具有极强的机动灵活性，且实行 24 小时值班备勤制度，加之，信息通信技术的发达促使各国均建立起了便捷迅速的公众报警系统，因此，警察救助成为政府和公众化解安全风险、排除危难、紧急求助的首选，且警察救助对公众来讲也最便利、最有保障。但必须注意的一点是，警察救助以排除危险、保障安全为第一要务，与关注公民生活困难、生存危

---

① 参见余凌云：《警察法讲义》，法律出版社 2015 年版，第 41 页。

② 参见余凌云：《警察法讲义》，法律出版社 2015 年版，第 41 页。

③ 参见卢建军：《警察职权的界定与配置》，北京大学出版社 2017 年版，第 85 页。

机的社会行政救助存在根本区别。

现代国家法治发展历程表明，警察权力大小与一个国家的法治程度成反比，法治程度越高，警察权力越小，反之亦然。一个有限行政、透明行政、法治行政、责任行政的政府，绝不会过分借助警察的强制力量来维持社会秩序和权力运行。[①] 警察权力有限意味着警察权介入范围有限，警察行动应受到法律的严格限制。随着政府管理的公共化、社会化，政府权力也随之公共化和社会化。警察以政治镇压和社会管理为主的职能将进一步被限制，应在公共安全管理和服务领域引入市场规则，积极推进公共安全管理和服务市场化、社会化。这也进一步要求警察厘清其社会角色和法定职责，明确自己该干什么，该履行什么职责，不该干什么，不需要履行哪些泛化的职责，从而确保警察权力合法、准确、及时、适度地行使，保证警察行为的有效性。

二、警察权配置的模式

受国家权力结构的制约，警察权配置也呈现不同的模式。从中央和地方政府对警察事权分配的角度看，警察权配置大体可以分为集权型、分散型、复合型三种权力配置模式。这种模式划分主要是按照国家对警察权的纵向垂直分配来看各级政府对警察事务的管辖范围，即从中央到地方，各级政府被分配（配置）了什么样的警察权。

（一）集权型配置模式

集权型配置模式也称中央集权型的警察权配置模式。一般认为，法国、德国、意大利等国都是实行集权型警察权配置模式的代表。集权型警察权配置模式多与单一制政权结构形式和中央集权型政府相联系。单一制政权结构通常表现为权力集中于中央，国家具有统一的宪法和法律制度，各地方政府和部门在中央政府的统一领导下工作。在警察权配置上，单一制国家通常在中央政府设置中央警察机构作为全国最高级别的警察机关，来统一领导和指

① 参见程琳主编：《公安学通论》，中国人民公安大学出版社2014年版，第367页。

挥全国的警察机关及其各项警务活动。在实行集权型警察权配置的国家，中央最高警察机关领导和执掌全国警事，对全国警察具有领导权和指挥权，对警察职权具有立法权①；全国警察法规统一、编制预算大体统一、警察招录模式统一、警察教育训练标准统一；上级警察机关对下级警察机关有人事任免权、业务指导权。在实行集权型警察权配置的国家，警察职责范围较广泛，警察权力较强大，警察行使自由裁量权的机会也较多。

集权型配置模式的优势首先在于国家对警察事务具有统一的立法权和决策权，对警察机关具有统一的领导权和指挥权。其次在于国家对全国警务活动能够发挥较强的协调和组织作用。因为国家对警察具有较强的控制权，国家可以协调地方警察机关开展跨区域警务活动或者全国范围内的专项警务活动。集权型警察权的突出缺点是由于中央警察机关享有过多的领导权、决策权和指挥权，地方警察机关容易出现静等上级指令和安排、思想保守和僵化、工作缺乏自主性和创造性的现象，还可能出现中央发布的政令不适宜地方经济社会发展以及治安实际的问题。此外，由于实行集权型警察权的国家警察权较大，因此，在一定意义上，公民自由和权利遭受警察权侵犯的潜在风险较大。

（二）分散型配置模式

分散型配置模式也称地方自治型的警察权配置模式。美国、加拿大等国都是实行分散型警察权配置的典型国家。联邦制国家多采用分散型警察权配置模式。采用分散型警察权配置模式的国家通常在历史上具有悠久的地方自治传统，这些国家非常强调个人自由，担心中央权力过大会侵犯和削弱地方自治传统，对那种从中央到地方所建立的庞大的警察机关充满了恐惧。因此，联邦制国家多采用分散型警察权配置模式，由地方政府掌控警察权，赋予地方政府对警察职权的立法权和执行权，使地方警察机关具有较强的自主性。

① 此处需要补充说明的是，在实行中央集权型警察权配置的单一制国家，警察法虽由中央统一制定，且在全国范围内有效，但也往往将一部分立法权授予地方政府。

在实行分散型警察权的国家，中央政府对全国警察不具有领导权和指挥权，各级警察机关之间也不互相隶属。国家没有制定统一的警察法①，警察机关没有统一的编制和预算，没有统一的警察招录制度，也没有统一的警察教育训练标准。由于警察权力相对分散，故实施分散型警察权配置的国家警察职能较为单一，警察的权力较小。警察大多没有处分权，并且其在执法中的武器使用权受严格的限制，因此，警察的平民化色彩突出，强制性、暴力性、武装性较弱。

分散型配置模式的优点首先在于因警察权较小、武装性较弱，故而大大降低了警察权可能对公民自由和权利的侵犯，也较好地预防了“警察国家”的出现。其次，因警察权分散于地方政府，故而地方政府采取的警事治理更切合地方需求和治安形势，也有助于调动地方警察机关维护地方安全和秩序的积极性和主动性。当然，分散型警察权的弊端也显而易见。由于全国缺乏统一的警察领导机关和统一的警察法规，警察权分散于地方，地方警察机关各自为政，互相之间缺乏协作与配合。在这种权力分散的局面之下，全国警察机关很难形成合力共同打击惩治跨区域犯罪，也很难在全国范围内同时开展带有普遍性的违法犯罪问题治理。

（三）复合型配置模式

复合型配置模式是介于集权型与分散型之间，将中央集权和地方自治分权相结合的一种警察权配置类型，也被称为地方自治分权与中央集权结合型警察权配置模式或者混合型警察权配置模式。实行复合型警察权配置模式的国家，从中央到地方设立了各层级的警察机关，各层级的警察机关享有与其等级相匹配的权限，上级警察机关对下级警察机关具有管理和指导权。各地警察机关一方面要接受上级警察机关的领导和指挥，在上级警察机关的协调下开展跨区域警务合作；另一方面，又接受同级地方政府的领导，并对地方

① 在实行分散型警察权配置的联邦制国家，联邦的成员单位，例如美国的各州，都享有警察法的立法权。

警事具有一定自主权。

复合型配置模式兼顾了中央集权型和分散型配置模式的优点，既保障了国家对警察权的控制，同时又为地方政府配置了一定警察权，对中央警察权和地方警察权进行平衡和制约，防止其权力过于集中。这种集权和分散相结合的警察权配置方式同时发挥了中央和地方的优势，既有利于从国家层面组织、动员和协调全国警察机关开展跨区域警务合作和专项警务活动，又有利于从地方实际出发开展警务活动。实施复合型警察权配置的国家现在主要有日本、中国等。

集权型、分散型和复合型三种警察权配置模式，无论在警察权的垂直分配上有多么不同，但其本质都是维护公共安全和社会秩序、保护公民自由和权利的一种国家权力配置和安排方式，无绝对的优劣好坏之分。一国的警察权配置方式与国家文化传统、民族习俗和政治体制有关，但主要受国家政治权力结构影响和制约，因此，警察权的类型选择最主要的是适合国情、符合民意。① 事实上，每个国家都会根据本国经济社会发展形势和警务实际适时调整警察权的配置，努力使权力配置更合理更有效。

三、警察权扩张而导致“警察国家”

“警察国家”（police state）是政治学上的名词，凡以国家权力为主，无限赋予警察各种权力，以监视统治公民生活的国家，都是警察国家。在警察国家，政府职能部门是国家万能的主宰，人民仅仅是政府统治的对象，警察权是政府统治人民的工具。在警察国家，政府依靠警察力量镇压和抑制法律所保护的人民自由与权利，警察权不受监督与制约，甚至政权统治者任由警察权扩张，使警察权凌驾于民主政治原则之上，或不受民主议会政治左右。警察权的范围十分广泛，涉及军事、政治、司法、宗教等一切控制力量，国家可直接利用警察权力来实现国家目的而不受法律约束。警察权动用的依据

① 参见程琳主编：《公安学通论》，中国人民公安大学出版社2014年版，第166页。

是政府绝对统治的需要和统治者的直接判断与意志，而并非以法律为依据。

中世纪德国用警察权来代表一切国家行政，国家直接利用警察权力来实现国家统治。当时德国法规关于警察职责的规定有两项："一是促进福利、服务社会；二是保障生存、维持社会秩序。"① 之后德国警察职责不断扩大，甚至包括司法、军事、财政等职权。警察成为国家行政的最主要代表，警察权膨胀为包揽一切的国家权力，而权力制约机制付之阙如，德国成为典型的"警察国家"。警察国家同样是十七八世纪德国绝对专制时代国家的状态，警察权完全按照政府意志行使，警察权任意介入社会事务和公民生活，公民的自由和权利不受保护并遭到任意蹂躏。直到19世纪初，警察权依然被认为是政府的全部内政权力，其内容广泛，包括警察立法、警察行政、警察监控、警察裁判等。② 1808年普鲁士颁布的《改善地方警察及财政机关命令》明确指出，警察权保护范围不仅在于排除危害，也在于对民众进行保护及促进一般福祉。此时，普鲁士警察的主要任务包括护照发放管理、户口登记、流动人口登记、监督嫌疑人以及照顾贫民与消除乞丐等，此外，建筑警察和卫生警察等特别警察的职责都以防止危害为主。随后，1850年颁布的《普鲁士警察行政法》则以不受限制的警察理念为基础，借用兜底性条款使德国对整个国家的管理都被认为是行使"警察"职权。③ 此时，警察的概念甚广，警察机关是防止危害的内部行政机关，包括铁路、水电、港口、渔业、狩猎、营业、卫生与医疗等警察机关和监督管理滥建、赌博、沼泽以及森林等的秩序机关，但警察任务主要是防止危害和维持社会秩序，警察"防御危险"的作用突出。④ 此时的德国仍是"警察国家"。随着普奥战争结束，德意志邦联瓦

---

① 宋万年等主编：《外国警察百科全书》，中国人民公安大学出版社2000年版，第999页。

② 参见余凌云等：《法治中国建设背景下警察权研究》，经济科学出版社2021年版，第14页。

③ 该法规定，警察的对象是那些"所有应被警察规范的范围者"，更甚者，该法最后一条规定"其他所有根据乡镇政府和其居民的利益必须由警察进行管理的事务"都属于警察的任务。参见高文英、邢捷主编：《警察法学》，中国政法大学出版社2017年版，第52页。

④ 有资料显示，在此时期内，德国南部各邦颁布了警察刑法典，当时警察仍有刑事司法审判权。警察刑法典是针对造成公共危害或干扰公共安全与公共秩序等行为实施，由警察机关处罚的。参见蔡震荣主编：《警察法总论》（第3版），一品文化出版社2015年版，第27～28页。

解，德意志帝国建立，美国的联邦权力进一步强化，进步主义运动推动国家权力扩张，第二次工业革命和经济规制的大规模兴起，法治思想的普及以及警察组织与运行机制的专业化，欧美国家纷纷将警察权与军事权、司法权分离，并缩小警察权范围，仅将其用于维护公共安全与秩序、防止公民遭受不合理危险。

现代民主国家，如果对法律所保护的权利自由，不经民意或法律授权而动用警察权，仍被称为警察国家。现代民主国家要避免警察国家的出现，就要坚持警察权的法治化运行。警察权是国家赋予警察机关及其人员的一项公共权力，也是警察履行职责、完成使命的重要依据和保障。但警察职责的履行、警察任务的实现并不以行使警察权为必要。在大多数警务中，警察人员通过善意的指导说明和悉心服务就能够实现警务目标、完成警察任务，而无须使用具有命令性、强制性、处罚性的警察权。警察权的行使稍有不慎或失当，都极易侵犯和损害公民的自由和权利，致使警察机关及其人员名誉受损或者面临信任危机。因此，动用警察权之前，警察机关及其警察人员必须缜密考虑动用警察权是否具有必要性。如果运用较为温和的手段措施能达成警务目标，完成警察任务，则宁可不动用激烈而严厉的手段措施。此外，行使警察权必须遵循法定程序，不可恣意妄行。

第三节　警察权运行的基本原理

警察权是国家维护社会公共利益，依法维持社会治安的公权力。作为一项国家公权力，警察权的目的在于实现国家安全、社会安定和人民安康，其运作主要是通过动用警察命令、强制、指导、服务等手段来完成一项项维护社会公共安全与秩序的任务。警察权运行的过程是警察机关及其人员维持公共安全与秩序的过程，而每一项维持公共安全与秩序的任务都有比较具体的警务目标，这些目标或是保护社会安全，或是防止公共危害，或是促进公众福利。为了完成维护公共秩序的任务，实现警务目标，警察必须动用一定的警察权。不动用警察权，不采取某种特定的警察手段，警察维护公共秩序的任务将难以完成，具体的警务目标也无法达到。警察权运行是个复杂的过程，其运行过程涉及的主要指标如表5－1所示。

表5－1 警察权运行过程主要指标一览

<table>
<tr><th>警察任务
(tasks)</th><th colspan="2">警务目标
(objects)</th><th>警察手段
(means)</th><th>警察目的
(ends)</th></tr>
<tr><td rowspan="3">维持公共秩序</td><td rowspan="2">主要目标</td><td>依法维护社会安全</td><td>执法</td><td>维护国家安全</td></tr>
<tr><td>依法防止公共危害</td><td>管理</td><td>维护社会安定</td></tr>
<tr><td>辅助目标</td><td>促进公众福利</td><td>服务</td><td>维护人民安康</td></tr>
<tr><td colspan="5">警察法贯穿始终</td></tr>
</table>

注：此表中，“目的”是抽象的、定性的、方向性的、愿景的、概括性的。“目标”则是具体的、实际的、可以具体达成的、精确的。本书一般采用“警察权的目的”“警务目标”的说法。本书认为，警察权的目的就是维护和实现公共安全与秩序。警务目的则因警务活动的中心任务而异，一般有防止公共危害、保护公共安全、促进公众福利等。

启动和行使警察权，是警察履行职责、完成任务，实现警务目标的必要条件。在现代社会中，警察权的运行是有一般规律可循的。明确警察权启动和运行的依据，明晰警察权运行的“路线图”，掌握警察权行使的原则，是保障警察权正确运行，并发挥其法律效益、政治效益和社会效益的关键。

一、警察权运行的依据

（一）法律是警察权运行的依据

在现代民主国家和法治社会，不存在游离于法律之外的权力。作为国家统治权的警察权，其行使与公众的自由和权利密切相关，故其行使须以法律作为依据，不能漫无标准和限制而任意行使。警察权的范围、内容、运行方式以及运作后果等均由国家通过法律明确规定。这种规定警察权的法律依据，也是警察权行使的依据，这种依据既有制定法法源，又有非制定法法源；既有警察组织法，又有警察救济法；既有警察实体法，又有警察程序法。

（二）警察法是警察权及其行使的基础

余凌云教授指出，法治国家要求政府权力必须以一种可知的、可预测的方式行使。[①] 在法治时代，国家权力来自法律的赋予，其行使方式、对象、范围等都受到法律规定的约束。警察权是国家为实现警察职能赋予警察机关实施相应活动的权能。警察权亦来自国家宪法和法律授权，其行使理应受到警察法规范和约束。在当今民主法治政体之下，警察权之基础乃宪法及以宪法为基础所制定的法律法规。警察法体现国家意志，是国家为保障国家安全、维护治安秩序和保持社会稳定所确立的，用于调整在行使警察权或实现警察职能中发生的与警察主体相关的各种社会关系的法律规范的总和。[②] 警察法是有关警察机关的各种法律、法规和规章的集合体，其中既包含警察行政法律规范，又包含警察刑事法律规范，具有跨部门法的性质，并非独立的部门法。就其所涉及的具体法律内容而言，警察法首先包括规定警察法律地位的法律，其由警察任务、职责权限和义务纪律构成，反映警察机关在社会关系中受法律保护和制约的基本状态，此方面的核心内容是警察权；其次，警察法包括执行警务的法律规范，即警察机关按照自己的法律地位开展警务活动必须遵循的法律规范；最后，警察法包括警务救济法律规范，即对警察机关不当或违法情形进行救济的法律规范和在警务活动中受到不当或违法侵害的受害者进行救济的法律规范。

（三）警察法的渊源

为国家暴力的行使确定目标，是法律约束的起点。在现代国家，警察法以保障国家安全、维护治安秩序和保持社会稳定为其自身固有价值，以保障

① 参见余凌云：《行政法讲义》，清华大学出版社2010年版，第91页。

② 参见师维、高文英主编：《警察法学》，中国人民公安大学出版社2014年版，第9页。

自由、实现公平和体现正义为其追求和促进的基本价值。① 警察法是国家秩序的基本法，它为警察机关维护安全、秩序和稳定提供规则，为警察权力行使提供依据。作为警察权力行使的依据，警察法的渊源主要有制定法法源和非制定法法源两大类。

1. 警察法的制定法法源

警察法的制定法法源是指由国家权力机关制定认可的，具有成文形式的并以正式法律文件形式表现的，与警察相关的规范性法律文件。② 警察法的制定法法源通常包括宪法、法律、行政法规、地方性法规等。宪法规定公民权利义务和国家机关的权力分配。警察权属于限制公民自由和权利的国家活动，故在宪法中有关于警察机关及其权力行使的条文。此外，中央与地方警察权限划分，一般也受宪法规范。法律的效力仅次于宪法，凡是与警察机关、警察人员、警察活动相关的，涉及警察权的行使、基础法律关系的设定以及警察行使职权行为等的规则，都是警察法的渊源，是行使警察权的依据。行政法规是国家最高行政机关依据宪法和法律制定的关于国家行政管理的法规命令，是填补法律不足的一种抽象性规范。行政法规中有关警察组织和警察职权行使的规范性法律文件，也是警察法的重要渊源，是行使警察权的依据。地方性法规则是地方立法机关根据宪法、法律和行政法规，结合本行政区域的具体情况和实际需要制定的地方性法律规范。地方性法规中有关警察活动的法律规范是警察法的法律渊源，用于规范本行政区域范围内警察权力行使。此外，警察机关依据宪法、法律和行政法规等制定的适用于本系统的规则，例如命令、指示、规章等，也是警察行使权力的依据。

2. 警察法的非制定法法源

警察法的制定法法源是警察法的主要渊源，它为警察行使职权提供了主要依据。但由于法律本身具有局限性，制定法对警察权的监控和规范不可避免地存在诸多缺陷，例如立法中的空白地带，执法中自由裁量权的行使问题

---

① 参见高文英、邢捷主编：《警察法学》，中国政法大学出版社 2017 年版，第 29 ~ 31 页。

② 参见高文英、邢捷主编：《警察法学》，中国政法大学出版社 2017 年版，第 82 页。

以及法规适用的局限性等。为弥补制定法法源的缺陷和不足，补充立法空白，为警察行使自由裁量权提供参考，推动法规适用，促进警察权准确、合法、及时、适度行使，须在以法律为前提条件的基础上，结合警察法相关制定法渊源，充分重视习惯与惯例、判例、法理、政策、道德准则、正义标准等非制定法法源的作用。

二、警察权运行的“路线图”

（一）警察权的启动

警察权的启动涉及两个重要问题：一是警察权启动的主体问题，即谁有资格启动该项警察权力。从理论上讲，能够启动特定警察职权的主体就是警察权力清单中列举的享有权力的警察机关。但在实际运行中，警察机关享有的权力还要进一步分工，由警察机关内部的特定工作部门（及其工作人员）来具体实施。因此，警察权力运作“路线图”首先要解决的是警察机关内部哪个部门及其人员有资格启动警察权。这不仅是警察权力的授予，更主要的是明确责任，防止权力启动的推诿塞责。① 二是警察权启动的条件问题，即凭什么可以启动警察权，也就是警察权运作的法律依据和事实依据问题。依法行政的一个核心内容就是行政活动必须有法律依据，没有法律明确授权或不符合法律规定的事项警察权不能介入。这是为防止警察权力启动的随意化。② 如前所述，警察权具有法律规定性，法律一方面赋予警察机关和人员警察权，另一方面，法律又规定了警察权的启动条件、适用范围和行使程序。警察权的启动和实施可能会对公民权利造成损害，所以警察权的启动必须要有法律上的根据，警察权的启动和运行要受法律规范和控制。

（二）警察权的程序化运行

程序是法治的基本特征，程序正义是法律特殊价值的体现。马克思曾指

① 参见卢建军：《警察职权的界定与配置》，北京大学出版社2017年版，第93页。

② 参见卢建军：《警察职权的界定与配置》，北京大学出版社2017年版，第93页。

出，审判程序和法律应该具有同样的精神，因为审判程序只是法的生命形式，因而也是法律的内部生命的表现。① 现代法治发展的一个重心所在就是将政府权力纳入具有理性结构的程序之中，运用程序制度来防止权力行使过程中的恣意和专断。这就要求警察权运行要程序化，即从程序层面要求警察机关及其人员依照程序理性行使警察权，杜绝恣意或专断地行使警察权。

国家通过警察法赋予了警察机关和人员警察权，但是，警察法又规范和控制警察权行使的范围和方式。可以说，法律既是警察权的权力保障法，同时又是警察权的权力控制法。警察法中关于警察权力运作的方式和步骤等方面的要求就是警察权运行的程序。具体来说，就是法律明确特定种类的警察权力在什么时间动用、以何种方式动用，具体按什么步骤和流程运行以及参与警察权力运作的各方主体在其中的权利义务等。这些关于警察权运行的程序性规定的意义在于通过控制和规范警察权力运行，切实保障公民自由和权力，杜绝冤假错案，最终实现法律所蕴含的公平正义等价值。因此，通过警察权的程序化运行，确保警察权运行的公平、公正、正义，最终才有可能在实现国家安全、社会安定的同时促进社会的公平、公正、正义。

（三）警察权的保障

警察权的保障是指国家依法对警察权力正当运行给予的各种保障，也是国家对人民警察依法执行职务活动予以的保障，一般包括物质保障、法律保障、社会保障等。警察权正当运行的过程是警察机关及其人员依法执行法律履行职责的过程，理应得到充足保障。

首先，警察权的运行应具备物质保障。警察权的行使和警察执法活动的开展需要一定的经费支持、装备配置、通信设备和基础设施，还需要为权力行使者配发与其身份职级相适应的工资、津贴、福利待遇和伤亡抚恤优待等。物质保障是警察权顺利运行的首要保障性条件，也是保障警察权运行的基础。

其次，警察权的运行须具备强大的法律保障。警察法不但为警察权的存

① 参见《马克思恩格斯全集》（第1卷），人民出版社1956年版，第178页。

在提供了合法性保障，而且为警察权的正当运行提供了依据。纵览多国警察法可以发现，各国普遍规定：警察依法行使权力受法律保护；警察依法行使权力不受非法干涉；公民、社会组织不得妨害警察依法执行职务；对妨害警务活动的行为可以采取强制方法或手段予以排除，并依法追究妨害者的法律责任；公民和社会组织具有支持和协助警察执行职务的义务。这些法律规定为警察权的顺利正当运行提供了法律依据和法制保障。

再次，警察权的合法而顺利、高效运行离不开社会的支持性保障和监督性保障。公众和社会组织主动配合、积极协助警察执行职务，例如，公民主动向警察交验证照、主动接受安全检查、积极向警察提供治安信息和罪案线索、积极配合警察抓捕犯罪嫌疑人、积极协助警察保护现场等，或者紧急情况下公民和社会组织为警察执法提供交通工具、通信设备、技术支持等多种便利与协助，这对警察权力的顺利运行和警察行动目标的效率达成都有积极意义。

最后，公众和社会组织对警察权力运作有监督的作用，这保障了警察权力运行的合法性和正当性。法治国家要求政府权力必须以一种可知的、可预测的方式行使。[①] 警察权力的运行也是一样，警察权力运行的依据、过程、结果及其公开方式、渠道和时限等均由法律明确规定。及时且充分的权力公开不仅可以威慑试图滥用权力者，也有利于社会或当事人及时矫正违法或不当的警察权力运作。[②] 公众和社会组织对警察权力运行的关注和监督，则保障了权力合法、准确运行。

（四）警察权的问责

为了保障国家安全和社会治安秩序，国家以法律的形式授予警察机关强大的警察权。“文明国家的一个最微不足道的警察，都拥有比氏族社会的全部机关加在一起还要大的‘权威’；但是文明时代最有势力的王公和最伟大

---

① 参见余凌云：《行政法讲义》，清华大学出版社 2010 年版，第 91 页。

② 参见卢建军：《警察职权的界定与配置》，北京大学出版社 2017 年版，第 94 页。

的国家要人或统帅，也可能要羡慕最平凡的氏族首长所享有的，不是用强迫手段获得的、无可争辩的尊敬。后者是站在社会之中，而前者却不得不企图成为一种处于社会之外和社会之上的东西。”① 现代文明国家通过警察法为警察行使权力和履行职责提供了明确依据和充足法治保障。然而，所谓“所有权力都易腐败，绝对权力导致绝对腐败”②，阿克顿勋爵的历史箴言仍然适用于当前的自由民主社会，尤其适用于警察权。这就产生了警察权力不当运作的问责问题。权利与义务的一致性和权力与责任的对等性决定了有权必有责，滥用权力必然要承担责任。严格且必然的责任追究是将权力关进制度笼子的根本。为保证警察权在法律预设的“轨道”内行使，就必须明确其“出轨”后的法律责任。③《汉穆拉比法典》首次书面提出“问责”（accountability）一词，并描述了对某些不端行动及其后果是否应当承担责任的问题。④ 发展至现代法治国家，公民权利是由法律规范予以保障的，警察依法行政是实现公民权利的一个重要环节。无论是刑事执法权还是治安行政管理权，警察都必须依法行使。警察在刑事执法和行政管理过程中不当使用警察权的，必须承担相应的法律责任。可以说，对违法行使警察权进行问责和追究，已成为保障警察权力合法行使的配套制度。在民主警务理念高涨的当代，问责已成为民主警务的普遍原则和最基本特征之一。如何设立一种有效的权力运行问责制度，如何防止警察滥用权力、践踏法律，一直是各国政治和政策研究中的热点问题。

（五）警察权的救济

警察机关是国家行政机关中至关重要的要害部门，其执法活动起着保障国泰民安和维持社会安定的作用。由于警察权的公共性和广泛性，警察权力运行过程和结果与广大公民、法人和其他社会组织的合法权益息息相关，由

① 《马克思恩格斯文集》（第4卷），人民出版社2009年版，第191页。
② 原文为：All power tends to corrupt，absolute power corrupts absolutely。
③ 参见卢建军：《警察职权的界定与配置》，北京大学出版社2017年版，第94页。
④ 参见薛向君：《英国现代警察的治理与问责》，知识产权出版社2013年版，第4页。

此引发了警察权的救济问题。有权利就有救济。警察权的行使可能导致公民、法人或其他社会组织的合法权益遭受侵害，公民、法人或其他组织可以依法寻求救济；人民警察在行使警察权的过程中，其自身合法权益遭受侵犯时，也可以通过法定渠道寻求救济。这两种情况即是警察权的救济，一般可以称为警察救济。关于警察权救济的法律依据，各国普遍在遵循国家一般行政救济法的基础上，又根据警察法领域的特殊性，制定了警察特殊救济法。综观各国警察救济所遵循的一般行政救济法和特殊救济法，警察权力的救济方式（或渠道）通常包括声明异议、行政复议、行政诉讼、国家赔偿、国家补偿、申诉等多种，而这些救济渠道针对警察权行使的不同领域及不同后果，又分别发挥不同作用。

声明异议，是公民、法人或其他社会组织对于警察机关给予的处分有异议，向原处分机关提起声明，表达异议，通过机关的自我审查，提早撤销不法处分，得以迅速恢复正义的一种救济制度。警察行政复议是公民、法人或其他组织对警察机关或行使警察职权的法律、法规、授权组织所作的行政行为不服，依法提起的行政复议。它作为一种行政救济方式，同时具有司法性和行政性，在保障警察权力作用对象的合法权益方面发挥着广泛而灵活的作用。警察行政诉讼是指公民、法人或其他组织对警察机关或行使警察职权的法律、法规授权组织的行政行为不服，依法提起的行政诉讼。它是一种司法救济方式，在保障警务对象合法权益方面发挥重要作用。国家赔偿是指公民、法人或其他组织在警察机关或行使警察职权的法律、法规授权组织行使职权的过程中遭受了侵害，依法提出诉求，请求国家给予物质赔偿的一种救济途径。以上均为公民、法人或其他社会组织因遭受警察不当处分或不法侵害引发的对警察权力的救济。

与国家赔偿是针对公民、法人、组织遭受警察违法侵害不同，国家补偿则是警察为了公共利益，合法行使职权致其身体、财产、生命遭受损失时，针对警察所遭受的特别损失或特别牺牲，依法给予警察及其家属的补偿，以金钱补偿较多见。此外，警察作为国家公务人员，当其依法执行职务时的合法权益受到本机关或其他行政机关、司法机关侵犯时，其可以按照法定程序提起申诉以维护自己的合法权益。

有权利就有救济。警察权的行使导致公民权益受到损害，无论警察行为合法或不合法，皆有相应的救济，才可称为无空隙的救济或完全的救济。通过声明异议、行政复议、行政诉讼、国家赔偿、国家补偿、申诉等多种渠道和方式，对警察权的行使进行监督、制约、纠错和弥补，是确保警察机关规范执法的重要制度保障。在人权保障取得重大发展的当下，应当加大对警察救济制度的研究，以保障警察权合法规范行使。

三、警察权运行的原则

整体而言，一种权力的实现，是各种权力运作过程中相互作用、协调和斗争的结果。[①] 警察权行使的过程就是警察履行职责执行法律的过程。警察权在运行过程中应遵循以下基本原则：

（一）公共原则

政治权力划定基本的权力边界，是现代政治文明的最重要的成果之一，警察权的设置和行使也具有一定的目的性和边界性。警察的社会功能在于维护公共安全以及保障公众和社会组织的合法权益不受侵犯，因此，警察权的设置和行使也是以维护公共秩序、保障公共利益不受侵犯为其目的和边界划定依据的。警察权是出于保障公共利益、促进社会安定而设置的，警察权的行使是为了维护社会安全和治安有序、保障公众权益不受侵犯、促进最大多数人的福祉和幸福。一言以蔽之，警察权的设置和行使必须基于公共利益考虑，而不能出于非公共利益，更不能谋求部门或单位的私利。若警察权的设置和行使不是为了公共利益目的，那社会将是危险的，公众也不会感受到幸福。这便是警察权行使必须坚持的公共原则。公共原则是国家设置警察权的根本原则，也是警察启动警察权的基本原则，还是警察行使警察权的目的原则。

① 参见杨弘、刘彤：《现代政治学分析基础》，人民出版社2004年版，第283页。

1. 警察权的行使目的在于维护公共安全、公共利益

公共原则，即指警察权力的启动、作用和目的仅限于维护“公共安全”。在违法犯罪查处中，警察作出限制违法犯罪人某些权利的行为，必须是出于保障公共安全的需要，只有这样警察行为才能取得合法性依据。警察制度的核心是警察职权的合理配置和警察职权的有效行使，而警察职权的实现必须符合公众的公共利益，其实质即为警察拥有的公权应该为公众私权的最大化提供制度保障，最终实现公共利益，这一特征被形象地称为“公法向私法的逃遁”①。在社会治安秩序控制或刑事诉讼中，警察要谨守法律赋予的治安管理方面的权力（治安处置权、治安强制权、治安处罚权等）和刑事诉讼方面的权力（立案侦查权、刑事强制权等），而不能超越权力边界向其他行政权力和刑事司法权力扩张。正如罗伯特·皮尔提出的“警务九原则”最后一条所指出的：警察作用必须严格地限定在其功能所必要的界限内，不可侵犯司法权。总之，警察权的行使要明确其权力设置的初衷——维护公共安全，否则就成了侵权或者越权。

2. 警察权行使止于公民权利

公共原则要求警察权力止于公民权利，即警察权力不干涉民事关系。警察权是国家公共权力，而国家权力只有以公民权利为轴心，为公民权利的实现提供保障，才能得到巩固和发展。② 警察权与公民权之间是公权与私权的关系，其实质可以说是秩序与自由的一种关系表达。警察权的行使必然会限制公民的自由和权利，但限制公民的某些基本权利和自由，其目的是维护社会秩序、保障公共安全和维护公共利益。但警察权的行使务必以维护公共秩序为必要，以防止与公共秩序或社会秩序有关的危害为原则，亦即警察权行使应当尊重公民私生活自由。也就是说，非公共性的危害，则不属于警察权行使的范围。因此，行使警察权必须坚持公共原则，规范和控制警察权力行使，防止任意扩张警察权行使范围，以最大限度地保障公民自由与合法权益。

---

① 张洪波：《警察职权的范式建构》，载《江苏公安专科学校学校》2001 年第 6 期。

② 参见高文英、邢捷主编：《警察法学》，中国政法大学出版社 2017 年版，第 127 页。

有研究者在考察英国警务发展历程后指出，现代英国警察史是一部警察通过法制强制力的实施对那些可能导致冲突和违规行为的社会关系或群体进行控制的历史，它与生俱来地涉及通过使用道义上值得争议的手段去实现保持和再造社会秩序的目的。①

美国法理学家埃德加·博登海默（Edgar Bodenheimer）指出，法律对于行政的作用主要在于制约。法律对于司法是路标，对于行政则是栅栏。② 现代国家权力来源于人民的权利，是人民通过立法赋予的。与对公民而言“法不禁止皆自由”相反，对警察而言是“法律授权才允许，法不授权皆禁止”。当公民知法守法时，不具备动用警察权的条件，故警察权处于收缩状态；当公民违法时，出于对国家、集体利益的考虑，警察权依法被动用，最大限度发挥其功能去预防和纠正公民的违法行为；当警察权行使中，警察权力和公民权利发生冲突时，应作出有利于公民权利的推定，即“权力止于权利”，公民权利即警察权力的边界。警察执法行动不能侵害公民权利，也不能损害社会利益。在预防、制止、侦查、查处违法犯罪过程中，为了保护公民权利和公共利益，需要以警察权限制一些公民的某些公民权利时，警察必须有明确的法律授权才能采取警察行为。

3. 警察权行使不得非法介入私人空间

警察权行使的公共原则还要求警察权力不得介入私人空间，即行使警察权力不得非法侵犯私人生活，不得非法侵入私人住宅。警察权的行使以维护公共秩序和促进公共利益为必要，除此之外，警察权不得随意扩张、延伸和滥用。警察权是有限的，警察权不得介入私权争执。虽然设置和行使警察权的最终目的是保护公民的私权，但警察权本质上不属于公权力中的司法权，其本身不具有裁判和设定公民私权的功能，又因为“私权”所在，“公权”所止，故尊重公民的私权利是警察权启动和行使必须重点关照的方面。

---

① 参见薛向君：《英国现代警察的治理与问责》，知识产权出版社2013年版，第7页。
② 参见王鹰：《法治公安：社会主义法治原则在公安工作中的新发展》，载《政法学刊》2009年第6期。

如前所述，警察权与公民权之间是公权与私权的关系。警察权越大，则公民权越小；警察权越扩张，则公民权越被限缩。现代法治越发展，维护和保障公民权的理念和制度越发达，则警察权的范围越受限，警察权的行使越受规制。由于警察权具有特殊强制性，警察权力行使对社会成员造成的限定、威胁和危害可能更甚于一般性的公权力，因此，现代警察法强调警察权行使必须以维护公共秩序为必要，不得介入公众私人空间。《日本刑事诉讼法》就规定了警察权要坚守公共原则的边界，警察权不可侵犯私人生活、不可侵犯私人住所、不干涉民事。私生活自由是个体自由和个体尊严的体现，私人住宅是抵制外来风险和威胁的最后庇护所，私人住宅自由是公民权利的底线；民事纠纷是公民在日常生活中因为违反了法定的或者约定的权利义务关系规则而提出异议的行为，宜由公民私人自行解决，或通过司法途径救济。① 以上公民权利和自由是公众自我维护能力的体现，如果警察权介入则会剥夺或威胁个体基本尊严和利益，直接导致社会公众放弃抵御进而沦为被他人奴役的恶性状态。

4. 公共原则的例外

如前所述，警察权行使应当坚持公共原则，应当以维护公共安全和秩序为必要，应当止于公民私权和私人空间，不得干涉民事。但若毫无例外地遵守公共原则，则会为警察在许多应当积极保障公民权利的情形下不作为提供理由和借口。因此，在坚持公共原则的同时，积极关注警察保护公民私权的

① 在此就警察调解民事纠纷特作出以下说明：(1) 国际范围内，警察并没有调解民事纠纷的义务。在民事纠纷的当事人双方自愿请求警察介入调解的情况下，警察可以调解民事纠纷。但是警察无权对民事纠纷立案，因为解决民事纠纷的途径一般是向法院提起民事诉讼。(2) 当民间纠纷已具备行政违法要件，或有可能威胁、危害公共安全与秩序时，警察公权力方得介入。(3) 我国的相关规定。1989 年，我国公安部发布《关于公安机关不得非法越权干预经济纠纷案件处理的通知》，该通知指出：“对经济纠纷问题，应由有关企事业及其行政主管部门、仲裁机关和人民法院依法处理，公安机关不要去干预。更不允许以查处诈骗等经济犯罪为名，以收审、扣押人质等非法手段去插手经济纠纷问题。”我国《人民警察法》第 21 条规定，“人民警察遇到公民人身、财产安全受到侵犯或者处于其他危难情形，应当立即救助；对公民提出解决纠纷的要求，应当给予帮助；对公民的报警案件，应当及时查处”。因此，公安机关既要做到不越权插手民事纠纷，同时对于其中的违法犯罪行为要坚决依法处理。

范围（或情形），并为警察介入私权之争设置基准，是市民社会发展的当下，警察有效履职行责、缓解矛盾纠纷、提供安全救助必须面对的问题，也是从客观现实出发防止和避免警察权滥用的必然要求。

本书认为，基于宪法所保护的公民自由和基本权益以及警察的基本任务，当公民私权争执已经衍生为具体的“公共性”危害时，警察可以依据相关法律法规的具体授权而介入处理。关于警察可以介入私权领地保护私权，有研究者提出必须同时满足三个要件[①]：第一，不可迟延性，即当公民私权遭受侵害后，其私权恢复或行使困难，必须警察予以协助的，警察有权介入私权争执；第二，辅助性，即私权遭受危害后，无法即时获得司法保护的，警察权才有动用的可能；第三，被动性，即当私权遭受损害后，只有被请求警察权才能介入私权保护。在公民私权遭受危害时，只有其危害防止具有不可迟延性、警察权的救助具有辅助性、警察权的发动具有被动性这三个条件同时具备、缺一不可的情况下，警察权才能介入私权领域。

（二）法治原则

警察作为国家重要的执法力量，除依法承担刑事案件的立案、侦查等刑事司法任务外，还承担了户籍管理、交通管理、消防安全管理、出入境管理、危险物品管理、计算机安全保护等大量的治安行政管理职能，可以说警察的职权范围非常广泛。由于权力本身具有扩张性，且警察权的行使会对公民、法人或者其他社会组织的合法权益造成较大影响，为了控制警察权扩张，避免警察权侵害公共自由和权益，就必须将警察权行使纳入法治轨道，让法律约束和规范其行使。正如有研究者指出的，“脱离法律来讨论警察权是无效的”[②]。警察机关及其警察人员必须坚持法治原则，在法律规定的职权范围内依法全面履行职责，接受执法监督，并依法承担不执行法律的法律责任，简言之，警察必须依法行使职权，警察权行使必须坚持法治原则。各国基

① 参见高文英、邢捷主编：《警察法学》，中国政法大学出版社2017年版，第128～129页。

② ［澳］大卫·迪克逊：《警务中的法则：法律法规与警察实践》，薛向君等译，南京出版社2013年版，第47页。

本都主张警察要依法行使职权。例如，日本警察的誓词写道："我宣誓，我忠实地拥护日本国宪法及法律，执行命令，不加入要求超越警察职务、必须遵守其纪律的团体和组织，不为任何事物所束缚，无所畏惧，无所憎恶，只凭良心办事，不偏不倚、公平中立地履行警察职务。"① 这段誓词就宣誓了日本警察依照法律执行警察职务的信念和依照法定程序办理公共事务的决心。

警察权法治原则要求警察职权法定、行为及其内容法定、程序法定和责任法定。首先，行使权力的主体具有合法的资格，必须是警察机关及其人员行使警察职权，既不允许不具有执法主体资格的人员从事执法活动，也不允许其他任何单位和个人在没有法律授权的情况下行使警察职权。其次，警察权主体必须严格遵守实体法和程序法来履行职责。权力主体必须严格按照法律授权执法，法律没有授权的事项，就没有执法权；法律规定由其他执法机关负责的事项，权力主体不得超越职能管辖执法，也不得超越地域管辖执法。再次，警察权力主体必须主动积极履行法定职责，积极作为，不得失职不作为或者消极作为。最后，警察权力主体行使权力的过程必须接受监督，并对其不严格执行法律造成的后果承担责任。

为了打击惩治违法犯罪，保障公共安全和治安秩序，国家赋予了警察一定的强制权。"警察权须基础于正义观念，归要于泛爱心……在必要时，亦行使警察权以维持秩序。"② 为了捍卫宪法秩序所确立的法益，警察机关及其人员动用强制性警察权力是必不可少的，而强制性警察权的行使则会对公民基本权益造成较为严重的侵犯，这也使警察机关比其他部门更容易侵犯宪法秩序。警察权及其合法性主要来自法律规定——行动措施法令（the ways and means act）。只要存在程序正义的观念，整个机制运作的合法性总会找到依据，即便明显的、严重的司法不公情形也不例外。法律为警察管控工作提供

---

① 王大伟等编著：《外国警学理论》，中国人民公安大学出版社2017年版，第62页。

② ［日］松井茂：《警察学纲要》，吴石译，中国政法大学出版社2004年版，第27页。

了可资运作的平台。[①] 因此，警察行使权力必须遵守法律规定，包括实体法和程序法。实体法与程序法是有机统一的整体，严格遵守法定程序是实现实体正义的重要保障。特别是，强制性警察权必须严格按照法定程序行使，应当通知的要依法通知，应当告知的要依法告知，应当审批的要依法审批，否则，缺乏程序意识，漠视执法过程，不仅实体结果的合法性会受到质疑，而且还会侵犯公民基本权益，进而导致司法机关公信力下降。因此，警察权行使的法治原则尤其要加强警察执法的规范化和警务程序的法治化。

（三）责任原则

权力与责任是共生的，警察在享有权力的同时，也必定要履行相应的职责。警察权行使要坚持责任原则，也就是权责一致性原则，即警察在独立行使警察权的过程中，必须承担相应的责任。其含义有两方面：

一是行使警察权的主体是警察机关及其人员，对警察机关及其人员而言，行使警察权是其责任，该责任不得转让，不得委托，否则将承担渎职或者失职的责任。警察因安全和秩序而生，警察权之设置和行使也是为了维护公共安全和社会秩序，因此，警察机关及其人员负有警察权行使的第一责任，警察权必须在社会成员的安全遭受威胁或危险时为其提供基本的、及时的保障。警察在面对违反社会秩序的行为时主动介入，甚至使用强制性手段以排除危险状态，保障公共安全和社会秩序。责任原则要求权力主体通过警察权行使追究违反公共安全与秩序的行为人的“行为责任”。例如，我国《人民警察法》第17条规定，县级以上人民政府公安机关，经上级公安机关和同级人民政府批准，对严重危害社会治安秩序的突发事件，可以根据情况实行现场管制。该条进一步明确规定，可采取必要手段强行驱散，并对拒不服从的人员强行带离现场或者立即予以拘留等手段实行现场管制。责任原则还要求权力主体通过警察权行使排除威胁社会安全的动物或物体的“状态责任”。例如，

---

① 参见［英］本·鲍林、［英］詹姆斯·谢普蒂基：《全球警务机制研究》，倪铁译，法律出版社2014年版，第22页。

我国《刑法》第351条规定，非法种植罂粟、大麻等毒品原植物的，一律强制铲除。此处强制铲除罂粟即为警察的责任。

二是警察机关及其人员作为行使警察权的主体，在享有权力的同时，必须对其行使权力的后果承担法律责任。只要是公权力，就具有支配私权利的能力，因此也就无法消除其不法的可能性，所以国家责任的主体应当是全方位的。不论是哪种权力主体，也不管它是自己执行或受委托执行，只要启动了权力，就应当预设责任于其启动之后，以使权责成为不可分的整体。① 如果警察机关及其警察人员行使权力不当或是违法行使权力，作为权力行使主体的警察机关及其警察人员必须为此承担违法责任，并对造成的损害承担赔偿责任。

（四）比例原则

比例原则是德国公法用以约束裁量权的一项基本原则，它对德国警察法的发展起着至关重要的作用。19世纪，德国为限制警察权力的行使，将比例原则引入了警察法。起源于德国警察法的比例原则最初是指，警察权力的行使只有在必要时才能限制人民的权力，也即警察在对人民作出任何不利之处分时，都必须以侵害人民权利最小方式为之。② 因此，比例原则又被称为“最小侵害原则”或“禁止过度原则”。20世纪，比例原则不断向行政法学扩展，德国在行政立法和行政司法实践中都规定了比例原则，即权力行使超过必要限度即属违法的滥用职权行为。1931年《普鲁士警察行政法》规定了警察处分必须具有必要性方属合法，该法第14条明文规定：“若有多种方法足以维护公共安全或秩序，或有效地防御对公共安全或秩序有危害之危险，则警察机关得选择其一种，唯警察机关应尽可能选择对关系人与一般大众造成损害最小方法为之。”③ 这项关于警察权行使要坚持比例原则的规定被德国

① 参见张文显主编：《法理学》，高等教育出版社、北京大学出版社1999年版，第190页。

② 参见高文英、邢捷主编：《警察法学》，中国政法大学出版社2017年版，第119页。

③ 皮纯协主编：《行政程序法研究》，中国人民公安大学出版社2000年版，第95～97页。

各邦以及荷兰、法国、葡萄牙等众多国家广泛采纳和吸收①。

比例原则相较于与之相近的平等原则，适用场景不同；相较于合理性原则，更具有客观性、可操作性。比例原则有助于调整不同场景下警察裁量权的约束限度，也有助于达成“良好治理”②，故比例原则成为警察权行使中备受重视的一项原则。在警务实践中，警察权力种类的选用必须与权力作用对象的违法犯罪行为相称，意即警察采取何种严厉程度的强制性行为必须与公民违法犯罪行为的性质、危害结果、危险程度相匹配。符合权力启动条件，警察可以行使警察权，但具体情境之下，警察该使用何种警察权、是否可以使用强制权、该使用何种强制权、是否可以使用武器警械、该使用何种武器警械，必须与危害行为的性质、程度、违法犯罪的情势相适应，即要根据“维护法律或恢复秩序”所需要的程度而定。

首先，警察权行使必须考虑其必要性。并非一切行政目的的达成都要动用警察权，只有当国家和警察机关欲达成国家安全、社会安定的目的时，警察权才能被动用，这便是比例原则所要求的警察权发动之必要性。正如1829年大伦敦警察厅发布的《警察训令》所指出的：“警察应该特别当心不要采取无聊的或不必要的干涉行动。”③ 即使可以启动警察权，警察执法行为也应当以达到警察执法目的和警务目标实现为限度，不能给相对人权益造成过度的不利影响，即警察权的行使限于必要的限度，以尽可能使相对人权益遭受最小侵害。

其次，比例原则要求警察行使警察权要瞄准警务目标且要确保权力行使

---

① 皮纯协主编的《外国行政程序法汇编》介绍，《荷兰行政法通则》第三章第4条规定：“某个行政命令对一个或更多的利害关系人产生不利后果，这不利后果须与命令的目的相当。”在法国，行政法院对警察权利行使过程中如何平衡公共秩序的需要和公民自由的保障从多方面予以监督，其中有关目的性、必要性和比例性的监督则属典型的比例原则。《葡萄牙行政程序法典》第5条规定，“行政当局的决定与私人权利或受法律保护的利益有冲突时，可在对拟达致的目标系属适当即适度的情况下，损害这些权利或利益”。参见高文英、邢捷主编：《警察法学》，中国政法大学出版社2017年版，第120页。

② 李晴：《我国警察法比例原则的适用》，载《中国刑警学院学报》2019年第6期。

③ ［英］菲利浦·约翰·斯特德：《英国警察》，何家弘、刘刚译，群众出版社1989年版，第39页。

目的的实现。警察权行使的目的是预防、制止、查处违法犯罪、维护安全和秩序，警察权种类的选用和警察行动的采取要以确保实现警务目标和权力行使目的为出发点，切忌在社会秩序陷入混乱、公共安全受到严重威胁、公民人身及财产安全面临重大危险时，警方束手束脚不敢使用严厉的强制性手段，或者犹豫不决、举棋不定而最终贻误时机造成难以挽回的损失或危害。正如1829年大伦敦警察厅发布的《警察训令》的关于警察准则的说明："他（警察）应该特别当心不要采取无聊的或不必要的干涉行动。一旦需要采取行动时，要坚决和果敢。在所有场合，他都应使他的行为有足够的合法性支持。"① 在此意义上，警察权力的行使目的是实现警务目标或者达到法定目的，若没有实现警务目标，没有达到法定目的，也有悖于比例原则。

最后，比例原则要求警察权的行使应当兼顾执法目标的实现和保护相对人的权益。如果实现执法目标可能对相对人权益造成某种不利影响时，应使这种不利影响限制在尽可能小的范围和限度，使二者处于适度的比例。② 也就是说，实施警察权的手段和行使警察权的目的之间应存在一定的比例，即在特定情境下，选取的警察权种类和采取的警察行动对于欲实现的执法目标、警务目标来讲必须是适当的、妥当的，不得为了实现警务目标而漠视警务对象的权益。例如，在较为强调个人自由的英、美等国家，近代专职制服警察是基于地方公众的需要才设立的，警察也仅仅被当作穿着制服的公众，故警察权力较小。即使这样，也要求警察权的行使应当受到限制，不能超出必要的限度。在英国近代建警之初，罗伯特·皮尔就强调警察的任务在于预防犯罪，警察权的行使应当限定在实现警务目标的必要范围内，警察权不应侵犯司法权和公民基本权利与自由。比例原则是从价值上规范警察权力与采取警察措施之间的比例关系。警察权力的行使应衡量其目的达到的利益与侵及相对人的权益两者孰轻孰重，只有前者重于后者，其行为才具有合理性。警察权力行使在任何时候均不应给予相对人权益以超过执法目的、警务目标本身

---

① ［英］菲利浦·约翰·斯特德：《英国警察》，何家弘、刘刚译，群众出版社1989年版，第39页。
② 我国警察法律文件中常常将比例原则表述为"权力行使适度原则"。

价值的损害。[①] 综上所述，警察权力行使除符合执法目的不得超过必要范围外，尚需与达成执法目的之间保持一定的比例，否则便属于滥用警察权的违法行为。

（五）最小动用武力原则

马克斯·韦伯认为，权力离不开强制，强制离不开暴力。权力必须以暴力或暴力威胁为基础，暴力是权力的一个重要组成部分。没有暴力的支撑，权力的运用是软弱无力的；离开暴力作为后盾，权力的运用往往是无效的。[②] 虽然韦伯强调了暴力的重要性，但这并不意味着可以任意使用暴力。虽然权力反映的是一方对另一方的支配关系，但这种支配关系并非仅仅依靠强制或暴力维系。相反地，若只是依赖强制或暴力，在大部分情况下权力目的是无法实现的。暴力能够使权力作用对象一时臣服，但绝不可能使其永远屈服，况且，运用强制和暴力的成本很高，代价很大。因此，强制和暴力要尽量少动用。有学者则明确指出，"使用暴力时，权力并不是最有力——反之，却是最弱——的武器。当使用的武器是拉拢、参与而非排外，是教化而非消灭时，它的力量最强大"。[③] 警察权的行使也要吸收这种思想，即"最小动用武力"的理念。

最小动用武力的基本意思是，警察只有在实施宣教、劝导、警告均无效之后，方可采取必要的强制性手段或者武力，以确保维护安全、恢复秩序和执行法律。最小动用武力原则亦可称为最小侵害原则，实则是比例原则的一种延伸和拓展。比例原则强调警察权的行使应以达到警察执法目的、目标为限，不能给相对人权益造成过度的不利影响，故而要求动用的警察权力的种类和严厉程度要与欲达成的执法目标成比例。最小动用武力原则则强调在执

① 参见高文英、邢捷主编：《警察法学》，中国政法大学出版社 2017 年版，第 122 页。

② 参见曾水英：《理解政治权力——权力问题的西方政治思想史考察》，中央编译出版社 2013 年版，第 24～25 页。

③ ［美］罗伯特·W. 杰克曼：《不需暴力的权力——民族国家的政治能力》，欧阳景根译，天津人民出版社 2005 年版，第 33 页。

法目的与执法手段（警察权力种类）符合比例的情况下，在符合比例的手段中必须选择对执法对象（或公众）权益侵害最小的方法。

在确保警务目的实现的前提下，最小动用武力原则要求警察权力主体选取对公民权利侵害最少、负面作用最小的警察权。在任何社会，警察的合法性都带有天生的局限性。① 自从警务被认为是主要的冲突解决方案以来，许多警务活动都是警察使用强制手段和暴力才完成的，所以，警察遭到了警务对象的指责和反对。事实上，依据权力性质和权力的强制性程度，可将法律赋予警察机关的权力进行阶梯排列。在确保达到警务目的的情况下，警察应尽量选用温和、侵害最小、负面影响最少的方式和手段，以最大限度减少警察权行使对警务对象造成的侵害，平衡公共权力行使对一些公民造成的损害与社会公共利益保障之间的关系，最终兼顾执法的效率与公平。罗伯特·皮尔在“警务九原则”中第4条指出：警察获得公众配合的程度越高，警察为实现警务目标而采用的武力与强制的必要性越低。中外警务实践也证明，过多地使用强制性手段和武力警务，容易引起社会公众反感，疏离警察与公众的情感和联系，从而降低公众对警察的信任，减少对警务活动的支持与协助。因此，在确保警务目的实现的前提下，警察不应动辄选取极端强制的警察手段和激烈的警察行为方式，而应当选取温和的手段和方式。

如前所述，警察是国家暴力的合法垄断者，警察在维护秩序方面扮演着特殊角色，发挥着不可替代的作用。虽然，警察是专门使用强制手段的专业人士，但是最成功的警务策略却是使用最低限度的武力。② 正如被誉为“现代警察之父”的罗伯特·皮尔在“警务九原则”中第6条所指出的：只有在以理性说服、提出忠告和警告等方式都不足以实现警务目标的情况下，警察才能使用所需要程度的武力，以确保法律得到遵守和秩序得到恢复。并且，

① 参见［英］罗伯特·赖纳：《警察的政治学分析》（第4版），但彦铮译，彭静校译，知识产权出版社2017年版，第54页。

② 参见［英］罗伯特·赖纳：《警察的政治学分析》（第4版），但彦铮译，彭静校译，知识产权出版社2017年版，第54页。

警察应该在任何情况下都仅仅使用最低限度的武力以实现警务目的。这可以说是最早为警察树立了“最小动用武力”原则，即任何情况下，警察只能使用实现警察目的所需要的最低限度的武力。罗伯特·皮尔还强调，制服警察不配枪，他应当以和平的方式处理违法犯罪和混乱。因此，在英国，通常情况下督察级以下的警察是不佩带武器的，仅仅携带一根用于自卫的警棍。之所以没有为警察配备可用于攻击目的的武器，其初衷是确保警方最低限度使用武力。在长期的警务实践中，英国总结出一条规律：使用武力和争取公众配合警务工作二者之间成反比关系。若警察经常使用强制、暴力手段或者扩大强制、暴力的使用范围，一方面可能激化社会矛盾，引起新的冲突；另一方面可能会过多地侵犯公众的合法权益，进而可能造成公众对警察的反感和敌视，致使警民关系疏远。因此，强制和暴力性手段的不当使用，不仅无益于警察职权的实现，还可能适得其反。事实上，新型警察成立以后的第一个150年间，警察部门的一切履职努力就是以赢得合法性为目标，在这一过程中，他们采用公正、法治和最低限度武力等手段为公众提供安全和秩序。[①]即使是依法可以综合使用各种警务手段（包括国内情报收集、国家安全保卫或国际安全行动）的高层警务活动，也由于其警务手段滥用可能造成侵犯人权或者对法律制度的破坏，而为人们所诟病。

最小动用武力原则的核心内涵是要求警察将羁押性措施和杀伤性手段保持在最小限度以内。限制人身自由的羁押性措施和对人的生命健康具有极大伤害的杀伤性手段，由于其性质特殊、使用后果严重，属于警察权中最激烈的手段和方式，理应严格规范使用。这一点已获得国际社会普遍认同。[②] 许多国家关于警察使用武器的法律规定都吸收了最小动用武力原则的相关理念，

---

① 参见［英］罗伯特·赖纳：《警察的政治学分析》（第4版），但彦铮译，彭静校译，知识产权出版社2017年版，第179页。

② 《联合国执法人员行为准则》（1989年）明确表明执法人员只有在绝对必要时才能使用武力。《联合国执法人员使用武力和火器的基本原则》（1990年）再次表明执法人员在执勤时应尽可能采用非暴力手段，最后不得已时方可求助使用武力或火器。这里所说的“绝对必要”和“不得已”可以看成是警察使用武器这样高强度强制力量的最后原则。

要求警察只有在绝对必要的时候才能使用羁押性措施和杀伤性手段，并且将羁押时限和伤害性保持在最小限度之内。日本对警察使用武器的规定十分严格，事实上，日本警察也很少动用手枪。据《日本警察让我印象深刻》一文所述，日本警察每天工作量最大的不是打击犯罪，而是处理迷路者的问题，再就是交通安全。① 可见，日本警察法要求警察恪守最小使用武力原则。

最后还需要注意的是，即使为了实现警务目标而不得不使用武力时，也必须坚持法治原则，即制服暴徒、消除危险时所采取的武装暴力手段应在法律范围之内、武装暴力手段实施程序也应当符合法律规定。几乎每个国家都对警察使用警械和武器进行了专门立法，其目的也正在于此。在此特别值得一提的是，恐怖主义等严重危害人类安全与发展的犯罪活动由于其与普通刑事犯罪相比预谋性更强、组织程度更高、犯罪手段更残暴、危害结果更严重、社会影响更大，故而各国纷纷调整反恐法律与政策，并赋予警察在预防打击惩治恐怖主义时较多的行政权、刑事权和武器警械使用权。例如，针对恐怖主义犯罪的特殊性，我国《反恐怖主义法》第 62 条，就在我国《人民警察使用警械和武器条例》所规定的一般武器使用权的基础上扩大了警察在暴恐案件中的武器使用权限。② 在此，考虑到恐怖分子极强的人身危险性以及暴力袭击情形的异常紧迫性，我国通过立法有限扩大了警察在处置暴恐案件过程中的武器使用权。另外，2015 年我国公安部出台了对人民警察用枪规范化具有重要意义的《公安机关人民警察佩带使用枪支规范》，其中第 5 条规定，人民警察使用枪支要以“制止暴力行为，尽量减少人员伤亡、财产损失”为原则。由此可见，武器使用权是法律赋予警察制止犯罪、化解危机、尽量减少人员伤亡、财产损失以维护社会秩序的强制性权力，警察理应依法定程序

---

① 参见王大伟等编著：《外国警学理论》，中国人民公安大学出版社 2017 年版，第 62 页。

② 我国《人民警察使用警械和武器条例》对我国警察枪支使用条件、权限、使用原则、使用程序作出规定，同时在第 9 条列举了 15 种经警察警告无效可以使用武器的情形。我国《反恐怖主义法》第 62 条规定：人民警察、人民武装警察以及其他依法配备、携带武器的应对处置人员，对在现场持枪支、刀具等凶器或者使用其他危险方法，正在或者准备实施暴力行为的人员，经警告无效的，可以使用武器；紧急情况下或者警告后可能导致更为严重危害后果的，可以直接使用武器。

动用它，以制止暴恐行为，减少无谓的伤亡，保障公众安全和社会有序。警察绝不可以最小动用武力原则为由而将武器使用权束之高阁，却将警察的人身安全和公众的安全置于恐怖分子暴力威胁之下而不顾。

综上所述，警察权力是一种具有特殊强制性的权力，其不当行使会对公民造成较为严重的后果，因此，警察权行使应当坚持公共原则、法治原则、比例原则和最小动用武力原则。众所周知，没有安全和秩序，就没有公共利益的立足之地，也会使任何私人利益化为乌有。[①] 警察权的行使必须坚持公共原则，以其强制性实力有力维护公共安全。但是，在人权理念空前普及的当下，传统的公益绝对优势理论受到重新审视，警察权行使应在维护公共安全、恢复秩序与保障人权、保护自由之间找到平衡。“任何治理都在保护每个人的自主和以共同利益的名义施行的强制之间找到平衡。一旦共同利益不再紧迫或显而易见，所追求的目标就暗淡不清了，一旦达到这些目标的手段不透明，以共同利益名义施行的强制措施就失去了正当性，每个人都将设法摆脱。”[②] 在运用警察权维护公共安全和谋求稳定秩序的同时，不得不考虑对于权力相对人和其他公民（尤其是后者）个人基本权利和自由的足够尊重和保护，特别是在使用强制性措施或者动用武器的情况下，这种平衡显得尤为重要。

第四节　警察权运行法治化的逻辑进路

托克维尔说：“导致人堕落的不是行使权力……而是不正当地行使权力。”[③] 权力行使必须受到法律的引导、规范和制约。警察权的行使更是如

---

① 参见杨海坤、马迅：《总体国家安全观下的应急法治新视野——以社会安全事件为视角》，载《行政法学研究》2014 年第 4 期。

② ［法］皮埃尔·卡蓝默等：《破碎的民主——试论治理的革命》，高凌瀚译，生活·读书·新知三联书店 2005 年版，第 191 页。转引自王鹰：《法治公安：社会主义法治原则在公安工作中的新发展》，载《政法学刊》2009 年第 6 期。

③ ［美］小威廉·克尔·缪尔：《警察：街角政治家》，曹志建、徐婧译，社会科学文献出版社 2019 年版，第 263 页。

此。法律是实施社会控制的最基本的机制之一。法律通过规则和程序，干预政府组织和社会个体之间的利益冲突。对于警务与法律的细致入微的考察，有助于我们理解那些法治努力，即将警务无论何时都置于民主制衡之下，并对法律负责。① 法律对警察具有重大的影响：法律的调整和变化，影响警察活动的范围和内容；法律内部的冲突使警察无所适从；当警察遭受质疑时，规制警察权的立法就会加强；当法律真空时，警察又要自己寻找解决方法。现代警察肩负维持国家安全与社会治安秩序、执行法律和服务公众三种神圣使命，这三种使命要求警察始终恪守法律，因此，警察权运行必须走法治化道路。

一、警察权运行法治化的历史逻辑

（一）法律为警察和警察权的存在提供了合法性保障

法是社会发展到一定阶段，随着社会生产力的进步，财产私有制的出现，特别是随着阶级和国家的出现而产生的。法是一定社会掌握政权的阶级为了实现一定的价值和目标，由国家制定或认可的法律原则、制度、规范、关系和行为等的总和。法是掌握政权的阶级意志的体现，是其实现统治的工具，它具有巨大的社会功能：在政治上，确认和维护统治阶级的地位与作用；在经济上，确认统治阶级赖以存在的经济关系，维护现存的经济关系和经济秩序；在社会公共事务上，法是统治阶级执行社会公共职能的有力工具。法对全体社会成员具有普遍约束力，法对警察机关及其权力行使具有规范和制约作用。法律为警察存在和警察权力运行提供了合法性保障基础，为警察权力运行不受非法干涉提供了法治保障依据，也为警察权力规范化运行提供了法制依据和监督控制保障。

（二）现代警察具备法治基因

政治、经济、宗教、社会等各大系统要实现最佳搭配并运行，从英国的

---

① 参见［英］本·鲍林、［英］詹姆斯·谢普蒂基：《全球警务机制研究》，倪铁译，法律出版社2014年版，第24页。

实践来看，法治起到了不可代替的连接和润滑作用。① 现代警察自建立之初就蕴含法治的基因。“警察维持秩序、执行法律的行为本身要受到法定程序和法律规范的制约。遵守法律是大都市警察的首要要求。”② 英国警察制度的设计师们虽然也希望警察能拥有更多权力，以便提高其打击和预防违法犯罪的成效，但他们更加清楚警察在法律规定的范围内行动的重要意义。警察只有臣服于法律才能获得合法性，警察只有服从于法律才能得到公众的认可和支持。因此，他们制定了严格的法律法规，对警察行为进行引导和规范。

英格兰和威尔士的职业警察，其执业行为从一开始就受到法律制度的各种约束。警员在处理违法人员的时候，必须采用正式程序，而且在采用这些程序时必须不卑不亢、不偏不倚。此外，职业警务刚刚出现的时候，并没有授予警察任何用以履行公务的特别权力。当时人们认为，让警察握有林林总总、名目繁多的职权是非常可怕的，是与公民行使民事和政治自由权背道而驰的。因而最开始，警察只能行使普通法规定的权力。此举强调了警察作为“穿制服的公民”的形象，向他们支付薪俸，就是为了让他们专职履行每位公民都有义务承担的职责，为社区的福祉与生存而服务。③

（三）权力控制问题是警察发展中的永恒话题

英国不仅是警察制度的起源地，也是法治的起源地。或者说警察制度本来就是法治的一个部分。④ 英国现代专职警察在其成立前后被社会不同群体视为洪水猛兽：地方乡绅认为它是中央用来侵蚀地方权力的手段；社会底层的工人阶级将其视为镇压自己的国家机器；另一个普遍的担心是警察会侵犯英国人长期享有的自由权利。⑤ 所有这些反对和担忧都导致控制和规范警察

---

① 参见王鹰：《自从有了警察》，法律出版社 2016 年版，第 12 ~ 13 页。

② Robert Reiner, *The Politics of Police*, 3rd ed, Oxford University Press, 2000, p. 52. 转引自夏菲：《论英国警察权的变迁》，法律出版社 2011 年版，第 37 页。

③ 参见［英］彼得·乔伊斯：《警务发展与当代实践》，曹志建译，知识产权出版社 2015 年版，第 16 页。

④ 参见王鹰：《自从有了警察》，法律出版社 2016 年版，第 12 页。

⑤ 参见夏菲：《论英国警察权的变迁》，法律出版社 2011 年版，第 69 页。

权成为警察成立初期最重要的问题。解决这一问题的最佳做法就是赋予警察职权法治化的价值追求。

英国修正学派的警察史学家在考察18世纪和19世纪初英国社会警察发展史后指出，随着时间的流逝，社会上层阶级对建立警察的疑虑迅速消减，但工人阶级对警察的敌意却长期持续，较为贫困的阶层仍旧不愿接受警察的存在，总之，社会边缘阶层对警察的合法性仍然存在质疑。[①] 从英国警察发展来看，警察的合法性得之不易，又极易失去。从政治和政策学视角出发的警察研究表明，早在20世纪70年代之前，英国社会已经一致认为英国警察成功做到了秩序与合法性的结合。[②] 到70年代末和80年代初，随着围绕警察问题的政治冲突越来越尖锐和公开，如何控制警察权力就成为热点问题。正如专注于警察文化研究的西蒙·霍德威（Holdaway S.）教授1979年在论文集《英国警察》中指出的："既然英国社会充斥着不公正，如果我们需要更加负责的警察的话，就英国控制警察权，而不能指望警察自身会这么做。"[③] 正如当代英国著名警学专家鲍林和谢普蒂基所言，"是铁腕还是怀柔，警察把握着决胜权"。此外，社会法学的相关研究表明，法律只是警务机构可以随心所欲运用的工具，并且经常被"暗箱操作"。[④] 其他国家警察发展也是这样，如何控制警察权力一直是一项常提常新的话题。

二、警察权运行法治化的理论逻辑

（一）法治是解决警察权力滥用和腐败的最佳手段

警察的存在维系了人类生存和发展必不可少的安全环境和社会秩序，使人类不至于陷入人人自危的"自然状态"。但由于警察权具有广泛的公共性、

---

① 参见薛向君：《英国现代警察的治理与问责》，知识产权出版社2013年版，第15页。

② 参见薛向君：《英国现代警察的治理与问责》，知识产权出版社2013年版，第20页。

③ Holdaway S., *The British Police*, Edward Arnold, 1979, p. 13.

④ 参见［英］本·鲍林、［英］詹姆斯·谢普蒂基：《全球警务机制研究》，倪铁译，法律出版社2014年版，第22页。

极端的强制性等特点，一旦警察权行使不当，将对公民、社会和政府造成严重的影响：轻则公民基本权益遭受无端侵犯和损害，重则社会秩序混乱，治安不稳，更甚者，司法公信力严重受损，政府的合法性和治理能力遭受质疑，国家政权动荡。例如，第二次世界大战前后，德国和日本的警察权力极度扩张，在国内及其侵占的地方，警察沦为德、日实施法西斯统治的重要工具，警察对犹太人及政治异议分子恣意地逮捕、拘禁，并享有极大的自由裁量权，未经审判就把逮捕者送进“强制收容所”。其时，德、日的警察权力鲜受法律约束，警察行动完全处于法律框架之外，不对法院和公众负责。警察成为令平民闻风丧胆的“刽子手”，成为纳粹分子独裁政权的镇压工具，日本和德国成为典型的“警察国家”，直到日本、德国等法西斯轴心国战败，这种局面才结束。这一沉痛的历史教训说明：警察的权力应当受到限制和监督。

有研究者认为，公共性是权力的应然属性，腐败性是权力的实然属性。腐败性源于掌握权力的人的自利本质属性，即因为人有追求自我利益最大化的本能冲动，权力必然诞生自立性与自变性的本能，如阿克顿勋爵的名言：“所有权力都易腐败，绝对权力导致绝对腐败。”警察权力的腐败性与其他政治权力的腐败性的表征并无区别，只是其危害性更为严重。首先，警察权的滥用会造成社会资源的浪费。由于过度关注和追求机关、部门和内部成员的利益，警察可能以权谋私或为权力设租寻租。这种为了私利而进行的警察权力安排和行使并未对社会和公众产生正面的、积极的效益，却大大浪费了公共权力和行使权力所耗的人力、物力等社会资源。其次，警察权力的滥用和腐败问题易引起警民关系紧张或者对立。由于过度关注本系统、本组织及其内部成员的利益，而出于私利目的安排和行使了警察权，就必然忽视了社会的公共利益和安全诉求，这违背了警察权设置和行使的“公共利益”原则，并使公共权力本身具有的公共性大打折扣，引起社会大众对警察机关的不满和不信任，从而抗拒警察政令、疏远警察，甚至对抗政府、非议政权，进而动摇政权的群众基础。① 因此，为了政权稳固，维护公共安全和社会秩序，就必须制约警察权，实现警察职权的法治化，增强警察机关的公信力。

（二）警察权法治化是现代国家民主法治发展的必然要求

各国警察制度发展的历史均表明，控制警察权力、促进警察职权法治化是国家法治进程的必然要求。随着法治的进步，在一些法院民事诉讼案件处理中，司法程序极富象征性地形塑和影响了警务实践。② 例如，受制于民事诉讼程序和集体诉讼案件的巨大压力，北美几个大城市的警局不得不改变态度，以新的姿态和处置方法来应对家庭暴力和性侵害案件。又如，在20世纪后半叶，由于刑事执法部门将管辖范围扩展到妇女家庭暴力处置等领域，从而使警察处理家暴案件的时间大幅度增加。③ 在公法领域中，那些规制警察权的法律体系正是以“公民”（civil）或“人权”（human right）为中心建构的。当法律的两面性引起“法律冲突”（counter-law）——法律之间相互抵牾，作为基本构成的警务机制则矛盾丛生。④ 当警察行动遭受质疑时，法律创制出一系列规则来限制和规范警察行为、理念，但这些行为和理念尚需进一步诠释。“法律之间的冲突”（law against law）产生了矛盾的效果，使简单的法治愿景变得面目模糊。由于其他因素的作用，警务和法律之间关系也变得模棱两可。法律真空的存在，给警务机构留下了随性挥洒的自由空间，因为它们经常要应对那些难以预料的紧急情况。警察的作用就是寻找“解决未知问题的未知方法”（an unknown solution to an unknown problem）。⑤ 加强和完善警察法律体系建设，消除法律“真空”地带，减少法律冲突和法律适用中的争议，规范

---

① 参见赵炜、张光主编：《警察政治学》，中国人民公安大学出版社2014年版，第45页。

② 参见［英］本·鲍林、［英］詹姆斯·谢普蒂基：《全球警务机制研究》，倪铁译，法律出版社2014年版，第22页。

③ 参见［英］本·鲍林、［英］詹姆斯·谢普蒂基：《全球警务机制研究》，倪铁译，法律出版社2014年版，第22～23页。

④ 参见［英］本·鲍林、［英］詹姆斯·谢普蒂基：《全球警务机制研究》，倪铁译，法律出版社2014年版，第23页。

⑤ 参见［英］本·鲍林、［英］詹姆斯·谢普蒂基：《全球警务机制研究》，倪铁译，法律出版社2014年版，第23页。

警察权的启动和运行，促进警察执法规范化，是现代国家民主法治发展的必然要求和构建现代化警务机制的必然要求。

（三）法律必须在警察权和公民权之间寻求平衡

自由既是人性最基本的需要，也是人类的最高追求和终极价值。秩序既是社会存在的最基本要求，也是社会发展进步的最基本保障。如前所述，警察现象是伴随着人类生产力发展、私有制产生和国家建立才出现的，其根本上是为了保障自由和维持秩序。但不可否认的是，警察却常常通过限制乃至剥夺特定公众的权利的方式来维护大众的权利和社会秩序。在警察维持秩序和执行法律的活动中，无论是对人的拘留、逮捕还是盘问检查，无论是对财物的查封、扣押还是冻结收缴，无论是对场所的征用搜查还是管制封锁，都是一种限制公民自由的活动。由此，美国学者赫尔曼·戈尔茨坦（Herman Goldstein）曾指出：就其职能而言，警察是自由社会的异端。[①] 在人类的各种需求中，安全和秩序处于最基本、最基础的层次，为了创造并保障安全和秩序，人类的自由就不得不作出让步，这就产生了警察，产生了警察职能。警察因秩序而生，其核心职责就是维持安全和秩序。

现代文明国家通过法律确认了警察的权威，进而保障了警察职能的发挥。法律在赋予警察机关及其人员警察权力的同时，也赋予了广大公民广泛的自由和权利。根据社会契约论，国家公共权力是由公民权利集合让渡而形成，警察权亦是如此。公共权力存在的目的是保护公民的权利特别是公共利益，警察权是为了保护公民的人身、财产安全免遭各种侵害。公共权力形成后，为了保护公民权利，特别是保障公共利益，不得已要通过法律来限制公民的某些权利，以保障公共权力功能的发挥。由于警察天然地将安全和秩序作为其安身立命的根本，因此，社会的高度安全和优良秩序是警察自身积极追求的目标。正因安全和秩序在警察心目中的地位极为重要，当公民私人的自由

① 参见［美］罗伯特·兰沃西、［美］劳伦斯·特拉维斯Ⅲ：《什么是警察——美国的经验》，尤小文译，群众出版社2004年版，第5页。

和权利与公共安全和秩序发生冲突时，警察就会为了安全和秩序，动用一切可以利用的资源和权力，想尽一切办法和手段，极力维护公共安全和秩序稳定，而不管其所用手段是否会损害公民私人自由和权益。显然，此时公民私人的自由和权利很可能成了警察维持公共安全和秩序的牺牲品。因此，把握和平衡作为公权的警察权和作为私权的公民权利之间的界限，无论对于政府及其职能部门，还是对于公民，抑或为了实现公共安全和社会秩序，或者促进社会公平和正义，都是至关重要的。

警察最基本的职能是政治镇压和社会管理，这两大职能是紧密关联、互为依靠、相辅相成的。警察的两大基本职能均需要通过反映和体现国家统治阶级意志的法律加以规定，以为警察履行职权提供明确的依据和足够的权威。警察依据国家法律赋予的警察权开展行动。一方面，国家要通过法律赋予公民最大限度的自由和权利；另一方面，国家要考虑赋予警察一定的警察权并使之发挥应有效用，即能够积极维护和最大程度保障公民的自由和权利。“所谓警察职能的恰当限度的问题，也就是要问，为防止犯罪或事故可以侵犯自由到什么程度而不失为合法。无疑，政府的不容争辩的职能之一是采取步骤以防止犯罪于未发之前，正如它要侦查和惩罚犯罪于既成之后。但是，这种预防性职能比惩罚性职能远远更易妄被滥用以致伤及自由，因为人们行动的合法自由几乎没有任何一处不容被表述为而且被公平地表述为增加了这样或那样过失的便利条件”。① 简言之，法律必须兼顾公民自由权利的保障和警察维护安全和秩序职能的发挥，因此，法律必须为警察权力设定界限，警察机关及其人员行使警察权也必须遵循法律规范。

三、警察权运行法治化的实践逻辑

从理论上说，与经典权力观相关的问题有：权力的必要性、权力的合法性、权力的制约结构、权力的功能和范围、权力的行使方式、权力行使的效

① ［英］约翰·密尔：《论自由》，程崇华译，商务印书馆1982年版，第104页。

率与效能、权力的更替以及在全球化背景下权力面临的调整等。在这些问题中，权力的合法性基础与权力的制约结构最为重要。[①] 警察权是因秩序而生、为秩序所用的一种权力，唯有使其法治化运行，才能确确实实为维护国家安全、社会治安和其他社会秩序提供功能保障和基础条件。结合当前警察权运行的现状及存在的问题，强化警察权的法治化运行应当从如下方面着手：科学划定警察权边界，理性调整警察权范围；警察权既要体现政治属性，又要体现执法机关的独立性、自主性；既要注重警察权行使的正当性，又要保持权力使用的谦抑性；警察权的行使要坚持公共原则，以社会为基础，推行公共安全社会化；警惕警察权滥用，注重法治建设的长期性。

（一）科学勘定警察权边界，理性调整警察职权范围

孟德斯鸠很早就讨论过法律和自由之间的关系，他说："唯有通过法律尤其是基本法的安排，自由方能得以确立。"[②] 尽管警察因安全和秩序而生，但不可否认的是，"警察是自由社会的异端"。正由于此，在现代警察创建伊始，警察就被认为是身着制服的公众，警察只拥有极少数的公民所不拥有的权力，且英国警察职权一直散见于普通法，而缺少制定法的基础。[③] 直到1929年，英国皇家警察权力与程序调查委员会还在强调：无论在法律上还是传统上，警察从未被认为是有别于普通公民的一种力量；警察拥有的权力不比普通公民更多[④]。而且英国社会民意对于任何企图给予警察更多权力的行为都表现出了极大的戒备。但尽管如此，不得不承认，随着警察纪律部队在深度分裂的社会中不断推进工作，英国警察的专属权力仍然出现了线性增长。[⑤] 作为一种公共权力，警察权是公民权利得以实现的保障，但需要重视

① 参见景跃进、张小劲主编：《政治学原理》（第2版），中国人民大学出版社2006年版，第22页。
② ［法］孟德斯鸠：《论法的精神》（上卷），徐明龙译，商务印书馆2012年版，第221页。
③ 参见高文英、邢捷主编：《警察法学》，中国政法大学出版社2017年版，第47页。
④ 参见［澳］大卫·迪克逊：《警务中的法则：法律法规与警察实践》，薛向君等译，南京出版社2013年版，第49页。
⑤ 参见［澳］大卫·迪克逊：《警务中的法则：法律法规与警察实践》，薛向君等译，南京出版社2013年版，第49页。

的是，“警察权力与公民权利在一定条件下成反比例关系，即警察权的扩大意味着公民权的缩小，警察权的滥用往往使公民权化为乌有”①。警察权的这种两面性，也使科学划定警察权的边界，维持警察权与公民权之间的相对平衡变得尤为重要。

然而，在法治社会建设中，出现了一些非理性地限缩或扩大警察权的做法。例如，近年来，在暴恐犯罪猖獗的背景下，一旦发生暴恐活动，有些国家就随意要求扩大警察权限范围、强化警察职权内容、简化强制性警察权启动及行使程序，结果公民合法权益频频遭受侵犯。又如，在人权保障日益发展的当下，一旦发生警察侵权事件，国家或地方就无原则地限制和缩小警察权，甚至弱化警察权，典型的做法是将警察强制权和武器使用权“雪藏”，导致警察权行使不力，警务目标难以达成，并造成一些无谓的伤亡。此外，在注重警察公共关系建设的当下，警察承担了越来越多的公共安全服务任务，如公民报警求助服务、自然灾害救助服务、家庭矛盾化解、邻里纠纷调处、社区帮教、安全防范宣传等，这些服务性质的工作对于构建和谐警民关系和强化社会治安防控有着积极作用，但在一定程度上扩展了警察职权，同时也加重了警察负担。这些服务性警察职权的行使分散了警力，影响了警察法定职责的履行和专业性警务工作的开展，进而使警察权失去了应有的权威性。

警察权来源于公民权利的部分让渡，警察权的扩张可能侵害公民权利，警察权威的弱化又可能导致社会秩序的混乱，因此，警察权的配置要在秩序与自由两种价值理念中寻求最大限度的平衡。以上几种情况都暴露出警察权边界不清，权力设定不科学、不理性的问题。对此，首先，必须科学划定警察权边界。如前所述，警察权的设定和行使必须坚持公共原则，即设置和行使警察权是为了维护公共安全和秩序的。科学划定警察权边界的关键点在于

① 陈兴良：《限权与分权：刑事法治视野中的警察权》，载《法律科学（西北政法学院学报）》2002年第1期。

准确、深刻认识公共领域和私人领域这一对范畴。公共领域就是一个运用国家权力效能以保护公民权益、依靠社会自治以保护公民自主、凭借市场自律以平衡收益与负担的领域。而私人领域则是私人可以维持其不受公权干预与他人侵害的特殊领域。[①] 公共安全和秩序维护，属于警察权的领地，而私人生活、私人住所、私人事务，都不属于警察权的领地。“止步于私人领域”即为警察权的边界。其次，理性调整警察权。随着社会形势变化，应当对警察权作出适当调整。但调整警察权必须建立在客观分析治安形势和情形的基础上，在理性认知、科学论证和法治理念指导下，通过法治化的手段和途径调整，切忌机械化、随意化、情绪化。最后，将非核心职权移交出去。为了适应国家治理现代化的要求，把社会能执行解决的问题或市场可以自发调节的内容划归给社会或让渡给市场。[②] 在那些并非只有警察权才可以介入的领域推行间接管理、宏观管理或者指导性管理，推进安全服务社会化。例如，应当将专业性不强的安全服务性职权从警察权力中剥离出来，移交给社会组织承担。我国营利性的安保服务公司在警察机关的监管和指导下按照市场经济的规律运行，为公众提供安保咨询与服务就是一种有益尝试，值得推广和深化发展。

（二）既要注重警察权行使的正当性，又要保持权力使用的谦抑性

排除危险，防止危害，保障公众自由和权利，维护社会秩序，是警察权的目的，也是警务追求的基本价值。而保障公民自由与维护社会秩序之间的矛盾，使警察权的存在和行使既有正当性，又有一定的冲突性。警察权的正当性在于它是社会控制的需要，是维护和实现公民自由和权利的必要保障。警察权是为了保护公民充分享有自由和基本权利而维持必要的社会秩序，它具有鲜明的公益性质。而冲突性在于警察权虽然是国家为保护和实现公众的

① 参见任建涛：《论公共领域与私人领域的均衡态势》，载《山东大学学报（哲学社会科学版）》2011年第4期。

② 参见卢建军：《警察职权的界定与配置》，北京大学出版社2017年版，第183页。

自由而设置的，但警察权的行使在许多时候却要限制甚至控制特定的人的自由。因此，如何有效地协调社会秩序维护和保护人的自由之间的矛盾，也是警察权行使中的重要问题。刑事古典学派认为，社会是通过人们之间的合作产生的，因而，社会应尊重其公民的权利；同时，只要公民的自主性不危及他人或者不威胁更大的利益，也应当尊重公民的自主性。① 因此，国家机关行使公共权力时必须兼顾对公民基本权利和自由的尊重与保护。实则，在高度崇尚自由的英国，在罗伯特·皮尔于1829年提出建立大伦敦警察厅时，公众就提出了一个问题：新式警察会不会侵犯人们的自由？对此，罗伯特·皮尔给出的解释是，警察会侵犯某些个体的自由，那是不得已的；因为警察是为了维护公共秩序、保障大多数人的自由和权利，迫不得已才对某些个体采取限制或者强制性行为。可以说，从正式警察建立伊始，警察就被视为自由社会的异端而存在。

美国学者指出，“警察起到了平衡社会中自由和秩序的冲突的作用”②。警察要在维持社会秩序和保护人的自由之间获得平衡，就必须坚持警察权行使的正当性和谦抑性相统一。警察权行使的正当性，必须来自法律授权。作为一种公共权力，警察权是公民的自由和权利得以实现的保障，而法律则为警察权的行使提供了依据和规范，法律为警察权的行使提供了正当性和合法性支持，法律也为警察行使警察权提供了保障。警察唯有严格按照法律启动和行使警察权，才能真正实现防止公共危害、保障公民自由和权利的目的。这真可谓：在法治之下才有自由。

在运用警察权维护社会秩序、保障公民自由的同时，还要保持警察权行使的谦抑性。警察权是国家基本权力的必要保障和最后手段。依靠其他国家权力或者其他途径能解决的社会问题，尽可能通过其他权力解决或采取其他途径解决，不到迫不得已，不得动用警察权。即使动用警察权，也尽量选择

① 参见张远煌主编：《犯罪学》（第4版），中国人民大学出版社2020年版，第38页。

② ［美］罗伯特·兰沃西、［美］劳伦斯·特拉维斯Ⅲ：《什么是警察——美国的经验》，尤小文译，群众出版社2004年版，第5～7页。

诱导性方式和合作性途径，而只有在诱导失效的情况下，再选择强制性方式。因为，实践已经证明，那种以身心压迫或暴力威胁作为警察权的主要凭借，不仅是对警察职权关系的扭曲，还会影响警察职权的充分实现。① 人类法治进程表明，任何国家的法治首先是从依法规范和约束暴力起步的，对暴力不能依法予以严密控制，法治也就无从谈起。② 尽管警察具有合法垄断使用国家暴力的权力，但各国对警察暴力手段的使用却有着诸多限制。例如，从世界范围来看，警察合法使用暴力手段必须同时符合三个条件：一是要有使用暴力手段的法律依据，使用时还必须接受法律限制；二是警察使用暴力手段是被动的，若没有须用暴力制止的违法事由发生，则不得使用暴力；三是警察暴力手段的使用要适可而止，危险、威胁平复或暴力反抗被制服或反抗停止后，警察就要立刻停止使用暴力手段。因此，在警察权行使中，应把强制手段或暴力方式局限在最小的范围内，尽量通过尊重权力作用对象的人格尊严和主体地位，通过与涉事人员充分沟通和理性协商实现警务目标。当谦抑性这一理念惨遭抛弃时，残存的只有诱惑，诱惑着执法者暴力先行，随后求证。③ 因此，对于警察权的行使而言，保持权力行使的正当性和谦抑性是同样重要的。尽管作为执法者的警察人员清楚地知道强制性权力和暴力性实力的效能，但毫无疑问，"觅得良方避免动武"是警察达成警务目标时的一项技巧，更是一条警务箴言。

（三）将警察权的政治属性和独立自主性相结合

警察具有鲜明的政治属性。在美国，县治安官是由选举产生的官员，而警察局长通常由最高政治官员任命，如市长（mayor）或城市管理者（city manager）。因此，这些官员的重点是安抚那些让他们上台的人。④ 对警察的

① 参见卢建军：《警察职权的界定与配置》，北京大学出版社2017年版，第178～179页。

② 参见高文英：《我国社会转型期的警察权配置问题研究》，群众出版社2012年版，第24页。

③ 参见［英］本·鲍林、［英］詹姆斯·谢普蒂基：《全球警务机制研究》，倪铁译，法律出版社2014年版，第110～111页。

④ Jack R. Greene, *The Encyclopedia of Police Science*, 3rd ed, Volume 1, Routledge Taylor & Francis Group, 2007, p. 1026.

政治控制必然导致对警察权的重新认识。警察权是国家权力，具有国家性，这不仅阐明了警察权的国家权力属性，更强调其政治统治性。警察权的根本属性是政治性。当出现危及国家安全和政治统治秩序的情形时，国家就会动用警察予以镇压。英国警察权的演变给予我们的启示是：警察不可能摆脱行政权的控制，即使在强调权力独立运作的英国，实际上警察权也是受到内政部制约的。[①] 无论如何，历史总是表明，政治总是决定政治组织和政策。[②] 作为维护国家政治统治、保障国家政治安全的警察机关，其权力行使必然受到国家政治的影响。

然而，腐败是政治控制警察的副产品，排除政治对警察的控制、消除腐败一直是警察组织的整个历史上许多改革的焦点。在回顾20世纪警察战略的转变时，凯林和摩尔（Kelling and Moore）认为，警察最早的组织策略本质上是政治性的；警察关心的主要是维持那些任命警察的在任者的政治权力，因此，因其与当权者的密切联系而腐败。[③] 美国警察的历史就是美国国家政治的历史，其中充满试图消除政治对警察的控制的各种尝试。[④] 如果一个警察机关在一个腐败的政治体系中运作，那么几乎不可能消除警察机关内部的腐败。人们认识到，由于警察部门是政府的执行部门，因此警察部门与政府监督执行机构之间必须保持政治责任和操作独立性之间的平衡。[⑤] 因此，警方改革的重点是消除或至少减小政治家对警察机关的影响，即在警察权行使中坚持法治原则，警察机关及其人员能够排除非法干扰，独立、自主地执法。美国学者福山关于法治的定义支持了这一观点，他将法治定义为“一套行为

---

① 参见高文英：《我国社会转型期的警察权配置问题研究》，群众出版社2012年版，第42页。

② Jack R. Greene, *The Encyclopedia of Police Science*, 3rd ed, Volume 1, Routledge Taylor & Francis Group, 2007, p. 1027.

③ Jack R. Greene, *The Encyclopedia of Police Science*, 3rd ed, Volume 1, Routledge Taylor & Francis Group, 2007, p. 202.

④ Jack R. Greene, *The Encyclopedia of Police Science*, 3rd ed, Volume 1, Routledge Taylor & Francis Group, 2007, p. 1026.

⑤ Jack R. Greene, *The Encyclopedia of Police Science*, 3rd ed, Volume 1, Routledge Taylor & Francis Group, 2007, p. 1027.

准则，反映社会中的普遍共识，对每个人都具有约束力，包括最强大的政治参与者，如国王、总统和总理。如果统治者能够修改法律以利己，即使这条法律对社会中其他人一视同仁，法治便已不复存在……为了行之有效，法治通常需要独立自主的司法机构，不受行政部门的干涉”①。在民主社会，警察机关理所当然地拥有象征性权力。这种象征性的权力给了警察机构一种合法性，这通常是毋庸置疑的。然而，当政治在警察组织的运作中变得过于明显时，这种象征性权力并不能保持下去。因此，警察必须依法行使法律赋予他们的权力，独立、自主地执法，以满足社区的需要。

警察职权由法律来确定，警察依照法律来行使警察权，看似是基本的要求，实则是较为困难的。社会是人的基本的生存方式，人的本质就是一切社会关系的总和。而社会是由错综复杂、纵横交织的权力网络构成的。警察机关及其人员身处一个权力关系遍布的社会中，由于其职责极为重大、工作范围极为广泛，它在庞大的权力网络中处于醒目位置，故而很难不受其他权力关系的影响，很难实现独立地、自主地运用法律和执行法律。因深受地方政治控制而陷入权力腐败的美国警察的“政治时期”就恰好印证了这一点。19 世纪后半叶，美国各大都市普遍建立专职制服警察，但由于警官是从他们将服务的选区或社区中挑选出来并经地方政治官僚任命的，故美国警察机构都是政治实体。政治家的影响以及警官和他们所管理的人之间的邻里关系，导致警务活动变成了一种派别警务。② 警察的权威来自地方政治派别或地方政要，而不是来源于法律。城市内各种派别间的斗争也意味着警察一直处于政治争论的旋涡之中。③ 这个时期，美国警察普遍依靠暴力建立个人权威，经常采用殴打、威胁、恐吓等方式开展警务活动；警察享有很大的个人

① ［美］弗朗西斯·福山：《政治秩序与政治衰败：从工业革命到民主全球化》，毛俊杰译，广西师范大学出版社 2015 年版，第 19～20 页。

② 参见［美］罗伯特·兰沃西、［美］劳伦斯·特拉维斯Ⅲ：《什么是警察——美国的经验》，尤小文译，群众出版社 2004 年版，第 83 页。

③ 参见［美］罗伯特·兰沃西、［美］劳伦斯·特拉维斯Ⅲ：《什么是警察——美国的经验》，尤小文译，群众出版社 2004 年版，第 85 页。

自由裁量权，例如，可以广泛地动用逮捕权；警官向任命自己的政治派别效忠，经常为保护和增进政治领导者及其支持者的利益而滥用警察权，而政治领导者也放纵警察的所作所为，导致警察受贿成风，滥施暴力。美国警察深陷在因政治干预而产生的腐败泥潭之中。①

法律的至上性、公民的自由和平等、立宪政体、人在文明生活中的不断完善，始终是国家应当存在以求达致的目的。② 而安全、秩序、自由是警察权力行使的目的，公平、公正、正义是警察机关及其人员依法行使警察权所要达成的社会价值。而无论是目的的实现，还是价值的达成，都要求警察机关及其人员能够在执法中保持独立性和自主性，心无旁骛地依法执法。亚里士多德认为，任何阶级对权力都没有一种绝对主张，法律必须至上，因为法律所具有的非人格的权威比人们自称所能做到的更不受情感的支配。③ 只有严格依法行使警察权，才能保证权力行使的正当性、合法性，才能有效排除外界权力和社会关系的干扰，保持执法的独立性和自主性，进而保障公平、正义、自由、秩序等美好价值的实现。

（四）坚持警察权公共原则的同时，推行公共安全社会化

1. 警察权力行使以公共利益为目的，以社会为基础

警察权源于公民权利让渡，警察权的设置和行使目的是促进国家安全、社会安定和人民安康，因此，警察权的行使要坚持公共原则，即权力动用是为了维护公共安全和秩序，是为了促进公众的福祉和利益。为了更好地实现公共利益，警察行动的展开必须以公民的需求和期待为导向。正如日本警学专家松井茂指出的，“警察权力的行使，警察行动的实施须以民众社会为基

---

① 参见［美］罗伯特·兰沃西、［美］劳伦斯·特拉维斯Ⅲ：《什么是警察——美国的经验》，尤小文译，群众出版社2004年版，第85页。

② 参见［美］乔治·萨拜因：《政治学说史：城邦与世界社会》（第4版），邓正来译，上海人民出版社2015年版，第185页。

③ 参见［美］乔治·萨拜因：《政治学说史：城邦与世界社会》（第4版），邓正来译，上海人民出版社2015年版，第182页。

础。警察行使其权力，须社会化与民众化”①，“诚以现代之法律思想，系以建设健全社会为本位，非以个人之权利思想为本位也。故警察之行动须以民众的、社会的权利为基础，唯不可因此而遂忘却国家权力关系之基本观念耳”②。警察权力动用要坚持维护公共安全和秩序的原则，围绕消除公共安全隐患，打击惩治违法犯罪活动，防止公共危害，保护公民生命、财产安全，保障公民自由和权利不受侵犯等具体的目标任务展开。警察权运行的过程就是警察机关及其人员按照社会稳定和公众安全的需求，通过采取命令、劝导、强制、暴力等手段为社会提供公共安全服务的过程。

为了实现公共利益，警察要站在民众的立场上行使警察权力，开展警察行动。要做好每一个公民的保护者，警察就要一视同仁，公正、平等地对待每一个公众，这样才能得到民众的认可和拥护，也才能保证行动目标的实现和行动效益达成。“当私人侵害公众利益时，无论何时，警察均站在代表民众拥护公益之地位，保持公平之态度。”③“警察对民众若能保持一视同仁之态度，则社会视若无睹，亦不至加以批评。若行动稍失公正，则非难之声，众口铄金，何能达厥保护民众之旨。”④

2. 调动社会公众积极性，推进公共安全社会化

警察权具有公共服务性，但警察权不同于司法权、审判权和军事权，警察权与公民权、其他行政权力之间都有明晰的边界，这就使警察权能够介入的范围是确定的，即警察权只能依法作用于国家安全、公共安全和社会秩序等公共空间，而不得介入私人空间，不得介入民事内容。综观世界，各国警察都是维护公共安全和社会秩序的国家力量。然而，随着风险社会的到来，影响安全的因素日益复杂，各国均面临严峻的安全治理考验。若将警察作为解决公共安全问题、提供公共安全服务的唯一力量，则既不能很好地履行其

① ［日］松井茂：《警察学纲要》，吴石译，中国政法大学出版社2004年版，第26页。
② ［日］松井茂：《警察学纲要》，吴石译，中国政法大学出版社2004年版，第27页。
③ ［日］松井茂：《警察学纲要》，吴石译，中国政法大学出版社2004年版，第59页。
④ ［日］松井茂：《警察学纲要》，吴石译，中国政法大学出版社2004年版，第59页。

维护秩序和执行法律的职责，又不能为公众提供优质的安全服务。鉴于此，推行保安服务社会化，鼓励、吸收和支持社会力量参与安全管理和服务，就成为各国治理公共安全问题、满足公共安全需要的应然选择。

20 世纪 80 年代，西方学者以公共选择理论、新公共管理理论等为基础提出了保安服务社会化的警务改革理念。保安服务社会化主张打破警察垄断公共安全服务供给的局面，倡导将社会组织引入公共安全服务领域，由各种社会组织共同提供公共安全服务。保安服务社会化的理念颠覆了由警察包办所有公共安全事务、提供一切公共安全服务的传统观念，树立了开放、包容、参与的公共安全服务观念，并为改善公共安全服务提供了新思路，因此，受到西方国家的普遍重视。

公共安全社会化的思想提出以后，英国就开始了保安服务社会化的积极实践。其具体做法是国家允许成立商业保安公司，这些公司履行本来应由国家警察履行的部分业务，以商业运作的方式为公众提供安全服务，并收取报酬获得收益。美国则确立了保安服务行业执照管理制度和保安人员注册登记制度，并授权保安人员行使部分公权力，保安人员成了与警察共同应对公共安全问题的亲密伙伴。德国业已开放保安服务市场，设立了健全的保安服务行业法律法规与技术标准，创建了科学合理的保安教育体系，形成了较为严格规范的社会保安服务运行机制。从各国情况来看，保安服务社会化带来了多个方面的正效应，实现了政府、社会和公民等多方面的共赢。

（五）警惕警察权滥用，注重法治建设的长期性

现代警察制度建立后，几乎各国都普遍建立了警察法律制度，以规范警察机关及其人员合法、准确、公正地行使警察权。例如，《韩国警察法》第 4 条规定："禁止滥用职权。警察在执行公务时，一定要根据宪法和法律，尊重国民的自由与权利，以公正中立的立场为全体国民服务，不得滥用职权。"《乌克兰民警法》第 5 条规定："民警机关必须公正、严格依法履行自己的职责。无论什么特殊情况或公职人员的指示都不能成为民警机关任何违

法行为或不作为的根据。”[①] 该法第20条又规定：“民警在执行职务时，只遵照法律，在法律范围内活动，并服从于自己的直接领导和上级领导。除授权的公职人员在法律规定情况外，其他任何人不得干涉民警的合法活动。任何人都无权指派民警履行现行法律未规定的职责。”[②]《日本警察法》第2条第2款规定：警察在完成其职责时以不偏不倚公平公正为宗旨，不允许有任何滥用职权、干涉日本法律保护的个人权利与自由的行为。[③] 尽管现代国家普遍建立了较为完善的警察法律规范，都要求警察行使和履行本国警察法律规范所赋予和规定的权力和职责，不得超越法律边界行使权力，但警察权力滥用的现象却仍然不时出现。“所有权力都易腐败，绝对权力导致绝对腐败”，这句箴言仍然适用于当前的现代民主社会，尤其适用于警察权。为了维护公共安全和秩序，国家设置了警察，并通过法律赋予警察一定的公共权力，即警察权。警察权为警察履行职责、完成任务提供了法律依据和必要的权威。与国家作为“必要的恶”相似，警察通过行使警察权，特别是动用一系列具有强制性质的警察权来约束公众的贪婪、野心和其他种种激情，从而实现公众安全和社会有序。但正是警察权的存在，在一定程度上造成了警察组织与公众之间的隔离，甚至是对立，正如恩格斯所说，“文明国家的一个最微不足道的警察，都拥有比氏族社会的全部机关加在一起还要大的‘权威’；但是文明时代最有势力的王公和最伟大的国家要人或统帅，也可能要羡慕最平凡的氏族首长所享有的，不是用强迫手段获得的、无可争辩的尊敬。后者是站在社会之中，而前者却不得不企图成为一种处于社会之外和社会之上的东西”[④]。警察权是警察维护公共安全、实现社会秩序、保护公民自由和权利的必要条件，然而一旦它缺乏约束和监督，就可能会成为一匹脱缰的野马失去

① 《乌克兰民警法》1990年12月20日通过，后经修订。转引自刘伯祥主编：《外国警察法》，中国法制出版社2007年版，第729页。

② 《乌克兰民警法》1990年12月20日通过，后经修订。转引自刘伯祥主编：《外国警察法》，中国法制出版社2007年版，第742页。

③ 《日本警察法》1954年6月8日颁布，2004年6月18日最新修订。转引自刘伯祥主编：《外国警察法》，中国法制出版社2007年版，第1页。

④ 《马克思恩格斯文集》（第4卷），人民出版社2009年版，第191页。

控制而危害国家安全、社会秩序和公民权益。因此，减少和杜绝警察权的滥用，是法治社会必须着力去做的一件事。

孟德斯鸠指出，只有权力未被滥用时，政治宽和的国家里才有政治自由。然而自古以来的经验表明，所有拥有权力的人，都倾向于滥用权力，而且不用到极限决不罢休。① 事实也证明，自古以来各国都不乏权力滥用、权力腐败的案例。在法治昌明、政治民主的现代，要减少和杜绝警察权滥用与腐败问题，必须重视法治建设。亚里士多德曾指出，一个善的国家必须根据法律实行统治……有关善的政体必须承认法律至上的事实。② 法律是行政官在履行公务方面的职责时所应当遵循的规则体。③ 为权力筑构牢笼，建立健全监督机制，是当前最紧要的举措。

第一，筑好权力牢笼。如果权力无边界，恣意介入社会领域，会造成难以估量的后果。在孟德斯鸠看来，权力天生具有扩张性，而掌握权力的人都有滥用权力的自然倾向，直到遇到边界为止。权力的自利性必然会导致对社会资源的自利性占有、社会纠纷的自利性处置，这与公共权力所追求的公平、正义、公正等价值相悖。同时，面对强大且边界尚不完全清晰的警察权，个体则根本无法抗衡，保障其合法权益就会成为奢望。为了防止权力被滥用，孟德斯鸠提出："必须通过事物的统筹协调，以权力制止权力。"④ 孟德斯鸠在《论法的精神》中对英国的制度大为赞赏，认为英国的制度是实现政治自由的手段，而英国的自由归结于：立法、行政和司法三权的分立以及这三种权力彼此之间的制约。运用权力制约权力，形成权力的制衡系统是减少和杜绝权力滥用最好的办法。现代政治文明要求，以国家名义为公权力设定边界，进而形成对权力的制约和控制。警察权作为一种具有政治属性、公共属性、

① 参见［法］孟德斯鸠：《论法的精神》（上卷），徐明龙译，商务印书馆2012年版，第185页。

② 参见［美］乔治·萨拜因：《政治学说史：城邦与世界社会》（第4版），邓正来译，上海人民出版社2015年版，第183～184页。

③ ［美］乔治·萨拜因：《政治学说史：城邦与世界社会》（第4版），邓正来译，上海人民出版社2015年版，第189页。

④ ［法］孟德斯鸠：《论法的精神》（上卷），徐明龙译，商务印书馆2012年版，第185页。

行政属性、武装属性、刑事司法属性的国家权力，它对社会成员的限定性、威胁性和侵害性都甚于一般的国家权力，为其设定边界，是现代政治文明的基本要求。因此，现代国家普遍在警察法中明确和重申警察权设置和行使的目的在于维护公共安全和秩序，而非包揽所有事务，更非为了政府权力的控制而恣意行使。[①] 这也就是前面所讲到的警察权的公共原则，警察权以维护公共秩序为必要，除此以外，警察权不得启动。用法律筑牢警察权的牢笼，这是防止警察权不当行使和滥用的前提和基础。

第二，形成权力制衡和监督机制。从理论上对权力的来源进行精辟论证并不必然导致权力实际运行的根本变化，最终权力的规范运作仍然离不开制度的精巧设计，规定权力运行的轨道和框架。“为了防止滥用权力，必须通过事物的统筹协调，以权力制止权力。”[②] 而设置执法监督机关能够通过分权制衡的权力配置方式落实对权力的有效控制，最大限度地维护个人权利。“检察官不仅是刑事被告的追诉方，也对国家权力具有双重控制作用，即向前防范警察恣意，向后防范法官滥权。”[③] 各国普遍将检察机关作为警察权的监督制衡机关。

人类历史是由人民大众推动的。国家治理绝不仅是抽象的逻辑推演或单向的制度建构与执行，而是由不同主体的行动绘制成的立体画卷，归根结底是制度架构与实际生活的勾连和互嵌。[④] 作为国家的安全治理也是如此，必须有人民大众的参与才能取得成效。人民大众的参与是警察权规范运作体系的重要组成部分。

第三，警察权的行使过程应当公开透明。“任何治理都在保护每个人的自主和以共同利益的名义施行的强制之间找到平衡。一旦共同利益不再紧迫或显而易见，所追求的目标就暗淡不清了，一旦达到这些目标的手段不透明，

---

① 参见陈兴良：《限权与分权：刑事法治视野中的警察权》，载《法律科学》2002 年第 1 期。

② 夏志强：《国家治理现代化的逻辑转换》，载《中国社会科学》2020 年第 5 期。

③ 林钰雄：《检察官论》，法律出版社 2008 年版，第 9 页。

④ 参见夏志强：《国家治理现代化的逻辑转换》，载《中国社会科学》2020 年第 5 期。

以共同利益名义施行的强制措施就失去了正当性，每个人都将设法摆脱。”[①]在警察权转化为警察行动过程中，让警察权在阳光下运行，意味着权力行使的正当性，警察行动的公开和警务活动的透明，将吸引更多人关注公共安全和社会秩序，督促警察权力依法规范行使，也有利于保障社会安全有序及维护公民的各项合法权益。

第四，将警察权法治化作为一项长期工程来建设。法治国家、法治政府、法治社会的形成不是一蹴而就的，而是一个需要长期建设的宏伟工程。但法治却具有一个不幸的不对称性：它可以瞬间毁灭，但却需很长的时间来建成。[②]公权力行使不当，公权力的滥用或者权力腐败，都会使长期的法治建设成果受损，严重的将导致法治不复存在。因此，要深入推进警察法治领域科学立法、严格执法、公正司法、全民守法，特别是要加强对警察权的监督、规范和制约，减少和杜绝警察权滥用和腐败，久久为功，实现警察法治的高水平发展。

---

① ［法］皮埃尔·卡蓝默等：《破碎的民主——试论治理的革命》，高凌瀚译，生活、读书、新知三联书店2005年版，第191页。转引自王鹰：《法治公安：社会主义法治原则在公安工作中的新发展》，载《政法学刊》2009年第6期。

② 参见［美］约拉姆·巴泽尔：《国家理论——经济权利、法律权利与国家范围》，钱勇、曾咏梅译，上海财经大学出版社2006年版，第375页。

第六章

现代警务形态更替及理论演变

“警务”一词，在英文中是“policing”，它广义上是指全社会实施的维护治安、打击犯罪的行为，是警察行为之总和。在这种意义上，“警务”一词产生于现代警察诞生之前。例如，非正式警务（informal policing）就是指在警察产生之前传统的迷信、宗教、习惯、禁忌控制社会的作用。① 狭义上，警务则是指国家专门机构、特定社会组织或专门人员实施的，旨在预防、警报、打击危害社会安全行为的专门活动。② 在这个意义上，警务是人类进入一定历史阶段，即建立国家之后才产生的，是国家组建的专门机关和人员实施的预防和惩治社会危害行为的活动。

如前所述，国家是合法地、垄断地使用暴力的组织，基于此，警务就是国家使用强制力的排他性垄断权，维护社会治安，并且维持能够规划未来的已知（既定）制度，进而优化和改善社会生活。③ 鉴于人类警察产生和演变的恢宏历史，本书所指的警务是一个专用名词，它是指近代民族国家产生之后，警察组织及其成员依据国家政策、法律、法规履行保卫国家安全与社会治安义务的专门事务活动的统称。罗伯特·雷纳认为，警务以某种形式运行，这在任何社会的秩序维系中都是必需的。④ 本书将现代民族国家建立之前的

---

① 参见王大伟等编著：《外国警学理论》，中国人民公安大学出版社、群众出版社2017年版，第134页。

② 参见罗峰、李健和主编：《中国警学理论》，中国人民公安大学出版社、群众出版社2017年版，第203页。

③ 参见［英］本·鲍林、［英］詹姆斯·谢普蒂基：《全球警务机制研究》，倪铁译，法律出版社2014年版，第19页。

④ 参见［英］本·鲍林、［英］詹姆斯·谢普蒂基：《全球警务机制研究》，倪铁译，法律出版社2014年版，第85页。

历史时期，称为非正式警务时代；将现代英国建立大都市警察厅后以及各国仿照其组建警察机关开展警务活动的历史时期，称为正式警务时代。警务是一种历史现象，它是人类社会安全需求的集中表现，它以特立独行的方式和功能推动人类历史发展。当然，警务随着社会变化而发展或自我革新，警务理论也不断更替。

第一节　正式警务及其理论

奴隶社会和封建社会没有正式的职业警察，英国1829年建立的现代警察制度，标志着人类警察进入了现代职业制服警察的崭新时期，也标志着人类从非正式警务时代过渡到了正式警务时代。

一、古代社会非正式的警察现象

如前所述，警察现象的出现是人类社会政治经济发展的结果，是阶级和国家的必然产物。人类进入奴隶社会后，随着国家的产生，警察才出现。但在奴隶社会和封建社会，警察的职能作用和行为活动与军事、审判及其他行政职能与行为交织在一起，警察尚不是一种专门的职业。例如，在西方的奴隶社会时期，古希腊的宪兵队、古埃及的保安队、古罗马的警卫官，他们除了对外战争，还负责逮捕人犯和执行刑罚。又如，我国封建社会历代王朝都有肩负警察职能的官吏和行政部门，但这些官吏和行政部门仍然与军队、地方行政和司法审判混在一起。古代社会行使警察职能的行政部门和官吏并不专门处理警察事务，而是集军务、司法、多项行政事务和警察事务于一身，故古代社会尚未有专门的警察职业，也尚无较为明确的警察从业资格要求；无独立的警察职能，也无明确的警察行为规范和准则。

在奴隶社会和封建社会，除了国家统治者对地方安全和秩序维护具有绝对的主导作用外，普通大众也在维护安全和秩序中发挥着作用，也开展了一些非正式的治安活动。例如，古代英国实行的“邻里看守”制度、“十户区系统”（tithing system）和“喊叫报警系统”（hue and cry）等，都是民间自觉维护地方治安的有效模式，其突出特点是公众普遍参与地方治安维护。这些自助式的民间治安形式都是非正式的警务，它为现代警务提供了一定实践经验和基础。

二、现代专职警察开启正式警务

运用跨文化的人类学方法研究警察发展的学者认为，伴随社会分工渐细，生产方式的专业化和工业化程度渐高，社会对获取稀缺资源的途径的限制也越多，出现司法机关和正式警察组织的可能性越大。而且，社会中的警察组织越专业化，其警察也越专业化。① 19 世纪初，符合资本主义政治和经济发展及新兴工业城市治安需求的现代专职警察应运而生。1829 年 4 月，时任英国内政大臣的罗伯特·皮尔爵士在国会中提出了“关于改进大都市市内及周围地区警察的议案”，② 议案在没有任何反对而且没有任何争论的情况下通过。罗伯特·皮尔决定将这支警察力量掌握在自己手里，不受其他任何政治力量的左右，建立了职能相对独立的首都伦敦警察系统。他为英国警察策划设计了区别于军队的统一制服，还为招募警察设置了条件：必须是“35 岁以下、有文化且品行优良的人”③。当年 9 月，穿着统一制服的警察走上伦敦街头执勤。罗伯特·皮尔爵士通过《大都市警察法》组建专职警察，使用预防性巡逻手段作为威慑，这被看作现代警务的基础。④

自现代警察制度建立之日起，人类便从非正式警务阶段过渡到正式警务阶段。现代警察区别于古代警察的关键之处在于现代警察是专职警察。如果

① 参见［美］罗伯特·兰沃西、［美］劳伦斯·特拉维斯Ⅲ：《什么是警察——美国的经验》，尤小文译，群众出版社 2004 年版，第 37 页。

② 参见［美］罗伯特·兰沃西、［美］劳伦斯·特拉维斯Ⅲ：《什么是警察——美国的经验》，尤小文译，群众出版社 2004 年版，第 68 页。

③ ［英］飞利浦·约翰·斯特德：《英国警察》，何家弘、刘刚译，群众出版社 1990 年版，第 37 页。

④ David J. Thomas, *Professionalism in Policing: An Introduction*, Cengage Learning, 2011, p. 20.

说古代警察职能混杂于军权、审判权之中，现代警察则职责较为专一，专门围绕维护社会治安和打击违法犯罪展开工作；古代警察往往身兼多职，而现代警察则是专职警察；古代具有警察职能的机构和人员内部分工不细，尚未形成专业性的分工，而现代警察职业体系中专业化分工日益明细，形成了刑事侦查、治安管理、查缉技术、警察管理等专业性分工；由于社会历史条件的限制，古代警察往往不注重职业操作规范，也没有受过相关职业教育和专业培训，而现代警察在正式上岗之前都要接受专业化的培训，在培训中了解警察职业的特点、性质、要求和操作规范等。

在正式警务阶段，警察穿上了统一的制式服装；警察的职能已从军权、审判权和其他权力中分离出来了；也建立了从中央到地方多层次的、专门的警察机构和警察工作系统。① 此外，该阶段还注重通过法制来确定警察的职权，也要求警察依法履行职责和行使职权。首都伦敦警察系统的建立，意味着人类由古代警察时期进入了现代专职警察的崭新时期，人类开启了正式警务时代。

三、英国关于建立正式警务制度的理论

1829 年，英国内政大臣罗伯特·皮尔向议会提交《大都市警察法》，在法案中阐述了现代国家建立警察制度的十二项基本原则。② 这十二条建警原则大体勾画出了现代警察制度的一系列关键要素：国家须参考建军来建警，警察须接受政府控制，须用科学方法来招录、训练和选拔警察人员，须以犯罪的减少作为警察效益指标，警察组织须依据时空和犯罪状况科学合理部署警力，警察组织需重视对警察人员的培训和教育，警察人员须重视并接近公众、礼貌对待公众，须重视良好警察形象的树立。

在《大都市警察法》通过后，罗伯特·皮尔审定并颁布了由厅长查尔

---

① 参见［英］飞利浦·约翰·斯特德：《英国警察》，何家弘、刘刚译，群众出版社 1990 年版，第 23～24 页。

② 参见王大伟等编著：《外国警学理论》，中国人民公安大学出版社、群众出版社 2017 年版，第 54 页。

斯·罗恩和理查德·梅尼起草的《警察训令》(Police Instruction)。《警察训令》规定了警察组织的性质、任务、警察人员的招募、警察执法准则、警察与公众交往的准则与要求等内容，为组建与发展新型的专职警察队伍提供了指导和规范。

值得一提的是，在英国现代警察制度建立之初，大伦敦警察厅就发布了对当时和后世专职警察队伍影响较大的开展警务活动必须要坚守的九项警务原则。① 这九项警务原则可以简要表述为②：第一，警察存在的基本任务是预防犯罪和混乱。第二，警察履行职责的权力取决于公众对警察行动的赞同。第三，警察必须确保公众在自愿遵守法律方面的自愿合作，以确保和维护公众对警察的尊重。第四，赢得公众合作的程度随着使用武力的必要性成比例地减少。第五，警察不是通过迎合公众意见，而是通过不断提供绝对公正的法律服务维护公众利益。第六，在必要的情况下，警察可以使用武力来确保公众遵守法律或恢复秩序，但其前提是所采取的行动、建议和警告都是无效的。第七，在所有时代，警察都应始终保持与公众的关系，并接受警察是公众、公众是警察的历史传统。警察仅仅是公众成员，他全心全意、全天候履行每个公民在社区福利和存在等利益方面义不容辞的职责义务，并从中获取报酬。第八，警察应始终严格执行其职责，决不超越司法权力。第九，检验

① 关于英国建立现代专职警察制度后颁布的九项警务原则到底是谁制定的，学界存在争议。我国研究英国警察制度的专家王大伟教授在《外国警学理论》一书中认为，警务九项原则是由查尔斯·罗恩和理查德·梅尼共同起草，而不是由罗伯特·皮尔制定，因此，“皮尔的警务九原则”是误传。参见王大伟等编著：《外国警学理论》，中国人民公安大学出版社、群众出版社2017年版，第55~57页。本书根据John S. Dempsey和Linda S. Forst合著的《警务导论》(第8版)以及我国较早译介英国警察制度的专著《英国警察》认为，所谓警务九项原则是由时任大伦敦警察厅厅长的查尔斯·罗文和理查德·梅恩一起起草的，但是，是由时任内政部部长的罗伯特·皮尔审定后颁布实施的，所以称为“皮尔九原则”亦可。此外，一些著作中也同时出现了“皮尔九原则”和“梅恩九原则”。例如，向池山在《中国社会主义现代警务机制概论》中在介绍了“皮尔九原则”之后，又列出了伦敦第一任警察局长理查德·梅恩的九项原则，但从所列的内容来看，九项原则所表达的警务思想内涵是一致的，基本没有区别。参见向池山：《中国社会主义现代警务机制概论》，中国人民公安大学出版社2010年版，第8~10页。

② John S. Dempsey, Linda S. Forst, *An Introduction to Policing*, 8th ed, Cengage Learning, 2014, p. 7.

警察效率的标准是不存在犯罪和混乱，而不是警察在处理犯罪和混乱时所采取行动的可视证据。这九项警务原则是英国在正式警务初建时期极富智慧和生命力的警务思想，为各国创建和发展现代警察制度提供了理论指引。有文献显示，早期就开始接受“警务九原则”指导的新威斯敏斯特警察局至今都将这九项原则视为警务活动的金科玉律。

第二节　警务专业化及其理论

“职业”（occupation）是人类社会生活中客观存在的现象，是社会分工的结果。随着社会发展、科技进步和行业分工日益明晰，某些职业积累了一定的职业意识、理论知识、技术技能和职业操作规范，进而要求从事这种职业必须具备一定的职业思维、知识和技能，由此产生了“专业性职业”或者“专业”概念，英文称之为 profession。① 可以说，专业是在职业的基础上形成的。从《韦伯大辞典》对“profession”的解释来看，专业要求从业者必须具备必要的知识、技能、方法，按照共同标准行为，以及具备公共服务的目标等。② 由此可见，专业区别于一般职业之处主要在于，从事专业工作必须具备较为丰富的知识和复杂的技能，实则每一个专业都有一个相对完善的科学知识体系。

一、警务专业化的含义

（一）“专业化”的概念

与专业密切相关的一个词是“专业化”。《韦伯大辞典》对“专业化”

① 参见袁广林：《警察职业素质论纲：专业化的视角》，载《中国人民公安大学学报（社会科学版）》2007 年第 4 期。

② 参见 Editor in chief Philip Babcock Gove, Ph. D. and the Merriam-Webster Editorial Staff, *Webster's Third New International Dictionary of the English Language Unabridged*, G. &C. Merriam Company, Publishers Springfield, Massachusetts, 1976, p. 1811.

(professionalism) 作出如下解释:[①]

第一种释义:一种行为、目标或者素质表征或标记了一个专业或一个专业人士;或指一个职业的高端技能,或有时由于被视为缺乏独创性而不断追求。

第二种释义:凭借专业的特征、标准、专业的方法等可以获得利益、可以谋生。

从以上两种释义来看,专业化可以是专业人士所具备的专业行为、专业目标和专业素质,可以是为了达到一系列专业标准而不断追求的过程,还可以是凭借专业而去谋生和获取利益。由此可见,专业化既可以指称一种既成的发展状态、水平、层次,还可以指一项职业从缺乏专业性和独创性而不断向前渐进发展的过程。

(二)警务专业化的内涵

警务专业化(也称警察专业化)同样是西方警察学学者关注的问题,怎样才能组成一个专业的警察或警察机构?是教育标准和大学学位的要求吗?是由国家刑事司法机构设立的一套最低限度的培训标准和培训吗?是要严格遵守的机构的政策和程序吗?是机构制定的雇佣标准吗?[②] 戴维斯·J. 托马斯(Davies J. Thomas)在此方面颇有建树。他对警务专业化的定义是:警察具有满足他们所服务的社区的挑战和需求的道德操守。迈斯特尔(Maister)认为真正的专业化与教育没有什么关系,而是奉献和对乐于助人的渴望。[③]

在此,本书在界定警务专业化概念时充分借鉴我国社会学学者赵康博士提出的"一个充分成熟的专业必须满足的六个标准",将警务专业化理解为

---

① Editor in chief Philip Babcock Gove, Ph. D. and the Merriam-Webster Editorial Staff, *Webster's Third New International Dictionary of the English Language Unabridged*, G. & C. Merriam Company, Publishers Springfield, Massachusetts, 1976, p. 1811.

② David J. Thomas, *Professionalism in Policing: An Introduction*, Cengage Learning, 2011, p. 19.

③ David J. Thomas, *Professionalism in Policing: An Introduction*, Cengage Learning, 2011, p. 19.

警察职业达到“充分成熟的专业必须满足的六个标准”的渐进过程，因此，警务专业化应当包括：警察成为一项全日制的专门的职业，从业者可以通过此项工作享受独立的职业薪俸；从事警察工作必须通过教育和培训获取相关职业的专业知识和技能；形成警察行政科层制度；警察职责明确；能取得社会对警务工作的支持和认可，警察得到公众尊重；建立警察职业协会或警官俱乐部。① 警务专业化是一个漫长持久、循序渐进的过程，其核心要旨在于专业化理念的确立并不断深化和付诸警察制度建设和发展、实践警务改革运动。

二、美国警务专业化兴起的背景

英国是现代专职警察的故乡，美国是现代警务专业化运动的发源地。探寻警察职业专业化的源起与兴盛的历史轨迹，可以对警务专业化的演变和发展过程获得更为完整的认识。

（一）美国警务专业化兴起的警务背景：警察腐败严重

19 世纪中叶，纽约、波士顿和费城借鉴英国伦敦大都市警察模式建立了警察机构。到 19 世纪后半期，全美的所有大城市都建立了制服警察。② 在建警之初，美国警察机构都是政治实体，警官是由地方政府的官员选拔和任命的。那时美国招收警察也极不严格，警察培训几乎不存在，普通的人事标准很少，监管制度也非常少。警察工作被视为没有技术含量的体力劳动，是对政治忠诚的适当奖励，而不是一种职业，甚至不是一种熟练的工艺。③

20 世纪初，美国警察腐败现象非常严重。究其原因，主要有两个方面。一方面，在缺乏强大的中央管理的情况下，政治家的影响以及警官和他们所

---

① 参见王春梅：《新时代西北地区警察专业化建设研究——以公安教育为视角》，中国人民公安大学出版社 2019 年版，第 10 页。

② 参见［美］罗伯特·兰沃西、［美］劳伦斯·特拉维斯：《什么是警察——美国的经验》，尤小文译，群众出版社 2004 年版，第 82 页。

③ Jack R. Greene, *The Encyclopedia of Police Science*, 3rd ed, Volume 1, Routledge Taylor & Francis Group, 2007, p. 1017.

管理的人之间的邻里关系，导致警务活动变成了一种派别警务。[①] 美国警察忠诚于任命自己的政治派别，忠心地执行其意志，维护其统治和利益；地方政治领导人也疏于管理和监督警察行为，久而久之，许多警察为所欲为，甚至胡作非为。[②] 另一方面，由于城市内各种派别之间存在斗争，警察一直处于政治争论的旋涡[③]。在政治斗争的旋涡中，美国警察滥用权力现象突出：动辄使用暴力，殴打、威胁、恐吓等方式更是家常便饭；美国警察享有很大的个人自由裁量权，尤其是拥有广泛的通过逮捕使用法律力量的个人权力[④]。美国警务的以上状况说明，警察的权威是来自地方政治派别或地方政要，而并不是源于法律。因此，有专家将这个时期称为美国警察的“政治时期”。[⑤]

（二）美国警务专业化的理论背景：公共行政学的发展

美国警务专业化是公共行政学引导下美国行政革新的组成部分。19 世纪后期（约 19 世纪八九十年代），由于“分赃政治”造成的腐败，美国兴起了一股“科学管理运动”的风潮。在科学管理运动风潮的席卷下，出于对“中立”和“效率”的追求，美国文官改革者和行政理论家提出“行政中立”（或称“政治中立”），坚持行政必须和政治分开，由此便发展出了“公共行政”的学问。1883 年，《联邦文官改革法案》诞生，美国建立了公职制度，也保障了公务员的若干权利。此后，19 世纪与 20 世纪交汇时，美国地方政府掀起了“城市改革”的热潮。此次行政革新深受公共行政学影响，一方面努力排除政治势力对于行政的干扰，另一方面也大量引入私人企业的管理方

---

① 参见［美］罗伯特·兰沃西、［美］劳伦斯·特拉维斯Ⅲ：《什么是警察——美国的经验》，尤小文译，群众出版社 2004 年版，第 83 页。

② 参见［美］罗伯特·兰沃西、［美］劳伦斯·特拉维斯Ⅲ：《什么是警察——美国的经验》，尤小文译，群众出版社 2004 年版，第 85 页。

③ 参见［美］罗伯特·兰沃西、［美］劳伦斯·特拉维斯Ⅲ：《什么是警察——美国的经验》，尤小文译，群众出版社 2004 年版，第 85 页。

④ 参见［美］罗伯特·兰沃西、［美］劳伦斯·特拉维斯Ⅲ：《什么是警察——美国的经验》，尤小文译，群众出版社 2004 年版，第 85 页。

⑤ 参见［美］罗伯特·兰沃西、［美］劳伦斯·特拉维斯Ⅲ：《什么是警察——美国的经验》，尤小文译，群众出版社 2004 年版，第 82 页。

法到政府机构中，其中最有名的就是结合“泰勒主义”和韦伯的官僚体系模型。此阶段重点在静态的组织机构研究①。到20世纪30年代，行政改革又将霍桑研究（Hawthorne groups）的行为科学引入公共行政领域，带动革新。

以上公共行政的发展，对于20世纪20～60年代的美国警察工作，有相当程度的影响。威尔逊（O. W. Wilson）运用公共行政学理论研究警察组织，写成《警察行政》一书，该书及其所引用的公共行政理论对美国警务专业化发展起到了重大促进作用。威尔逊和他的老师沃尔默（August Vollmer）提出了促进美国警政改革的一系列设想，如提高警察教育水平：招募大专生、采用心理与智力测验招募警察；将科技应用于警务：使用机动车巡逻、建立通信系统、运用测谎仪、成立刑事实验局；发展警察专业分工：摆脱政党干预，进行专业化训练，建立统计资料等。这些改革设想与公共行政和改革派的思想吻合，有力促进了美国警务专业化。

三、美国警务专业化运动

尽管关于警察因深陷政治旋涡而滥用职权和效率低下的投诉在19世纪的美国很常见，但对警察政治模式的广泛批评，包括其权力下放和对平庸人员的录用，直到20世纪初才浮出水面。然而，从那时起，警察从业人员、学者和调查委员会就谴责警务人员素质低下；提出了对警务人员的智力、诚实品行和快速反应等品质的需求；同时也呼吁更严格的组织控制，倡导实施职前和在职培训；主张大力改进警察技术。② 而此时，社会上正在形成的警察科学知识和迅速发展的技术变革产生出警务专业化的思想。这些专业化的思想包括：从事警察职业需要经过特殊培训并具备一定专业知识、技术技能或能力，警察组织成员要形成职业认同感并致力献身于警察事业，以及警察成员在工作上享有一定程度的自治。而这些一方面恰恰是警官们所期望的，另一

① 参见章光明：《警察业务分析》，五南图书出版股份有限公司2000年版，第87页。

② Jack R. Greene, *The Encyclopedia of Police Science*, 3rd ed, Volume 1, Routledge Taylor & Francis Group, 2007, p. 1017.

方面可以使警官们免受政治影响的左右。美国掀起了警务专业化运动，在以下四个方面开展开创性尝试：

（一）建立健全警察官僚组织

20 世纪初，美国就开始逐步削弱警察的派别化程度，并在警察机关内部增设各种专业的部门，例如禁酒部门、禁赌部门、侦查部门、交通管理部门、人事部门等，这既促进了警察职业化的发展，又促进了警察官僚化的发展。警察官僚组织的建立，消除了政党对警察的干预和影响，把警察管理权、指挥权、决策权都集中到了警察局局长的手中。这样，警察机构获得了不受外界干预的独立地位，也获得了一定的自治。由此，警察逐渐被视为一个职业，警察机关逐渐被认为是一个专门机关。

（二）制定警察录用制度

随着警察职业专业化的进展，美国逐渐建立了专门的警察录用制度。区别于以往对求职者的粗略区分和随意挑选，美国开始通过对求职者资格设定标准（例如考虑心理测试结果、住址以及社会背景调查结果等）和行政能力测试来招录警察，还依据行政能力测试成绩的高低来任命和分配岗位。奥古斯特·沃尔默（August Vollmer）在担任加州伯克利市警察局局长期间，就率先使用了一套包括智力、体力和心理测试在内的严格标准来录用新警。在 20 世纪 30 年代就业不景气时，美国提高了录用新警的学历要求。1931 年的维克沙姆委员会和 1967 年的总统执法与行政委员会还建议将学士学位作为进入警察职业的必要条件①。

（三）发展、应用警察科学知识和技术

专业知识的发展是一种职业形成的标志，警察科学知识的积累促进了警察专业性的提升。自 1893 年美国第一次全国警察局长联盟（the National Chiefs of Police Union）会议开始，局长联盟等职业协会就成了讨论和传播警

① Jack R. Greene, *The Encyclopedia of Police Science*, 3rd ed, Volume 1, Routledge Taylor & Francis Group, 2007, p. 1063.

察科学知识的重要平台。通过职业协会的交流，识别犯罪的“贝特林体系”、犯罪学与犯罪心理学的新理论、分析犯罪现场的科技程序、指纹技术等都在全美警察中广泛传播和应用。奥古斯特·沃尔默在担任加州伯克利市警察局局长期间，还积极推广并将刑事技术以及测谎仪、车载无线电台等科技成果应用于警务实践。“从挑灯夜巡、持棍为械、以声报时的更夫，到装备电报、电话和警报，采用贝特林识别体系，身着制服，纪律严明的现代警察的飞跃，是一个有意义的值得深思的飞跃。”①

（四）重视警察专业教育培训

随着警察职业的独立性渐强，警务工作的分工、专业知识的积累、警察科学技术的应用，都逼迫警察提高素质。奥古斯特·沃尔默在美国警察教育和培训方面作出了重要贡献。他提出开展正规的警察专业教育训练，培养和提高从警人员的专业知识水平和技术技能，提高警察人员的职业素质。1908年，沃尔默在伯克利建立了一所培训助理执法官的警察学校，并聘请加利福尼亚大学伯克利分校教师授课，以此来培训警察，提升其素质。

通过警务专业化运动，美国警察逐渐具备了开展警务工作必备的技巧或能力，形成了职业意识，警察组织和成员在工作上享有了一定程度的自治，逐步摆脱了政治的影响和干扰。

四、警务专业化的标准及其认证

（一）警务专业化的标准

由于警察成为一种专门职业是相对比较晚的事，警务专业化进程又相对缓慢，故警察职业并未有一个统一的专业标准。随着警务专业化运动的推进以及现代通信技术和交通事业的发展，标准化操作的元素进入了警务专业化模式中，并保留到今天。

---

① 参见［美］罗伯特·兰沃西、［美］劳伦斯·特拉维斯Ⅲ：《什么是警察——美国的经验》，尤小文译，群众出版社2004年版，第94页。

主动巡逻、即时反应和后续调查，是专业化警务的三个操作元素。[①] 20世纪，随着世界政治风云变幻和科技的进步，警察打击违法犯罪、维护社会秩序的任务逐渐加重。为了积极应对违法犯罪和社会秩序方面的挑战，大多数警员都被派去执行巡逻任务。警员被分配到通常被称为“辖区”（beats）的巡逻区域里巡逻，通常是在巡逻车上巡逻。当接到警察调度员的电话后，警员应对电话迅速作出反应，因为电话可能涉及犯罪、交通事故或邻里纷争。警员处理这一电话的方式是多样的，可能包括：写一份报告，进行初步调查，提供急救，指挥交通，逮捕或给公民开罚单，平息争论，提出建议，提供信息，甚至把常说的猫从树上弄下来。[②] 当警员处理完电话后，他就返回辖区继续巡逻，直到接到下一个电话。如果电话涉及犯罪或其他严重事项，稍后警察局的侦查员可能会进行后续调查，以确定或逮捕罪犯或追回赃物。这一活动主要是专业警察通过主动巡逻、即时反应和后续调查三个基本操作应对犯罪的战略过程。[③]

这三个操作元素在20世纪70年代和80年代被纳入评估性研究，但效果不佳。[④] 堪萨斯城预防性巡逻实验发现，在不巡逻和正常巡逻的2~3倍改变常规巡逻的水平，对所报告的犯罪、受害、对犯罪的恐惧、公民的看法或其他被测量的指标都没有任何影响。对快速反应的研究发现，很少有现场逮捕的情况，这主要是因为大多数犯罪都是事后才被发现的，即使在犯罪过程中公民就意识到了犯罪，他们也会延迟几分钟给警察打电话。刑事犯罪调查研究表明，大多数犯罪从未得到解决，大多数犯罪的成功解决更多地归因于受害者和证人，而不是侦探，因为大多数侦查工作主要是些文书工作。操作性

---

① Jack R. Greene, *The Encyclopedia of Police Science*, 3rd ed, Volume 1, Routledge Taylor & Francis Group, 2007, p. 1017 - 1018.

② Jack R. Greene, *The Encyclopedia of Police Science*, 3rd ed, Volume 1, Routledge Taylor & Francis Group, 2007, p. 1017.

③ Jack R. Greene, *The Encyclopedia of Police Science*, 3rd ed, Volume 1, Routledge Taylor & Francis Group, 2007, p. 1017 - 1018.

④ Jack R. Greene, *The Encyclopedia of Police Science*, 3rd ed, Volume 1, Routledge Taylor & Francis Group, 2007, p. 1018.

元素缺乏有效性，这对专业模型来说是一个沉重的打击。此外，在20世纪70年代，被报告的犯罪率在一直上升，当时警务专业化正处于鼎盛时期。警察的专业化和现代化并没有有效遏制犯罪增长，也没有让公众感到更安全，故依托专业化提高警察的专业能力、促进警务的专业性和现代性的专业化警务哲学遭遇了挑战。

（二）警务专业化的认证标准

作为一项职业，在有些国家和地区，求职者仍然可以凭借高中文凭或普通教育水平（GDE）① 被录用而从事警察工作。在美国，专业化有许多不同的定义和标准，它们往往因司法管辖区和机构而异。贝克（Baker）曾指出，因为没有统一的标准，警官的技能在州与州之间根本不同，而且经常在同一州内相邻的司法管辖区之间也是不同的。② 还有研究者认为，警察职业最大的失败是未能建立一套统一的认证标准或指导依据③。鉴于此，一些研究者关注警务专业化认证标准问题，并提出了自己的思想。

1. 通过量表建立认证标准

1968年，理查德·霍尔（Richard Hall）提出通过建构专门量表来衡量“警务专业化”。这个量表从三个维度设定警务专业化要达到的三个标准。④ 第一个是“公众信念”，即公众认识到大多数警察对完成执法任务具有明显的作用，并认为这项任务对社会是不可或缺的。第二个是“自我规范信念”，即绝大多数官员似乎在哲学上认为，他们的职业努力是如此的专业化，以至于只有同事才有能力判断工作产品的好坏。第三个是“专业期待”，即警察从事工作应当有这样一种心理态度：他工作是因完成任务而获得满足感，而不是为了获得金钱激励。

---

① GED是general educational development的缩写，是指普通教育水平。

② David J. Thomas, *Professionalism in Policing: An Introduction*, Cengage Learning, 2011, p. 18.

③ David J. Thomas, *Professionalism in Policing: An Introduction*, Cengage Learning, 2011, p. 18.

④ Jack R. Greene, *The Encyclopedia of Police Science*, 3rd ed, Volume 1, Routledge Taylor & Francis Group, 2007, p. 1064.

2. 执法机构认证委员会及其认证标准

面对缺乏统一的警务专业化标准这一问题，1979 年，美国国际警察协会（IACP）、警察行政研究论坛（PARF）、黑人执法执行官（NOBLE）和美国治安管理协会（NSA）四个法律执行协会决定提出和发展专业化认证标准。四个机构联合成立了执法机构认证委员会，以为所有执法机构（包括警察机构）提供认证标准。该委员会为执法机构提供的认证标准主要涉及两大方面①，一是能力标准，包括教育、入学准入测试和审查，以确保从业人员具有专业知识。二是行为标准，包括职业行为准则、规则、法律及其执行。此外，执法机构认证委员会对警察机构专业化标准的认证强调了组织内的专业化努力，同时向公众传达了对诚信和效率的关注。虽然目前还没有广泛使用其认证标准，但其对专业警务的发展至关重要。

3. 其他认证标准

近年来，许多学者不断地丰富对警务专业化认证标准的认识。斯克兰斯基（Sklansky）提出警务专业化认证的四个方向②：一是警察具有较高的行为水平以应对公众的高度期望和要求，二是警察组织具有处理职业内部事务的标准和警务证据，三是确保形成一个对专业化警务的监管形式体系，四是警察能以法律职业的方式“自我规范”。

曼宁（Manning）指出，警务专业化要求警察组织围绕其核心目标建立责任制、合法性和创新机制。此外，警察需要探索科学技术给警务带来了什么。新技术可以帮助惩治犯罪，但是它在当前全国性体系中应用时却被耽搁了。因此，新技术应当被恰当地、合理地、集中地应用于警务。③

根据赵康博士提炼出的“一个充分成熟的专业必须满足的六个标准”，警务专业化应有六个标准：第一，警察应当成为一个正式的全日制职业（a full-time calling），警察通过从事警察职业可以获取薪俸。第二，成立警察

① David J. Thomas, *Professionalism in Policing: An Introduction*, Cengage Learning, 2011, p. 19.

② Mark Roycroft, *Police Chiefs in the UK*, University of East London Stratford, 2016, p. 7.

③ Mark Roycroft, *Police Chiefs in the UK*, University of East London Stratford, 2016, p. 7.

学会（societies）、协会（associations）、联合会（federations）等专业联盟组织，设立警察职业章程和伦理法规（professional organization and ethical codes）以规范警察群体的行为，保障服务对象的权益。第三，对警察进行专业教育（knowledge and education），发展警察学专业科学知识，培养警察专业人才，提高警察专业素养。第四，以服务公众和社会利益为导向（service and social interests orientation），警察因安全和秩序而生，警察权力来自公众，且随着市民社会的发展，警察的公益价值得到增强，各国警察职业道德规范一般也将维护社会公共秩序、服务社会公众当作其重要的价值取向。第五，警察通过专业的执法行为赢得社区和公众对其的支持和认可（community enforcement and sanction）。第六，重视专家学者在警察职业的入职标准、教育培训标准等方面的引导作用，形成职业内部自治（autonomy）。

从 19 世纪末、20 世纪初开始，美国以建设专业化警务为目标开始了长达 70 余年的警务专业化运动，这一运动在 1920 ~ 1965 年达到顶点。纵观世界，在 20 世纪最初的 70 年里，以美国为代表的西方国家的警察进入了一个划时代的历史时期——警察职业专业化时期。在这个时期，各国警察普遍接受了警察职业专业化的理念，也普遍开启了警务专业化的进程。警务专业化提高了警察队伍的专业化水平和警察机关的行政管理水平，获得了公众对警察职业的专业性的普遍认可。

第三节　社区警务及其理论

社区警务，又称为社区导向警务，其英文是 community-oriented policing，但在英美国家其更为人所熟知的名称是 community policing（CP），是一个综合性的术语。《警察学百科全书》认为，社区警务包含三层意思①：一是与快

① Jack R. Greene, *The Encyclopedia of Police Science*, 3rd ed, Volume 1, Routledge Taylor & Francis Group, 2007, p. 196.

速反应、执行导向警务形成对照，它关涉长远的打击任务，因此警察要接近社区；二是一个与公众共同控制犯罪的过程，就像邻里守望制度一样；三是一种与公众和利益群体开展交流的方式，例如通过召开咨询会议促进警察与社区交流。一般认为，社区警务兴起于20世纪70年代，它是在警察专业化之后，学者们对警务进行反思而提出的一种回归现代警察本真的警察哲学和警务理论。在英语世界和其他任何地方的司法实践中，社区警务都有经久不衰的持续的吸引力。在那些稳固的、以合意为基础的邻里中，以及那些因微小的破坏行为而引发经常性犯罪和失序状态一直持续的邻里中，这个术语唤起了对警察和社区之间关系的构想。

一、社区警务兴起的背景

（一）系统理论的启示

1960年后，塔尔科特·帕森斯（Talcott Parsons）、弗里蒙特·卡斯特（Fremont E. Kast）与詹姆斯·E. 罗森茨韦克（James E. Rosenzweig）等人将系统和生态理论注入公共行政学之中。其理论假设是：任何行政组织者都是可自成一格的完整体系，其内部又有若干次级系统，而且与其外在环境保持一种互动的关系，环境对组织的影响很大，组织必须回应环境，才能存续下去。[①] 美国警察的改革也受到系统理论的影响。系统理论强调组织是开放的，强调组织要适应环境才能生存，所以警察组织也开始要求警察走出巡逻车，与民众接触，以了解民众的需求和社区治安状况，并采取必要的措施以整合社区资源，预防犯罪。[②] 在这些理论的引导下，20世纪70年代，美国出现了邻里警务（neighborhood policing）、社区警务（community policing）和问题导向警务（problem-oriented policing），这些警务形态虽名称不同，但实质内容是一致的，都主张构建一种开放的警务系统，注重社区资源的挖掘和利用，

① 参见章光明：《警察业务分析》，五南图书出版股份有限公司2000年版，第88页。
② 参见章光明：《警察业务分析》，五南图书出版股份有限公司2000年版，第88页。

倡导警察和公众的交流沟通和协助合作。这种警务传统被延续下来，在当前依然对预防犯罪、维护治安、服务公众发挥着重要作用。

（二）警察专业化导致警察与社区的疏离

尽管在19世纪末和20世纪初，警务工作也被认为更具社区性（虽然政治性很强，而且对少数民族社区不利），但警察工作重点的转变和机构的调整似乎导致了警察远离其根基——社区。有时，警察显然已经失去了社区根基。① 从现代正式警察制度的建立来看，“积极打击犯罪的警务模式——从最初就是作为警务模式一部分而存在的”。② 为了提高打击犯罪的能力，警察提高了专业化能力，配备了现代化装备，日益被塑造成“武装到牙齿”的“打击犯罪的战士”。20世纪上半叶，美国引领的警务专业化运动席卷全球，警察的专业化程度不断增强。警察常常武装成一支装备现代化的队伍，先进的通信工具和交通工具被警察大量使用。警察更加重视也更善于刑事案件侦查，成为名副其实的“打击犯罪的战士”。又由于先进的通信工具和交通工具被警察大量使用，车辆巡逻代替了步行巡逻，电话问询取代了当面对话，现代科技无疑阻碍了警察与公众的近距离交流，疏离了警察与公众的情感。由此，警察失去了社区根基，警察远离了公众，警务缺失了社区支持和公众关注，警察打击、惩治犯罪，维护治安秩序的工作效能也受到了负面影响。

（三）社区警务思想的提出

社区警务的思想和实践有久远的历史渊源。1829年英国伦敦大都市警察厅的设计师——罗伯特·皮尔在正式组建现代警务的同时，也宣告和实践了现代社区警务的思想。他的警务思想的前提是：成功的警务依赖于公众的信

① Jack R. Greene, *The Encyclopedia of Police Science*, 3rd ed, Volume 1, Routledge Taylor & Francis Group, 2007, Introduction, p. xxii.

② Jack R. Greene, *The Encyclopedia of Police Science*, 3rd ed, Volume 1, Routledge Taylor & Francis Group, 2007, Introduction, p. xxii.

任和没有犯罪和混乱，而不是以警察行动作为犯罪控制的主要手段。① 注重发展警察与社区公众之间的良好联系和互动关系，是现代警察制度建立之初就已有的思想。但随着社会治安状况的变化以及科技的进步，为了提高打击犯罪的效果，车辆巡逻、刑事科学技术手段以及“种族形象定性”（racial profiling）、“零容忍政策”（zero tolerance）和一些侵略性警务活动被滥用，这不但引发了少数民族人群、多种族人群或在社会和经济上处于不利地位的社区居民对警察和警务对象之间平等性的担忧，而且引起了那些生活在条件较差的社区、不同种族和族裔群体的成员对于警察滥用警务手段和方法的担忧，最终导致人们对政治机构赋予警察合法性产生了质疑。此时，有关警察的合法性是如何支持或阻碍其行动（尤其是在边缘化社区中）的研究表明②，警察能从更大的社区中获得其权威（而非权力）③，并且他们的行动和表现可以增强或削弱社区实际赋予警察的权威；将警察的工作效率与社区对警察及其行动的接受程度联系起来，就强化了这样一种观念，即合法权力来源才是民主警务的一项基本要求。社区警务的理念由此被提出。

二、社区巡逻警务的推行

在20世纪50～60年代，许多美国警察局成立了社区关系部门，以应对警察与社区关系中出现的问题。最初，这些社区关系部门主要通过预先向警察提供关于社区的观点来从事公共关系工作。这种单方面的做法很快就被认为是不充分的，随即扩展为社区向警察提供一个表达观点的论坛。社区警务倡导者所推崇的警察—社区的双向关系哲学强调交流沟通和相互理解的重

---

① Jack R. Greene, *The Encyclopedia of Police Science*, 3rd ed, Volume 1, Routledge Taylor & Francis Group, 2007, p. 1063.

② Jack R. Greene, *The Encyclopedia of Police Science*, 3rd ed, Volume 1, Routledge Taylor & Francis Group, 2007, Introduction, p. xxiii.

③ 警察权威即police authority，警察权力即police power。

要性。[①] 但很明显的是，在20世纪70年代，社区民警和社区关系部门在确保社区与社区警务部门之间的关系顺畅方面并不有效。与一些社区关系专家的介绍相比，警察局社区关系部门的经验更多是通过巡警和侦探行动来体现的。

许多观察家现在认为[②]，在20世纪初期，大多数美国警察局放弃徒步巡逻，改变了警察工作的性质，这对警察与公民的关系产生了负面影响。因为被指派用大巡逻车去巡逻的警员不能像被指派徒步在小巡逻区巡逻的警员那样与社区发展亲密的关系。徒步巡逻的警察与公民的关系比驾车巡逻的警察与公民的关系更密切。努力培训巡警的社区关系和预防犯罪技术，使他们更了解社区特点和问题。在某种程度上作为提高警察对社区的反应能力的一种手段的团队警务计划也被实施。

有关警察社区巡逻的实验在多地展开。新泽西州纽瓦克市进行的徒步巡逻实验研究表明，增加或消除徒步巡逻无法影响犯罪发生；然而，参与步行巡逻研究的公民对犯罪的恐惧程度较低，对步行巡逻服务的满意度也高于机动巡逻。这与堪萨斯城在机动车巡逻方面的发现有一定相似性。[③] 但是新泽西州纽瓦克市的徒步巡逻实验研究还发现，市民们能够意识到他们的社区是增加或是减少了步行巡逻，这与堪萨斯城研究的结果形成了鲜明对比。堪萨斯城研究的结果是，市民们没有察觉到机动巡逻水平的变化。另外一项徒步巡逻研究项目在密歇根州弗林特市展开，它的结果与纽瓦克市的实验结果相似。

这些研究广泛地证明[④]：即使徒步巡逻并不能减少犯罪，但至少它使公

---

① Jack R. Greene, *The Encyclopedia of Police Science*, 3rd ed, Volume 1, Routledge Taylor & Francis Group, 2007, p. 1018.

② Jack R. Greene, *The Encyclopedia of Police Science*, 3rd ed, Volume 1, Routledge Taylor & Francis Group, 2007, p. 1018.

③ 研究者通过堪萨斯城的机动车巡逻实验发现，在不巡逻和正常巡逻的2~3倍改变常规巡逻的水平，对报告的犯罪、受害人数、公民对犯罪的恐惧、公民的看法或任何其他被测量的东西都没有影响。

④ Jack R. Greene, *The Encyclopedia of Police Science*, 3rd ed, Volume 1, Routledge Taylor & Francis Group, 2007, p. 1019.

民感到更安全，并能够改善警察与社区的关系。为什么机动巡逻和步行巡逻不同？从破窗理论来看，徒步巡逻警察比机动巡逻警察更注重那些无序和轻微的违法行为。徒步巡逻警察在管理巡逻辖区、了解社区中的威胁或不当行为、观察和纠正这些行为方面做得更好，他们很可能会更多地关注失业者、小偷、扰乱治安的人、流浪汉、乞丐、吵闹的少年和街头人士，这些人虽然没有犯下严重的罪行，却会引起许多市民的关注和恐惧。即使是街头最微小的异常活动，如果不加以控制，也会引起邻里的恐惧。徒步巡逻警察比机动巡逻警察更有机会控制街道混乱，使普通市民安心。当然，地理和人口状况在决定将徒步巡逻作为一种警察策略的可行性方面也起着重要作用。人口密度越大的地区，居民步行的次数越多，街道的混乱程度就越高。因此，人口密度越高的地区，步行巡逻就越有可能被有效地用作警察策略。再者，步行巡逻在为许多社区提供警察服务方面发挥了重要作用。在以上社区巡逻实验结论的支持下，伴随着小型警用无线电的发展，从20世纪80年代开始，警察在社区中的徒步巡逻开始复苏。①

从20世纪80年代开始，一种比重视社区关系和徒步巡逻更广泛的方法开始发展。越来越多的警察部门开始将步行巡逻作为其作战策略的核心组成部分，而不是作为一种新颖的方式或作为一种适应城镇商业利益的手段。②预防犯罪的计划越来越依赖于社区参与，例如，在邻里守望、社区巡逻和停止犯罪者计划中，警察部门开始在警务的各个方面增加了公民和志愿者的参与，并将永久地域（巡逻辖区）作为巡逻部署的一个重要组成部分。这被称为社区警务，它是警务思想的实质性改变，它使越来越多的公民卷入并参与社区合作，并使根据社区需求和偏好调整警务成为可能。

---

① 原来机动车辆巡逻时，警车是用来装笨重的双向无线电的。如今，警察携带小巧轻便的无线电，使他们能够迅速处理电话、获得信息或请求协助。他们也永远不会失去联系，永远处于备勤状态。参见 Jack R. Greene，*The Encyclopedia of Police Science*，3rd ed，Volume 1，Routledge Taylor & Francis Group，2007，p. 1019.

② Jack R. Greene，*The Encyclopedia of Police Science*，3rd ed，Volume 1，Routledge Taylor & Francis Group，2007，p. 1019.

三、社区警务的核心要义

2004年，美国司法部社区警务服务办公室将社区警务（COP）定义为“一种警务哲学，通过解决问题的策略和建立警察—社区伙伴关系，来促进支持组织战略，以解决犯罪和社会混乱的原因和减少恐惧”的①以社区为导向的警务，即社区警务是一个综合术语，它包含以下三层含义②：（1）与快速反应、以执法为导向的警务形成对比，涉及长期的巡逻辖区分配，使警察更接近社区；（2）一个公众和警察共同控制犯罪的过程，如邻居守望制度；（3）与公众和利益团体进行沟通的手段，例如通过召开咨询会议促进警察与社区交流。社区警务对公众具有持久的吸引力，这一现象在说英语国家和其他地方的许多司法实践中都存在。这个词唤起了在稳定的、基于共识的、同质的社区中警察与社区关系的形象，在这些社区中，犯罪是偶发的，而混乱主要由轻微的破坏行为构成。这个理想化的观点是，警察定义并努力制定一个假定的共同利益。这三层含义是社区警务的核心，也是社区警务区别于别的警务模式的特征。

（一）以社区为引领和导向

20世纪70年代，美国和英国开始提出社区警务的倡议。在社区警务倡议方面，英国具有开创性的声明是由首席警官安德逊于1978年发表的。他指出：社区警务会以其最纯粹、最自然的形式存在，社区中的所有成员都将构想共同的利益，并将这些利益结合起来，形成一种社会氛围和环境，有利于生活秩序良好和所有生活在其中的人们的幸福。③ 为了维护社区安全和促进社区公众福祉，围绕社区开展警务是社区警务的基本思想。

---

① Jack R. Greene, *The Encyclopedia of Police Science*, 3rd ed, Volume 1, Routledge Taylor & Francis Group, 2007, p. 197.

② Jack R. Greene, *The Encyclopedia of Police Science*, 3rd ed, Volume 1, Routledge Taylor & Francis Group, 2007, p. 196.

③ Jack R. Greene, *The Encyclopedia of Police Science*, 3rd ed, Volume 1, Routledge Taylor & Francis Group, 2007, p. 197.

警务专业化和现代化的推进导致警察开始远离公众，进而变得保守和封闭，警察业务也陷入秘密化，故从20世纪70年代初开始，美国警方开始尝试让警察与公众进行更密切的互动。修复警察与少数族裔关系的短期警务策略得以推行，但这被许多人视为一种浮于表面的做法，因为它没有从根本上改变警察与公众疏离的社会现实。① 实际上，从20世纪40年代末一直持续到50年代的社区关系运动就促进了团队警务的兴起。社区关系运动和团队警务在为警察赢得更多公众支持并鼓励和引导公众在社区公共安全方面发挥更明确的作用等方面做了大量工作。警察与社区关系计划旨在使警察对社区的种族和文化差异保持和提高敏感，而团队警务则是改变警察工作重点和结构的重要初步尝试。② 20世纪80年代中期，美国开启了被冠以"社区警务"标签的警务改革，一直延续至今。这些趋势强调警察与社区加强互动，以解决持续的社区犯罪和混乱问题。这一长期改革对警察角色的定义、警务战略和战术运作以及对正式和非正式社会控制的限度等问题的理解产生了许多影响。③ 社区警务已成为当今世界民主政治的主导警务模式。④

（二）警察与公众结成治安联盟

社区警务的核心概念来自"共同"（common）一词。早在古希腊时期，亚里士多德便称人类是群居的、政治的动物，整个希腊城邦（polis）便是政治社区的范围。城邦社区由平等公民所组成，所有公民共同追求"善"的生活（common good）。这种理念使得社区除了具有空间的特性，也具有了实质的精神内涵。公众不仅仅是构成社区必不可少的元素，还是社区安全、发展

---

① Jack R. Greene, *The Encyclopedia of Police Science*, 3rd ed, Volume 1, Routledge Taylor & Francis Group, 2007, p. 196.

② Jack R. Greene, *The Encyclopedia of Police Science*, 3rd ed, Volume 1, Routledge Taylor & Francis Group, 2007, p. 203.

③ Jack R. Greene, *The Encyclopedia of Police Science*, 3rd ed, Volume 1, Routledge Taylor & Francis Group, 2007, p. 204.

④ Jack R. Greene, *The Encyclopedia of Police Science*, 3rd ed, Volume 1, Routledge Taylor & Francis Group, 2007, p. 205.

等事务的参与者和推动者。公众在维护社区治安上扮演极重要的角色。公众是最了解自己所在社区治安状况的人，也是最能提出如何有效改善社区治安建议的人，而且社区居民遍布社区的每一个角落，也是最适合负责本辖区治安工作的人选。传统的治安模式是从警察的立场和视角看治安，其往往因为本位主义而过于强调“破大案、抓要犯”，凡事以警察为核心，而忽略了整合社区的资源来预防违法犯罪，故而其效果往往是短暂的、表面的，也是微弱的。而社区警务则是以社区为核心，将维护安全和秩序看作社区整体发展和建设的重要一环，故而强调警民紧密结合，鼓励社区居民主动参与社区事务，根据社区情况和居民需求因时、因地制宜制订社区治安计划。

社区警务是对现代警察制度建立以来日益官僚化的警察组织以及专业化、现代化警务模式的一种反思和否定。现代警察制度建立后，正式警务兴起。在专职警察开展的正式警务模式下，预防犯罪、打击犯罪和维护社会秩序被视为警察的职责，警察机关和人员对社会控制有独特的责任。这在一定程度上形成了一个以警察机关和人员为行为主体来维护安全和秩序的封闭系统，不经意间将开展警务的环境和违法犯罪产生的土壤——社区和公众排除在外了。因此，在安全治理和社会控制中出现了各种问题，例如警务效率低下、警民关系疏远、警务效果不好、治安问题反复出现、违法犯罪依旧多发等。在社区警务和后来的问题导向警务（problem-oriented policing，POP）中，社区和其他公共的和私人的组织都被视为塑造警察目标及其过程中重要的参加者。[①] 社区警务讲求警察组织以开放的姿态“牵手”社区公众，调动社区资源共同维护社区安全和稳定。

（三）警民开展多渠道沟通与合作

社区警务是平衡以社区为基础的警务活动中警察的作用的结果[②]。社区

① Jack R. Greene，*The Encyclopedia of Police Science*，3rd ed，Volume 1，Routledge Taylor & Francis Group，2007，p. 978.

② Jack R. Greene，*The Encyclopedia of Police Science*，3rd ed，Volume 1，Routledge Taylor & Francis Group，2007，p. 978.

警务计划普遍的“核心”内容包括重新定义警察在犯罪预防活动方面的作用、警察和社会之间最大的互惠关系、警察服务和指挥方面的地区分权，以及某种形式的平民化。① 对英国社区警务推进起到重大作用的安德逊指出，警察在社区警务中的作用主要是与公众接触，安抚公众，收集犯罪情报，威慑和预防犯罪，并减少公众对犯罪的恐惧。② 为了适应社区警务制度，警察越来越关注公共安全、犯罪情况、公众对犯罪的恐惧、社区生活质量等各种各样的问题。诸如建立和维持社区伙伴关系、与警察合作处理邻里犯罪等问题是公共警察事务议程的主要内容。社区警务在推行中，要求警察具备以社区为基础的犯罪预防和受害者援助能力，同时将警察与社区特别是少数族裔社区重新联系起来，要求警察投入精力建设“邻里关系”。例如，在英格兰和威尔士，1998 年的《预防犯罪与无序法》对警察与社区的伙伴关系和强制性的社区协商提出要求。警队一级的主要计划是“减少犯罪与无秩序的伴生关系”，它将来自公共部门（例如卫生服务、缓刑服务部门）、私营部门（通过商业论坛）和志愿部门的警察和其他地方机构召集在一起。③

警察和公众之间的伙伴关系是社区导向警务运动的主导价值。根据这一观点，为了有效性，警察和社区必须联合打造安全社区，同时社区警务也方便警察为社区提供高效服务。美国司法部于 1994 年成立了社区警务服务办公室，专门负责为推广社区警务提供资源和拨款。2003 年拨款约 6.35 亿美元，1994 年至 2003 年，共拨款 106 亿美元；大部分预算用于资助警察派出所（police posts，截至 2003 年年底，美国的警察派出所数量超过 118,500 个）。④ 目前，约有 64% 的美国执法机构参与了社区警务，通过社区警务的形式为

① Jack R. Greene, *The Encyclopedia of Police Science*, 3rd ed, Volume 1, Routledge Taylor & Francis Group, 2007, p. 978.

② Jack R. Greene, *The Encyclopedia of Police Science*, 3rd ed, Volume 1, Routledge Taylor & Francis Group, 2007, p. 197.

③ Jack R. Greene, *The Encyclopedia of Police Science*, 3rd ed, Volume 1, Routledge Taylor & Francis Group, 2007, p. 197.

④ Jack R. Greene, *The Encyclopedia of Police Science*, 3rd ed, Volume 1, Routledge Taylor & Francis Group, 2007, p. 197.

86%的人口提供了服务。①

(四) 警力分散前移到社区

分散管理和服务提供是社区警务运动的基石，传统的警察结构极大地阻碍了警察向社区提供有效和高效的服务。② 社区警务哲学和项目强调环境的开放性，主张将非正式（基于社区的）和正式的（基于警察的社会控制）联系起来。③ 因此，从警察组织和服务供给系统的角度来看，社区警务被视为使警察机构减少官僚主义、专业化和等级化的一种方式④。设定管辖区域开展警务巡逻，是社区警务的经典做法。将警察人员分散于地方各个社区会使警力前移，更加便于惩治违法犯罪和服务公众。

在社会组织层面，社区警务被认为要打破警察组织与社会公众之间的隔阂，同时向警察传达开展广泛社会服务的理想。在组织方面，社区警务被认为是将警务决策从传统的行政决策转变为注重发展组织与环境的更广泛互动的过程，同时，社区警务也被认为是伴随警务层级的扁平化而与其他公共安全服务机构一起协调发展，为社会提供服务。⑤

要真正做到将警力前移到社区公众附近，需要不同寻常的警察技能、特殊交流，并掌握冲突解决和互动技巧。在组织层面，社区警务强调采用整个组织范围的社区警务精神、分散决策、基于地区的问责制以及志愿者作为辅助人员参与的可取性。社区警务追求以预防犯罪为导向的积极策略和解决问

① Jack R. Greene, *The Encyclopedia of Police Science*, 3rd ed, Volume 1, Routledge Taylor & Francis Group, 2007, p. 197.

② Jack R. Greene, *The Encyclopedia of Police Science*, 3rd ed, Volume 1, Routledge Taylor & Francis Group, 2007, p. 979.

③ Jack R. Greene, *The Encyclopedia of Police Science*, 3rd ed, Volume 1, Routledge Taylor & Francis Group, 2007, p. 978.

④ Jack R. Greene, *The Encyclopedia of Police Science*, 3rd ed, Volume 1, Routledge Taylor & Francis Group, 2007, p. 978.

⑤ Jack R. Greene, *The Encyclopedia of Police Science*, 3rd ed, Volume 1, Routledge Taylor & Francis Group, 2007, p. 204.

题的方法，因此，它鼓励机构间的合作关系和公众参与。[①] 社区民警有效开展社区警务的前提就是熟悉社区人员和基本治安情况，能够与社区公众建立良好信任并顺畅沟通。

四、对社区警务的评价

社区警务模式被西方民主国家广泛采用，有一些类似的原因。[②] 诸如，政府和公众对警察的表现不满；先前的警务模式导致了消极的警察公共关系；政府用于支持警务服务的资源减少；有利于地方治理的政治气候发生了变化；通信和信息处理方面取得了技术进步。通过学术著作、倡导者和改革者的宣介活动、来自不同国家的警察之间日益增长的互动和交流网络、改革委员会的建议、非政府组织的努力推动以及国家警察联盟和协助计划等，社区警务的思想已经在全球范围内扩散。

对社区警务有效性的研究结果喜忧参半。徒步巡逻似乎能让市民感到更安全，但对犯罪数量可能影响不大。在得克萨斯州休斯敦的一项小型研究中，巡警走访了一些家庭，以收集信息和看法。结果显示，[③] 研究区域内的犯罪率和居民的恐惧感都有所下降。然而，一项对英国社区警察（community constable）的研究发现，尽管社会对警察的角色期望强调社区接触，警察实际上很少花时间与公民直接接触。一项正在进行的关于芝加哥全部门社区警务的研究也有类似发现：虽然一些官员抵触与公民密切合作，却在提高公众满意度、降低居民恐惧感、降低失序和犯罪等方面产生了积极的效果。

---

① Jack R. Greene, *The Encyclopedia of Police Science*, 3rd ed, Volume 1, Routledge Taylor & Francis Group, 2007, p. 197.

② Jack R. Greene, *The Encyclopedia of Police Science*, 3rd ed, Volume 1, Routledge Taylor & Francis Group, 2007, p. 205

③ Jack R. Greene, *The Encyclopedia of Police Science*, 3rd ed, Volume 1, Routledge Taylor & Francis Group, 2007, p. 1019 – 1020.

第四节　战略警务及其理论

社区警务并不是警务专业化遭到批评后唯一的发展方向。另一个已经发展起来并有着强大影响力的替代方案是战略警务（strategic policing），它以改进作战方法和提高巡逻领域的技术成熟度为代表，包括定向巡逻、饱和巡逻、目标巡逻、严厉打击、热点警务和其他旨在更集中地利用巡逻资源和能源的技术。① 战略警务包括 COMPSTAT 系统（Computer-driven statistics）、情报导向警务等警务模式。

一、COMPSTAT 系统

纽约市警察局开发的 COMPSTAT 系统是战略警务中最著名的系统之一，主要用于建立指挥部责任制。COMPSTAT 以计算机为驱动进行数据分析，通常被形容为“一种目标导向的战略管理过程，它使用计算机技术、工作战略和责任制来构建警察机构提供打击犯罪保障安全的模式”。② 威廉·布拉顿（William Bratton）在其担任纽约市交通警察局长期间推动了 COMPSTAT 系统的发展，其于 1994 年成为纽约市警察局局长时将该系统引入了纽约警察局，美国许多部门也都跟进使用 COMPSTAT 类型的系统。此后，COMPSTAT 系统迅速在更多的警察机构中得到普及。

（一）COMPSTAT 系统的作用与优势

COMPSTAT 系统代表了以计算机为驱动的数据警务发展趋势。第一，COMPSTAT 系统利用地理信息系统（GIS）和犯罪分析技术及时提供特定问

① Jack R. Greene, *The Encyclopedia of Police Science*, 3rd ed, Volume 1, Routledge Taylor & Francis Group, 2007, p. 1020.

② Jack R. Greene, *The Encyclopedia of Police Science*, 3rd ed, Volume 1, Routledge Taylor & Francis Group, 2007, p. 23.

题的数据情况和视图，以便可以实时采取干预措施。警察局总部工作人员利用最新的犯罪数据和犯罪地图，以确保地区指挥官（分局队长）能够识别和应对当前的犯罪问题。鼓励指挥官战略性地利用他们的资源来解决眼前的问题，而不仅仅是将警力分散在社区等待电话和犯罪的发生。大量数据表明①，COMPSTAT 系统的应用能够减少犯罪。第二，COMPSTAT 系统旨在通过警务工作例会中集中使用数据来推动警察问责。在这些会议中，警区指挥官要负责解决其责任地域内的问题。COMPSTAT 系统主要用于协助警区指挥官对巡逻中的问题进行快速跟进，然后在例会上对其辖区的犯罪活动作出快速反应。第三，COMPSTAT 系统将承担责任的难题交给拥有改革经验和资源的领导者。② 使用 COMPSTAT 系统的警区在将解决问题的责任赋予谁这个问题上，与社区警务的实践是不同的。社区警务中，由于巡逻警察更接近街区（执法现场）故而被赋予更多权力，但许多使用 COMPSTAT 系统的机构却将承担难题的责任按照优先顺序交给了警务监督员和指挥官，因为警务监督员和指挥官具有引导变革的经验和资源。然后由警区指挥官来确定解决已发现问题的最佳方法以争取对犯罪作出及时、有效的反应。可见，COMPSTAT 系统是一种通过数据驱动的战略警务，它通过将警务数据在警察组织内部逐级

① 例如，COMPSTAT 系统在新奥尔良的应用使该地谋杀案的数量从 1994 年的 421 起下降到 1999 年的 162 起，下降了 62%。明尼阿波利斯的 compstat codefor（Computer Optimized Deployment-Focus on Results，即计算机优化部署—以结果为重点）使该地 1998 年至 1999 年的杀人、严重袭击、抢劫、入室行窃和汽车盗窃案件数量减少了几十件。2000 年，新警长、前纽约警察局副警长在巴尔的摩引入了 COMPSTAT 系统。到年底，巴尔的摩发生了不到 300 起凶杀案，这是 20 年来的首次，总体犯罪率下降了 25%。1999 年至 2001 年间，巴尔的摩的总体暴力犯罪率下降了 24%，凶杀案下降了 15%，枪击案下降了 34%，抢劫案下降了 28%，强奸案下降了 20%，袭击案下降了 21%。费城前警察局局长以及另一名前纽约警察局副局长，将该市犯罪率的下降归因于 COMPSTAT 系统驱动的警务。事实上，世界各地的警察机构都提出了类似的减少犯罪的主张。例如，两位澳大利亚学者在《行动与犯罪评论》（Operation and Crime Review，OCM）上发表了对新南威尔士州 COMPSTAT 系统的评估。作者发现，这一系统有效地减少了其所研究的四个犯罪类别中的三个犯罪的数量。参见 Jack R. Greene，*The Encyclopedia of Police Science*，3rd ed，Volume 1，Routledge Taylor & Francis Group，2007，p. 226。

② Jack R. Greene，*The Encyclopedia of Police Science*，3rd ed，Volume 1，Routledge Taylor & Francis Group，2007，p. 23.

授权来推动问责机制，并最终实现警察组织的管理创新。第四，COMPSTAT系统有助于提高警务绩效管理。在许多方面，COMPSTAT 系统标志着将面向企业的管理改革应用于现代警务。① 通过商业和专业实践来提高绩效责任制的情形已反复出现，成为警察管理改革的“圣杯”。

自从 1994 年 COMPSTAT 系统由纽约市警察局首次公布以来，警察基金会在 1999 年对美国国家司法研究所进行的一项调查显示，美国 515 个最大的警察部门中有 1/3 已经实施了类似 COMPSTAT 系统的计划。到 2001 年，已有 20% 的国家都计划这样做。同一项调查发现，约有 70% 参与 COMPSTAT 计划的警察部门参加了纽约市警察局的 COMPSTAT 会议（NYPD COMPSTAT meeting）。② 在推广应用中，COMPSTAT 系统的犯罪分析和管理方法被广泛宣传和模仿，COMPSTAT 系统被描述为“可能是 20 世纪后半叶警务中最重要的组织行政创新”。③《犯罪学与公共政策》杂志的一位编辑称，COMPSTAT 系统可以说是过去几十年来警务工作中最重要的战略创新之一。④ 1996 年，COMPSTAT 系统获得了福特基金会和美国联邦政府颁发的美国政府创新奖。哈佛大学约翰·肯尼迪政府学院院长、前纽约市市长鲁迪·朱利安尼（Rudy Giuliani）将 COMPSTAT 系统在他的政府中的作用比作“皇冠上的明珠”。

（二）COMPSTAT 系统的缺点和不足

COMPSTAT 系统在将工作重心聚焦于犯罪控制上，运用发生犯罪和骚乱的实时数据，对地理位置进行聚焦，或者灵活解决违法犯罪问题等方面具有一定创新。但有一些研究者指出，COMPSTAT 系统的有效性很大程度上依赖

---

① Jack R. Greene, *The Encyclopedia of Police Science*, 3rd ed, Volume 1, Routledge Taylor & Francis Group, 2007, p. 223.

② Jack R. Greene, *The Encyclopedia of Police Science*, 3rd ed, Volume 1, Routledge Taylor & Francis Group, 2007, p. 222.

③ Jack R. Greene, *The Encyclopedia of Police Science*, 3rd ed, Volume 1, Routledge Taylor & Francis Group, 2007, p. 222.

④ Jack R. Greene, *The Encyclopedia of Police Science*, 3rd ed, Volume 1, Routledge Taylor & Francis Group, 2007, p. 222.

于其是如何被应用的。① 对技术的过度依赖不利于警官从有限且常规的反馈（例如增加的巡逻）中分析问题和作出决策，这不是该系统的支持者所推崇的解决问题的能力。一些警务人员指出，他们的日常工作已完全受COMPSTAT系统支配。尽管一些机构已经给出了新的解决方案，但具有强大工会的机构在推行这一有意义的问责制措施时可能还是会遇到障碍。此外，问责制工作会议必须找到一个中庸的方法，来缓冲会议中出现的毫无理由的苛责或贬低，但又不能完全像没有问责制的工作会议那样。② 由此可见，COMPSTAT系统的有效运行需要警察在组织、管理、技术等诸多方面进行创新和密切配合，否则，它有可能进一步强化原本僵化的科层制管理体系，而使警务改革与创新失败。

二、情报导向警务

（一）情报导向警务的内涵

战略警务的最新模式是以情报为导向的警务模式。这种警务模式是伴随着COMPSTAT系统的开发应用，犯罪分析、犯罪绘图、数据挖掘及其工具日益可用、英国和澳大利亚令人印象深刻的国家级警察倡议以及2001年“9·11”事件后警方重新强调情报收集和分析等而兴起的。③ 情报导向警务（intelligence-led policing）更确切地说应当是信息主导的警务（information-led policing），它要求根据对最新情报和其他数据的仔细分析，持续实时地部署和指挥所有警务资源。④ 情报导向警务是一种主动的警务模式，它重视对

① Jack R. Greene, *The Encyclopedia of Police Science*, 3rd ed, Volume 1, Routledge Taylor & Francis Group, 2007, p. 23.

② Jack R. Greene, *The Encyclopedia of Police Science*, 3rd ed, Volume 1, Routledge Taylor & Francis Group, 2007, p. 23.

③ Jack R. Greene, *The Encyclopedia of Police Science*, 3rd ed, Volume 1, Routledge Taylor & Francis Group, 2007, p. 1020.

④ Jack R. Greene, *The Encyclopedia of Police Science*, 3rd ed, Volume 1, Routledge Taylor & Francis Group, 2007, p. 1020.

犯罪情报的分析、解读和利用，针对社会中存在的难点和热点问题，通过综合收集、细致分析、深入解读、精心使用情报信息，为领导层提供决策依据，提高警务效能。

（二）英国情报导向警务理论和实践

作为一种新的警务方式，情报导向警务于 20 世纪 90 年代发源英国。当时，英国犯罪率大幅上升，而社区警务抑制犯罪的作用不明显，因而英国公众要求警察降低成本，提高警务效率。1993 年，英国审计委员会提交了一份“里程碑式”的报告——《调查研究：有效对付犯罪》，指出警务效率低的问题，提出要寻求新的警务改革。1995 年，英国内政部发布了关于不同情报信息一体化的报告；1997 年，英国皇家警队督察署提出“用情报信息来开展警务工作”；2000 年，英国开始在全国推行国家情报模式（the UK national intelligence model）。

英国强调通过重点打击罪犯来降低犯罪率。英国审计委员会发布的报告指出，大多数市民都是遵纪守法的好公民，少数的违法犯罪分子应该为大多数犯罪负责。这些人还从一个城市移动至另一个城市实施违法犯罪活动。相关数据显示，不到6%的人实施了高达80%的犯罪。① 因此，英国提出了降低犯罪的四方面举措：一是锁定犯罪人；二是对犯罪与治安案件高发地区进行管控；三是将系列案件与意外事故并案侦查；四是实施综合治理的预防措施。这四方面相互联系、相互促进，共同构成了情报导向警务的四个目标要素。为了达到这四个目标，情报导向警务重视并规范了情报信息系统在警务中的应用，提出进入情报信息系统的“信息”应以预测犯罪、达到合理怀疑为标准，信息来源要可靠，数据要真实可靠；收集信息要最大限度兼顾保护公民权利；情报使用须严格按照法律进行；情报使用应当受到跟踪调查；情报信息系统每 5 年应当更新和升级。

---

① 参见王大伟等编著：《外国警学理论》，中国人民公安大学出版社、群众出版社 2017 年版，第 200 页。

2004年4月，英国各地警察局均采取了情报警务模式。《2004年度英国犯罪调查》显示，该年度英国犯罪总数比2000年下降了26%。[①] 情报信息在打击犯罪、重点预防方面居于核心地位，已成为影响和提升警务决策的重要因素。

（三）美国情报导向警务实践

2001年“9·11”事件使美国感受到了强烈的安全危机，也使美国认识到了自身军警情报信息工作的严重不足。2002年3月，在美国政府资助下，国际警长协会组织召开了情报信息峰会，全美120多名情报信息专家会聚一堂，制定了“国家情报信息计划”，选举产生了“全球情报工作组织”（the Global Intelligence Working Group，GIWG），以期“通过对刑事情报信息及其实用性的共识来促进情报主导的警务工作”。2003年，GIWG制定了《国家犯罪情报共享计划》（National Criminal Intelligence Sharing Plan，NCISP），该计划于同年10月颁布实施。该计划将情报导向警务分为六个步骤。第一，计划和指导，即在收集情报前做好计划，明确收集情报的目的、用途、具体方法、注意事项等。第二，收集情报，即花费人力、物力和时间，收集准确的情报。第三，整理情报，即通过剔除、排列、归类建立数据库等方法，使信息条理清楚。第四，分析情报，即通过人的智力劳动，使信息转变为情报信息。第五，公布情报，即将情报提供给需要的部门，让其发挥作用。第六，评估情报，即对情报的有效性进行评估，以发现可改进之处。

在情报导向警务理论引领下，美国于2002年9月成立国土安全部，以利用信息技术整合过去各机构分散设立的情报部门。当前，国土安全部已在基础设施、公共应用和专业应用三个层面上实施情报信息资源整合，力图将所有情报部门整合为一个网络、一个运行管理中心。这为警方提供了良好的信

① 参见王大伟等编著：《外国警学理论》，中国人民公安大学出版社、群众出版社2017年版，第198页。

息情报，也使美国的情报导向警务更有效。研究表明[①]，当警察巡逻和其他资源被集中地用于热点区域和问题时，犯罪率通常会降低。一些犯罪可能仅仅发生了转移，但犯罪数量真正减少的情形也经常出现。有针对性的警务似乎明显优于无针对性的警务。

第五节　问题导向警务及其理论

在警察专业化运动席卷全球之后，被动反应的警务方式逐渐显现其局限性，各国纷纷致力于寻找有效改善警务、提高警务效率的途径。在社区警务和战略警务（情报导向警务）之外，以问题为导向的警务（problem-oriented policing，POP）成为专业化警务之后当代警务发展的第三大战略。[②] 以问题为导向的警务也被称为问题导向警务。1979 年，美国康斯康星大学法学院教授赫尔曼·戈尔茨坦（Herman Goldstein）在犯罪学研究的专业杂志《犯罪与异常行为》（*Crime and Delinquency*）上发表了《改善警务：问题导向的进路》（Improving Policing：A Problem-Oriented Approach）一文，该论文首次提出了“以问题为导向来改善警务活动”。1990 年，戈尔茨坦出版专著《问题导向型警务》（*Problem-Oriented Policing*），正式提出问题导向警务理论。

一、问题导向警务的内涵

问题导向警务旨在倡导警察积极发现蔓延于社区中的影响犯罪的各种问题，并且针对每类问题采取适当措施从根本上解决问题，而非简单地应对和处置。它是对传统的主动提前警务的进一步深化，并逐渐影响着警方对各类

---

① Jack R. Greene, *The Encyclopedia of Police Science*, 3rd ed, Volume 1, Routledge Taylor & Francis Group, 2007, p. 1020.

② Jack R. Greene, *The Encyclopedia of Police Science*, 3rd ed, Volume 1, Routledge Taylor & Francis Group, 2007, p. 1020.

社会问题的处理方式。[①] 其主要内涵包括以下方面：

（一）关注深层次的问题

问题导向警务假设警察应该更多地关注问题，而不是事件。问题导向警务批判以刑事案件为中心、被动反应式地打击犯罪的传统警务策略，它认为警察部门应该更加注重识别、分析和解决那些高度具体化的、隐藏在反复发生的犯罪或失序现象背后的“问题”，从而更加有效地实现减少和预防犯罪的根本目的。[②] 警务工作不能停留在处理刑事案件的层次上，而应该深入分析案件背后的深层次社会问题，进而集中注意力去解决问题或者消除问题产生的土壤。

“问题”被定义为与某种方式相关的事件的集合（例如，如果它们发生在同一地点）或引发事件、犯罪、混乱和其他人期望警察处理的实质性社区问题的潜在条件。[③] 问题涉及一组在某方面存在共性的案件，而非个案。发现、汇总问题是问题导向警务的第一步，其关注和解决的问题必须是与公众息息相关或者可能对公共安全与秩序产生危害的问题，而不是警察法定职责范围内的问题。在问题导向警务中，警察不仅是打击犯罪者和公众的服务员，也是问题解决者。

（二）创造性地解决问题

问题导向警务主张把更多的注意力放在问题而不是事件上，警察可以解决问题的起因而不仅仅是症状，从而产生更大的影响。[④] 确定问题、分析问题，进而去寻求使问题得到有效解决的思路、措施和方案，是问题导向警务

---

① 参见王大伟等编著：《外国警学理论》，中国人民公安大学出版社、群众出版社 2017 年版，第 153 页。

② 参见杨学锋：《犯罪学视域中的问题导向警务》，载《中国人民公安大学学报（社会科学版）》2019 年第 6 期。

③ Jack R. Greene, *The Encyclopedia of Police Science*, 3rd ed, Volume 1, Routledge Taylor & Francis Group, 2007, p. 1020 - 1021.

④ Jack R. Greene, *The Encyclopedia of Police Science*, 3rd ed, Volume 1, Routledge Taylor & Francis Group, 2007, p. 1020 - 1021.

工作的核心。以问题为导向的警务的首要任务是为警方提供更好的解决犯罪和混乱问题的方法。① 问题导向警务主张从根本上解决问题，而不是仅仅着眼于表面现象；主张创造性地解决问题，提出多种问题解决的方案，而不是过度依赖执法手段。正如戈尔茨坦提出的，问题导向警务要求警察对各个事件进行分类汇总，对每一类问题认真分析或者凭借丰富的实战经验创造性地寻找解决这类问题的有效途径。② 又如詹姆斯（James A. Conser）和格雷戈里（Gregory D. Russell）所说，问题导向警务相信，通过发现和解决包括令人沮丧的人际关系和混乱无序的环境在内的问题，犯罪是可以得到预防和控制的。③

问题导向警务的基本原则之一是执法，也就是使用刑法，这应被理解为一种警务手段，而不是警务的目的。这不仅是术语上的细微变化。问题导向警务强调，警察追求宏大的至关重要的社会目标：控制犯罪，保护人民，减少恐惧，维持秩序。在任何情况下，警察都应该选择合法和道德的手段来达到这些目的，以最有效的方式实现这些目标。④ 有时这涉及刑法的执行，有时不涉及。因此，“警务”和“执法”不是同义词，执法并不是警务的唯一手段，甚至不是必需的警务原则和技术。

寻求解决问题的多种思路、途径，特别是具有广泛适用性和创造性的问题解决途径是问题导向警务所倡导的。但令人感到失望的是，现实中问题导向警务的应对措施往往强调执法和其他常规的警察行动。不过，一项研究发现，大多数人都会采用多种应对措施（平均 5 种），而强制执行往往是更具

---

① Jack R. Greene, *The Encyclopedia of Police Science*, 3rd ed, Volume 1, Routledge Taylor & Francis Group, 2007, p. 979.

② 参见王大伟等编著：《外国警学理论》，中国人民公安大学出版社、群众出版社 2017 年版，第 156 页。

③ 参见王大伟等编著：《外国警学理论》，中国人民公安大学出版社、群众出版社 2017 年版，第 156 页。

④ Jack R. Greene, *The Encyclopedia of Police Science*, 3rd ed, Volume 1, Routledge Taylor & Francis Group, 2007, p. 1021.

创新性的应对措施的补充，而不是主要应对措施。①

（三）强调积极预防的理念

在警察角色的概念化过程中，其经常被拿来与公共卫生作类比——二者都强调预防和采取积极主动的干预措施。这个类比也很有用，因为它提醒我们，即使有强有力的公共卫生干预，人们仍然会生病，需要医疗照顾——也就是说，即使以问题为导向的警务防止了一些问题，减少了对反应式警务的需求，警察仍然需要响应电话和执行逮捕。② 在以问题为导向的警务规范下，警察从原先对服务呼唤作出反应的模式转变为一种强调主动分析问题的模式。警察并不是在问题产生危害结果时或之后才处理，而是主动提前关注问题并解决问题。

二、美国圣地亚哥的问题导向警务实践

在十年或更长的时间里，圣地亚哥被广泛认为是问题导向警务的引领者，特别是在大城市中。问题导向警务培训于 20 世纪 80 年代末期在警察机关中流行。1990 年至 2003 年，国际问题导向警务会议每年在圣地亚哥举行，该会议由当地警察局主办。1996 年，问题解决作为新警日常绩效评估的重要内容而被正式纳入当地训练范围。1998 年，圣地亚哥警察局成为美国最早将问题解决纳入新警培训内容的机构之一。在该局开展的宣誓警官三年期绩效评估计划中，问题解决是 14 个具体评分标准之一。③

圣地亚哥警察局开发了自己的数据库，用于存储和检索问题导向警务项目的信息。圣地亚哥警察在全国各地进行了问题导向警务培训，以前警察部门的雇员也被其他机构雇佣以帮助他们实施问题导向警务。由于担任过圣地

① Jack R. Greene, *The Encyclopedia of Police Science*, 3rd ed, Volume 1, Routledge Taylor & Francis Group, 2007, p. 1022.
② Jack R. Greene, *The Encyclopedia of Police Science*, 3rd ed, Volume 1, Routledge Taylor & Francis Group, 2007, p. 1021.
③ Jack R. Greene, *The Encyclopedia of Police Science*, 3rd ed, Volume 1, Routledge Taylor & Francis Group, 2007, p. 1153.

亚哥警察局局长的人在问题导向警务和社区警务方面具备丰富的专业知识，因此他们往往被聘为其他主要城市的警察局长（如西雅图的 Norm Stamper 和阿纳海姆的 John Welter）。

1993 年以前，该局的大部分问题解决活动是由邻里警务小组（NPT）完成的，该小组是作为社区警务实施的一部分成立的。随后，该局的官方政策是所有官员（和所有其他员工）应将问题解决纳入其日常职责，从而取消 NPT，并在全局实施问题导向警务。其通过实施一系列有组织性的制度来支持问题导向警务和社区警务，其中包括：①（1）总部设立犯罪分析部门，该部门因其专业性而获得全国认可。（2）设立邻里警务支持小组（NPST），帮助社区的警官和队伍开展工作。2001 年，该小组的职责扩大，包括提供一系列与问题解决、社区警务和犯罪预防有关的行政和实地援助。（3）问题分析咨询委员会（Problem Analysis Advisory Committee，PAAC）每月召开一次会议，帮助官员分析问题。该会议于 2000 年 2 月更名为问题解决会议（Problem Solving meetings）。（4）建立问题导向警务项目的计算机记录保存系统，以为问题导向警务提供跟踪（POP-Track）服务。（5）制订部门战略计划，该计划将问题导向警务确定为实现部门目标的关键部分。

2000 至 2001 年，科尔德纳（Cordner）和比贝尔（Biebel）发现，圣地亚哥的问题导向警务项目往往侧重于细节（一个广告、一个交叉点、一个公园等），并采用相对薄弱的分析和评估方法。然而，在积极方面，这些研究发现，官员们认识到了问题导向警务的重要性；大多数官员可以指出他们参与过的最新的问题导向警务项目；官员们在解决问题的过程中通常会综合运用传统和非传统的应对方法。尽管圣地亚哥常规警察活动并不是总能达到问题导向警务标准，但它比大多数警察机构实行的以偶然事件为导向的警务方式更系统，更具分析性和实质性。

---

① Jack R. Greene, *The Encyclopedia of Police Science*, 3rd ed, Volume 1, Routledge Taylor & Francis Group, 2007, p. 1153 – 1154.

三、SARA 模式

SARA 模式是问题导向警务运行最常见的模式。[①] SARA 的 4 个字母分别代表检视（scanning）、分析（analysis）、应对（response）和评估（assessment）。该模式于 1987 年由记者约翰埃克（John Eck）首次在弗吉尼亚州 *Newport News* 关于警察局的问题解决评估报告中提出。[②]

（一）SARA 模式的四个步骤

在 SARA 模式中，检视包括查看数据、与人交谈和观察社区以发现潜在问题。分析是指研究潜在的问题，以确定它们是否值得共同关注。如果值得关注，则尝试对它们进行准确的描述和解释。应对措施是指寻找各种解决方案，然后选择和实施最有希望成功的解决方案。评估是指在响应后收集数据，以确定问题是否已得到解决或至少部分得到解决。如果没有取得成功，则可能需要做进一步分析并采取不同的应对措施。

从 20 世纪 80 年代开始，问题导向警务已经成了一种受欢迎的、有吸引力的且有效的警务战略。[③] 由于“SARA”一词容易被人们记住，且该模式只需要四个步骤，因此，大多数人都记住了它，SARA 模式进而也在警务领域获得了较高的声望。在 90 年代初的美国，利用 SARA 模式解决问题被纳入社区警务。从那时起，培训、出版甚至联邦拨款计划都开始运用 SARA 模式。

（二）SARA 模式的缺点

SARA 模式有两个缺点。首先，SARA 模式暗示解决问题就是或者应该遵循一个线性过程。这个模式似乎建议你先检查，在作出分析、回应和评估

---

① Jack R. Greene, *The Encyclopedia of Police Science*, 3rd ed, Volume 1, Routledge Taylor & Francis Group, 2007, p. 1155.

② Jack R. Greene, *The Encyclopedia of Police Science*, 3rd ed, Volume 1, Routledge Taylor & Francis Group, 2007, p. 1155.

③ Jack R. Greene, *The Encyclopedia of Police Science*, 3rd ed, Volume 1, Routledge Taylor & Francis Group, 2007, p. 1156.

后，这一过程就完成了。然而，在实践中，问题解决者似乎经历了更多的来回反复。例如，当他们对一个问题有了新的认识时，他们可能会对这个问题作出反应，这使他们意识到这确实是一个与他们最初所想的问题不同的问题。另一个常见的经验是，有些问题一经发现就需要立即作出反应。在这种情况下，警官可能会在试图核实被感知到的问题的真实状态的同时就作出回应，同时也试图找出问题所在。

其次，它没有被正式纳入社区。如前所述，SARA 模式完全可以由警察来执行。然而，如果这样的话，风险在于只有警方认为重要的问题才会得到关注，只有警方的数据才会被用来分析问题，只有警方主导的回应才会被采用，而评估将仅根据警方的标准进行。因为上述原因，当问题解决被并入社区警务中时，它通常被称为协作解决，以强调社区参与 SARA 过程的每一步的重要性。①

（三）问题分析三角形

为帮助改进 SARA 模式，问题分析三角形的概念被提出。三角形的三条边分别是受害者、犯罪人和犯罪地点。在分析具体问题时，警官被鼓励关注受害者（他们是谁？他们遭受了什么伤害？为什么他们是受害者，而其他人不是?）犯罪人（他们是谁？为什么选择犯下这些罪行?）以及犯罪地点（问题发生在哪里？为什么它们发生在这些地方，而不是其他地方?）。关注这些因素是有意义的，因为犯罪及相关问题通常不是随机分布的，犯罪和许多其他问题集中在相对较少的犯罪人、受害者和地点上。

一旦分析出问题之所在，便可以将注意力转向对问题采取措施。针对受害者，可以运用情境预防以及其他预防方法以提高其免受侵害与威胁的能力。针对犯罪人，可以通过实施强化潜在犯罪人与对其有意义的人之间情感依恋关系的社会性项目，以增强家庭成员对潜在犯罪人所具有的看管、监督、约

① Jack R. Greene, *The Encyclopedia of Police Science*, 3rd ed, Volume 1, Routledge Taylor & Francis Group, 2007, p. 1156.

束等作用。[①] 针对犯罪发生地点，可以发挥场地管理者（例如看门人、酒吧员工、私人保安等）和监管人（如闭路监控系统或者受托照看朋友财物的人）的作用，[②] 加强对场地的监管和巡逻。例如，通过说服受害者的监护人（如父母）、对潜在犯罪人有意义的人（如教师或雇主）、场所的管理者（如房东、门卫），让他们对潜在犯罪人进行监督，以预防和减少违法犯罪。应充分考虑监护人、管理者和监管者在预防违法犯罪方面长远的、积极的作用，而不是完全靠依赖警察来应对违法犯罪。[③]

四、问题导向警务的其他模式

SARA 模式并不是执行问题导向警务或解决问题的唯一过程。许多研究表明，很多时候问题导向警务在实际运行中并没有严格遵循 SARA 模式所规定的基本流程，也就是说，问题导向警务在实践中发展出了不同的运行模式。问题导向警务的发明者赫尔曼·戈尔茨坦使用了识别问题（identifying problems）、分析问题（analyzing problem）、寻找替代方案（he search for alternatives）和衡量替代反应的有效性（measuring the effectiveness of alternative responses）等术语，这显然与 SARA 的含义相同，但术语略有不同。[④]

加拿大皇家骑警（The Royal Canadian Mounted Police）使用 CAPRA 表示当事人（clients）、获取或分析信息（acquire/analyze）、合作伙伴关系（partnerships）、响应（responses）以及对所采取行动的评估（assessment）。这一模式涵盖了大多数基本的问题解决过程，但也将重点放在了当事人（需

① 参见［澳］亚当·苏通、［澳］阿德里恩·切尼、［澳］罗伯·怀特：《犯罪预防：原理、观点与实践》，赵赤译，中国政法大学出版社 2012 年版，第 29 页。

② 参见［澳］亚当·苏通、［澳］阿德里恩·切尼、［澳］罗伯·怀特：《犯罪预防：原理、观点与实践》，赵赤译，中国政法大学出版社 2012 年版，第 28 页。

③ 参见［澳］亚当·苏通、［澳］阿德里恩·切尼、［澳］罗伯·怀特：《犯罪预防：原理、观点与实践》，赵赤译，中国政法大学出版社 2012 年版，第 27 页。

④ Jack R. Greene, *The Encyclopedia of Police Science*, 3rd ed, Volume 1, Routledge Taylor & Francis Group, 2007, p. 1156.

要解决问题的公民）和与社区合作解决问题的伙伴关系上。①

英国内政部（the British Home Office）已经开发了一种被称为“五个 I”的警务工作方法，五个 I 分别代表智力、干预、实施、卷入和影响（intelligence，interventions，implementation，involvement，impact）。

五、问题导向警务与社区警务的结合

问题导向警务与社区警务是专业化警务模式之后并行的警务模式。但在社区警务的“大伞”下，问题导向警务因失去了重点而变得微不足道。在社区警务下，问题导向警务逐渐向两个方向变化。第一，为了与社区警务的使命保持一致，它经常被用来解决邻居的所有问题，例如犯罪、混乱等，从而削弱了人们对特定问题的关注。第二，为了与赋予警察个体有效服务社区的权力的理念保持一致，问题导向警务逐渐转向了“问题解决”。反过来，问题解决往往被视为一个优秀警官在面对一个充满挑战性的投诉人、电话或地址时所做的事情。因此，解决问题往往相当于创造性地处理个别事件，而不是采取以问题为导向的方法来解决具有某种意义的实质性问题。需要肯定的是，这种解决问题的方法可能代表被改进了的警察实践，但在问题的范围、分析的深度或应对的广度上，与问题导向警务的理想概念对比，它就显得格外苍白。② 因此，问题导向警务走向了与社区警务融合发展的道路。

与社区警务联盟后，问题导向警务的首要任务是为警方提供更好的解决犯罪和混乱问题的方法。应用一种科学的方法来检查环境中的问题，分析问题的性质和来源，制定和实施政策，利用社区干预来解决问题，然后评估所实施的程序所形成的影响，最终形成解决问题的基础。在以问题为导向的警务规范下，警察从原先对服务的被动反应模式转变到强调主动发现问题并进

① Jack R. Greene, *The Encyclopedia of Police Science*, 3rd ed, Volume 1, Routledge Taylor & Francis Group, 2007, p. 1157.

② Jack R. Greene, *The Encyclopedia of Police Science*, 3rd ed, Volume 1, Routledge Taylor & Francis Group, 2007, p. 1022.

行分析的模式。① 而社区警察提供了更广泛的警察在社会中的作用的视角，并为解决问题提供了一套在更广阔的环境中工作的工具。

第六节 联合警务及其理论与实践

"冷战"结束后，世界经济逐渐冲破了各国市场边界向国际市场发展，政治、文化也纷纷冲破民族国家限制向全球范围发展，全球化成了一股不可阻挡的浪潮。与此同时，安全领域形势更为复杂和严峻，传统安全观受到风险社会图景和全球化浪潮的挑战，各国对诸多安全问题普遍缺乏积极有效的应对之策，而且，各国日益发现诸多安全问题仅凭借一国之力难以应对和治理。维护安全与秩序是现代警察的专门职责，全球化背景下，如何应对诸多安全风险，如何有效预防、打击、惩治违法犯罪，如何有力维护地方治安，成为现代警察制度和警务运行机制必须面对和考虑的问题。在警务从地方走向世界舞台的过程中出现了一种新的警务类型，即联合警务（collective policing）②。

一、联合警务兴起的背景

随着全球化的来临，人类的经济行为日益超出了国家边界，具备了全球维度。人类的犯罪行为亦是如此，警务不得不作出相应调整。

（一）全球化的国际背景

"全球化"（globalization）一词的使用始于20世纪60年代，是美国和法

① Jack R. Greene, *the Encyclopedia of Police Science*, 3rd ed, Volume 1, Routledge Taylor & Francis Group, 2007, p. 979.

② 原文为"collective policing"，可以译为"共同警务""集体警务"，可以引申为"联合警务""合作警务"等。参见 Jack R. Greene, *The Encyclopedia of Police Science*, 3rd ed, Volume 1, Routledge Taylor & Francis Group, 2007, Introduction, p. xxiii。

国的社会学家率先倡议的。此概念源自多国籍企业（multinational corporations）对当地政府的影响等经济方面的议题以及文化认同等社会议题。20 世纪末，知识经济的崛起扩展了全球化的概念，日本管理学者大前研一在《无国界的世界》一书中，从互联网和数据信息平台所创造的虚拟世界出发提出了对传统国家主权的若干观念的质疑，其随后的著作《看不见的新大陆》则更暗示了全球化的趋势。由此，全球化从一个经济概念逐渐演化成一个政治概念。

“冷战”结束后，民族国家一级国家间体系依然存在。但是，超越国界、跨越大洲、超越地区的全球化、一体化趋势已势不可当。全球化席卷之下，民族国家之间原本的地域界限日渐模糊，地方性的、民族国家的、世界性的事物互相关联，互相影响，世界变成了一个“无国界的社会”，整个世界成了一个有机体。① 全球化带来了国际格局的变化，改变了安全、权力等国际关系概念的内涵，使原来属于一国的问题变成了全球性的共同议题。② 政治全球化也使民族国家的主权受到了挑战，国际组织在政治生活中的地位日益上升，民族国家日益受到跨国、跨地区政治组织的影响。

（二）全球化背景下的矛盾与冲突不断扩大

全球化是无法阻挡的世界潮流，它对国际社会产生了巨大的影响。有些国家的经济因全球化取得了大发展，相对地，一些国家则在全球化进程中承受压力，国家的整合朝两极化发展。而蛰伏已久的意识形态对立，似乎也伴随全球化被放大了。

（三）犯罪行为的全球维度

跨国犯罪不是一种新的犯罪模式，而在交通、通信及客观环境条件适合时出现的跨越地域、跨越国界的犯罪存在形式。科技的高速发展、国际贸易的急速扩张以及金融贸易复杂化，是引发跨国犯罪的重要因素，也是影响此类犯罪打击效果的重要因素。影响跨国犯罪的因素和打击跨国犯罪的困难之

① 参见景跃进、张小劲主编：《政治学原理》，中国人民大学出版社 2006 年版，第 85 页。
② 参见景跃进、张小劲主编：《政治学原理》，中国人民大学出版社 2006 年版，第 86 页。

处在于，科技的高速发展为犯罪提供了物质工具，同时国际贸易的急速扩张、复杂的金融贸易使犯罪查处工作更加困难。“冷战”结束后，南斯拉夫内战迫使大批难民背井离乡，中欧和东欧国家重启了对外开放政策，走私毒品、商业诈骗、洗钱、非法移民、贩卖人口等犯罪活动逐渐突破国界成为国际性问题，这需要所有国家共同应对。

随着“冷战”结束后地缘政治的改变，犯罪者开始把世界看作其作案的目标及市场，国家疆界只是国际政治符号而已，跨国犯罪影响的也不只是人民的生命、财产，新时代的犯罪已触及人类生命的尊严和国家资产，并对国家主权造成威胁，换言之，已进入国家安全的层次。犯罪行为的全球化呼唤各国警察机关作出适应性调整。

综上，全球化表征了社会关系空间组织体系的移转，也表征了多地远程连接的交互影响。[①] 经济行为的全球化扩大了社会矛盾和冲突，引发了大量的跨国犯罪，也刺激了恐怖主义的国际化。面对经济社会文化以及治安的变化，警务的目标逐渐从维护所在国家和地区的安全和秩序转向了解决人类共同面临的安全和秩序问题。在世界舞台上，警务要关注侵犯当地法益的域外犯罪，包括在互联网上传播儿童色情制品行为和实施欺诈的行为、为色情行业贩运妇女和儿童的行为等。这些数量众多的国际犯罪组织专门从事有着广大市场但非法的活动，如贩卖毒品、人口、身份信息等。此外，新型的网络犯罪对过去的一个假设提出了挑战，即关于犯罪者和受害者之间的关系问题以及犯罪行为地和结果发生地之间的距离问题。的确，无论这些犯罪组织是否在当地，其在当地的影响都是无可争议的。因此，全球范围内的警务都受到了挑战，开始尝试共享信息，并参与到所谓的“联合警务”（collective policing）工作模式中。当然，这对警察来说是新的领域，因为这种警务模式是新出现的，其做法和后果仍然不确定，但是其在迅速发展。这确实是 21 世纪警务的新领域。正如，英国学者马尔科姆·安德森（Malcolm

① 参见［英］本·鲍林、［英］詹姆斯·谢普蒂基：《全球警务机制研究》，倪铁译，法律出版社 2014 年版，第 3 页。

Anderson）所说，“一种移转悄然进行，内部和外部的安全维系正从民族国家转移到国际组织”①。

二、联合警务理论的核心

联合警务是经济、文化、犯罪等突破国家界限向外发展的必然产物。联合警务是为了惩治涉外犯罪、跨国犯罪和国际犯罪，维护国际社会秩序或者实现某国司法主权，各国警察机关以本国法律或国际公约为依据，与他国警察机关互相提供执法便利或采取联合执法行动的一种警务交流合作形式。也有学者认为，联合警务即国际警务合作，是指两个或多个警察实体（包括私人和公共警察机构）之间出于共享犯罪情报、开展调查活动或对犯罪嫌疑人最终实施抓捕等共同目的而开展的互动活动。② 联合警务主张各国警察在刑事司法协助、专项警务合作、犯罪信息情报合作、警察教育培训等方面开展国与国之间的合作与交流。联合警务的开展必须依靠各国警察之间的协调行动，例如在跨国刑事犯罪管辖和办理活动中，相关国家可以要求互通情报与服务，共同办案，协查取证，缉捕移交犯罪行为人，传递法律文书等。

（一）联合警务的行为主体

联合警务是国家层面的警务合作，国家是国际警务合作的主体。在经济全球化、科技信息化、交通便捷化的当下，单凭一己之力打击跨国犯罪的国家和警察机构极为罕见，各国都意识到要想保护自己国家免于跨国犯罪活动的影响，国家之间不得不相互依存。因此，跨越国界开展警务合作成为必要，联合警务由此产生。联合警务是国家层面的警务合作，其合作主体是国家，执行主体是国家授权的警察机关。因此，联合警务可以被认为是一种警察外交活动。联合警务主要针对跨国性犯罪，特别是涉外犯罪、跨国犯罪和国际

① ［英］本·鲍林、［英］詹姆斯·谢普蒂基：《全球警务机制研究》，倪铁译，法律出版社 2014 年版，第 2 页。

② ［加］弗里德里克·勒米厄编著：《国际警务合作的理论与实践》，曾范敬译，中国人民公安大学出版社 2016 年版，第 1 页。

犯罪，通过对跨国犯罪案件的涉外刑事管辖和国际刑事管辖，在不同国家之间开展刑事司法协助和联合行动，对跨国犯罪进行预防、侦查和惩治。

对具体行为的归罪化，是以国家为联合警务主体开展打击跨国犯罪的战略、结构和程序的前提。① 只有相互兼容的法律才能创立国际执法机制，才能处理跨国犯罪问题。因此，归罪标准化的过程在各国的一些领域业已开始。值得注意的是，在不同行为的归罪化过程中，存在某种程度的西方霸权主义，主要是以全球禁例为基础，发展中国家沿着西方国家的发展轨迹或是在国际警察组织法律部门的指导下形成或改变了它们自己的刑事司法制度。②

尽管归罪标准化在不断推进，但联合警务实践证明，各国突破国界开展国际警务合作极其复杂。就惩治跨国犯罪而言，国际警务合作开展起来十分困难，需要开展国际警务合作的国家甚至是敌对的。③ 国家之间本质上存在不兼容性，参与国际警察合作的一国警察机构面临数不清的障碍。首先，各国警察组织架构的不对称性（架构有集中型或分散型之分）导致合作过程中牵涉的机构和部门繁多，这就造成了交际渠道（正式或非正式）的趋同，以及信息来源的爆炸。其次，国际警务合作内在的文化异质性也会使警察亚文化中一直存在的互不信任在一定程度上加深。最后，与信息技术融合相关的问题层出不穷，系统不兼容在很大程度上使在各警察机构之间建立信息桥梁变得复杂。这一现象在北南合作中尤其突出，两地区对技术的使用存在较大差异。

（二）联合警务的工作方式

1. 共享犯罪情报和警务信息

犯罪情报和警务信息共享是联合警务基本的工作方式。越来越多的犯罪

① 参见［加］弗里德里克·勒米厄编著：《国际警务合作的理论与实践》，曾范敬译，中国人民公安大学出版社 2016 年版，第 2 页。

② 参见［加］弗里德里克·勒米厄编著：《国际警务合作的理论与实践》，曾范敬译，中国人民公安大学出版社 2016 年版，第 2 页。

③ 参见［加］弗里德里克·勒米厄编著：《国际警务合作的理论与实践》，曾范敬译，中国人民公安大学出版社 2016 年版，第 3 页。

种类朝着跨国化发展的趋势，要求警察及时全面掌握犯罪情报，以准确全面认知犯罪动态，为有效开展跨越国/边境惩治跨国犯罪提供信息情报资源。因此，交换、收集犯罪情报是联合警务的重要工作内容。通过国际警务合作，犯罪情报实现了跨国、跨地域的共享，警察部门可以借由他国的信息源更好地了解警方所调查嫌犯的作案手法。① 警察机构利用调查活动中收集到的信息和国际警务合作中获得的情报，了解发生在其辖区以外的真实发生的刑事犯罪活动或趋势以及特定犯罪集团的特定犯罪活动，这既有助于其辖区内的犯罪防控，又有助于为开展跨国侦查协作积累认知储备和经验。

交流共享犯罪情报，无疑也促进了警察机关之间的交流沟通，加强了各国警务信息的交换。而各国就打击惩治刑事犯罪的警务计划、专项侦查活动等警务信息展开交流，本就是联合警务实践中不可或缺又极为必要的环节与内容。在警务专业人士之间建立起联系网络开展警务信息交流，可以促进各国警察机关形成打击跨国犯罪的共识，并在互利互惠和沟通的基础上增强各国警察机关之间的互信。共享犯罪信息和警务信息为各国警察机关开展多层次、多部门行动提供了信息资源，也为警察机构提供了各种机遇来研究制定打击犯罪策略，而这通常会带来更加成功的警务实践。

2. 开展跨国侦查协作

联合警务因全球化及犯罪跨国、国际化发展而生，因此，针对刑事犯罪开展跨国侦查是联合警务的应有工作内容与方式。跨国侦查协作是指各国警察机关在跨国犯罪和国际犯罪侦查领域为获取犯罪证据而进行各种形式的协作与配合。② 它是国家域外刑事管辖权的具体体现。两国或多国警察机关通过相互合作，使彼此获得域外侦查办案的权力，是联合警务在惩治犯罪领域的一项专门活动，也标志着各国在惩治犯罪领域的深度合作。传统的国际警务合作大都在国际刑警组织框架下展开，或通过外交渠道进行。然而近 20 年

---

① 参见［加］弗里德里克·勒米厄编著：《国际警务合作的理论与实践》，曾范敬译，中国人民公安大学出版社 2016 年版，第 1 页。

② 参见向党主编：《国际警务合作概论》，中国人民公安大学出版社 2005 年版，第 161 页。

来，越来越多的警察机构开始跨国界直接建立联系进行合作。日益增多的双边警务合作协议诞生，使国家间警务机构的联系与合作经常化、效益化、制度化。随之而来的是，追缴犯罪收益、控制下交付等多种国际侦查措施被运用于跨国犯罪或国际犯罪的监视、追踪活动当中。联合侦查、协同破案、越境追捕等跨国侦查手段成为许多国家警察机构协同破案的有效形式。

与其他侦查活动相比，跨国侦查协作具有独特性。第一，跨国侦查协作以惩治国际性犯罪为宗旨。出于双方或多方共同利益的需要，国际社会展开跨国侦查协作大都以协助对方打击跨国犯罪、国际犯罪等刑事案件为主。第二，出于对外国国家主权的尊重，跨国侦查协作以所在国侦查机关为主，别国派遣的侦查人员只能起辅助作用。第三，跨国侦查协作整个过程紧紧围绕发现、控制、揭露、证实犯罪和缉捕犯罪人而实施，侦破犯罪是跨国侦查协作的核心目标。第四，跨国侦查协作是两国或多国警察机关之间最直接的合作，特别是在联合侦查方面，两国或多国警察要围绕跨国犯罪案件联合展开调查取证，共同办案，合力缉捕犯罪人，是最直接、最有效率的联合警务形式。

3. 开展警务人员培训

为了提升联合警务质量，国际刑警组织、区域性警察组织等都会开展不同形式的警务人员培训。例如，国际刑警组织总秘书处每年会举办一次为期两周的训练班，围绕当下国际性犯罪的特点和合作需要，为各成员培训骨干警官。①

（三）联合警务的双重法律依据

联合警务必须依法执行，其法律依据具有双重性——既要执行国内法，又要执行国际法规范。这就导致联合警务行动往往是国际范围内司法程序和外交程序的结合体。例如，我国对外国籍犯罪人依照我国《刑事诉讼法》采取相关刑事强制措施之后，因为我国是《维也纳外交关系公约》和《维也纳

① 参见向党主编：《涉外警务》，中国人民公安大学出版社2004年版，第313页。

领事关系公约》的参加国，因此，还必须遵守其相关规定，即公约的参加国“若逮捕或羁押了外国人，根据被羁押人的要求，要及时通知外国驻该国的使领馆，并允许探视、通信。该当局应将本规定的权利迅即告知当事人”。这属于国家之间在联合警务以外的外交程序，属于外交合作。

三、联合警务的实践模式

（一）国际刑警组织框架下的跨国警务合作

20 世纪初，跨国犯罪开始增多。1923 年，欧洲多国警察、检察官、法官聚集于奥地利首都维也纳召开会议，共商跨国犯罪追捕和引渡等制度，大会提出建立国际刑警委员会，以促进各国警方之间在跨国犯罪方面最广泛的相互支援与合作。1956 年，该组织更名为国际刑事警察组织（International Criminal Police Organization，ICPO），简称国际刑警组织，在全球范围内使用统一的电挂代号——INTERPOL。国际刑警组织不断吸纳会员，发展至今已成为一个协调世界各国共同打击国际性犯罪的政府间合作组织。国际刑警组织是一个国际执法组织，其主要任务是对犯罪分子进行国际追捕，收集和交换各成员犯罪情报，为各成员提供咨询服务等。犯罪人被抓捕后，要根据司法管辖权，按照国家间的警务合作或刑事司法合作条约以及国际刑警组织章程，将犯罪人交给具有管辖权的国家进行司法审判。

各成员按照尊重国家主权、平等互惠、惩治刑事犯罪等原则在国际刑警组织平台中展开合作。各国可以就刑事案件侦查开展合作，也可以在刑事案件侦查外，就警务人员培训、国际警务研讨、犯罪调查研究、警务技术等方面开展合作。在国际刑警组织平台上，各成员开展多层次、多渠道的合作，随着网络犯罪、跨国有组织犯罪的增多，合作的方式也不断创新。目前，国际刑警组织开展的合作可以分为直接合作与间接合作、双边合作和多边合作、专案合作与战役合作等。各成员主要利用通信网络在国际刑警组织平台上开展合作，例如交换犯罪情报信息，申请和发布国际通报，开展查控和引渡等。

需要格外注意的是，国际刑警组织于1971年得到联合国批准，享有跨政府的权力，它可以作为一个政府间国际组织同联合国在惩治国际犯罪方面发展国际一级的合作关系。国际刑警组织在国际社会中保持政治中立，它不介入任何政治、军事、宗教或种族罪行，也不介入非跨国案件。其组织目标是保证和促进各国警方之间最广泛的相互支援与合作，建立和发展有助于有效预防和打击普通刑事犯罪的各种机构和制度。2002年，国际刑警组织成立了一个特别融合工作组（the Fusion Task Force），其主要职责是对从事恐怖主义活动的犯罪团伙成员的身份进行鉴别。

（二）欧盟框架下的联合警务

欧盟是欧洲地区规模较大的区域性经济合作组织，其成员已将部分经济方面如货币、金融政策、内部市场、外贸等的国家主权交给了组织，由于欧盟成员间经济、文化交流频繁而广泛，故欧盟国家建立了联合警务平台，为联合警务开展提供支持。

1. 特莱维小组

欧盟部长理事会特莱维小组组建于1974年。特莱维的英文简称“TREVI”一词由恐怖主义（terrorism）、激进主义（radicalism）、极端主义（extremism）、暴力主义（violence）4个单词的首字母组成。该平台是一个供负责内政事务的部长和欧洲高级警官定期举行会议的论坛，该平台的主要目的是为信息交换提供一个机制，该平台在成立之初以恐怖主义为工作重心，后来工作范围拓展到包括严重犯罪与贩卖毒品在内的多个不同领域。①

2. 申根倡议行动

1985年签订的《申根协议》和1990年签署的《申根公约》旨在促进欧盟内部人员、货物的流动以及交通自由，并以此推动建立单一市场这一目标的实现。申根体系是在欧盟的框架之外运行的，尽管如此，该体系已经成为

① 参见［英］彼得·乔伊斯：《警务发展与当代实践》，曹志建译，知识产权出版社2015年版，第297页。

一个创立协调有序的欧洲刑事司法程序的压力源①。申根体系下，相关国家作了多项安排：在涉毒犯罪方面开展合作，特别是减少毒品贩卖方面的合作；警方与司法机构之间开展跨国合作；简化成员之间的引渡制度；建立申根信息系统。《申根协议》废除欧盟成员之间的内部边境管制，同时在欧盟外部边界实施严格的移民控制。

申根信息系统（Schengen Information System，SIS）是一个覆盖欧盟全境的数据库，用于收集和交换有关移民、警务和刑事法律的信息以及用于执法和移民控制的信息。申根新系统是根据 1990 年《申根公约》正式建立的，并于 1995 年开始运行。它是 1985 年《申根协定》所规定的放松边界控制的必然结果，因为执法和移民控制人员的工作离不开上述信息。

3. 欧洲刑警组织

1991 年 12 月，欧共体诸国签订《马斯特里赫特条约》，自此，欧洲走向联合自强之路。根据该条约，欧共体诸国 1995 年制定《关于成立欧洲刑事警察办公室的公约》。公约规定，欧洲刑事警察组织（欧洲刑警组织）的职责是保证“成员国在预防和打击恐怖主义、贩卖毒品以及其他形式的严重国际犯罪方面的工作成效与相互合作”②。1998 年，欧洲刑警组织在海牙成立，1999 年 7 月开始运行。欧洲刑警组织管辖的具体犯罪包括：走私毒品罪、走私核与放射性物质罪、偷运非法移民罪、贩卖人口罪、机动车犯罪、在恐怖主义活动过程中所犯下的犯罪③。该机构的工作人员由成员警察机构派驻欧洲刑警组织总部的联络警官负责开展，派驻警官隶属于欧洲刑警组织的联络局。欧洲刑警组织并不是一个统辖欧盟全境、从事刑事调查的警察部队，相反，其实质是一个情报机构，推动成员内警务机构之间的信息交流并对从成

---

① 参见［英］彼得·乔伊斯：《警务发展与当代实践》，曹志建译，知识产权出版社 2015 年版，第 298 页。

② ［英］彼得·乔伊斯：《警务发展与当代实践》，曹志建译，知识产权出版社 2015 年版，第 301 页。

③ 参见［英］彼得·乔伊斯：《警务发展与当代实践》，曹志建译，知识产权出版社 2015 年版，第 301 页。

员收到的关于跨国犯罪活动的信息进行分析——这一职能被人称为“欧洲刑警组织的成功范例之一”①。为了推动欧洲刑警组织在职责、权力与治理方面的进步，2006 年，相关国家提出了欧洲刑警组织改革动议，2008 年有关方面达成了意向，2010 年欧洲刑警组织相关改革开始，其成为欧盟的一个机构。现在，欧洲刑警组织的工作仍然以有组织犯罪为重点。

（三）欧盟针对跨国有组织犯罪和恐怖主义的联合警务

1. 积极应对跨国有组织犯罪

1997 年 4 月，欧盟最高决策机构、被称为欧盟首脑会议的欧洲理事会（The European Council）批准了《打击有组织犯罪行动计划》，被视为打击有组织犯罪领域的最为重大的事件。该计划主张通过重点改善导致有组织犯罪发展蔓延的环境来预防有组织犯罪。具体建议包括在政府机构内部制定反腐败政策、禁止被判犯和与有组织犯罪有关的犯罪的人员参加投标、投入财力，以防止欧盟较大的城市成为滋生有组织犯罪的温床；欧盟成员与欧盟委员会进行更为紧密的合作；共同打击涉及欧盟金融利益的诈骗活动等②。该行动计划还重申了推动司法机关和警方进行有效跨国合作的必要性。贩卖人口是欧洲的一种古老犯罪，在交通更加便利、边境管理逐渐松懈的当下，跨境有组织贩卖人口的行为异常猖獗。防范和打击贩卖人口犯罪一直是欧盟长期关注的问题之一。2005 年，欧盟理事会起草了《欧洲打击贩卖人口行动公约》（European Convention on Action against Trafficking in Human Beings），希望推动打击人口贩卖方面的国际合作，力求各国加强边防管理，预防和打击贩卖人口活动，保护人口贩卖受害者的人权。

2. 联合应对恐怖主义

2001 年“9·11”事件后，欧盟制定了一项反恐怖主义行动计划，该计划每 6 个月更新一次，该计划的执行情况由欧盟委员会监督。2004 年 3 月

① ［英］彼得·乔伊斯：《警务发展与当代实践》，曹志建译，知识产权出版社 2015 年版，第 301 页。

② 参见［英］彼得·乔伊斯：《警务发展与当代实践》，曹志建译，知识产权出版社 2015 年版，第 284 页。

11 日西班牙马德里爆炸案发生后，欧洲理事会召开特别会议并发表了《打击恐怖主义宣言》（Declaration on Combating Terrorism）。宣言提出了欧盟反恐信息交换的举措，并建议在欧盟理事会内部设立一个新职务——反恐怖主义协调员。同年 5 月，欧盟委员会就实现《打击恐怖主义宣言》的目标列出了多项旨在依照“对等数据获取权限”原则，加强警察和各执法机构之间信息交换工作的措施。2004 年，欧盟委员会倡导关注紧急预案、民众防护以及恐怖主义组织的筹资活动以形成一个“更加不利于恐怖主义分子筹措资金的环境”①。

2005 年 7 月，伦敦系列爆炸案发生后，欧盟召开内务部长会议，针对恐怖主义提出了一系列新的举措：加强申根和签证信息制度、启动欧盟统一证据令、将生物特征信息纳入护照中、严格对爆炸物的动态管控等。2005 年 9 月，欧盟委员会审议了恐怖组织招募人员和鼓吹极端化的问题，分析了制止个人走向极端化的途径。同年 12 月，欧盟司法与内政事务理事会提出在欧盟成员之间建立一个共同行为准则，用于搜集和交换可以切断恐怖主义组织资金来源的信息，力求实现在国家、欧盟和国际层面上联合应对恐怖主义。

针对恐怖主义日益表现出的跨国性特点和全球化趋势，欧洲各国在欧盟框架内加强了警务方面的合作。第一，建立欧盟警长专案小组。② 该小组于 1999 年组建，在欧盟理事会官方架构之外运作，其职责是协调高层业务合作，打击包括恐怖主义在内的严重有组织犯罪。专案小组为进一步加强欧洲各国警察机构之间的合作带来了机遇。第二，设立反恐怖主义协调员。2004 年欧盟理事会秘书处内部任命了一名反恐主义协调员，负责监督欧盟成员服从欧盟理事会反恐怖主义决定。第三，成立欧洲司法协同组织。2002 年组建的欧洲司法协同组织负责协调欧盟内部在刑事领域的司法合作。该组织的工

① ［英］彼得·乔伊斯：《警务发展与当代实践》，曹志建译，知识产权出版社 2015 年版，第 286 页。

② 参见［英］彼得·乔伊斯：《警务发展与当代实践》，曹志建译，知识产权出版社 2015 年版，第 290 页。

作包括促进成员有关机构之间的合作，以及改进涉及两个或两个以上成员的严重犯罪，特别是有组织严重犯罪的调查与起诉工作。该组织的组建在警方与司法机构合作方面对欧洲刑警组织起到了补充作用。[①] 2004 年，欧洲刑警组织和欧洲司法协同组织共同签署了合作协议；2007 年，两个组织之间建立了一条通信线路；2008 年，两个组织在数据保护、恐怖主义、缓刑事务、种族主义与排外主义、刑事判决等方面更新了合作协议文件。第四，促成欧盟统一逮捕令的使用。欧盟统一逮捕令启用于 2004 年，目的是加快成员之间的引渡过程，前提是成员之间相互承认对方的国内刑法与刑事诉讼法。欧盟统一逮捕令提高了欧盟成员国民在欧盟成员范围内犯罪或犯罪后在欧盟成员范围内逃匿被相关成员警方和司法机关协助抓获并进入司法程序的可能性。

当然，针对有组织犯罪和恐怖主义，欧盟也与其他国家和国际组织展开了合作。例如，2001 年，欧洲刑警组织与美国签订了关于打击各种形式的严重国际犯罪的合作协议，此后又签订了补充协议，扩大了双方的合作范围。

（四）驻外警务联络官协助下的联合警务

长久以来，军事和贸易是外交生活的标志性业务。在大使馆或特命使节团中设置常任警务联络官，这是一个新鲜事物。向国外派驻警务联络官起源于 20 世纪 70 年代的欧洲。当时，为了同毒品犯罪作斗争，增加国家之间的缉毒互动，一国警察机构会向另一个国家派驻警官作为固定联系人，其主要工作是在外国收集毒品犯罪情报、寻求毒品犯罪侦查合作途径。此后，这种做法逐渐被多国效仿，向经常发生警务联系、频繁开展警务合作的国家派驻警务联络官，就成为一种重要的联合警务方式。

一般来说，国家会在其驻外使馆中专门设立警务联络官或独立的办事机构，通过警务联络官的积极工作，使派遣国了解驻在国的法律和警察同行们

---

① 参见［英］彼得·乔伊斯：《警务发展与当代实践》，曹志建译，知识产权出版社 2015 年版，第 291 页。

的活动，促进双方更直接、更密切的合作。驻外警务联络官除了有利于个案的侦破，还能在更广泛的执法领域进行协调和沟通，为国际警务执法合作走向具体化、效益化、机制化提供协作保障。警务联络官常驻国外，一般任期4年或更久，他们是警务协作的请求方首选的求助对象。警务联络官的主要任务是从世界各地的警察那里搜寻刑事情报信息，并据此进行刑事案件的跨国侦查合作。毕格（Bigo）认为，警务联络官虽然在其本国警务体系整体格局中无足轻重，但却在全球安全体系格局深刻变化过程中不可或缺。① 这些警务联络官通过辛勤工作，构建信息情报的运作平台，从而在地方、全国和跨国安全保障组织之间搭建起合作桥梁，开启了警务实践的新路径。驻外警务联络官在跨国警务领域发挥着极其重要的作用。

美国联邦调查局（FBI）是警务联络官制度的先行者，它也建立了常在海外工作的团队，包括雇员、特工和后勤保障组在内约340人。这一团队人数仅仅略低于FBI总人数的1%，并有可能在将来继续扩大规模。② 不论是恐怖主义犯罪、国际毒品走私犯罪、货物走私犯罪、跨国人口贩卖犯罪还是全球化的网络犯罪，都必然需要全世界执法机构合力应对，而执法机构直接与国外执法伙伴面对面合作处理案件效果更好、效率更高。因此，一位FBI工作人员称，“最后，美国有可能在世界上每一个国家都设立联邦调查局办事处”③。美国禁毒署也不断扩展跨国警务合作空间，已在58个国家布局了78个办事处。④ 此外，美国财政部、国家外交安全部、烟酒武器管理局和联邦法警总局也都积极参与海外布点。其他国家也纷纷部署海外警务联络官，如加拿大皇家骑警队承担的80%联邦刑事案件的侦查都涉及跨国警务合作，

① 参见［英］本·鲍林、［英］詹姆斯·谢普蒂基：《全球警务机制研究》，倪铁译，法律出版社2014年版，第9～10页。

② 参见［英］本·鲍林、［英］詹姆斯·谢普蒂基：《全球警务机制研究》，倪铁译，法律出版社2014年版，第10页。

③ ［英］本·鲍林、［英］詹姆斯·谢普蒂基：《全球警务机制研究》，倪铁译，法律出版社2014年版，第10页。

④ 参见［英］本·鲍林、［英］詹姆斯·谢普蒂基：《全球警务机制研究》，倪铁译，法律出版社2014年版，第10页。

它在全世界27个国家和地区部署了35名驻外警务联络官。澳大利亚联邦警察总局（AFP）也在27个国家派驻了80名警务联络官，英国严重有组织犯罪调查局（SOCA）也向一些国家派驻了140名警务联络官。他们提供咨询、意见、策划、训练、培训并协调联合行动，发挥了非常重要的作用。许多发展中国家也纷纷部署自己的驻外警务联络官，仅伦敦就有至少100名来自世界上不同国家或地区的警务联络官。[①] 警务联络官在全球化时代联合警务中发挥着越来越重要而广泛的作用。

跨境多国联合协作警务虽然是经济、文化跨国界发展，特别是国际性犯罪日趋猖獗的产物，但是警务属于国家内政范畴，跨境协作警务在实践中遇到了多种障碍。例如，各国政治体制的差异会影响跨国协作警务实质开展，文化传统的差异也会影响跨国协作警务达成共识，国家之间的语言障碍则会实际影响跨国协作警务的沟通和效率。

① 参见［英］本·鲍林、［英］詹姆斯·谢普蒂基：《全球警务机制研究》，倪铁译，法律出版社2014年版，第10页。

第七章
中国人民公安制度的创建与成长

孟德斯鸠在《论法的精神》一书开篇即指出，“从最广泛的意义上来说，法是源于事物本性的必然关系”①。气候、土壤、职业、政体、商业、宗教、习俗等，都是决定法在某种具体情形中将确立何种体制的相关性条件。这种对自然条件、精神条件和制度条件的适应或它们之间的关系，便构成了法的精神。法在不同的环境中发挥作用，也必定会在不同的地方产生不同的制度。警察制度也是如此，在不同国家生根，与国家的政治、经济、文化、地理、人口等状况相适应，会走出不同的发展道路，最终成长为不同的形态。现代警察制度进入中国后，在中国落地生根。

中国共产党成立后，在发展壮大、革命斗争、夺取政权、治国理政过程中，带领人民群众逐步创建了代表和维护广大人民群众利益的警察制度——人民公安制度。学界对于“公安”一词的含义存在较大争议。有学者认为其含义为公共安全，也有学者认为应为公共治安。但“公安”在译成英文时统一为 Public Security，即公共安全。据有关学者考证，在世界上，18 世纪就出现了以“公安”为名称的政治机构。② 但中国共产党正式使用“公安”一词，则是在“八·一”南昌起义以后，在南昌市设立了市公安局。此后，抗日战争时期和解放战争时期，在中国共产党领导的许多根据地或解放区的政权机

---

① ［法］孟德斯鸠：《论法的精神》（上卷），徐明龙译，商务印书馆 2012 年版，第 9 页。

② 例如，美国独立战争期间、法国资产阶级革命以后，新政权中都成立过“公安委员会”。1871 年，巴黎公社成立了“公安委员会”，并在其下设“治安委员会”，专掌镇压反革命的警察职能。直到今天，日本设立的“公安委员会”仍是其警察体制的重要组成部分。参见《公安学基础教程》编写组编著：《公安学基础教程》，中国人民公安大学出版社 2012 年版，第 15 页。

构中普遍建立了地方公安局。[①] 中华人民共和国成立之后，一直沿用“公安”一词，但同时也使用“警察”一词。在我国，“公安”与“警察”是紧密联系在一起的两个概念。自近代专职警察制度建立以来，警察就成为国家的一种治理技术，一种社会监控工具，一种制度安排，一种执法力量，专为社会提供安全。在世界范围内，专掌公共治安的力量被称为“警察”，国家设立的维护社会安全的制度被称为“警察制度”，可以说，“警察”是个一般概念。但在中国，中国共产党建立后，无论在新民主主义革命时期，还是在社会主义革命和建设时期、改革开放和社会主义现代化建设新时期、中国特色社会主义新时代，中国共产党领导的社会治安维护、公共安全情报收集、违法犯罪打击惩治、安全管理与服务等工作都被称为“公安工作”。也就是说，在中国共产党领导下的中国，“警察”概念特指“公安”，特别是在当代，“公安”就是中国的“警察”概念。在我国人民民主专政政权中，维护社会治安、打击违法犯罪的专门力量就是公安机关人民警察；在党的领导下，旨在维护社会治安秩序，保卫人民民主专政政权的警察制度，就是人民公安制度。我国社会主义的人民警察制度，一方面具有一般警察制度的特点，另一方面又带有鲜明的中国特色。伟大实践表明，中华人民共和国成立后，历经70余年沧桑巨变，中国共产党创建的人民公安制度已经走出了一条不同于西方国家且具有鲜明中国特色的人民警察制度之路。人民公安制度为现代中国乃至世界的公共安全治理提供了独特智慧和有效方案，已成为世界警察制度百花园中一株外形美观、色彩鲜丽、气质独特、生命力旺盛的鲜花。

警察是国家政治经济文化的代言人，中国警察制度的发展是现代中国发展的一个缩影。从中国共产党建立的第一个中央保卫机关到新中国人民警察的诞生，经历了漫长的历史过程，其每一次变革，不仅是自身发展的内在要求，更是顺应中国社会政治经济发展的必然取向。本章通过描绘近代以来中国警察制度的发展历程，特别是通过刻画中国共产党领导下的人民公安制度

① 参见姚华、衣家奇：《公安学基础理论》，兰州大学出版社1998年版，第9页。

与现代中国一起成长的历史轨迹，揭示中国警政现代化与现代中国成长之互联互动关系，以为完善我国人民公安制度提供启示，为推动我国国家治理体系和治理能力现代化建设提供参考。

第一节　中华人民共和国成立前中国共产党的公安情报保卫实践

人民公安制度是中国共产党领导下的人民警察制度，萌芽和初创于新民主主义革命时期，发展和完善于中华人民共和国成立后社会主义国家建设的伟大征程。由于历史时期和革命任务的特殊性，中华人民共和国成立前的公安工作主要以情报、保卫为核心，其工作的核心目标是保卫中国共产党的各级组织及党员的安全，为革命斗争保驾护航。

一、土地革命时期中国共产党的公安情报保卫实践

（一）南昌市公安局：中国共产党首次建警尝试

建党伊始，中国共产党就十分重视党组织和党员的安全保卫问题。在国民党统治中国的特殊历史时期，中国共产党召开会议、党员开展工作都以隐蔽和秘密的方式进行，以防被国民党军警和特务发现造成不良后果。

第一次国内革命战争失败后，国民党开始残酷地镇压共产党和革命群众，企图扑灭革命，消灭共产党。为了挽救革命，中国共产党采取了一系列积极措施，并于 1927 年 8 月 1 日，在南昌领导发动武装起义，打响了中国共产党武装反抗国民党统治的第一枪。起义成功后，中国共产党建立了南昌市公安局，将全部警察集中管理，安排人员书写和张贴布告，以安定民心，恢复社会秩序。由于中国共产党刚刚组建军队，扩大武装力量规模迫在眉睫。故当起义部队离开南昌时，南昌市公安局的警察也一起参加了南征。中国共产党领导的南昌市公安局虽然仅存在了短短 5 天，但它是中国共产党的第一次建

警尝试。此外，有学者将南昌市公安局视为中国共产党建立的第一个公安机关，笔者认为，南昌起义打响之时中国共产党才开始创建军队整编武装力量，中国共产党并未建立自己的政权，故南昌市公安局的建立不能作为中国共产党建立的公安机关，仅仅是中国共产党在革命早期的一次建警尝试。

（二）中央特科：中国共产党建立的第一个情报保卫机构

1927年，蒋介石发动“四·一二”反革命政变，疯狂屠杀共产党员和革命群众，致使已经发展到6万多名党员的共产党只剩下1万多名党员，党的工作被迫转入隐蔽。[①] 为了保卫革命的火种，及时掌握敌人的军事活动和政治活动，中国共产党决定加强情报保卫工作。1927年5月，中国共产党在武汉成立以周恩来同志为书记、聂荣臻同志为参谋长的中共中央军事委员会，在中央军委下设特务工作处，简称“武汉特科”。武汉特科的主要任务是保卫党组织和党员的安全，搜集情报，掌握敌情，惩治叛徒。7月下旬，随着周恩来赴赣领导南昌起义，武汉特科实际停止工作。随着中共中央领导机构陆续迁回上海以及周恩来调回上海主持中央军委工作，11月中旬，中共中央成立中央组织局，并下设负责情报保卫工作的中央特务科，简称“中央特科”。[②] 至此，中共中央特科作为中国共产党最早建立的专业情报保卫机构正式成立。

搜集情报是中央特科的核心工作。特科情报人员采用“打进去、拉出来”的工作方式工作，即利用复杂的人际关系“渗透”到国民党要害部门，通过和国民党特工机构打交道，一方面获取敌人阴谋破坏中国共产党地下组织的情报信息，另一方面搜集大量国民党核心机密。中央特科的情报工作，有力配合了公开战线上的武装斗争和政治斗争，在中国共产党情报史上写下了光辉的一页。此外，中央特科还利用其广泛的社会关系和人脉在惩治叛徒、营救被捕同志等方面做了大量工作，并且多次保障党的会议在上海顺利召开，保卫了上海地下党组织的安全，为中国共产党在上海坚持革命斗争保驾护航。

---

① 参见姚华、衣家奇：《公安学基础理论》，兰州大学出版社1998年版，第99页。

② 参见薛钰：《关于中共中央特科若干问题的探讨》，载《中共党史研究》1999年第3期。

1931 年 4 月，中央特科负责人顾顺章护送张国焘去鄂豫皖苏区，在汉口被捕叛变，中央特科情报人员遭到国民党军警力量的疯狂搜捕，特科的许多交通站、联络点遭到摧毁。为保存实力，特科情报人员向外转移，特科工作逐渐沉寂。

（三）国家政治保卫局：中国共产党建立的第一个公安保卫机关

1931 年 11 月，中国共产党领导的中华苏维埃共和国临时中央政府成立。新生的苏维埃政权建立了一个特殊机关——国家政治保卫局，专门负责处置一切反革命案件及侦缉盗匪。① 针对苏维埃政权中日益猖獗的反革命，国家政治保卫局享有侦查、逮捕、预审、检察权和有限的审判和处决权。因此，国家政治保卫局也被称为是中国共产党建立的第一个公安保卫机关。

国家政治保卫局注重侦察与情报工作相结合，苏区内的工作与白区的工作相结合，积极防御，通过侦察破案。当时各根据地虽然将苏区内的侦察工作放在首位，但是鉴于敌人对苏区的破坏是苏区内敌人与白区内敌人配合进行的，因此，国家政治保卫局认为情报工作是侦察工作的核心，故侦察情报工作又把很大的精力深入白区。1932 年夏，保卫局设立白区工作部以加强对敌区的情报工作，同时要求各保卫分局侦察部、科都要开展谍报工作。当时保卫局对白区的派遣工作形式多种多样，既有长期打入敌内的优秀侦探（当时叫局内间谍）；也有为执行某项任务临时化装去敌区搞情报的侦察员（也叫行动间谍）；此外还有在一些茶馆、饭庄、赌场等处设立的侦察据点，侦察人员长期居住在那里搜集情报（也叫驻在间谍或坐探）②。

秘密工作是国家政治保卫局工作的主要原则，也是其与反革命派斗争的主要战术。国家政治保卫局团结一切忠于党和苏维埃的工农分子，建立了苏

---

① 1932 年 1 月颁布的《中华苏维埃共和国国家政治保卫局组织纲要》，明确规定了国家政治保卫局处置一切反革命案件及线索的职责。参见中国人民解放军总政治部办公厅：《中国人民解放军政治工作历史资料选编》（第 2 册），解放军出版社 2001 年版，第 16～18 页。

② 参见姬素兰：《国家政治保卫局侦察业务工作的几个历史特点的思考》，载《北京警院学院学报》1994 年第 1 期。

区“工作网”和白区“侦察网”，通过广泛调查和接受群众举报，收集社情、敌情，审查俘虏，对付奸细。更值得一提的是，为加强中央苏区与设在上海的党中央的联系，国家政治保卫局与其他有关部门共同建立了一条由中央苏区通向上海的秘密交通线。国家政治保卫局和中国共产党情报人员通过这条秘密交通线，多次为党中央与革命根据地之间传送重要文件、书信和秘密情报。

国家政治保卫局在秘密工作网和秘密交通线上的情报工作，对苏维埃政权及时全面掌握苏区敌情和社情、镇压敌特奸细、打击反革命破坏活动、畅通党内联络与信息传递、保障苏维埃政权稳固起到了积极作用。国家政治保卫局是中国共产党在苏维埃临时中央政府时期基于保障党内政治安全的需要而建立的第一个人民警察机关，它主要负责政治案件侦查，其工作具有“区分敌友”的政治属性，故被高度政治化，在党内和政府中地位独立。遵义会议以后，国家政治保卫局在党内受到了严厉批评，最终被撤销。[①] 但国家政治保卫局却为后来人民警察机关改为“条块结合、以块为主”的注重地方党委领导的体制提供了历史教训。

二、抗日战争时期中国共产党的公安情报保卫实践

（一）陕甘宁边区政府保安处

1935 年 10 月，中共中央率红一方面军长征到达陕北。在国共合作抗日的背景下，中国共产党领导的陕甘宁抗日根据地改为国民政府下的边区政府，国家政治保卫局改为陕甘宁边区政府保安处，负责陕甘宁边区的锄奸、肃特、保卫等工作。1937 年 10 月 8 日，陕甘宁边区政府发布第一号委任令，任命保安司令部副司令周兴兼任边区政府保安处处长。为加强地方安全保卫工作，边区政府保安处于 1941 年年底设立了关中保安分处、陇东保安分处、三边保

① 参见樊鹏：《社会转型与国家强制：改革时期中国公安警察制度研究》，中国社会科学出版社 2017 年版，第 105 页。

安分处、绥德保安分处。陕甘宁边区政府保安处在14年的艰苦斗争中，为保卫党中央和边区政府机关的安全，保卫红色政权，锄奸肃特，巩固、扩大陕甘宁边区，解放大西北作出了卓越贡献。在长期的安全保卫实践中，保安处积累了治安管理、安全警卫、刑事侦查、情报收集、锄奸反敌特等方面的大量宝贵经验，并为中国共产党和新中国培养和锻炼了一批政治觉悟高、进取意识强、热爱安全事业的政法、公安领导干部和业务骨干。

（二）延安市公安局和“边警”

锄奸、安全保卫和情报工作始终是抗日根据地公安情报保卫部门的三项最重要的任务。延安是抗战时期中共中央、中央军委所在地，是全国人民革命斗争的领导中心，为了维护延安市的社会治安和公共秩序，1937年11月，延安市公安局成立，刘护平任局长。延安市公安局下设治安、社会、司法三个科以及警察队、骑警巡逻队和一个派出所。1938年5月，党中央根据延安当时的复杂形势，从中央保安处特务队、检查站等单位抽调部分人员，组建了延安市警察队。这支警察队由延安市公安局管辖，其队员身着黑色棉布制服，头戴黑色白帽墙的大檐帽；领章用铝合金特制，正面铸有“边警”二字，是“陕甘宁边区人民警察”的简称。延安市警察队是中国共产党公安史上最早建立的比较正规的统一着装的人民警察队伍，负责市区治安、交通管理、清查户口、旅店管理、党政机关警卫、大型群体性活动的安全警戒等工作。

（三）中共中央社会部

抗日战争时期，日本帝国主义和国民党反共顽固派不断派遣汉奸、特务潜入边区，进行渗透、策反和情报收集活动。为了应对日本特务、国内特务对根据地的种种破坏活动，中国共产党从公安机关的机构设置和组织领导等方面加强了锄奸和情报工作。

1939年2月，中共中央成立社会部，由康生担任部长，孔原、潘汉年、李克农等担任副部长。社会部以锄奸和情报工作为主要任务，下设侦查、治安、情报、干部保卫部、乡保卫委员会保卫小组等机构。根据中央的决定，各地相继成立了社会部，其中有中共西北局社会部（陕甘宁边区保安处）、中共北方局晋察冀分局社会部、中共晋西北区党委社会部及潘汉年、王超北情报系统等。[①] 中央社会部和各地社会部建立后，成为各抗日根据地锄奸保卫工作和地区情报工作的领导机关，其机构在党内也自成体系。社会部的建立，推动了党政军各系统、各抗日根据地锄奸保卫工作的开展，也加强了中国共产党的情报工作力度。

1. 锄奸工作

中共中央社会部建立以后，成为各抗日根据地锄奸保卫工作的领导机关。为了积极应对汉奸、特务在边区的阴谋破坏活动，边区政府动员群众广泛参与锄奸以保卫边区，建立了大量的锄奸委员会和锄奸小组。据史料记载，1939 年，陕甘宁边区建立了 700 多个锄奸委员会、9000 多个锄奸小组，出色地保障了边区革命政权的安全。[②] 到抗战后期，在延安审干运动和整风运动的带动下，中国共产党的锄奸保卫在思想、作风、组织和业务等建设方面都取得了一定发展。特别是，1943 年 8 月，毛泽东针对防奸工作提出了“九条方针”，全面总结了中国共产党在肃反工作中的经验教训，明确指出了公安保卫工作必须坚持党的领导，坚持群众路线，坚持党的政策，坚持以教育为主等一系列重要原则。在边区保安处、社会部和广大群众的共同努力和互相配合下，边区革命政权的安全得到了保卫和巩固。

2. 情报工作

在边区保卫中，锄奸工作和情报工作往往是紧密交织在一起的。中共中央社会部不仅是各抗日根据地锄奸保卫工作的主管机关，而且是情报工作的领导机关。中共中央社会部通过统筹管理和加强联络，整合了苏区与白区之间、中央与地方之间的情报系统，形成了集中统一的情报保卫工作体系，大大提高了情报工作成效。

中共中央社会部为保卫中国共产党敌后抗日根据地和防范敌特破坏作出

① 参见曾明芳：《浅析延安时期中国共产党社会部》，载《新西部（理论版）》2012 年第 26 期。
② 参见王明生主编：《公安学基础新论》，中国人民公安大学出版社 2015 年版，第 44 页。

了巨大贡献，其情报工作成效显著。第一，在锄奸工作中积极发挥情报的作用，及时掌握汉奸和敌特的行动计划，一方面保证中国共产党的政治军事任务的执行，另一方面防止汉奸敌探混入中国共产党内部，巩固组织安全。①第二，有计划地安排我方情报人员打入敌人内部，利用敌人中一切可利用的人，加强敌人内部机密情报的收集，从而保卫自己。第三，搜集敌探、汉奸、奸细的行为活动和具体事件，提供具体材料和事实来对中国共产党同志做警示教育，以提高同志们的革命觉悟和警惕性。第四，管理机要部门的工作，保障保密工作的执行。第五，经常性地物色适宜从事情报保卫工作的干部，并开展教育培训。中国社会部的锄奸保卫工作和情报侦查工作相互结合，既及时发现和制止了敌特的破坏活动，保障了根据地和人民群众的安全，又积极掌握了敌特活动情报，准确打击了敌人。

3. 治安管理

针对复杂的抗日斗争形势，各抗日根据地均加强了保卫组织建设，分别建立公安总局、公安局、公安处、司法科（保安科）、保安处等，以保卫抗日政权，保障一切公民的民主权利，坚决镇压敌特汉奸与少数的阴谋破坏分子，以维持社会安宁，巩固抗日根据地。②

（四）中共中央情报部

抗日战争中，敌特活动猖獗，严重威胁着中国共产党的安危和抗日斗争形势。有资料显示，从1941年到1944年，陕甘宁边区周围密布着敌特机关53个，特务据点57个，特务训练班2个，敌人在我边区内建立特务据点14个，潜入边区的敌特及其发展的特务达700多人。③为了增强对敌斗争主动权，1941年7月，党中央决定成立中央情报部。1941年12月22日，中央书记处会议通过《关于中央情报部的性质、任务、组织、计划》，决定由康

① 参见又心：《无名的丰碑——纪念中央社会部成立六十周年》，载《国家安全通讯》1999年第5期。

② 参见穆玉敏：《北京警察百年》，中国人民公安大学出版社2004年版，第326页。

③ 参见王明生主编：《公安学基础新论》，中国人民公安大学出版社2015年版，第44页。

生任部长，王稼祥（并未到任）、叶剑英、李克农任副部长，后来孔原、潘汉年也担任副部长。中央情报部和中央社会部合署办公，实为一套机构，是抗日战争时期中国共产党最高的公安情报保卫机构。中国共产党情报人员充分利用各种身份，成功地打入敌人机密机构，积极搜集情报，及时准确地向党中央传递各种战略性和动向性情报，为中国共产党在抗战中制定正确的作战方案起了重要的保障作用。

三、解放战争时期中国共产党的公安情报保卫实践

（一）解放战争时期中国共产党的公安情报实践

日本投降后，国民党反动派向新老解放区派遣大量特务，以搜集情报，或者策应国民党的军事行动；在解放区煽动暴乱，搞爆炸、投毒、暗杀等活动，或者进行策反活动，瓦解我军。面对这种紧迫的形势，我方除了继续清查处理汉奸，还要教育群众认清形势，揭露特务的阴谋，防范和打击特务分子的破坏活动。因此，公安情报工作就显得非常重要。

为了适应新形势，中共中央情报部和中共中央社会部联合加紧了东北、华北、上海、南京的情报系统建设，建立了以潘汉年、吴克坚、刘少文、王石坚等为负责人的多个情报系统，形成了一张严密的情报工作网络。情报人员利用一切有利资源，打入国民党核心部门，开展内线侦查，及时、准确获取重要政治、军事情报；或者以各种职业为掩护，建立情报联络机构，筑起一道道不见硝烟的火力网；或者利用一切关系和机会，策反国民党高层人物。

通过一系列周密的安排部署和多个情报系统之间的密切配合，中国共产党公安情报人员获取了大量敌军的作战计划情报、兵力部署情报、城防工事情报、敌军及其特务组织情报、国民党警察局内部情报，有效支持了中国共产党取得解放战争的胜利。此外，中国共产党公安情报人员还根据形势的发展，积极利用各种关系，对国民党军队军官和高层将领进行政策宣传，促使一些敌军起义反正。例如，成功策反国民党第十六军直属榴弹炮营营长邵增

阳，策动国民党地方军司令周文龙、敌装甲师邹立静发动武装起义，敦促傅作义和谈等。这些情报工作大大瓦解了敌军，加速了战争进程，为解放全中国作出了重大贡献。正是在这个意义上，毛泽东同志曾评价说，这个时期“我们的情报工作是最成功的”①。

（二）解放战争时期解放区的公安机关

抗战胜利后，中国共产党对各解放区所属公安机构做了调整，以统一机构设置、统一政令。随着人民解放军捷报频传，解放区的范围不断扩大，中国共产党公安保卫工作的重心逐渐朝着保卫城市和维护城市治安转移。各解放区人民政府纷纷建立了公安部，各城市也建立公安局或警察局，有些城市还尝试建立了铁路公安局。各大解放区公安部和各城市公安局都开始积极研究城市管理和城市治安维护等问题，以为解放全国和城市管理做准备。

四、对中华人民共和国成立前中国共产党公安情报保卫实践的历史审视

（一）中央特科开创了中国共产党情报工作的先河，它是中国共产党建立的最早的公安情报机构，为中国共产党公安情报工作的开展提供了较高的起点，并为中国共产党公安情报工作的长足发展打下了良好基础

中央特科成立于一个特殊的历史时期，它开创了中国共产党秘密工作和情报工作的先河。中央特科以情报工作为核心，在充满白色恐怖的国统区，通过周密部署，特科成员运用自己的聪明才智建立了多个秘密情报网络，收集了大量有价值的政治、军事、经济情报，尤其在“反围剿”斗争中发挥了重要作用，挽救了红军，挽救了党，挽救了革命。从公安史的角度看，中央特科是中国共产党建立的最早的安全保卫组织，也是中国共产党建立的最早的公安情报机构。特科工作人员由于有效地“打进去”和“拉出来”，控制

① 又心：《无名的丰碑——纪念中央社会部成立六十周年》，载《国家安全通讯》1999年第5期。

和掌握了敌特机关的重要机密和组织系统，取得了隐己知敌的成效。[①] 中央特科为中国共产党公安情报工作开了一个好头。

中央特科为中国共产党的情报工作的开展提供了较高的起点，锻炼和培养了中国共产党第一批情报工作人员，为中国共产党公安情报工作的长足发展打下了良好基础。中央特科在其活跃的四年多时间里，也为公安情报工作储备了优质情报工作人才。例如，被周恩来同志誉为“龙潭三杰”的钱壮飞、胡底和李克农，多次为中国共产党搜集和传递重要情报，力挽狂澜，保卫了党中央及其工作人员的安全。即使在特科停止工作后，许多曾在中央特科工作过的情报人员依然长期奋战在公安情报战线上。例如，中央特科的重要情报人员李克农在经历了特科情报工作的多年历练后，在抗战时期担任了中共中央社会部副部长，长年从事公安情报工作，为公安情报工作呕心沥血。

中央特科在情报工作方面积累了一些经验，这些经验为中国共产党公安情报工作提供了珍贵的养分。中央特科的情报工作始终坚持“精干隐蔽”的原则。就情报工作队伍而言，情报工作人员数量虽少，但个个精明能干、智勇双全；就开展工作的形式而言，情报工作人员往往都以各种身份作为掩护，情报收集、传递都是以极为隐蔽的形式进行的。正是由于坚持了“精干隐蔽”的原则，中央特科才能在充满白色恐怖的国统区频频取得敌人的重要情报，因此，“精干隐蔽”是中央特科情报工作的宝贵经验。中外情报史也证明，无论是在战争时期还是在和平时代，情报人员的高素质和开展情报工作的隐蔽性都是情报工作取得成功的必然要求。此外，中央特科将情报工作和统战工作结合。特科情报系统有计划、有重点地从社会各阶层中物色和争取了一批同情和支持革命的人，为当时及后来的情报工作作出了重要贡献。在情报工作中运用统战思想，这是中国共产党在情报工作方面的一个创造[②]。此后，中国共产党公安情报工作积极实践这种做法，依靠最广泛的公众去收

① 参见戴文殿主编：《公安学基础理论研究》，中国人民公安大学出版社 1992 年版，第 95 页。

② 参见刘为民、曹凤：《中外警务情报史》，中国人民公安大学出版社 2008 年版，第 66 页。

集情报。

（二）国家政治保卫局为人民公安机关开展情报工作树立了榜样，并提出了公安情报队伍的建设原则

国家政治保卫局是中国历史上第一个代表人民大众利益的警察机关，具有无产阶级性质，它以侦查、发现、镇压和惩处危害苏区政治、经济、军事等方面安全的反革命犯罪为主要任务。它把斗争的矛头对准了国民党特务、暗探以及各种反革命分子和破坏革命秩序的反动力量，它坚定地依靠人民群众，保卫工农民主政权，保护人民群众的利益和愿望，为革命战争服务。因此，国家政治保卫局是崭新的、先进的、革命的、代表历史发展方向的、具有强大生命力的人民警察机关。

国家政治保卫局具有鲜明的新民主主义国家政权工具的性质。从中国共产党的历史来看，国家政治保卫局是中国共产党领导下的人民政权所建立的第一个公安保卫机关，它标志着中国共产党创建的新民主主义国家政权不仅拥有正规的人民军队，而且建立了正规的人民警察机关，说明中国共产党建立的新民主主义国家政权具有了更完备的形式。① 国家政治保卫局是苏维埃政权的重要组成部门，是一个特殊的专门的机构。

国家政治保卫局十分重视情报工作，情报工作为其完成镇压反革命、保卫苏维埃政权的任务作出了巨大贡献。国家政治保卫局通过其所建立的苏区“工作网”和白区“侦察网”，一方面积极开展广泛调查，收集敌人行动情报，及时采取对策；另一方面接受群众举报，审查俘虏，对付奸细。从1931年11月中华苏维埃共和国临时中央政府在江西中央苏区成立，至1934年10月中央苏区第五次反“围剿”失败，面对国民政府对中央苏区的打压和围剿，苏维埃政权和中央苏区能持续三年保持安定、有序和发展，这宣示了国家政治保卫局作为中国共产党第一个人民公安机关，其情报工作是卓有成效的。

---

① 参见戴文殿主编：《公安学基础理论研究》，中国人民公安大学出版社1992年版，第100页。

国家政治保卫局为公安机关开展情报工作树立了榜样，并提出了公安情报队伍建设的原则：坚持政治性和技术性相结合的原则。[①] 国家政治保卫局特别强调“保卫工作是无产阶级的宝剑，革命的警卫兵”[②]，于是格外重视对于保卫干部和情报人员的政治审查。国家政治保卫局选用情报干部时首先要求其具备极高的阶级觉悟、坚定的政治立场和忠诚于党的革命事业的崇高信仰。另外，国家政治保卫局重视通过编写和配发审讯、保卫、侦察和秘密工作等业务方面的教材来培养和提高情报干部的业务能力。例如，总结国家政治保卫局预审工作经验和方法的《审讯术》就是公安情报干部培训的指定教材。国家政治保卫局对情报干部的选用标准和情报队伍建设原则深深地影响了我国公安机关人民警察的录用条件和公安情报干部的选用及培养。

（三）抗日战争时期中国共产党公安业务工作取得了较大发展，探索出专门机关与群众工作相结合的成功经验

抗战初期，国家政治保卫局改为陕甘宁边区政府保安处，负责陕甘宁边区的锄奸、肃敌特和安全保卫工作。后由于日寇加强了对根据地的阴谋破坏活动，大批特务、汉奸和顽固分子悄悄潜入根据地，为了有系统地与汉奸敌特作斗争，为了更有效地保卫抗日民主政权，中共中央在党的高级组织（党中央和各中央局）内，成立了社会部。社会部在党内自成体系，从中央到地方各级层层设立：中共中央社会部下设治安、情报、干部保卫和中央警卫团等机构，地方社会部也都设立了治安、情报、干部保卫等部门，这样就建立起了中央和地方各级对接良好、抗日敌后根据地和敌占区统一筹划的公安情报等各项业务工作体系。

在社会部和保安处等专门机关领导下，中国共产党还充分发动民众参与锄奸保卫工作，镇压日本特务和汉奸，配合抗日武装力量，剿灭政治土匪，维护了根据地的治安。在抗日战争的相持阶段，锄奸保卫委员会大量建立，

---

① 参见宋磊等：《国家政治保卫局的历史贡献与现实启示》，载《西安政治学院学报》2015 年第 6 期。

② 宋磊：《国家政治保卫局鲜为人知的历史探轶》，载《红岩春秋》2015 年第 11 期。

并因地制宜开展锄奸保卫工作。在抗战后期，公安保卫工作的主要任务是党内的审干运动。当审干运动中出现搞“抢救运动”的错误时，毛泽东同志提出的“九条方针”为审干运动提供了正确指引，公安工作原则得以明确，工作制度逐渐健全，公安业务工作得到了改进。这些方针、原则概括了中国共产党领导的公安保卫工作积累的长期经验，探索了公安情报保卫专门机关与广大群众相结合的路线，是中国共产党公安情报保卫工作趋于成熟的标志，对我国公安保卫工作的健康发展具有深远意义。经过抗日战争的历练，中国共产党的公安保卫业务能力不断增强，公安政策水平也不断提高。

（四）中共中央社会部和中共中央情报部整合了各个情报系统的力量，形成了一个集中而统一的公安情报体系，将公安情报工作和军事情报结合，使其服务于战争，充分发挥了公安情报的作用

1. 抗日战争时期，中共中央社会部和中共中央情报部的公安情报工作逐渐走向成熟，积极支持抗战，并为解放战争时期的情报工作奠定了基础

抗日战争时期，日本帝国主义和国民党反共顽固派不断派遣汉奸和特务潜入边区进行渗透、策反、刺探情报、暗杀等破坏活动。为了肃清汉奸、特务对边区的阴谋破坏活动，中国共产党先是成立了“中央特别工作委员会”、中共中央社会部，又于1941年12月成立了中共中央情报部，从组织建设上加强公安情报保卫工作。随后，中共中央情报部与中共中央社会部合署办公，更是整合了军委参谋部的情报系统和中共中央社会部的情报系统，形成了一个级别最高的集中、统一、高效的公安情报机构。

抗日战争时期，社会部和情报部的建立，使公安情报工作引导的锄奸运动在党政军各系统、各抗日根据地逐渐开展。为了使保卫根据地的锄奸工作取得良好效果，社会部充分重视情报工作和群众的作用。一方面，利用一切机会和一切可能将情报人员打入敌人内部，利用敌人中一切可以利用的人，为我方获取情报；另一方面，充分相信和依靠广大群众，动员群众广泛参与锄奸，开展了轰轰烈烈的群众锄奸运动，建立了从乡到村、群众广泛参与的锄奸组织和网络，出色地保卫了边区革命政权的安全，完成了专门机关与群

众路线相结合的成功尝试。

2. 解放战争时期，中央社会部和中央情报部的情报工作炉火纯青，有力地促进了解放战争胜利，并形成了公安情报和其他情报相互整合服务政治大局的局面

解放战争时期，中共中央社会部和中共中央情报部依然是中国共产党最高的情报保卫机关。这个时期，中国共产党公安情报工作采取了多种有效的情报工作手段，起到了加快解放战争胜利的作用。解放战争时期，中国共产党公安情报工作始终坚守两个战场：在正面战场上，为我军提供敌方的作战信息和部队部署，在敌后战场积极策反敌人，摧毁敌人的战争潜力。正是由于情报工作的出色表现，才使战争中敌方重要战略枢纽守军投诚，极大地减少了我军的伤亡。在敌后战场，情报工作则牢牢地守护住了正面战场的胜利果实，为支援前线的战斗提供了强力的后勤支援。这为革命战争最终的胜利起到了不可或缺的作用，这也是优秀的情报工作可以降低战争成本的具体的体现，因而可以说革命战争的胜利不仅是正面战场的胜利也是情报工作的胜利。

解放战争时期，中共中央社会部和中共中央情报部的情报工作手段是综合高效的。一方面，积极获取和干扰国民党军事情报；另一方面，积极策反国民党军队和将领。在解放战争中，这两种情报手段的使用达到了炉火纯青的境地。辽沈战役中的锦州战役和平津战役是中国共产党公安情报工作成功有效的典型代表。锦州战役中，因为我方及时掌握了敌情，可以使解放军用有限的兵力一方面包围东北的敌军，又能在锦州阻截增援之敌，上演了一场完美的歼灭战；而平津战役中，由于我方情报人员积极游说，避免了傅作义与人民为敌，才使北平和平解放，这被视为中国共产党成功策反敌人的经典案例之一。

此外，一方面，中国共产党积极主动实施对敌情报侦查、对敌情报获取、对敌渗透和反侦查；另一方面，中国共产党积极领导学生运动，实施对国统区经济的渗透破坏和对解放区的政治动员工作。可以说，后一方面是正面战

场情报工作的补充。例如，淮海战役中解放区人民积极响应号召支援前线，可以说，正是因为解放区人民的支援，淮海战役才获得巨大的胜利。综合多样的公安情报工作手段保证了中国共产党及时获取情报和团结各种力量的优势，使中国共产党圆满完成了各个阶段的任务。

中国共产党公安情报工作源于中央特科，经历了苏维埃临时中央人民政府时期、抗日战争时期和解放战争时期的血雨腥风的磨砺和考验，为新中国公安情报工作奠定了坚实基础，积累了宝贵经验，培养了情报干部。纵观中共党史，不难发现：正是因为公安情报工作在不同历史时期的成功，才使中国共产党虽屡次处于极其危难的境地但最终化险为夷，才使我军虽规模小、给养差但最终取得革命的胜利。

与公安情报工作相似，中华人民共和国成立前中国共产党在保卫、预审、警卫等具体业务中的人民公安实践活动是中国共产党从土地革命开始，经历苏维埃临时中央政府时期、抗日战争时期和解放战争时期，在特殊历史时期和环境条件下作出的最有利于维护中国共产党安全、促成革命成功和保障社会稳定的行为选择。在充满敌我斗争的腥风血雨的革命时期，中央特科、国家政治保卫局、中共中央社会部和中共中央情报部都是中国共产党为了积极应对革命形势、保卫党的安全和革命的胜利而先后创立的，它们对于保卫党的安全、保障特定地区的社会安全以及夺取革命胜利都发挥了至关重要的作用。同样地，中国共产党在革命年代的公安保卫、情报搜集工作为新中国人民公安制度的建立提供了丰富经验和深厚基础，因此，它是中国共产党人民公安实践活动的重要组成部分。

第二节　新中国人民公安制度的创立与发展

1905 年，清政府设立巡警部并统一全国警察系统后，我国政府中专事治安管理的机构和人员一直被称为“巡警”；直到民国初期，“巡警”才改为

"警察"，自此"警察"一词被固定沿用下来，专指国家政府中专门执掌和负责公共安全和社会治安秩序的机构和人员。为了区别于旧警察，中国共产党及其领导人民群众创建的新中国将自己的警察统称为"人民警察"，简称"民警"。1949 年 6 月 30 日，毛泽东在庆祝中国共产党建党 28 周年庆祝大会上发表题为《论人民民主专政》的讲话，指出："我们现在的任务是要强化人民的国家机器，这主要地是指人民的军队、人民的警察和人民的法庭，借以巩固国防和保护人民利益。"① 1949 年 9 月 29 日，中国人民政治协商会议第一届全体会议通过的《共同纲领》规定："中华人民共和国的武装力量，即人民解放军、人民公安部队和人民警察，是属于人民的武力。其任务为保卫中国的独立和领土主权的完整，保卫中国人民的革命成果和一切合法权益。"这明确了新中国人民警察机关建设是国家政权建设的组成部分，为新中国人民警察制度建设提供了理论武器。

为了与各类公开的和隐蔽的反动势力作斗争，保卫和巩固新生政权，维护社会秩序，新中国组建了具有社会主义特色的"人民警察"②。在我国人民警察力量中，公安机关的人民警察是专职维护公共安全和社会秩序的专门力量，也是最能体现现代意义上"警察"概念的典型样态。因此，此处通过研究公安机关人民警察制度来反映我国人民警察制度之概貌。人民公安制度，即指中国特色社会主义国家为实现公共安全的目的，依照法定程序和模式组合起来的，在刑事侦查和治安行政管理等方面具有特殊职权和权威性的中国人民警察制度。它包括国家为维护社会安全而建立的各种公安机构和相应的组织领导体制，以及公安队伍建设制度、公安法治建设制度、公安信息化建设制度。人民公安制度是实现国家治理的基本制度之一，是国家重要的行政制度。

---

① 《毛泽东选集》（第 4 卷），人民出版社 1991 年版，第 1476 页。
② 我国 1995 年颁布的《人民警察法》（已修正）第 2 条第 2 款规定，人民警察包括公安机关、国家安全机关、监狱、劳动教养管理机关的人民警察和人民法院、人民检察院的司法警察。

一、中华人民共和国成立前夕中国共产党的公安实践

中国共产党成立之初，处于秘密状态，受形势所迫中国共产党未建立公安保卫组织，但建党初期的每个党员都肩负着保卫党和革命事业安全的责任。1921 年年底，中国共产党建立了第一个情报保卫机构——中央特科，1931 年以中华苏维埃共和国临时中央政府为基础建立了国家政治保卫局，开创了中国共产党在人民苏维埃政权中组建警察机关的先河。在延安抗日根据地，中国共产党建立了延安市公安局和统一着装的延安市警察队，维护了根据地的治安秩序。为了适应抗日战争和解放战争的需要，中国共产党又先后组建了具有警察机关职能的中央社会部、中央情报部开展公安情报工作，为抗日战争和解放战争的胜利作出了卓越贡献。随着中国人民解放军的胜利进军，解放区不断扩大，新的解放区在建立人民政权的同时，也建立了公安保卫机关。1946 年 4 月，我军解放哈尔滨并建立人民政权，在最早的中心城市成立人民公安机关——哈尔滨公安局。此后，中国共产党在各解放区都设置公安部，省一级设公安厅，城市设公安局。

在解放战争即将取得全面胜利之时，在各解放区公安机关带领下，中国共产党公安工作的重点从农村转向城市，其工作的主要任务是配合军队管理城市，维护社会治安，尽快建立革命秩序，具体工作是：

第一，接管国民党的警察机关，改造旧警察制度和旧警察人员。对国民党警察机关及其人员的接收，解决了中国共产党初进城市警力不足、环境陌生、业务生疏的问题。掌握旧警察制度和人员的状况也为中国共产党合理安置、处理警察人员、改造旧警察制度打好了基础，并为积极组建新生政权的人民警察制度和人民警察队伍做好了铺垫。

第二，清查户口，肃清反动党团及特务。随着解放战争的迅速推进和解放区的迅速扩大，国民党特务组织也积极应变，设计和部署各种潜伏计划。中央军委公安部通过清查户口，可以清点、核对、检查住户、人员，以发现和镇压反动党团和特务，有力配合全国解放战争。

第三，开展城市管理，稳定治安。解放区的公安机关开始发布交通管理暂行规定，整顿城市交通秩序；恢复消防队伍，建立特种行业管理制度；收缴散存民间的枪支，打击盗匪；收容、改造、安置游民，消除混乱现象。其采取一系列积极措施，稳定城市治安秩序，为建立新政权做了积极准备。

解放区城市人民公安机关的建立和其维护社会秩序的积极探索，为解放全中国以及建立全国统一的人民公安机关提供了有益准备。1949 年 3 月，中共中央社会部随党中央进入北平，在党的统一安排下，开始了机构组建工作。1949 年 7 月 6 日，中央人民革命军事委员会决定，以原中共中央华北局社会部（华北人民政府公安部）为基础组建中共中央军委公安部作为新中国中央人民政府公安部的过渡性机构，由中央军委领导，其下设侦查、保卫、治安、情报四个处。

二、中华人民共和国成立后人民公安制度初建

1949 年 10 月 1 日，中华人民共和国成立。中华人民共和国是人民民主专政的国家，实行社会主义制度，以人民代表大会制度为根本的政治制度，以民主集中制为组织原则，由人民选举代表组成国家权力机关，统一领导和管理国家事务。中华人民共和国成立后，迅速组建了人民公安机关，形成了党中央统一领导的公安组织系统，开启了对新生政权的保护和新型国家的建设。这标志着新中国人民公安制度的创建。

（一）新中国公安机关的创建

1. 中央公安机关的成立

新中国成立伊始，党中央撤销了中央军委公安部，根据《中央人民政府组织法》在中央人民政府设立公安部。公安部是中央人民政府的组成部分，是国务院的职能部门，是我国最高的公安行政机关，在国务院、党中央的领导下掌管全国社会治安和国内公共安全工作，领导全国公安机关的人民警察。

成立之初的公安部下设“一厅六局”[①]，后设立警卫局。

1952年10月，在借鉴人民解放军政治工作经验的基础上，全国公安工作会议决定在公安部内部设立政治部。随后，为强化对公安业务的领导，对公安部内部机构进行了调整，组建了文化保卫局、刑事侦查局、预审局、交通保卫局、消防局、劳动改造局、人民防空局、武装警察局等。中央一级公安机关初步建立。1959年3月19日，经国务院批准，公安部由办公厅、政治部和14个业务局构成的组织形式得以确立，行政编制为1540人。[②]

2. 地方公安机关的建立

1949年10月15日至11月1日，第一次全国公安会议[③]在北京召开，确定在全国组建统一的公安机关，研究、讨论和确定公安机关保卫党和国家政权的工作任务和指导方针。借鉴中国共产党新民主主义革命时期和解放战争时期公安保卫工作的成功经验，并结合中华人民共和国成立初期面临的斗争形势和社会主要问题，会议确立了公安机关的总任务。在会议上，周恩来明确指出了公安机关及其人民警察在和平时期的重大作用。他说，“你们是国家安危，系于一半。国家安危你们担负了一半的责任。军队是备而不用的，你们是天天要用的”[④]。此外，会议还讨论了公安机关的组织机构和队伍建设等问题。第一次全国公安会议的召开不仅标志着新中国全国性公安保卫工作的开始，而且为新生的社会主义国家的公安工作定了总的基调，对中国当代公安机关和警务发展产生了深远影响。

随着中央公安机关的建立和第一次全国公安会议的召开，地方公安机关

---

① “一厅”即公安部办公厅，“六局”即政治保卫局、治安行政局、经济保卫局、边防保卫局、武装保卫局、人事局。

② 14个局为：一局（政治保卫局）、二局（经济保卫局）、三局（治安管理局）、四局（武装民警局）、五局（武装保卫局，建制在解放军总政治部）、六局（文化保卫局）、七局（消防局）、八局（警卫局）、九局（中南海警务局，建制在中共中央办公厅）、十局（交通保卫局）、十一局（劳改工作局）、十二局（技术侦察局）、十三局（原子能保卫局）、十四局（预审局）。

③ 第一次全国公安会议，原称全国公安高级干部会议，党和国家领导人毛泽东、周恩来、朱德、董必武、聂荣臻等出席会议。

④ 《公安学基础理论教程》，中国人民公安大学出版社1995年版，第69页。

陆续成立。在大区设置公安部，在中央直辖市设置公安局，在省设置公安厅，在专署设置公安处，在县设置公安局，在区设置公安助理员，在村设置公安员。各地在遵循统一规定的情况下，又因地制宜地设置了地方公安机构。1954 年下半年，中央取消大区建制，大区公安部也随之取消。

公安部和各地各级公安机关的迅速建立，标志着全国统一的人民公安体制初步确立，支持和巩固新生政权的重要支柱也被建立。

（二）剿匪、镇反，保卫新生政权

1. 剿灭武装匪徒

中华人民共和国刚成立之时，约有 200 万土匪武装分散在全国各地。[①]在华东、中南和西南的新解放区土匪势力猖獗，匪患严重，尚有大批土匪没有剿灭。土匪丧心病狂，到处搞破坏，处心积虑制造事端，新生人民政权遭受着严峻威胁。1950 年，土匪及各类反革命分子在广西组织暴乱 52 次，袭击乡、区人民政府 247 次，杀害农会会员、民兵、村干部 3707 人[②]。面对复杂严峻的对敌斗争形势，1950 年 3 月，中共中央、中央军委指示全国开展剿匪斗争。

各地公安机关积极配合解放军部队，参加剿匪战斗，并深入宣传发动群众，组织民兵，进行武装防匪自卫。在彻底平息匪患后，公安机关在肃清散匪阶段认真执行“公开斗争与隐蔽斗争相结合，军事追剿与政治瓦解相结合，秘密侦查与搜捕缉拿相结合”的方针，抓住侦查和情报工作，准确掌握匪情特点，及时掌握土匪家属动态，对土匪家属和通匪分子进行瓦解，对土匪进行跟踪追击。在群众协助下，将一个个潜藏起来的土匪揪了出来。在解放军、公安机关和人民群众的积极参与和配合下，1956 年年底，我国完成了剿匪任务。

2. 镇压反革命分子

新中国成立，万象更新，百废待兴，但全国城乡仍然隐藏不少国民党

---

① 参见穆玉敏：《北京警察百年》，中国人民公安大学出版社 2004 年版，第 460 页。
② 参见穆玉敏：《北京警察百年》，中国人民公安大学出版社 2004 年版，第 460 页。

残余武装力量和散兵游勇。中华人民共和国成立后，这些反革命势力从公开转入隐蔽，从集中转为分散，继续与人民为敌，并针对中国共产党土地改革运动和各项社会民主改革政策疯狂实施反革命活动。1950 年 1 月至 10 月，全国共发生企图颠覆新生政权的武装暴乱 816 起。① 从 1950 年春至同年秋，全国被残杀的革命干部、积极分子等达 4 万余人。② 中华人民共和国成立之初，国际环境也同样影响新生政权的稳固和社会主义事业的发展。

鉴于国内外反动势力对新生政权和社会主义建设事业的极大威胁，中共中央于 1950 年 10 月 10 日发布《关于镇压反革命活动的指示》（“双十指示”），部署自 1950 年年底起在全国开展清查和镇压反革命分子的政治运动。为了开展镇压反革命运动，肃清残余反革命势力，公安部先后召开了多次全国公安会议讨论确立镇压反革命运动的路线、方针和政策，并部署了各个阶段镇压反革命的具体工作。1951 年 2 月 21 日，中央人民政府颁布《惩治反革命条例》，对如何处理反革命问题进行了明确的全面规定，将大规模地进行镇压、处决“反革命分子”的运动推向高潮。就在镇压反革命运动取得了辉煌战果，处决的反革命分子数量一次比一次多的情况下，以毛泽东为首的党中央果断作出收缩调整的决策。遵照毛泽东同志指示，公安部在第三次全国公安会议上提出镇压反革命运动必须坚持群众路线、贯彻严肃谨慎的方针和遵循惩办与宽大相结合的政策。这些方针政策的提出和应用，不仅引导了镇压反革命运动的健康发展，而且对整个公安工作都产生了重大而深远的影响。

历时 3 年的镇压反革命运动，镇压了一大批民愤极大、血债累累、劣迹斑斑的土匪、特务、反动党团骨干和反动会道门头子，基本上肃清了反革命残余势力，平息了匪患，纯洁了国家机关，使我国出现了前所未有的安定局面。

---

① 参见董纯朴编著：《中国警察史》，吉林人民出版社 2005 年版，第 126 页。

② 参见穆玉敏：《北京警察百年》，中国人民公安大学出版社 2004 年版，第 460 页。

（三）开展社会治安管理的探索

“治则不乱，安则不危。”无论是战国时期韩非的《显学》还是西汉时期贾谊的《治安策》，都将治安管理视为国家实现社会安定和政治清明的重要活动。中华人民共和国成立初期，不仅反动势力的残渣余孽威胁着新生政权和人民生命财产安全，旧社会遗留下来的污泥浊水也极大地影响着政权稳定、社会风貌和城乡治安秩序。因此，公安机关尝试开展社会治安管理。

1. 禁娼运动

娼妓是剥削制度的产物，是一个复杂的社会问题。中国共产党意识到妓院的存在既有悖于人民民主专政，对新生政权具有威胁和危害，而且容易藏污纳垢，极易被国民党特务、土匪、反革命分子当成隐蔽所。因此，封闭妓院就成为清除旧社会污泥浊水、改变中国旧面貌的重要步骤。北京市公安、民政、妇联等多部门对妓院和妓女做了充分调查摸底工作，1949 年 9 月 26 日，北京市出台了《北平市处理妓女办法（草案）》，开启了取缔娼妓运动。1950 年 1 月 7 日，公安部将北京市取缔妓院的经验通报全国，各地相继采取措施，彻底废除娼妓制度。至此，反动黑暗的娼妓制度在新中国被铲除，社会面貌焕然一新，人民民主专政政权得以巩固，社会秩序趋于良性发展。

2. 禁毒运动

中华人民共和国成立后，高度重视烟毒之祸，三令五申查禁烟毒。1950 年 2 月 24 日，中央人民政府政务院发布《关于严禁鸦片烟毒的通令》，令全国各级政府广泛宣传禁烟禁毒。经过两年的努力，至 1952 年春季，在全国范围内鸦片种植基本禁绝，贩卖烟毒与吸食烟毒的现象大大减少。

为了彻底清除烟毒，1952 年 4 月 15 日，中共中央发布《关于肃清毒品流行的指示》；1952 年 5 月 21 日，政务院再次发布《严禁鸦片烟毒的通令》，明确指出，“各级人民政府应在三反①、五反②所造成的有利条件下，有重点

① “三反”即反贪污、反浪费、反官僚主义。

② “五反”即反行贿、反偷税漏税、反盗窃国家财产、反偷工减料、反盗窃经济情报。

地、大张旗鼓地开展一个群众性的反毒运动”。至此，全民禁毒运动正式开启。6月，进一步明确禁毒运动由公安部领导。7月28日，公安部召开全国禁毒工作会议，作出具体部署，明确政策界限，经中央批转全国各地执行。禁毒运动很快在全国展开，至11月底结束，共逮捕制造、运送、贩卖毒品的罪犯35,000人，处决大毒贩880人，查获鸦片3,996,056两，危害中国百余年的鸦片烟毒基本禁绝。[①] 历时3年时间，到1953年2月，新中国基本根除了旧社会遗传下来的烟毒，令国内外惊叹不已。此后30年，毒品在中国大地基本绝迹，中国成为国际公认的“无毒国”。

3. 整顿社会秩序

由于旧中国长期处于战乱，加之国民党政府的黑暗、反动统治，我国农业衰败，城市经济崩溃，民不聊生，城乡盗匪横行，流民、乞丐成群，偷盗、扒窃、强讨强要现象常见，市容破败，交通不畅，混乱不堪。中华人民共和国成立之初，我国公安机关除了开展镇压反革命运动、封闭妓院运动、禁毒运动，还将大量警力用于社会治安整顿。

（1）铲除恶霸，取缔反动会道门

中华人民共和国成立之初，旧社会的恶霸依然四处欺行霸市、鱼肉百姓，公安机关开始铲除恶霸。通过统一部署，公安机关层层发动群众，组织群众，对恶霸进行控诉。后由社会各界代表对罪大恶极的恶霸分子提出处理意见。旧社会的会道门具有封建迷信色彩和反动本质，且组织庞大，欺骗性强。解放初期，少数反动会道门头子与反革命分子和国民党特务混杂在一起，对群众进行思想毒害，并欺骗和拉拢群众参加会道门活动，严重影响治安稳定。1952年10月，第五次全国公安会议召开，对镇压反革命工作提出了新的要求，即在镇压反革命不彻底的地区和方面，认真调查研究，摸清敌情，开展斗争。在这次全国公安会议指导下，全国公安机关开展了取缔反动会道门的行动。1953年，中共中央转发了罗瑞卿部长《关于取缔反动会道门工作情况

① 参见穆玉敏：《北京警察百年》，中国人民公安大学出版社2004年版，第354页。

的报告》，全国公安机关严密部署，开始清理反动会道门。通过登记、退道、追回被骗取的财物、查封坛口、逮捕和打击反动会道门头子等环节，达到了取缔反动会道门、镇压惩办反动首恶、争取教育群众、净化社会风气、保障社会秩序的目的。此外，公安机关还积极关注城市的游民和乞丐，通过教育、收容、改造、安置等手段，鼓励和帮助其参加生产劳动，努力消除其对社会治安造成的威胁和隐患，逐渐将混乱不堪的治安环境改造成健康有序的革命新秩序。

（2）建立治安管理体系

中华人民共和国成立初期，公安机关在为人民民主专政政权提供政治保障的同时，也积极探索如何为社会主义改造和建设提供良好的社会环境。党和政府积极吸收部分地区城市治安管理的经验，在全国范围陆续建立户口管理制度、公共治安秩序管理制度、特种行业管理制度、消防管理等多项治安管理制度。

除了依靠公安机关开展社会治安管理外，我国还建立治安保卫委员会（简称治保会）协助公安机关进行社会管理。1952 年 8 月，政务院颁布《治安保卫委员会暂行组织条例》，要求经过试点后，在城镇、乡村、机关、厂矿、学校、企业普遍成立治安保卫委员会。治保会主要承担两项职责，一是开展自我管理，维持所在乡村、街道、单位内部的治安；二是调解基层纠纷，做到未雨绸缪。这样在国家正规警察队伍之外，我国在基层组织、社区、单位中广泛建立了基层治保会、治安保卫小组等群众性治安自治组织，形成了“专群”结合维护社会治安的格局。在公安机关推行的各项治安管理制度中，治安保卫委员会和人民群众广泛参与其中，并提供积极支持和配合，致使违法犯罪活动大大减少，火灾、爆炸、交通肇事等治安灾害事故急剧减少，社会治安秩序好转。

（3）打击刑事犯罪

中华人民共和国成立后，各级公安机关组织专门力量，侦查破获大量刑事案件，打击惩治各类刑事犯罪活动，教育改造犯罪行为人。在人民公安机关、群众治保会以及广大人民群众的共同努力下，20世纪五六十年代，我国刑事案件发案数普遍下降。社会治安状况好转，第一次实现了自晚清以来的社会稳定状态。有关数字显示，中国在1956年每万人口的犯罪率仅为2.9，1965年为3.0，这一数字远远低于世界其他国家同期犯罪率。① 20世纪50年代至60年代，我国较低的犯罪率使社会上出现了“夜不闭户、路不拾遗”的现象，许多农村地区常年无刑事案件。即使在1958～1961年的三年困难时期，虽然盗窃、诈骗、抢夺等犯罪活动上升，封建迷信等社会丑恶现象开始抬头，但在政府加强救济和公安机关强化打击处置之后，社会治安问题逐渐得到缓解，城乡治安秩序稳定的局面得以常年保持。

（四）公安法制初步建立

中华人民共和国成立之初，为了使社会治安管理工作有据可依，中央及有关部门先后出台了诸多有关公安工作和社会管理的法律文件，如《关于特种人口管理的暂行办法（草案）》（1950年）、《城市户口管理暂行条例》（1951年）、《治安保卫委员会暂行组织条例》（1952年）。50年代，政务院政治法律委员会又批准公布了一系列治安秩序管理方面的法规，如《无线电器材管理暂行条例》《城市旅栈业暂行管理规则》《公共娱乐场所暂行管理规则》《印铸刻字业暂行管理规则》等。

“五四宪法”颁布后，我国又出台了一些对公安工作具有长远规范和影响意义的法规。例如，1954年出台《逮捕拘留条例》②，1957年颁布《人民警察条例》③，1957年颁布《治安管理处罚条例》④，1957年公布《国务院关于劳动教养问题的决定》⑤，1958年颁布《户口登记条例》⑥。这些法律法规的出台，为我国公安机关开展治安管理和违法犯罪惩处工作提供了法律依据，

① 参见康树华主编：《犯罪学通论》，北京大学出版社1992年版，第93～94页。
② 《逮捕拘留条例》于1979年失效。
③ 《人民警察条例》于1995年失效。
④ 《治安管理处罚条例》于1987年失效。
⑤ 1979年11月发布《国务院关于劳动教养的补充规定》，2013年12月废止。
⑥ 1958年颁布的《户口登记条例》沿用至今。

也促进了人民公安队伍的正规化和法治化发展。

三、人民公安制度受到冲击

1966 年 5 月和 8 月，中共中央先后发布了《中国共产党中央委员会通知》（“五·一六通知”）和《中共中央关于无产阶级文化大革命的决定》（“十六条”）。社会正常秩序遭到破坏，社会基础设施被严重破坏。在这种局面下，打、砸、抢成风，盗窃、流氓、强奸等犯罪案件剧增，出现了新中国之后的第 3 次犯罪高峰。

1967 年 1 月 13 日，中共中央、国务院发布了《关于在无产阶级文化大革命中加强公安工作的若干规定》（“公安六条”），其在整个“文革”期间具有临时法规的效力。

“文革”中，全国公安机关在“砸烂公检法”和全盘否定公安工作的逆流中陷入瘫痪，公安部与地方公安机关的联系被隔断，各地公安机关被“砸烂”，一大批公安战线的老领导、老同志受到迫害，新中国初步建立的人民公安制度受到巨大冲击。直到 1976 年 10 月，“四人帮”被粉碎，“文革”的十年内乱才结束。中国共产党开始拨乱反正、平反冤假错案。1977 年3 月，公安部对原领导班子进行整顿、充实，成立了以赵苍璧为部长的新领导班子，开始纠正“文革”中一系列错误思想、工作方法、人事安排，并着手平反冤假错案。

四、人民公安制度的发展

1978 年 12 月，党的第十一届三中全会召开，开启了改革开放和社会主义现代化的伟大征程。会议提出将全党工作重点转移到社会主义现代化建设上来的战略决策，并指出根据实事求是、有错必纠的原则对历史遗留问题进行平反昭雪。一个个冤假错案的平反昭雪，增强了人民对党和政府的信任度和依赖度，也保障了社会稳定，为改革开放搭建了宽广的思想平台。十一届三中全会提出健全社会主义民主和加强社会主义法制的任务，这为人民公安制度建设指明了方向。人民公安制度建设进入新中国成立以来最好的发展时期。

（一）人民警察管理体制的调整

1. 人民武装警察部队的组建和变革

1982 年 6 月，党中央批转公安部党组《关于人民武装警察管理体制问题的请示报告》，决定组建人民武装警察部队，由国务院和中央军委统一领导，视其为国家武装力量的重要组成部分。1984 年 4 月 5 日，人民武装警察部队的领导指挥机关——武警总部在北京成立，总部内设司令部、政治部和后勤部，直辖若干师和大专院校。随后，各省、自治区、直辖市设武警总队（副军或师级），各总队下设初级指挥学校；总队以下，在各地、市、州、盟设支队（团级）或大队（营级），县设中队（连级）。根据职责，武装警察部队被分为内卫、边防、消防、警卫、水电、黄金、交通、森林三大类八个警种，其中边防部队、消防部队、警卫部队属于公安专业部队，归公安部领导。

2009 年 8 月，全国人大常委会通过《人民武装警察法》，对武装警察的任务、职责、义务和权力等做了明确界定和规范。2018 年 3 月，中共中央印发《深化党和国家机构改革方案》，按照"军是军、警是警、民是民"的原则，国家对"涉警"部队做了重大改革。原隶属于公安部的公安边防部队、公安消防部队和公安警卫部队均不再列入武警部队序列，全部退出现役，划归地方管理。

2. 国家安全部的组建和监狱、劳改、劳教管理工作的移交

1983 年 4 月，全国公安工作会议决定，在对敌斗争中，凡是公安机关认为反革命分子活动已构成间谍特务案的，须移交国家安全机关办理；凡是国家安全机关认为不属于间谍特务性质的反革命案件，须移交公安机关办理的，都要主动联系，及时移交，不留空隙，不贻误工作。鉴于此，1983 年 6 月，公安部将原反间谍工作移交出去，国家新组建国家安全部。国家安全部作为国务院组成部门，主管和领导对外情报和反间谍工作，开展隐蔽战线的对敌斗争，保卫国家安全和统一。在省、直辖市，组建国家安全厅（局），由国

家安全部和省人民政府（直辖市人民政府）双重领导，实际上以国家安全部的领导管理为主。市县两级国家安全机关由省级国家安全厅（局）垂直领导管理。县一级，主要是在沿海沿边设县国家安全局，或者设市国家安全局驻某县工作站。

中华人民共和国成立以来，我国公安机关领导的劳改、劳教工作取得了重大成绩。但因为公安机关任务过于繁重，往往兼顾不及，故中央研究决定将劳改劳教工作移交给司法行政机关。1983 年 6 月，公安部将其管辖的监狱、劳改、劳教工作移交给司法部，各省、自治区、直辖市公安厅劳改、劳教局（处），转入省、自治区、直辖市司法厅（局）。各省、自治区、直辖市和大、中城市劳教、劳改机关所属的全部单位，整建制原封不动地移交。由此，形成了由公安机关负责侦查、拘留、预审，由司法行政机关负责改造的分工。

3. 行业公安机关的成立与演变

为了保障特殊行业公共安全，我国陆续在铁路、交通、民航、林业和海关等系统内部组建行业公安机关。

（1）铁路公安机关。在中华人民共和国成立前，为保障铁路运输安全，1949 年2 月，中国共产党就在沈阳成立了东北铁路公安总局。同年 3 月，中央军委成立铁道部公安局，中华人民共和国成立后改称中央政府铁道部公安局，由铁道部和公安部共同领导。1984 年，公安部进一步明确了铁路公安部门是国家派驻铁路的公安机关，列入国家公安机关序列。

（2）交通公安机关。为了保证港口和航运安全，1951 年 2 月，长江航务管理局建立公安处（后改为公安局）。1956 年，国务院批准建立交通部保卫局，沿海港口分别设立公安局、公安分院和装卸作业区公安派出所。经国务院批准，1971 年成立交通部公安机关，2009 年改为交通运输部公安局，由交通部和公安部共同领导，主要负责保卫港口码头、保障船舶运输安全、水上消防等。

（3）民航公安机关。中华人民共和国成立之初，我国民用航空就设立了保卫机构，隶属于中国人民解放军政治保卫系统。1980 年，中国民用航空由空军建制改为国务院直属局。为了确保航空站和民航飞行安全，国务院于 1981 年批准在原保卫机构基础上成立民航公安机关，由民航总局和公安部共同领导。

（4）森林公安机关。20 世纪 60 年代，我国南方林区建立林业派出所以维护地方森林安全。1984 年，国务院批准林业部成立公安局，由林业部和公安部共同领导。全国林区相继健全公安机构设置。

（5）缉私公安机关。20 世纪 90 年代，在对外开放政策引导下，我国对外贸易以每年两位数的速度增长。与此同时，走私活动日益猖獗，严重破坏了市场经济秩序，也导致了国家税收的巨额流失。1999 年 1 月，经国务院批准，公安部组建走私犯罪侦查局（公安部二十四局），设在海关总署，受海关总署和公安部双重领导，以海关总署领导为主。在海关总署设走私犯罪侦查局，在广东分署、各直属海关设走私犯罪侦查分局 42 个，在其分支机构设立走私犯罪侦查支局 116 个。2001 年，经国务院批准，海关总署广东分署、部分直属海关走私犯罪侦查分局列入所在省、自治区、直辖市公安厅（局）序列。2002 年 12 月，经国务院办公厅批准，海关总署走私犯罪侦查局更名为海关总署缉私局，各海关走私犯罪侦查分局更名为某某海关缉私局，各海关走私犯罪侦查支局更名为某某海关缉私分局。缉私警察既是海关的一支专职缉私队伍，又是公安部门的一个警种。2013 年国务院机构改革将缉私局海上缉私队伍和职能划入中华人民共和国海警局。

铁路、交通、民航、林业和海关五个行业公安机关，是我国公安机关的一个组成部分，但在组织领导上同时接受公安部和其他某业务部委领导。在 2018 年国家机构改革中，中共中央办公厅、国务院办公厅发布《行业公安机关管理体制调整工作方案》，对行业公安机关管理体制做了调整。《行业公安机关管理体制调整工作方案》要求按照“警是警、政是政、企是企”的原则，进一步理顺行业公安机关管理体制。将铁路公安、森林公安、交通公安调整为直接归属公安部领导；海关缉私公安和民航公安实行双重领导，以公安部领导为主。铁路公安和海关缉私公安实行垂直领导，交通的长江航运和民航的首都机场公安直接归属公安部领导，余下交给地方公安。从此，铁路公安直属公安部，列为公安部内设机构（公安部铁路公安局，即公安部十局），不再接受铁路总公司领导，从而结束了铁路公安接受双重管理的历史。2019 年 10 月，交通运输部公安局撤销，并入公安部治安管理局。森林公安也整体划转到公安部（列入公安部十六局）实行统一领导管理，原有职能保持不变，继续承担森林资源保护、森林草原防火等职责，业务上接受林草部门的指导。森林公安机关则按照《国务院办公厅关于转发民航局等部门进一步推动民用机场公安机构管理体制改革工作方案的通知》要求，将（市区）的民航公安机关属地移交地方公安机关，接受地方公安机关领导。通过改革整合警务资源，优化机构职能配置，提升警务效能，加强党对公安工作的绝对领导、全面领导，构建符合新时代要求的现代警务管理体制，更好地履行党和人民赋予的重大职责使命。

此外，2001 年 8 月，国务院办公厅印发《关于抓紧做好企业事业单位公安机构体制改革工作的通知》，加快推进企业事业单位公安机构体制改革工作，将地方企业事业单位公安机构划归地方公安机关建制序列。2001 年12 月 31 日前，全国完成了企业事业单位公安机构改革工作，从此，企事业单位公安机构统一划入国家公安机关。

4. 确立公安管理体制

1984 年，根据党中央改革公安工作的精神，公安机关实行党组（委）集体领导下的行政首长负责制。这一体制赋予了公安机关的党组（委）决策权和指挥权，且对本机关实行党的集体领导。

1991 年，第十八次全国公安工作会议确定，对公安队伍的管理试行条块结合、以块为主的体制。同年，《中共中央关于加强公安工作的决定》进一步明确了公安机关实行“统一领导、分级管理、条块结合、以块为主”的管理体制。1995 年《人民警察法》明确界定了人民警察的范围，并贯彻“统一领导、分级管理、条块结合、以块为主”的理念。《人民警察法》的颁布终结了人民警察30多年来由公安机关统一管理和领导的体制，转变了各警种在行政上受同级人民政府统一领导、在业务上受上级同行领导的体制。

（二）公安机构的完善和改革

改革开放后的40多年里，我国公安机关内设机构不断扩充和调整，新的警种不断出现；公安组织体系在改革中完善，在完善中改革。

1983年，公安部成立外国人管理、出入境管理局。

1983年9月10日，国务院批准公安部机构设置改革：公安部下设办公厅、政策研究室、一局（反革命案件侦查）、二局（内保）、三局（治安行政管理）、五局（刑事案件侦查）、六局（出入境、外国人管理）、八局（警卫）、十一局（计算机管理和监察）、十二局（科技）、十三局（预审）、对外联络办公室、计划财务局、外事局、老干部局。另保留公安部四局（边防）、七局（消防）、九局（中办警卫局）、十局（铁道部公安局）、十四局（交通部公安局）的序列。11月23日，中央组织部通知同意公安部继续保留政治部；1984年6月16日，民航公安局编入公安序列，为公安部十五局。1986年10月，交通部原公路交通管理职能移交公安部，相关人员与公安机关原城市交通管理警察合并，形成新的交通警察，在公安部组建交通管理局（公安部第十七局）。1988年7月，公安部又对其内部各局、司重新进行编号。

在1984年9月召开的卢森堡国际刑警组织第53届大会上，中华人民共和国正式加入国际刑警组织并成立国际刑警组织中国国家中心局。国际刑警组织中国国家中心局是国际刑警组织在中国的常设机构，隶属于公安部。它主要负责中国警方同国际刑警组织各成员之间的合作，与国际刑警组织总秘书处及其成员中心局保持密切合作，共同预防和打击跨国犯罪。国际刑警组织中国国家中心局在北京、上海、广东、黑龙江、江苏、广西等地统筹设立了国际刑警组织中国国家中心局地方联络机构，负责本地区涉及国际刑警组织的执法合作事务和中心局交办的工作。

20世纪90年代，网络犯罪迅猛增长，美国、英国、印度、西班牙等国家先后创立了网络警察组织以打击黑客攻击，遏制网络犯罪。我国也同样面临着网络犯罪对国家安全、社会秩序和公民生命财产的严重威胁。1994 年，公安部计算机管理和监察局更名为公安部计算机管理监察司。1998 年，公安部在原来的计算机管理监察司的基础上组建公共信息网络安全监察局，主要负责打击计算机网络犯罪和保障网络安全运行。全国各地公安机关相继成立网监机构，在大城市普遍设立了网络社区警务室，有力维护了网络安全，沉重打击了网络犯罪的嚣张气焰。

1999 年 6 月 10 日，中央成立防范和处理邪教问题领导小组办公室，并在公安部组建反邪教局（公安部第二十六局），二者合署办公。公安部反邪教局主要由中国人民解放军 8424 部队（由解放军总参谋部直辖）、公安部国内安全保卫局（一局）和国家宗教事务局中从事侦办有关邪教组织及带有邪教性质组织或其他宗教性质犯罪的机构合并组成。

“9·11”事件后，各国都加强了反恐怖专业机构和力量的建设。我国将反恐怖工作视为关系中国人民群众生命财产安全和社会稳定、经济发展、国家安全的一件大事。2002 年，国家在公安部设立了反恐怖局（公安部二十七局），专门负责研究、规划、指导、协调、推动全国的反恐怖工作。随后，地方特别是大城市，也都加强了反恐怖专门机关和力量的建设，为促进和推动全国反恐怖工作发挥了基础性的作用。

2018 年 3 月，中共中央印发了《深化党和国家机构改革方案》。根据此改革方案，国家整合公安部出入境管理和边防检查的职责，组建国家移民管理局，以建立健全签证管理协调机制。根据此改革方案，中央防范和处理邪教问题领导小组及其办公室的职责划归中央政法委员会、公安部，公安部主要负责依法打击邪教组织的违法犯罪活动，中央政法委员会则主要负责协调指导各相关部门做好反邪教工作，分析研判有关情况信息并向党中央提出政策建议，协调处置重大突发性事件等。

在承接党和国家机构改革任务的同时，公安部也启动警务机制改革，并于 2019 年 5 月对公安部内设机构进行调整。这次机构调整紧紧围绕推进公安工作现代化，高度关注数据融合共享和智慧公安的“大脑”建设，注重重塑警务组织形态、流程形态和配置形态，努力建设符合新时代要求、适应国家治理体系和治理能力现代化的现代警务管理体制。第一，公安部新设立了情报指挥中心，作为全国公安系统的“智慧大脑”。公安部情报指挥中心是公安部乃至全国公安系统的信息流转平台、应急指挥平台和辅助决策平台，全年 365 天、24 小时进行情报预警、研判分析、指挥调度、应急值守，充分发挥“警务实战指挥中枢”职能作用。第二，为解决公安信息化建设应用中存在的突出问题，此轮改革中，公安部建立了公安部大数据中心和备份中心，为基层一线实战应用提供更多更高质量的数据信息服务和支撑，推进以大数据智能应用为核心的智慧警务新模式，最大限度释放警力。第三，为积极应对食品药品等领域新型犯罪的猖獗势头，公安部新成立了食品药品犯罪侦查局以统一领导全国各地公安机关有效打击食品、药品和知识产权、生态环境、森林草原、生物安全等领域犯罪。第四，将多个非办案部门进行合并整合。例如，将宣传局、办公厅新闻中心合并整合为新机构——新闻宣传局；将科技局和信息通信局整合为新机构——科技信息化局；将警务督察、审计部门合并整合为公安部督察审计局。

（三）公安法治不断完善

中华人民共和国成立之初，我国的警察立法主要以警察刑事法、行政法为主，而警察组织法、警察保障法、警察监督法等相关立法数量较少；立法以实体法为主，程序法极少。改革开放后，我国加强了警察立法工作。

在刑事司法方面，1979 年 2 月 23 日，全国人大常委会通过《逮捕拘留条例》[①]；同年 7 月 1 日，第五届全国人民代表大会第二次会议审议通过了中华人民共和国成立后的第一部刑法和第一部刑事诉讼法。至此，崭新的、统一的、比较完备的、经过重大改革的《刑法》和《刑事诉讼法》正式诞生，也标志着我国刑事法律规范走向健全和完备。此后，1996 年 3 月 17

① 该条例于 1997 年 1 月 1 日废止。

日，第八届全国人民代表大会第四次会议通过了《全国人民代表大会关于修改〈中华人民共和国刑事诉讼法〉的决定》①；1997 年 3 月 14 日，第八届全国人民代表大会第五次会议通过《中华人民共和国刑法（修订草案）》②。为规范公安机关办理刑事案件，根据《刑事诉讼法》，公安部于 1998 年 5 月 14 日发布《公安机关办理刑事案件程序规定》，该规定此后历经多次修订。

在治安管理方面，1979 年 12 月，经全国人大常委会批准，国务院公布《关于劳动教养问题的补充规定》，并重新公布《关于劳动教养问题的决定》。1981 年，国务院颁布《枪支管理办法》，又于 1982 年发布《关于保障民用航空安全的通告》。经国务院批准，1982 年公安部发布《劳动教养试行办法》。1983 年，公安部发布《对部分刀具实行管制的暂行规定》。1984 年，国务院公布《民用爆炸物品管理条例》③ 和《消防条例》，《消防条例》明确提出"预防为主、防消结合"的消防工作方针，并明确了公安机关实施消防监督的权力；1987 年 3 月，公安部根据该条例制定发布了《消防条例实施细则》。1985 年 9 月 6 日，全国人大常委会通过《居民身份证条例》，由此我国按照先大城市后中小城市，再扩展到农村的次序，逐步实施居民身份证制度。1985 年 11 月 22 日，全国人大常委会通过《外国人入境出境管理法》和《公民出境入境管理法》。1986 年 9 月 5 日，全国人大常委会通过《治安管理处罚条例》（1994 年 5 月 12 日修正）。2005 年 8 月 28 日，全国人大常委会通过《治安管理处罚法》（2012 年 10 月 26 日修订）。为统一、全面规范公安机关行政案件办理程序，根据《行政处罚法》，公安部于 2004 年发布《公安机关办理行政案件程序规定》（此后经过多次修订）。此外，为了加强枪支管理，维护社会治安秩序，保障公共安全，1996 年，全国人大常委会通过《枪支管

---

① 此后，我国刑事诉讼法又经历了两次修正，根据 2012 年 3 月 14 日第十一届全国人民代表大会第五次会议《关于修改〈中华人民共和国刑事诉讼法〉的决定》第二次修正；根据 2018 年 10 月 26 日第十三届全国人大常委会第六次会议《关于修改〈中华人民共和国刑事诉讼法〉的决定》第三次修正。

② 此后，我国刑法经历了 11 次修正。《刑法修正案（十二）》由 2023 年 12 月 29 日第十四届全国人大常委会第七次会议通过，自 2024 年 3 月 1 日起施行。

③ 该条例已于 2006 年 9 月 1 日失效，被 2006 年 9 月 1 日实施的《民用爆炸物品安全管理条例》替代。

理法》。

在警察组织法方面，1992年7月1日，全国人大常委会通过了《人民警察警衔条例》；1995年2月28日，全国人大常委会通过《人民警察法》（2012年10月26日修正）。该法是确立和完善我国人民警察制度的基本法律，对人民警察的职权、任务、活动依据、义务和纪律、组织管理和警务保障等方面做了明确的规定，同时，还对人民警察的执法监督和法律责任做了规定。《人民警察法》颁布实施后，国家有关公安工作和公安队伍建设方面的立法进一步加快，公安法规体系不断健全完善。1996年3月，公安部下发《“九五”公安工作纲要》，首次明确提出了“依法治警”的方针。

在组织监督法方面，1997年6月20日，国务院发布《公安机关督察条例》（2011年8月24日国务院第169次常务会议修订）。此后，公安部相继出台了《公安民警执法过错责任追究规定》《公安机关人民警察内务条令》《公安机关人民警察训练条令》等一系列规定，以加强公安监督，促进公安队伍正规化、制度化，树立公安机关人民警察的良好形象。2010年，《公安机关人民警察纪律条令》发布，作为系统规范公安机关及其人民警察纪律以及对违反纪律行为给予处分的部门规章，加强了对警风警纪监督。2016年9月，中共中央办公厅、国务院办公厅印发《关于深化公安执法规范化建设的意见》，为规范公安机关执法以及建设公安机关的执法能力提出了指导性意见，这标志着公安执法规范化建设进入崭新阶段；2019年12月，公安部印发《关于进一步推进严格规范公正文明执法的意见》，引领全国公安机关开启新时代深化执法规范化建设的新篇章。

警察保障法方面，为保障公安民警依法履行职责、行使职权，维护国家法律尊严和民警执法权威，公安部于2018年12月19日发布《公安机关维护民警执法权威工作规定》。这是我国第一部维护民警执法权威的部门规章，标志着公安机关维护民警执法权威工作走上法治化道路。

在加强公安法律制度建设的同时，公安机关加强了法制机构建设。1979年，公安部组建政策法律研究室；1988年，改制为法制司，以专门规划公安法治建设、主管法律事务。1991年年底，各省、自治区、直辖市公安厅、局都建立了法制机构；大部分省、市公安局也先后建立了法制机构。

改革开放进程中，我国警察法治建设取得了重大成果。我国形成了一个以《人民警察法》为核心，由国家法律、行政法规、部门规章、地方性法规和规章共同组成，以公安刑事法规、治安保卫法规、行政管理法规、组织人事法规、警务保障法规、监督法规和国际警务合作法规为主要门类的公安法规体系。[①] 相对完善的公安法治体系，有力保障了公安各业务工作有法可依，也积极推动了公安法治化建设进程。而这一切都显示了人民公安制度的法治内涵。

（四）各项公安业务不断发展

1. 严厉打击严重刑事犯罪活动

20世纪80年代初期，由于改革开放政策的实施，我国的政治、经济、文化各项事业有了较大发展。

1983年8月25日，中央政治局发布《关于严厉打击刑事犯罪活动的决定》；随后，全国人大常委会审议通过《关于严惩严重危害社会治安的犯罪分子的决定》和《关于迅速审判严重危害社会治安的犯罪分子的程序的决定》，要求从重从快严厉打击严重刑事犯罪，加强对犯罪分子实行专政。“严打”的序幕就此拉开。于是，在中央统一领导下，司法机关紧密配合，在全国范围内开展了为期3年的“严打”斗争。各地公安机关历时3年，通过3次战役，针对刑事犯罪活动的特点和规律，坚持“依法、从重、从快”的方针，因地制宜地开展专项斗争。截至1986年10月，全国公安机关共逮捕杀人、放火、抢劫、强奸、流氓等罪犯20万余人，缴获赃款折合约7.1亿元，缴获枪支3万多支、子弹114万多发、炸药200多万公斤。[②] 全国各地都召开了不同规模的宣判大会，惩处了一批严重刑事犯罪分子，处决了一批罪

① 参见高文英、邢捷主编：《警察法学》，中国政法大学出版社2017年版，第74页。

② 参见董纯朴编著：《中国警察史》，吉林人民出版社2005年版，第172页。

行特别严重、情节特别恶劣的犯罪分子。经过这次“严打”战役，犯罪分子的嚣张气焰被震慑下去，流氓犯罪团伙肆意扰乱社会治安的情形大大减少，各种公共场所秩序好转，群众安全感提高。

1983 年的“严打”沉重打击了严重刑事犯罪活动，有效遏制了刑事案件上升的趋势，使社会治安有了根本好转，为改革开放创造了良好的社会环境，同时也为有力打击刑事犯罪活动提供了经验借鉴，故我国此后又启动过 3 次“严打”。20 世纪 90 年代，我国进入转型期，旧的社会控制系统不能积极应对社会经济、文化出现的新变化和新情况，我国刑事案件的发案率急剧上升，出现了改革开放以来的又一个犯罪高峰。20 世纪 90 年代中期，重大抢劫、爆炸案件不断发生，作案手段残忍，后果非常严重，故 1996 年 4 月，全国统一行动开始“严打”，计划在 2 年时间里，迅速改变现有的社会治安情况，保障群众的生命和财产安全。此次“严打”中，我国公安机关破获了系列银行抢劫案和“3·31”系列袭军袭警案，并落实《枪支管理法》规定，开始收缴民间枪支和非治安机构的枪支。通过“严打”，我国社会治安情况明显改善。进入千禧年后，我国枪患问题突出，暴力犯罪猖獗，对此我国开展了第 3 次“严打”。① 2010 年 6 月，公安部在全国开展 7 个月的“严打”行动，锁定的重点为个人极端暴力犯罪、涉枪涉爆犯罪、黑恶势力犯罪等。通过全国公安机关的积极努力，我国严重刑事犯罪发案数量得到有效控制，人民群众的安全感更有保障，也更可持续。“2017 年，我国每 10 万人中发生命案 0.81 起，是命案发案率最低的国家之一；严重暴力犯罪案件比 2012 年下降 51.8%，重特大道路交通事故下降 43.8%；人民群众对社会治安满意度从 2012 年的 87.55% 上升到 2017 年的 95.55%，对政法队伍满意度从 2012 年的 69.43% 上升到 2017 年的 80.24%。一些国家政要和境内外专家认为，经济高速发展、社会大局稳定是中国向世界展示的两大奇迹，体现了中国特色社会主义制度的优越性。”②

---

① 此次严打整治斗争增加了网上追捕逃犯的行动，故此次“严打”也被称为“新世纪严打”。

② 徐隽：《去年社会治安满意度上升到 95.55%》，载《人民日报》2018 年 1 月 24 日，第 4 版。

2. 积极惩治各种经济犯罪

改革开放之后，我国经济持续飞速发展，与此同时，经济犯罪案件开始增多。1993 年至 1998 年，我国社会主义市场经济建立时期，经济领域犯罪日益增多。自 1998 年以来，我国经济犯罪案件的总量持续居高不下。进入 21 世纪以来，经济犯罪案件数量剧增，涉案资金巨大，每年我国经济犯罪涉案总金额平均在 800 亿元以上，约占每年全国国内生产总值的 1%[①]，且经济犯罪的领域不断扩展，犯罪智能化、专业化、国际化特征日益明显。为严厉打击惩治经济犯罪，维护经济安全，1998 年，公安部组建经济犯罪侦查局，部署和领导各地公安机关，针对突出的经济犯罪问题开展了一系列专项斗争，对准经济犯罪高发领域和行业进行集中统一整治。

2000 年，中国人民银行发行第 5 套新版 20 元面值人民币后，广州、浙江、江西等多地出现大量假币。2004 年 4 月至 9 月，全国公安机关与人民银行开展打击制贩假币犯罪联合行动。公安机关捣毁制造假币窝点，摧毁了假币犯罪网络，全国共收缴假人民币 4.7 亿元，破获制贩假币案件 3562 起，抓获犯罪嫌疑人 1 万余人，[②] 有效遏制了假币犯罪蔓延势头、维护了国家金融秩序。

经济犯罪分子的目的是获取犯罪收益，并“保护”其非法所得，“洗钱”是他们惯用的手法。为了联合打击洗钱犯罪，2002 年，中国人民银行成立了支付交易监测处和反洗钱工作处，公安部经济犯罪侦查局专门设立了洗钱犯罪侦查处。多年来公安经侦部门和中国人民银行通力合作，建设控制洗钱犯罪的情报信息系统，严厉打击地下钱庄和洗钱犯罪，并与境外警方开展反洗钱执法合作，破获了一批重特大洗钱案件，为规范市场经济秩序提供了有力保障。

20 世纪 90 年代，传销在我国兴起后不久就被不法分子利用，成了一种非法融资的诈骗活动。2000 年之后，以发行股票、债券、彩票、投资基金证

① 参见董纯朴编著：《中国警察史》，吉林人民出版社 2005 年版，第 257 页。
② 参见董纯朴编著：《中国警察史》，吉林人民出版社 2005 年版，第 258 页。

券或者其他债权凭证的方式向社会公众筹集资金的犯罪逐渐增多，且涉案金额巨大，典型的如“浙江吴英案”集资诈骗人民币达3.89亿余元。当下，非法集资波及的领域日渐广泛，商品营销、资源开发、种植养殖、投资担保等传统领域案件时有发生，借贷理财、私募股权、虚拟货币、消费返利等新兴领域已逐步成为非法集资犯罪的重灾区。特别是互联网上非法集资犯罪成为普遍模式，跨界特征更加突出，传染积聚速度更快。到2018年，公安机关针对非法集资、传销等涉众型经济犯罪立案12万余起，涉案总金额9645亿元。[①] 公安机关会同相关部门通力合作，缜密侦查，成功破获“万里大造林”、e租宝、钱宝等一大批涉众型重大经济犯罪案件，为人民挽回经济损失数千亿元，严厉打击了涉众型经济犯罪的嚣张气焰。

此外，在我国经济发展中，妨害对公司、企业的管理秩序犯罪，扰乱市场秩序犯罪，危害税收征管犯罪，职务侵占、挪用资金等侵犯财产犯罪，侵害知识产权犯罪，电信诈骗犯罪等都有不同程度增长，全国公安机关积极侦办此类经济犯罪案件，每年为国家和群众挽回经济损失数千亿元，并维护和巩固了社会主义经济秩序，彰显了社会公平和司法正义。

3. 实施社会治安综合治理

20世纪80年代，我国青少年违法犯罪数量剧增，成为严重危害社会安全和稳定的突出问题。为了遏制青少年犯罪，中共中央提出了社会治安综合治理的思想理论和战略方针。1991年，中央成立社会治安综合治理委员会，领导部署和组织协调全国社会治安综合治理工作。此后，社会治安综合治理在全国各地普遍推开。

综合治理是解决中国社会治安问题的根本出路，也是推进社会治理现代化的重要举措。社会治安综合治理已形成以“打防结合、预防为主，专群结合、依靠群众”为指导方针，围绕“打击、防范、教育、管理、建设、改造”六个方面开展工作的一种保障安全和秩序的重要机制。近年来，社会治

① 参见苏雪峰：《亮剑铸盾　保障国家经济安全——改革开放以来经济犯罪侦查工作巡礼》，载《人民公安报》2018年11月28日，第1版。

安综合治理又被赋予了新的时代内涵。中共中央办公厅、国务院办公厅于2015年4月、2016年3月印发《关于加强社会治安防控体系建设的意见》《健全落实社会治安综合治理领导责任制规定》，进一步明确党委领导、政府主导、综治协调、各部门齐抓共管、社会力量积极参与公共安全治理的工作格局。在全面推进依法治国和智慧社会建设的新时代，对传统的治理理念和技术进行总结和反思，促进社会治安综合治理现代化，特别是进一步提升社会治安综合治理的法治化信息化精细化社会化程度成为发展趋势和重要任务。

4. 开展专项治理

（1）“扫黄打非”专项治理

改革开放后，随着国际交流合作的不断增多，一些内容反动或涉“黄”的录音录像制品从海外流入我国。国内一些企业和个人擅自复制、转录，或同外商合作在国内复制生产和销售，致使此类音像制品流入市场，严重腐蚀党员干部和普通群众，特别是严重影响青少年正常的社会化，成为新的治安问题。1982年2月，中共中央和国务院联合发布《关于严禁进口、复制、销售、播放反动黄色下流录音录像制品的规定》；1985年4月17日，国务院颁发《关于严禁淫秽物品的规定》，明确了查禁范围和处理方式。公安机关协同海关、广播电视、工商行政管理、文化教育等多部门开展查禁色情服务、卖淫嫖娼和“扫黄打非”等专项斗争和专项整治。公安机关针对相关场所和行业制定了安全制度和治安管理规章，扫除和查处卖淫嫖娼、制作贩卖传播淫秽物品的违法犯罪行为。

但卖淫嫖娼、制作贩卖传播淫秽物品等违法犯罪发展蔓延的势头仍未得到有效控制，严重毒化社会风气，扰乱社会治安，危害广大群众特别是青少年的身心健康。针对广大群众和社会各界对此类问题的强烈反应，1989年11月13日，国务院部署全国开展扫除卖淫嫖娼、制造贩卖传播淫秽物品、聚众赌博、拐卖妇女儿童、吸食贩运毒品、利用封建迷信骗财害人社会丑恶现象和犯罪活动的统一行动，即扫除“六害”。公安机关与民政、卫生、新闻出版、工商、海关等相关部门通力合作，从加强思想教育、加强管理入手，对“六害”实行综合治理。全国公安机关依法从严惩处违法犯罪分子，凡是赌博，引诱、强迫、容留妇女卖淫，制作、贩卖淫书、淫画的，都属于严重危害社会治安行为，不论其是否有营利目的，都属于打击之列。据统计，扫除“六害”统一行动中，全国公安机关每年查处卖淫嫖娼案件10万~20万起，破获拐卖妇女儿童案件8000~2万多起、贩毒案件数千起，查处赌博案件20万~40余万起，解救被拐卖的妇女数万名、被拐卖的儿童数千名。[①] 在公安机关的严厉查禁与社会各界的综合治理下，“六害”等社会丑恶现象得到了有效遏制，社会环境得以净化。

（2）毒品治理

20世纪80年代，毒品开始在全球蔓延泛滥，不仅严重摧残人类健康，助长暴力和犯罪，而且吞噬巨额社会财富，影响人类发展，成为人类公害。1987年6月，138个国家的3000多名代表参加了在奥地利首都维也纳举行的联合国部长级禁毒国际会议，通过了禁毒的《综合性多学科纲要》，并将每年的6月26日定为“国际禁毒日”，以号召国际社会广泛关注和解决毒品问题。我国在解放初期即已禁绝了鸦片烟毒，但20世纪80年代，在国际毒潮的侵袭下，国际贩毒集团利用我国无毒国的声誉扩展过境贩毒路线。“金三角”地区毒品经过我国西南边界地区，导致我国毒品问题死灰复燃。针对毒品危害，1981年，国务院发布了《关于重申严禁鸦片烟毒的通知》，1982年中共中央、国务院发布《关于禁绝鸦片烟毒问题的紧急指示》。针对我国西南地区毒品违法犯罪十分突出的情况，特别是云南几乎被境外毒品包围的严峻形势，公安部首先在云南建立缉毒警察，在毒品问题较为突出的西南地区开展了以堵源截流为主的区域性禁毒斗争。随着国内外禁毒形势日益严峻，全国各级公安机关普遍建立与刑侦分离的缉毒警察队伍。1989年11月起，在国务院部署下，公安机关将禁查毒品相关违法犯罪作为“除六害”专项行

① 参见董纯朴编著：《中国警察史》，吉林人民出版社2005年版，第176页。

动的重要内容。

1990年11月，我国成立国家禁毒委员会作为全国最高的禁毒领导机构，并规定了国家禁毒委员会的职责①，但禁毒具体工作由公安部承担。1990年12月，第七届全国人大常委会第十七次会议通过了《全国人民代表大会常务委员会关于禁毒的决定》，为禁毒工作提供了有力的法律武器。20世纪90年代中期，我国全面加大禁毒力度。各地公安机关建立吸毒人员调查登记制度和药物滥用检测网络，定期收集数据，及时掌握吸毒人员情况，并开展禁吸戒毒，教育挽救吸毒人员。1995年1月12日，国务院发布《强制戒毒办法》② 以规范全国的戒毒治疗工作。对外，我国在联合国禁毒署的倡议下同缅甸和泰国达成了开展次区域禁毒多边合作的谅解。在公安部协调下，我国警方与周边国家积极开展禁毒合作，有力遏制了“金三角”毒品发展蔓延的势头。但是，全球毒品形势依然十分严峻，中国持续受到毒品问题侵害。

进入21世纪以来，受毒品问题全球化的影响，我国毒品问题持续发展蔓延。境外毒品犯罪集团不断加大对我国的毒品渗透，国内毒品消费市场不断扩大，新型毒品违法犯罪活动日益猖獗，我国逐步从毒品过境受害国发展演变为毒品过境与消费并存的受害国。厉行禁毒是中国政府的一贯立场和坚决主张。公安部于2004年发布《强制戒毒所管理办法》，对强制戒毒所和劳教戒毒所实行等级化、规范化管理。为了积极应对境内外毒品问题的持续蔓延，给全面加强禁毒工作提供更强有力的法律保障，2007年12月，全国人大常委会通过《禁毒法》。各地公安机关积极贯彻落实《禁毒法》，加强禁毒宣传教育，深化禁吸戒毒，打击毒品犯罪，加强对易制毒化学品的管制，积极开展禁毒国际合作。2009年7月至9月，国家禁毒委员会部署在全国范围开展了吸毒人员排查登记和管控专项行动。2009年，全国公安机关开展了打击整治

---

① 国家禁毒委员会的职责有：对内通过研究制定禁毒方面的重要政策和措施，协调有关的重大问题，组织、协调和指导有关部门和单位并动员全社会的力量开展禁毒斗争；对外根据国务院授权，负责组织开展禁毒国际合作，履行国际禁毒公约义务。

② 该办法于2011年6月26日废止。为了规范戒毒工作，2011年6月，国务院发布《戒毒条例》，该条例自公布之日起施行。

毒品犯罪的专项行动，对毒品犯罪进行了高压严打，取得了一定的整治成效。

经过多年持续深化毒品预防宣传教育、开展禁毒重点整治和示范城市创建及打击制毒犯罪专案工作后，我国禁毒工作取得了重要阶段性成果。一些地方毒品问题严重的态势彻底得到了扭转，毒品滥用人数增速减缓，新增吸毒人员减少，吸毒人数占全国人口总数的百分比首次下降，毒品治理的堵源截流工作机制不断得以创新和完善。

（3）清除黑恶势力专项斗争

对外开放政策实施后，一些境外颇具影响力的黑社会组织，趁我国改革开放之机，以不同方式渗透入境落地生根。由此，在我国一些城市和乡村，出现了黑恶势力，它们称霸一方，欺压群众，严重危害经济建设和社会安定。

2000 年 12 月 11 日，公安部成立“打黑除恶”专项斗争办公室，通过电视电话会议安排部署全国公安机关开展“打黑除恶”专项斗争。此次“打黑除恶”专项斗争一直持续到 2003 年 4 月，并且被并入为期两年的“严打”整治斗争。通过这次专项打击，黑社会性质组织和恶势力被强有力地遏制，社会治安局面显著好转，改革开放、经济发展和各项社会事业推进获得了更稳定、更健康的社会环境。

2005 年，面对黑恶犯罪处于高发期、危险期的严峻形势，中央要求公安机关对黑恶势力的打击要时刻保持高压态势，将打黑斗争日常化、常态化。2006 年 2 月，中央政法委部署全国开展打黑除恶专项斗争，在中央成立了打黑除恶专项斗争协调小组，并设立全国“打黑办”，逐渐形成打黑除恶长效机制。

党的十九大以后，中共中央、国务院发布《关于开展扫黑除恶专项斗争的通知》，决定在全国开展扫黑除恶专项斗争。[①] 根据黑恶势力犯罪特点，公

① 针对当前涉黑涉恶问题新动向，中共中央、国务院要求切实把扫黑除恶专项治理和系统治理、综合治理、依法治理、源头治理结合起来，把打击黑恶势力犯罪和反腐败、基层“拍蝇”结合起来，把扫黑除恶和加强基层组织建设结合起来，既有力打击震慑黑恶势力犯罪，形成压倒性态势，又有效铲除黑恶势力滋生土壤，形成长效机制，以不断增强人民获得感、幸福感、安全感，维护社会和谐稳定，巩固党的执政基础，为决胜全面建成小康社会、夺取新时代中国特色社会主义伟大胜利、实现中华民族伟大复兴的中国梦创造安全稳定的社会环境。

安机关聚焦涉黑涉恶问题突出的重点地区、重点行业、重点领域，坚持依法严惩、打早打小、除恶务尽，以深挖彻查“保护伞”为关键点，以基层组织建设为着力点，抓住突出问题，奋力攻坚克难，对各类黑恶势力违法犯罪保持严打高压态势。2019 年 5 月 28 日，全国扫黑办召开新闻发布会，向社会公开发布全国扫黑办智能化举报平台，以广泛动员发动群众参与，全社会形成合力依法严惩涉黑涉恶犯罪。

（五）推进公安科技信息发展

1. “110”报警服务平台建设

改革开放后，随着人财物的大流动，违法犯罪活动的流动性也大大增强。原来计划经济时代“静态”的打击犯罪和管理服务模式已经不能适应新形势。为了适应新的治安形势，20 世纪 80 年代中期，全国各地陆续建立了以“110”报警系统为媒介，以公安信息指挥中心为龙头的快速反应机制。“110”报警服务平台使公安机关接受报警畅通无阻，出警处置快速，有效打击了违法犯罪，并为群众救急解难提供了方便。1990 年，漳州市公安局建立报警服务台。在使用中，漳州市公安局为其增添了服务功能，即向社会承诺：人民群众有困难，需要警察帮助的，均可拨打“110”电话。漳州市公安局成为“110”报警服务台建设的典型样板。1996 年 7 月，公安部下发了《关于加快城市 110 报警服务台建设的通知》，要求尚未建立“110”报警服务平台的地级以上城市，在当年年底务必建立开通“110”报警服务平台；其他城市和具备条件的县在 1997 年年底也要建立“110”报警服务平台。为了促进“110”报警服务平台建设，1996 年 8 月，公安部向全国公安机关推广漳州的先进经验和成功做法，以建立和提高全国公安机关“快速反应”机制。2002 年 2 月，公安部发布通知，明确赋予“110”受理群众投诉公安民警违法违纪问题的职能。此后，为了整合指挥中心、消防、交通等多个部门的资源，2004 年3 月，公安部发出通知，要求县市公安机关“110”“119”“122”“三台合一”。2009 年，“119”“122”全面归并于“110”的“三台合一”工作基本完成，从公安部到省、市、县公安机关形成了覆盖全国的“110”

接处警网络。[1]“110”报警服务台融社会安全治理和服务群众于一体，既是调集各种警力有效打击违法犯罪的警务运行新模式，又是能够协调多方关系、为社会提供全天候快捷优质服务的平台。

2. 公安信息化建设

（1）“金盾工程”建设

1998年，我国正式开始启动公安通信网络与计算机信息系统建设工程（“金盾工程”）建设。通过多年建设，2006年11月，“金盾工程”项目竣工。我国公安机关已建成一个以公安信息专用网络为依托，内部分层的多元化广域网络。网络总体为树型结构，与公安系统的组织结构相对应，形成了四级网络[2]。每一层网络又由同级公安相关部门的局域网互联形成公安本地城域网，同时各层还能与行业公安网络、电子政务网络、社会网络等多种内、外部网络实现互联互通。目前，公安金盾网络终端延伸到了全国各地的基层公安机关，全国公安机关利用网络手段控制社会的能力整体增强。

（2）公安人口信息管理系统建设

在公安金盾网络平台的总体框架下，公安人口信息管理系统、社会面监控系统、情报信息研判分析系统等在近年取得了重大建设成果，并在社会管理中广泛应用。人口管理是公安机关的基础工作。公安部部级人口信息管理系统（一期）项目自2005年投入使用就实现了全国户籍管理基本信息的集中存储和管理。经过建设后，公安部部级人口信息管理系统（二期）提升了人口信息数据质量，扩展和丰富了公安人口信息及其应用。此外，我国还开发建设了公安部部级人口信息人像比对系统，在对人像信息进行建模的基础上，通过对人像数据的交叉比对，对户口登记、居民身份证管理和人口信息相关数据质量中存在的历史问题进行全面摸排、集中清理；将人像比对系统嵌入人口信息管理系统相关功能模块，对户口审批和业务办理环节中常见的

① 参见陆永：《当代中国警政与现代国家成长》，江苏人民出版社2015年版，第231页。

② 公安部至省厅为一级网；省厅至所辖各设区市公安局的网络为二级网；各设区市公安局至所辖分、县级公安局的网络为三级网；分、县级公安局至公安基层科、所、队为四级网（接入网）。

虚假身份，“一人多户”，骗取、冒领身份证件等问题实现有效监管，在“追逃”过程中为识别、辨认、确定犯罪嫌疑人提供支撑。

（3）社会面视频监控系统建设

为促进平安中国建设，我国利用先进科技成果加强了对街道、路面、楼宇、社区、机关、单位的社会面控制。特别是建立了严密的视频监控系统，人像比对、车辆识别、地理信息等视频应用系统全部建成并投入使用。医院、公立学校等单位的社会视频监控资源接入公安视频监控平台及综治视频监控平台，初步实现了视频监控系统的“资源共享、互联互控、一点布控、全网响应”。在大中城市，视频监控建设联网应用工作深入推进，派出所视频监控中心、智慧交通全部建成，通信指挥调度系统初步建立，大大提升了公安机关对社会的控制能力。

（4）公安情报信息研判分析系统建设

公安人口信息管理系统、社会面监控系统等信息系统初步归类整合的信息、数据依旧是海量的，且缺乏直观联系，无法为警方提供研判依据，为此，我国搭建了公安情报信息研判分析平台，即公安机关借助专业的数据挖掘算法对这些数据进一步分析、整合、研判的系统。该系统集基础信息采集、情报信息研判、数据查询于一体，从基层数据采集到高端研判应用都融入整个公安情报业务工作，实现情报信息即时研判，完善了情报导向警务模式。当前公安机关在刑事案件侦查中，基于部级、省级的公安情报大数据系统，通过多种类的基于情报的信息检索，可以获取案件信息，还可以结合地理信息系统（Geographic Information System 或 Geo-Information system，GIS）以及其他数据进行时空融合碰撞，分析作案过程、活动轨迹、人员特征、车辆特征。此外，全国各地纷纷结合地方实际，开发建设了各种各样的警务信息化应用系统。在信息化时代，我国公安工作基本实现了以现代信息技术为支撑点，以公安信息化为核心，通过互联化、物联化、智能化的方式，促进公安系统各个功能模块高度集成、协调运作，实现警务信息“强度整合、高度共享、深度应用”之目标的警务发展新理念和新模式。

大数据是信息化发展的崭新阶段。“让大数据为公安工作创造更大价值”已经成为公安行业的一种共识。2019年年初，在全国公安厅局长会议上，公安部领导指出要“大力实施公安大数据战略，着力打造数据警务、建设智慧公安”。为建设智慧公安，全国公安机关正在不断完善警务大数据，打破行业、部门壁垒，积极推进数据融合共享，加强数据的智能分析和深度应用，创新大数据应用模型和技战法，设计多样化的大数据警务模型，研究实战化的大数据警务技战法。

3. 公安业务信息化

在现代科技发展浪潮推动下，公安机关利用大数据等现代技术进行犯罪侦查、社会治安防控、交通安全治理已成为警务发展的主流趋势。

（1）实施“网络追逃”

在持续不断的“严打”高压态势下，犯罪分子不断变换犯罪手段和逃避方式，并实施跨区域流窜犯罪，这为及时侦破和抓捕犯罪分子带来了严峻的挑战。1999年公安部部署全国公安机关开展的“网络追逃”，可谓警察抓捕逃犯历史上的一次革命。“网络追逃”指的是利用电脑网络在全国实施联网作战，抓获逃犯。公安部要求各地公安机关对本地1990年以来负案、批捕、刑拘在逃的犯罪嫌疑人和从监管、劳改、劳教场所脱逃的犯罪嫌疑人、罪犯以及1990年以前的重要在逃人员进行认真调查摸底，将这些在逃人员的资料登录到公安部在逃人员信息系统并输入计算机网络，建成数据库。公安部建成开通与各省、自治区、直辖市公安厅、局相联的数据通信一级网络，省、自治区、直辖市开通与各地、市、县的数据通信二级网络，通过公安计算机网络，各地公安机关全天候随时查询、比对逃犯信息。北京市公安局建立了“在逃人员信息工作站”。在为期3个月的“网络追逃”中，北京市公安局共抓获逃犯2107名，其中部级督捕10名、市级督捕300名，[①] 科技助力追逃显示出强大威力。

① 参见穆玉敏：《北京警察百年》，中国人民公安大学出版社2004年版，第729页。

（2）现代科技助推社会治安防控体系建设

随着现代科技的飞速发展，人类社会步入了“互联网+”时代。在“互联网+”时代，跨地区、跨国流窜犯罪、利用互联网实施的“不在场”犯罪日益增多，网络谣言、社会矛盾等各种不安定因素大量出现。面对新型犯罪和新出现的治安问题，单纯依靠传统的“人海战术”已很难发现公共安全治理的风险点。大数据表示的是过去，但表达的是未来。[①]“大数据”“云计算”“物联网”等新技术为警察更好地防控刑事犯罪和维护社会治安提供了无限的发展空间。各地公安机关积极尝试建设大数据警务云平台，借用大数据警务云平台精准打击防控刑事犯罪和处置各类治安问题。山东省自2012年开始构建大数据警务云平台，将原本分散的信息“孤岛”联成“大陆”，让原本“沉睡”或“断档”的数据资源重新活化起来。天津警方运用大数据警务云平台，让各类警情在海量信息中关联比对、寻找线索，警务工作由“事后被动查证”向“事前主动预防”转变，推动警务决策机制由业务驱动向数据预测转变，形成了“一分钟现场处置、五分钟增援到达、半小时关闭城门、一小时全市联动”的公共安全扁平化指挥体系。[②] 贵州警方借力落户贵州的国家大数据综合试验区，建成了以“块数据指挥中心”为核心的“一中心，三平台”[③]，以大数据为牵引确立了立体化社会治安防控网络，破解了社会治理多方面的难题。近年来，各地公安机关不断促进大数据、云计算在打击刑事犯罪和社会治安防控中的应用。我国公安机关以大数据警务云平台为支撑，不断建设和完善“五位一体”（地面、地下、空中、海域、网络）的治安防控体系，大大提高了动态化、信息化、数字化条件下公安机关驾驭社会治安的能力和水平。

---

① 参见刘子阳：《科技引领推进公共安全工作精细化 大数据成治安防控“法宝”》，载《法制日报》2016年1月18日。

② 参见刘子阳：《科技引领推进公共安全工作精细化 大数据成治安防控“法宝”》，载《法制日报》2016年1月18日。

③ 一中心，即全面、准确、鲜活的块数据融合共享资源中心；三平台即核心数据平台、大数据安全监管服务平台、综合应用平台。参见高文英：《警务数据的应用与执法方式改革探究——以贵州、四川泸州警务数据的应用为例》，载《警学研究》2019年第1期。

（3）交通安全治理智能化建设

随着经济社会发展和交通工具的进步，交通安全、交通秩序等相关问题成了影响公共安全、社会发展和公民生活质量的重要因素。在现代科技浪潮的推动下，交通管理中开始应用大数据，逐步实现交通安全治理智能化。交通安全治理智能化系统应用云计算及云操作系统建立“大数据交通云”或“智慧交通云”，对海量交通数据进行及时处理，能够对交通信息进行全天候统计与分析，同时可以实现跨区域信息的处理。在此方面，第一，公安交管部门持续采集数据信息，不断完善交通管理相关数据库，为交通安全治理智能化提供基础和平台。第二，利用“大数据交通云”加强交通管理，聚焦城市道路拥堵科学治理、交通秩序整治和精准化勤务安排。交通拥堵问题是现代城市治安秩序维护和安全管理中的常见问题之一，在交通管理中运用大数据分析有助于形成智能化的交通管理格局，从而缓解拥堵，提高交通运输的效率。第三，为群众提供内容丰富的“互联网＋交通”公共服务。以“智慧交通云”为依托，各地纷纷启动“互联网＋便捷交通”行动计划，陆续推出“互联网＋出行服务”“互联网＋物流服务”“互联网＋驾培”“互联网＋交通旅游”“互联网＋汽车维修”等服务应用，便利群众，促进交通产业升级，带动传统业态转型升级。第四，各地积极构建“情、指、勤、督”“四位一体”的交通管理勤务体系①。按照公安部交通管理局的部署，2019 年 6 月前在全国 36 个重点城市完成“道路交通管理勤务机制改革”示范建设，其他城市将分阶段逐步构建“情、指、勤、督”“四位一体”的交通管理勤务体系，切实提高交通管理勤务的主动性、精确性、合成性、实效性。

---

① 按照公安部交管局的要求，“情”要求建立健全情报主导警务的预警研判机制，实现交通管理情报制导、精确打击、精准防控。“指”要求搭建“统一指挥、上下联动、一体运作、精准高效”的指挥体系。“勤”要求建立健全路面立体化网格化的勤务机制，全面推行网上、网下联动的勤务模式。“督”要求采取“定性＋定量”的考核方式，对勤务效果定期进行评估，综合分析测算民警工作绩效和勤务运行整体效能。参见张琦：《大数据助公安交管实现精准量化》，载《中国信息化周报》2018 年第 36 期。

（六）开展国际警务合作

21世纪是信息化的时代，是全球化的时代，各国政治、经济、文化等已突破了地区或民族国家界限在世界范围内扩散。人类犯罪史已经证实，犯罪是随着社会生产方式的发展而不断演变的，特定社会的犯罪形态取决于所依存的社会生产状态。现代交通的极大便利和网络信息技术的广泛应用为跨国犯罪提供了支持和保障，全球化引起的“失范状态”则加剧了跨国犯罪的发展，跨国犯罪已经成为当代司空见惯的犯罪形态。跨国犯罪危害多国利益，甚至危害国际社会整体利益和全人类的健康发展，而仅凭一国之力又难以有效惩治和预防此类犯罪。因此，突破国（边）境限制，走出国门，积极谋求国家之间的沟通与协作，才能适应当前跨国犯罪防控的需要。国际警务合作的理念和实践应运而生。

改革开放之后，在我国禁绝30年之久的毒品问题死灰复燃，而毒品犯罪最为鲜明的特点就是跨国性，即同一起毒品犯罪案件中毒品的种植、制造、加工、运输、贩卖等行为多发生于不同国家。有效打击毒品犯罪，需要多个国家的司法力量紧密合作。此外，改革开放使我国大门打开，作案后潜逃国外的犯罪分子不断增多，这些案件的侦破和犯罪分子的抓捕也需要外国警方的帮助和协作。为了惩治跨国犯罪，我国在改革开放后积极寻求和参与国际警务合作。

1. 通过国际刑警组织平台开展合作

鉴于国际刑警组织（International Criminal Police Organization）在打击刑事犯罪和促进警察合作方面所发挥的重要作用，1984年9月5日，我国加入了国际刑警组织，并在公安部五局成立国际刑警组织中国中心局，以联络和协调我国公安机关通过国际刑警组织与世界各国警察展开合作与交流。以国际刑警组织为平台，我国积极联同国际刑警组织成员开展联合侦查。1988年，我国首次通过国际刑警组织与多哥警方联系，中多两国警察并肩合作，成功缉捕并押解潜逃多哥的两名中国籍犯罪嫌疑人回国，为我国与尚无引渡条约的国家进行警务合作，成功实现变通引渡、追捕押解在逃人员回国提供了经验。

从规模层次上看，国际刑警组织是仅次于联合国的全球第二大政府间国际组织，也是全球最大的警察合作组织；从国际警务合作的资源上看，国际刑警组织拥有强大的犯罪信息数据库及“全球警用通信系统”（INTERPOL’s global police communications system）；从国际警务合作的能力上看，国际刑警组织能够向其成员发布 7 种颜色的国际通缉令①，积极调动各成员展开国际协查。因此，国际刑警组织是开展国际侦查合作的优质平台。针对我国改革开放之后跨国犯罪猖獗的态势，我国依托国际刑警组织平台侦办了大量跨国（边）境大案。从 1988 年的“锦鲤鱼藏毒案”到 2011 年的湄公河案件，国际刑警组织平台及其犯罪信息数据库都对案件的侦破起到了重要作用。特别是，2015 年 4 月，中央反腐败协调小组部署开展针对外逃腐败分子的“天网”行动后，公安部牵头开展缉捕外逃职务犯罪嫌疑人和腐败案件重要涉案人的“猎狐 2015”专项行动，我国通过国际刑警组织中国国家中心局集中公布了针对 100 名涉嫌犯罪的外逃国家工作人员、重要腐败案件涉案人等人员的红色通缉令，在全球范围内展开红色通缉。截至 2019 年 6 月 29 日，我国已在国际刑警组织红色通缉令的支持下从海外追捕了 59 名“红通人员”，全球追捕外逃犯取得了可喜成绩。

2. 与周边国家开展双边、多边、区域警察执法合作

随着我国改革开放政策的推行，我国与周边国家的交往不断增多，跨边境的走私、贩毒、贩枪、偷渡、抢劫、杀人等刑事犯罪不断增多。为严厉打击跨境刑事犯罪，维护边境地区的社会秩序，我国公安机关积极谋求与周边国家警察机关合作，共同打击跨境犯罪活动。我国先后和俄罗斯、哈萨克斯坦、吉尔吉斯斯坦、乌克兰、越南、韩国等内政、司法部门签署了合作协议

① 国际刑警组织发布的国际通缉令有以下 7 种：国际逮捕通缉令（红色通缉令），即在请求引渡的前提下逮捕逃犯；国际情报参照通缉令（蓝色通缉令），即要求得到国际罪犯的所在地、身份、犯罪经过等有关情报；国际行踪不明者通缉令（黄色通缉令），即要求得到行踪不明者和无自救能力者等的相关情报；国际防范通缉令（绿色通缉令），即通报国际惯犯，敦促各国搜查机关注意；国际身份不明死者通缉令（黑色通缉令），即通报在国内发现的身份不明死者并提供身份参照；国际赃物通缉令（白色通缉令），即委托调查被盗美术品、文化物品等；国际特殊犯罪手法通缉令（紫色通缉令），即通报特殊的犯罪案件和手法，提醒各国搜查机关注意。

和备忘录。我国公安机关同越南、老挝、缅甸警察机关在非法出入境、越境走私、贩卖毒品和武器、制贩假钞、拐卖妇女儿童等方面建立了良好的业务合作关系。通过与周边国家的双边或者多边合作，中外警方开展了联合行动、共同办案、越境追捕、快速遣返等侦查协助工作，有效打击了跨边境犯罪。

改革开放后，我国与周边国家开展的禁毒执法合作成效显著，从双边合作向多边合作与区域合作发展。为切实推动与毗邻国家的禁毒合作，1990 年 8 月，我国公安部与缅甸和泰国警方经深入会谈，达成了开展禁毒合作的意向。1990 年 12 月，我国应缅甸内政部邀请再次派出禁毒高级代表团访问缅甸。双方共同实地考察缅北毒品种植地区的情况，并出席了缅甸政府在当地举行的销毁海洛因地下加工厂的活动。此后，我国政府和公安部积极谋求与周边国家开展禁毒合作，经过数年努力沟通，我国与缅甸、泰国、老挝、越南、柬埔寨和联合国禁毒署代表正式签署次区域合作的《禁毒谅解备忘录》。在谅解备忘录的规范下，各方约定每年共同举行一次次区域合作部长级会议，共商禁毒合作事宜。2001 年，我国分别与缅甸和老挝签订《加强禁毒合作的谅解备忘录》，中缅、中老在谅解备忘录次区域禁毒合作框架的基础上进一步确立了双方在打击毒品犯罪、易制毒化学品管制、戒毒治疗、技术协作、情报交流等方面的合作细节，禁毒合作步入了新阶段。针对新型毒品问题日益严重以及毒品犯罪与其他犯罪关系日益密切的新形势，我国与东亚次区域各国以及联合国毒品和犯罪问题办公室等“六国七方”在谅解备忘录机制下就缉毒执法、缉毒人员培训等方面展开合作，缉毒合作的谅解备忘录机制不断发展完善，有力遏制了毒品蔓延。我国与周边国家开展禁毒执法合作的进程如表 7－1 所示。

表 7－1　我国与周边国家开展禁毒执法合作进程

时间	合作对象	主要合作交流事项	备注
1990 年 8 月	缅甸警方 泰国警方	1. 公安部组成禁毒代表团首次访问缅甸和泰国； 2. 三方达成禁毒合作意向	—

续表

时间	合作对象	主要合作交流事项	备注
1990 年 12 月	缅甸内政部	1. 应邀请派出禁毒高级代表团访问缅甸； 2. 中缅共同实地考察缅北毒品种植地区的情况，并出席了缅甸政府在当地举行的销毁海洛因地下加工厂的活动	—
1991 年 5 月	缅甸警方、泰国警方	达成了开展次区域禁毒多边合作的谅解	此次合作在联合国禁毒署的倡议下进行
1992 年 6 月	缅甸、泰国、联合国禁毒署	1. 签署《中国、缅甸和联合国禁毒署三方禁毒合作项目》； 2. 签署《泰国、缅甸和联合国禁毒署三方禁毒合作项目》	—
1993 年 10 月	缅甸、泰国、老挝、联合国禁毒署	签署次区域合作的《禁毒谅解备忘录》	备忘录规定每年举行一次高级别例会，各方在次区域禁毒国际合作中保持高级别接触，共同商讨禁毒合作事宜
1995 年 5 月	联合国禁毒署、次区域各国	1. 第一届次区域禁毒合作部长级会议在北京召开； 2. 通过《次区域禁毒行动计划》； 3. 通过《北京宣言》； 4. 接纳柬埔寨和越南为《禁毒谅解备忘录》正式成员	
1997 年 7 月	泰国、缅甸等	1. 参加在泰国召开的第二次部长级会议； 2. 各方同意根据实际情况，无限期地逐步实施《禁毒谅解备忘录》中确定的 12 个联合国禁毒署资助的合作项目； 3. 与泰国和缅甸开展禁毒合作双边会谈，加强了禁毒合作的共识	

续表

时间	合作对象	主要合作交流事项	备注
2001 年 1 月	老挝、缅甸	1. 国家禁毒委领导率领中国公安代表团访问老挝、缅甸； 2. 签订《中华人民共和国政府和缅甸联邦政府关于加强禁毒合作的谅解备忘录》； 3. 签订《中华人民共和国政府和老挝人民民主共和国政府关于加强禁毒合作的谅解备忘录》	中缅、中老两国在谅解备忘录次区域禁毒合作框架的基础上进一步确立了双方在打击毒品犯罪、易制毒化学品管制、戒毒治疗、技术协作、情报交流等方面的合作细节
2007 年 5 月	柬埔寨、老挝、缅甸、泰国、越南、联合国毒品和犯罪问题办公室	1. 第七届东亚次区域禁毒谅解备忘录签约国高官会议在北京召开； 2. 柬埔寨、中国、老挝、缅甸、泰国、越南以及联合国毒品和犯罪问题办公室的代表及专家讨论和修改 2005 年通过的《次区域行动计划》、2002 年签署的《伙伴关系补充文件》以及《2007MOU 北京宣言》等草案	针对冰毒、摇头丸等新型毒品问题日趋严重以及毒品与其他跨国犯罪活动关系日益紧密等新的毒品形势，六国七方在谅解备忘录机制下在缉毒执法、替代发展、人员培训等方面取得了显著成效。时至今日，谅解备忘录机制已成为次区域禁毒合作机制的典范

此外，为了加强与周边国家的互信和友好关系，维护和加强地区和平、安全与稳定，2001 年 6 月 15 日，中、俄、哈、吉、塔、乌六国在我国上海宣布成立永久性政府间国际组织——上海合作组织。上海合作组织以安全合作作为其重点合作领域，打击“三股势力”是其核心。2009 年 6 月，上海合作组织成员在俄罗斯叶卡捷琳堡签署了《上海合作组织反恐怖主义公约》。该公约提出各国需要互相协助对恐怖主义进行侦查、起诉和惩治，强调各国应当履行国际司法协助义务，该公约为中国和各成员在上海合作组织框架内联合打击恐怖主义以及提高各成员打击恐怖主义的协调能力和效率提供了支持。

3. 推行警务联络官制度

20 世纪 70 年代，为了有效惩治毒品犯罪，欧洲兴起了国家之间互派警务联络官（police liaison officers，PLO）的制度，即一国警察机构选派警官到另一个国家，或者两国确定固定联系的警官。选派或者确定的警官主要通过收集犯罪情报，使双方警察机关取得沟通，寻求两国合作途径。逐渐地，这种做法被推广到世界其他地方。

1996 年，我国与缅甸建立了边境地区缉毒执法合作联络官制度。通过缉毒执法合作联络官密切沟通，进行跨境贩毒犯罪活动相关情报信息的交流合作，两国开展联手打击边境毒品犯罪的行动。在此时，我国出现了警务联络官制度的雏形。随后，我国与老挝和越南等邻国警方也建立了缉毒执法合作联络官制度，开展了类似的缉毒执法合作。

1998 年，经中央批准，公安部首次向中国驻美使馆派出警务联络官（时称缉毒联络官）。此后，我国公安部不断地向美国、德国、法国、南非、阿富汗、巴基斯坦等美洲、欧洲、非洲和亚洲国家派出警务联络官。警务联络官通过积极与驻在国警察机关建立密切联系，日益成为中外警察合作的桥梁。在跨国案件办理中，警务联络官积极沟通案情，交流信息，穿针引线，协调进度，促进合作，是国际执法合作的“桥头堡”。在追缉外逃人员中，警务联络官积极配合中纪委的“天网行动”，深入开展“猎狐2015”等专项行动，参与追逃追赃，是打击外逃贪污腐败人员的排头兵。此外，我国驻外警务联络官还协助侦破和处理海外中国公民受侵害的案件，积极保障海外华人、华侨的生命财产安全，是境外公民安全的保护神。新时代，警务联络官在维护国家安全、打击跨国犯罪及保护中国公民海外安全等方面扮演着重要角色。

4. 中外通过双边条约开展刑事司法协助

（1）开展刑事司法协助的必要性

随着科技的进步，交通和通信事业突飞猛进，交通和通信事业的发展一方面造福人类，另一方面刺激和便利了跨国犯罪。对外开放政策实施后，来华的外国人不断增多，外国人在华期间死亡或者因违反中国法律而被拘留、逮捕和被起诉、判刑的涉外案件也相应增加。在遵守《维也纳领事关系公约》和我国与某些国家签订的领事条约的基础上，外交部、最高人民法院、最高人民检察院于1995年6月20日发布了《关于处理涉外案件若干问题的规定》，对处理外国人在华死亡以及被拘留、逮捕和关押期间的探视等法律问题进行较为详尽的规定①。1996年3月，公安部发布《关于公安机关执行〈关于处理涉外案件若干问题的规定〉中有关问题的通知》，以规范和督促公安机关处理各类涉外案件。1999年1月，我国公布《通过外交途径办理刑事司法协助案件的若干程序》，为司法协助案件的程序规范化、法制化、制度化提供了依据。

（2）通过双边引渡条约和双边刑事司法协助条约开展刑事司法协助

随着跨国犯罪和案发后潜逃国外犯罪人的增多，我国也尝试通过刑事司法协助来实现中外警方跨国联合侦查和遣返犯罪人。我国开展刑事司法协助主要有两种依据：一是双边引渡条约，二是双边刑事司法协助条约。2000年，我国出台《引渡法》。为了有效打击跨国犯罪和追回犯罪人，我国积极与相关国家协商谈判，争取与外国签署双边引渡条约。目前，我国已与泰国、俄罗斯、白俄罗斯、哈萨克斯坦、蒙古、吉尔吉斯斯坦、立陶宛、老挝、菲律宾、秘鲁、突尼斯、南非、西班牙、法国、意大利、安哥拉等50多个国家签订双边引渡条约，以便依照条约对涉案人提起诉讼或执行刑罚。

除了引渡，我国还积极与外国签订双边刑事司法协助协定或者条约，两国之间依据条约或者协定开展送达刑事司法文书、询问证人和鉴定人、搜查、扣押、有关物品的移交以及提供有关法律资料等与审判有关的刑事司法协助。中美执法合作联合联络小组（JLG）于1998年5月成立。1998年9月和1999年3月，中美两国分别在北京和华盛顿进行了缔结中美刑事司法协助协定的两轮谈判，并于1999年3月草签了协定文本。2000年6月，《中美司法协助协定》正式签订。该协定包括在刑事诉讼中相互协助送达文书、调查取证以及冻结、扣押、没收等程序中的协助等内容。这一协定为中美两国在刑事司法领域加强合作提供了法律基础，有力推动了中美两国在开展刑事司法协助、

① 当时，涉外案件办理主要执行《维也纳领事关系公约》、六部委下发的《关于处理涉外案件若干问题的规定》和中外双边协议，没有双边协议和约定的走外交途径。

打击严重犯罪活动方面的合作。随后，中美两国在刑事司法协助和合作领域的合作快速发展，建立起比较密切的协作关系，在相互协助调查取证、追缴被非法转移的犯罪所得、相互通报有关犯罪情报和对逃犯的监控及缉捕等方面取得丰硕成果。中国银行开平支行案的办理是中美刑事司法合作中的典型案例，成为中美两国刑事司法协助史上的“里程碑”。①

2005 年 4 月 18 日，我国与法国签署了中国与欧盟成员签署的第一个刑事司法协助协定——《中法刑事司法协助协定》。2015 年 8 月 29 日，我国分别批准与英国、比利时的刑事司法协助条约。条约主要内容包括：适用范围、协助的限制、请求的形式、内容和执行、保密和限制使用、送达文书、移交文件或者其他材料、安排人员作证或者协助调查、证人和鉴定人的保护、通过视频会议取证、查询、搜查、冻结和扣押、银行资料、犯罪所得和犯罪工具、返还和分享资产、其他合作基础、费用、争议的解决、领土的延伸、条约生效、修订和终止等。

改革开放以来，我国已与加拿大、保加利亚、韩国、哥伦比亚、突尼斯、美国、印度尼西亚、爱沙尼亚、南非、泰国、拉脱维亚、巴西、墨西哥、秘鲁、法国、西班牙、葡萄牙、澳大利亚、新西兰、纳米比亚、阿尔及利亚、巴基斯坦、日本、阿拉伯联合酋长国、委内瑞拉、马耳他、菲律宾、英国、比利时等 50 多个国家签订双边刑事司法协助条约，与世界上 160 多个国家和国际组织开展了国际司法协助。

（3）通过犯罪资产分享协定开展境外追赃

随着经济全球化进程的加快，腐败犯罪也日益呈现国际化的特点。一些贪官和犯罪分子将资产跨境转移，以为自己和家人留足后路。由于各国政治

---

① 该案作为中华人民共和国成立以来最大的银行资金盗窃案，自案发至最后判决（2001～2009 年）耗时长达 8 年，涉案资金 4.83 亿美元（折合人民币 40 亿余元），最终美国协助追回赃款 355 万美元，开创了中美司法协助的若干“第一”：是中国根据《中美刑事司法协助协定》向美国提出的第一起刑事司法协助请求；中国第一次向外国提供了 10 万余页的证据材料；第一次安排在押服刑人员作为污点证人通过视频向外国法庭作证等。因此，该案是中美两国刑事司法协助史上的“里程碑”。

体制、法律体系的差异和文化观念的不同，追捕外逃贪腐分子，追回其贪腐财产一直困难重重，这也在一定程度上加剧了贪腐分子作案后外逃的现象。而加拿大则是中国贪腐分子的最大逃匿和转赃地之一，鉴于此，中国政府不遗余力地与加拿大政府就追捕外逃贪官和追回其贪腐财产问题开展磋商。经过多次谈判，2016 年 9 月 23 日，我国和加拿大签署联合声明，宣布签署《中国政府和加拿大政府关于分享和返还被追缴资产的协定》《中国公安部与加拿大皇家骑警关于打击犯罪的合作谅解备忘录》等 29 项合作成果。上述文件的签署，对于震慑贪官外逃，追回非法转移至国外的资产，避免数以亿元计的资金外逃，打击贪污腐败及相关的有组织跨国犯罪，具有十分重要的法律意义。

（4）依据国际刑事司法协助法开展刑事司法协助

随着对外开放的不断深入，中外人员的国际交往活动持续增多，涉外刑事案件也呈急速上升趋势，如何依法使国际司法协助与国际接轨成为一个突出的现实问题，因此，我国出现了制定国际司法协助法的呼吁。2015 年，《中华人民共和国国际刑事司法协助法》开始征求意见；2017 年，全国人大下发《中华人民共和国国际司法协助法（征求意见稿）》；2018 年 10 月 26 日，《中华人民共和国国际刑事司法协助法》通过并公布施行。该法对于我国和外国在刑事案件调查、侦查、起诉、审判和执行等活动中相互提供帮助，包括刑事司法协助请求的提出，接收和处理，送达文书，调查取证，安排证人作证或者协助调查，查封、扣押、冻结涉案财物，没收、返还违法所得及其他涉案财物，移管被判刑人以及其他协助等问题做了详细而具体的概括和说明。该法填补了刑事司法协助国际合作的法律空白，为中国开展对外司法协助提供了必要的法律依据，使国际刑事司法协助制度不再分散在一个个的刑事司法协助条约中，真正有了一套成体系的国内法的支持。该法不仅完善了国家刑事法律体系，而且顺应了国际合作的规则。因此，该法的出台对于我国加强刑事司法领域的国际合作、有效惩治犯罪、保护个人和组织的合法权益、维护国家主权和安全起到了重要作用。

跨国犯罪是国际社会需要共同面对和解决的问题。1998 年，联合国主持并开始起草打击跨国有组织犯罪公约；2000年11月15日，第55届联合国大会通过了《联合国打击跨国有组织犯罪公约》（U. N. Convention Against Transnational Organized Crime）。2000年12月12日至15日，包括中国在内的118个国家和地区签署了该公约。该公约为促进国际社会共同预防和打击跨国有组织犯罪提供了平台和法律依据。

2000年12月，第55届联合国大会提出，特设一个专门负责起草预防和打击腐败的综合性国际法律文件的委员会。该委员会成立后，与相关的政府间专家工作组先后举行了7届会议，共同商议和起草公约。2003年10月31日，第58届联合国大会全体会议审议通过了《联合国反腐败公约》，同年12月，该公约在联合国国际反腐败高级别政治会议上开放供各国签署，并在第30个签署国批准后第90天生效。2005年12月14日，联合国历史上通过的第一个用于指导国际反腐败斗争的法律文件——《联合国反腐败公约》正式生效。该公约对预防腐败、界定腐败犯罪、开展反腐败国际合作、非法资产追缴等问题进行了法律上的规范，对各国加强国内的反腐行动、提高反腐成效、促进反腐国际合作具有重要意义。2003年12月，我国外交代表在该公约上签字。2005年10月27日，第十届全国人大常委会第十八次会议决定批准我国加入《联合国反腐败公约》，2006年2月12日，该公约对我国生效。自2006年12月反腐败公约第一届缔约国会议起，我国就以缔约国身份参加会议，参与履约审查、技术援助、资产追回和国际公共组织官员贿赂4项会议实质性议题审议和各项决议讨论，并就我国履行《联合国反腐败公约》的最新进展、切实履行公约义务、扩大国际合作、有效惩治腐败犯罪提出建议。

综上所述，改革开放后，我国在国际法层面，通过《联合国打击跨国有组织犯罪公约》和《联合国反腐败公约》，开展对外打击惩治跨国有组织犯罪和贪污腐败犯罪工作；通过引渡、刑事司法协助、移管被判刑人等方面双边条约（或协定）、禁毒方面的多边条约开展刑事司法领域合作。在警务合作平台方面，主要通过国际刑警组织、上海合作组织以及东亚次区域禁毒谅解备忘录等平台开展国际警务合作。在制度上，还积极推行警务联络官制度，开展跨国警务合作。正是由于此，目前，我国可以与世界上 180 多个国家和国际组织开展包括刑事司法协助在内的合作。

第三节　人民公安制度的中国特色

现代国家构建表明，警察制度是民族国家治理体系不可缺少的组成要件。现代警察理念及其所构成的政府体制，最早出现于思想启蒙时期的西方发达国家，并在随后的两个多世纪里逐渐发展成为自成一体的理论。以民族国家形式存在的许多具体的国家形态，在其体制构建中都反映了各自国内警务体系。每个国家都有国内法标准，这些国内法标准也都符合自己国家的社会契约，追求各自的社会利益。[①] 每个国家的警察制度都别具特色，是国家政治、经济、文化特点和发展程度的缩影。因此，警察制度具有国别特色。中国共产党领导和建设的人民公安制度具有鲜明的中国特色。

一、人民公安制度的基本性质：无产阶级的性质

列宁说："一切革命的根本问题是国家政权问题。"自诞生之日起，中国共产党就把推翻反动政权，促进人民解放，建立人民当家作主的新政权，作为自己直接的奋斗目标。通过长期奋斗，中国共产党领导人民群众创建了中华人民共和国，建立了人民民主专政的革命政权。人民民主专政同其他阶级专政的相同之处在于，它们都用暴力镇压那个失去政治统治权的阶级的反抗；它与欧洲中世纪的地主专政以及一切资本主义国家中的资产阶级专政的不同之处在于，它是人民群众用暴力镇压少数地主和资本家、剥削者的反抗，而并非地主阶级和资产阶级用暴力镇压大多数劳动人民的反抗。与人类历史上

---

① 参见［英］本·鲍林、［英］詹姆斯·谢普蒂基：《全球警务机制研究》，倪铁译，法律出版社 2014 年版，第 24 页。

存在的那种少数人对多数人进行统治的国家政权不同，人民民主专政是一种完全新型的国体，它实施的是多数人对少数人的统治。在新中国，人民公安机关是社会主义国家政权机关的重要组成部分，是人民民主专政的重要工具之一。我国宪法和法律规定人民是国家的主人，人民当家作主管理国家，管理社会主义各项事业。任何破坏人民民主权利的行为都为宪法和法律所不允许，都要被制止。人民民主专政的国家政权性质，决定了人民公安机关是保卫工人阶级和广大人民利益、维护最广泛人民民主和代表绝大多数人民群众对极少数威胁、危害国家和人民安全与利益的敌对势力、敌对分子实行专政的国家机器。人民公安制度与其他警察制度有着重大区别，它具有鲜明的无产阶级性质。

（一）代表和维护人民群众的利益

警察和警察机关是统治阶级实行政治统治的工具，他们属于哪个阶级就必然代表和维护哪个阶级的根本利益。新中国的公安机关及其人民警察是人民民主专政的工具，是掌握在工人阶级和人民手中、用以保护自己、打击敌人的“刀把子”。人民公安制度是社会主义国家重要的国家管理制度，其运行对于保卫国家安全，维护国家政权和社会治安，保障公民人身、财产安全和各项合法权益具有重要意义。因此，我国人民公安制度代表和维护的是广大工人阶级和人民群众的根本利益，体现的是社会主义国家的意志。奴隶制国家、封建制国家和资本主义国家的警察是掌握了国家政权的剥削阶级的统治工具，它代表剥削阶级的意志，维护剥削阶级的利益。剥削阶级设立的警察制度是剥削阶级管理国家的重要制度，其运行是为了维护居于社会统治地位的少数剥削阶级的利益，是国家设立的对被剥削、被压迫的广大劳动人民实行镇压和监控的专门制度。

（二）以反动派和反动分子为镇压对象

毛泽东同志说：“军队、警察、法庭等项国家机器，是阶级压迫阶级的工具。对于敌对的阶级，它是压迫的工具，它是暴力，并不是什么‘仁慈’

的东西。”[①] 不同的警察制度所镇压、监控的对象不同。剥削阶级设立的警察制度是对广大被剥削被压迫的劳动人民实行镇压的暴力工具，其意在维护剥削阶级的统治秩序和利益不受侵犯。我国人民公安制度是对反动派和反动阶级实行专政的工具，即剥夺反动派的发言权，对其“实行专政，实行独裁，压迫这些人，只许他们规规矩矩，不许他们乱说乱动。如要乱说乱动，立即取缔，予以制裁”[②]。具体而言，在剥削阶级未被消灭之前，人民公安制度镇压的对象是欺压、剥削广大劳动者的剥削阶级；当剥削阶级在我国被消灭后，人民公安制度镇压的对象是各种严重危害和威胁人民民主专政政权和社会治安秩序的敌对势力和敌对分子。

（三）与人民群众处于同一阶级阵营

在实行社会主义的中国，人民是国家和社会的主人，人民公安制度是保卫人民民主专政政权的专门制度。人民公安机关是人民群众的公共安全管理机关，执行人民群众的意志，为人民群众的安全和利益服务。公安民警来自人民群众，与人民群众处于同一阶级阵营，同人民群众血肉相连、鱼水相依，对人民实行“仁政”。[③] 而剥削阶级掌权的国家的警察制度是剥削阶级用来维护其统治地位和利益的专门制度，其警察机关与劳动人民之间是统治与被统治的关系，二者在政治立场上是根本对立的。随着政治民主化的发展，资本主义国家的警察机关虽然加强了对人民的服务，扩展了对人民服务的内容和形式，也通过交通管理、消防管理、抢险救灾、安全防范等表现出了社会管理的职能，但是其目的却是更好地维护资产阶级的有效统治，因此，资本主义国家警察制度依然具有阶级立场，警察机关和人民群众之间依旧是统治与被统治的对立关系。

---

① 毛泽东：《论人民民主专政》，载《毛泽东选集》（第4卷），人民出版社1991年版，第1476页。

② 毛泽东：《论人民民主专政》，载《毛泽东选集》（第4卷），人民出版社1991年版，第1475页。

③ 正如毛泽东在《论人民民主专政》中所说：“我们对于反动派和反动阶级的反动行为，决不施仁政。我们仅仅施仁政于人民内部，而不施于人民外部的反动派和反动阶级的反动行为。”参见毛泽东：《论人民民主专政》，载《毛泽东选集》（第4卷），人民出版社1991年版，第1476页。

（四）以维护国家安全和人民利益为根本目的

我国人民公安机关是建立在社会主义经济基础之上的上层建筑的组成部分，是为巩固社会主义经济基础、发展社会主义生产力服务的。建立、建设和完善人民公安制度的根本目的是巩固人民民主专政，保卫社会主义国家安全和社会秩序，保卫人民群众合法权益。1949 年，在新民主主义革命即将取得全面胜利之际，毛泽东同志曾明确指出，“我们现在的任务是要强化人民的国家机器，这主要地是指人民的军队、人民的警察和人民的法庭，借以巩固国防和保护人民利益”。[①] 剥削阶级掌权的国家的警察机关（或者具有警察职能的机关）是建立在特定历史条件下的经济基础之上的上层建筑的组成部分，是维护剥削阶级反动统治的工具，为剥削阶级对内镇压人民群众的反抗、对外侵略和掠夺服务。其警察制度是为了维持以私有制为基础的社会制度，巩固剥削阶级的统治地位。因此，人民公安制度与其他警察制度有着本质区别，它是人类历史上新型的警察制度。

（五）与人民民主专政的国家共命运

中国特色社会主义国家的公安机关和人民警察的未来前景与人民民主专政的国家的未来前景是相同的。人民公安制度是在打碎剥削阶级国家机器的基础上建立起来的，是随着社会主义制度的发展和完善而不断发展和完善的，它代表了警察制度发展的先进方向。

二、人民公安机关的基本职能：专政职能和民主职能

如前文所述，警察的概念随时代和国度而变迁，但普遍而言，警察起到维持社会公共秩序、保护人民生命财产的行政作用。这种思想的产生，实质上源于民众对犯罪的恐惧，而又期望能有一个安全有序的生存空间。在奴隶制国家和封建制国家，公共安全和秩序虽然也由国家设立的集军政警等多种权力于一身的机构来负责维护，然而由于社会生产和政府管理相对落后，公

① 毛泽东：《论人民民主专政》，载《毛泽东选集》（第 4 卷），人民出版社 1991 年版，第 1476 页。

共安全和秩序实则主要依赖公众自治来实现。近代资产阶级掌权后，由于阶级矛盾尖锐化，需要加强高压手段对付无产阶级，官僚机器和军事机构日益膨胀。[①] 因此，政府才开始担负起管理社会公共安全和秩序的任务，并设置警察机关、招聘警察人员来专门承担此项任务。在现代国家，警察是维护国家安全和社会稳定的重要支柱之一。在社会主义国家，无产阶级需要运用国家的政治权威镇压资产阶级及一切反动分子，维护无产阶级的革命专政。列宁在《国家与革命》中指出："只有承认阶级斗争、同时也承认无产阶级专政的人，才是马克思主义者。"[②]

（一）公安机关的专政职能

公安机关的专政职能并非一种短期需要。1957 年，毛泽东在一次讲话中指出："公安机关是无产阶级手里的一把刀子，掌握得好，就能打击敌人，保卫人民……人民政权建立后，对敌人实行专政，必须依靠人民警察等国家机器，这是根本的原则。"[③] 邓小平同志曾指出："在阶级斗争存在的条件下，在帝国主义、霸权主义存在的条件下，不可能设想国家的专政职能的消亡，不可能设想常备军、公安机关、法庭、监狱等等的消亡。"[④] 在当今世界格局下，阶级斗争和各种违法犯罪活动以及国内外敌对势力敌对分子还将长期存在，必定要对我国实施各种渗透、颠覆和破坏活动，故我国公安机关同其开展斗争，对其实施政治镇压的职能必定也是长期的。严峻的斗争现实告诉我们，随着社会经济发展以及影响国家安全和稳定的传统安全因素和非传统安全因素不断增多和交织缠绕，公安机关的专政职能非但不能有丝毫削弱，反而要强化。

面对境内外各种危害我国人民民主专政政权、侵犯和威胁人民群众安全

---

① 参见黄龙：《双重视角下的马克思主义国家学说——〈国家与革命〉研读启示》，载《人民论坛·学术前沿》2020 年第 6 期。

② 《列宁全集》（第 31 卷），人民出版社 1985 年版，第 32 页。

③ 公安部政治部编：《毛泽东公安工作理论》，群众出版社 1993 年版，第 26 页。

④ 《邓小平文选》（第 2 卷），人民出版社 1983 年版，第 155 页。

和权益的违法犯罪，公安机关必须充分发挥“刀把子”的作用，始终保证其专政职能的发挥。具体来讲，公安机关通过积极防范、及时发现和制止以及坚决打击和惩治危害国家安全和危害公共安全的违法犯罪行为来实现其专政职能，保卫国家安全，维护社会秩序。

（二）公安机关的民主职能

马克思主义国家学说认为，国家除了具有政治镇压职能，还具有公共管理职能。国家的公共管理职能表现为通过民主方式对社会公共事务进行有效管理，进而维护广大人民群众的社会利益，最终实现人民当家作主和安居乐业。与国家的社会管理职能相一致，警察具有社会管理职能，即警察通过参与社会安全事务管理，维护社会治安秩序和公共安全，为国家发展提供良好社会秩序，为公众生产生活提供安定环境。社会秩序的稳定是任何社会、任何统治赖以生存的基本条件，既有利于统治阶级的政治统治，又有益于广大社会成员。在人民民主专政政权中，公安机关虽是国家专政的重要工具，但由于其参与社会安全事务管理，故在维护社会治安秩序，积极保护人民的合法权益和自由，为人民群众提供服务等方面发挥着广泛的作用。

中华人民共和国成立伊始，面对破败不堪、穷困交加、满目疮痍的城乡状况，公安机关整治市容市貌，维护交通秩序，实施特种行业管理；针对大量存在的社会丑恶现象，公安机关收容和安置社会游民和乞丐，改造流氓、小偷、赌棍、烟鬼、娼妓等不良人员，建立新的生产、生活新秩序。针对人民内部的矛盾和民间纠纷，全国公安机关积极推广“枫桥经验”，依靠基层组织和广大群众，就地解决当地发生的各种矛盾，化解纠纷，最大限度地把问题解决在萌芽状态。改革开放之后，随着人财物的大流动，社会治安也向动态化发展，为了严密控制社会治安局面，全国公安机关开始推行以巡逻为主要勤务方式的动态社会治安管理；积极开展各项治安业务管理改革，不断推出便民利民措施，提高管理效能；推进公安派出所工作改革，实施和完善社区警务战略，“一区一警，责任到人”，努力实现“发案少、秩序好，群众满意”。在社会治安管理和公共安全领域，公安机关充分发扬民主精神，发挥民主职能。在当下社会主义初级阶段，我国公安机关紧紧依靠人民，规范执法，科学管理各项治安业务，宣传和调动人民群众的治安积极性，热心细致地为群众提供服务和帮助，通过民主职能的发挥，为社会其他各项事业的发展提供一个稳定、健康、良好的社会秩序。

三、人民公安制度的价值取向：以人民为中心

纵观人类历史发展进程，一般说来，一个新政权的建立，往往都会吸取旧政权覆灭的教训（包括正义和公平的缺失），通过观念革命、制度重构等释放社会进步发展的信号，彰显正义与公平，增强社会认同感，从而达到巩固政权，实现社会长期发展的目的。[①] 不同于以往阶级社会中简单的政权更迭，新中国的成立是代表先进生产力的无产阶级领导广大人民群众通过彻底革命的方式取得的伟大胜利，它不仅对促进现代中国发展具有极其重大的意义，而且对世界历史前进和人类文明进步具有不可估量的推动作用。新中国是中国共产党领导下的无产阶级与最广大人民群众结成的联盟，它凝聚了社会上的一切进步力量。新中国除旧布新，砸碎了旧的国家机器，建立了代表人民的政权和国家机器。人民公安制度则是新中国巩固和保卫新政权的重大制度安排，是以人民为中心，以人民为其价值取向的。

（一）全心全意为人民服务：公安机关的宗旨

历史唯物主义认为，人民群众是历史的创造者，是社会发展的积极推动力量。在历史长河中，人民群众是真正的英雄和主宰者。1944 年 9 月，在追悼张思德而召开的中央直属机关会议上，毛泽东发表了《为人民服务》一文，他指出，我们共产党及其领导的军队，“完全是为着解放人民的，是彻底地为人民的利益工作的”。[②] 1945 年 4 月 24 日，毛泽东同志在中国共产党第七次全国代表大会上做了《论联合政府》的政治报告。报告指出：“人民，

---

① 参见冯颜利：《新中国 70 年：公平正义的理论与实践》，载《北京大学学报（哲学社会科学版）》2020 年第 2 期。

② 《毛泽东选集》（第 3 卷），人民出版社 1991 年版，第 1004 页。

只有人民，才是创造世界历史的动力。”① 在这次会议上，中国共产党将“全心全意为人民服务”作为党的根本宗旨写入了党章的总纲。全心全意为人民服务——以人民为中心，人民利益至上，站在人民的立场上，为人民谋幸福，成为中国共产党的根本宗旨，也成为无产阶级政党区别于其他政党的显著标志，更是人民公安制度的价值追求和人民公安工作的根本出发点。

中国共产党领导人民取得革命胜利，建立了人民民主专政的社会主义新中国。中华人民共和国成立初期，在党的领导下，人民公安机关通过“镇反运动”以秋风扫落叶之势消除了中国社会长期存在的帝国主义、官僚资本主义和封建主义三座大山的压迫，使人民实现了政治上的解放；全国公安机关严厉打击各种刑事犯罪，清除各种社会丑恶现象，建立和加强治安管理，整顿社会治安秩序，人民生产有序、生活安定。在现代中国，人民既是国家的主体，也是国家的主人，更是中国共产党执政的出发点和归宿。1995 年《人民警察法》将全心全意为人民服务作为公安机关的宗旨通过法律确定了下来。2003 年全国第二十次公安工作会议明确提出了“立警为公、执法为民”和“人民公安为人民”，要求将全心全意为人民服务的宗旨贯穿到公安执法活动中。当前，中国特色社会主义进入新时代，人民日益增长的美好生活需要和不平衡不充分的发展之间的矛盾较为突出，人民公安制度要积极改革创新，着力解决好公共安全服务供应不平衡不充分的问题，大力提升公安执法水平和服务质量，更好地满足人民在公共安全方面日益增长的需要。警有为，民受益。在 70 余年中国特色社会主义建设中，人民公安制度见证了社会主义中国从“站起来”到“富起来”，并逐步“强起来”的发展历程，人民公安制度也始终紧紧围绕全心全意为人民服务的宗旨发展、完善和创新，为人民安居乐业创造了良好环境。

（二）人民立场：公安工作的根本立场

由警察与国家同步产生的起源观和警察在现代国家的重要作用可知，任

① 《毛泽东选集》（第 3 卷），人民出版社 1991 年版，第 1031 页。

何国家的警察机关都是国家机器的重要组成部分，是统治阶级实行阶级统治和社会监控的暴力工具。统治阶级建立国家后，为了维护其统治秩序和强迫被统治阶级服从自己的意志，无一例外地建立了忠于统治阶级的警察机关。因此，体现统治阶级意志的国家性质决定着警察机关的性质。在人民当家作主的社会主义国家，人民民主专政就是其国家性质。人民民主专政的国家性质决定了公安机关必须是人民民主专政的重要工具，这也决定了公安机关具有鲜明的阶级属性。公安机关的阶级属性渗透到纷繁复杂的公安工作中，就是要求公安工作始终以人民立场为根本立场。实则，人民公安制度本身就具有鲜明的阶级性，它是与我国社会主义国家性质、人民政府组织性质相一致的。人民公安机关是依据广大人民群众的意志建立的，忠实地执行人民的意志，维护人民的安全和利益。人民立场是公安工作的根本立场。人民立场是建立、建设和完善人民公安制度的根本政治立场。忽视和抛弃人民立场，人民民主专政政权就危在旦夕，人民群众的各项基本权益则无从保障。

公安机关既是保卫人民政权稳固的重要国家机器之一，也是负责国家治安行政管理和刑事司法活动的专门机关。公安机关在调整有关国家安全和社会治安秩序的社会关系时，要站在人民群众的立场上，遵照和执行广大人民群众的意志，对人民充分实行民主，对敌对势力和敌对分子实行专政。公安工作具有广泛的社会性，它关乎每个公民安全、自由和合法权益的保护。公安机关在履行其职责的过程中，始终坚持站在广大人民群众的立场上，保持同人民群众的密切联系，积极掌握民情，理性分析民意，更好地架起党和政府联系人民的桥梁；认真倾听人民的意见和建议，问需于民、问计于民、问情于民；调动人民的治安积极性，组织动员人民群众参与社会治安；紧紧依靠人民的支持和协助，虚心接受人民的监督，提高执法水平、管理能力和服务质量。

（三）以人民为中心：公安制度的发展思想

被誉为“现代警察之父”的罗伯特·皮尔在建立大伦敦警察厅时提出的九项警务原则强调“警察就是公众，而公众就是警察”的观点，即警察仅仅是专职就社区的福利向每个市民负责并由此获得报酬的群体。此外，他还指出警察和公众之间良好的关系是实现警务目标的重要保障。可以说，重视公众是近代职业警察制度的重要价值理念。在我国，人民公安制度更是将“以人民为中心”作为其发展的战略思想。

以人民为中心是中国共产党对马克思主义人民群众观的继承和发展，是中国共产党全心全意为人民服务根本宗旨的时代体现。回顾历史，坚持以人民为中心是新民主主义革命取得伟大胜利的重要保证，以人民为中心是社会主义革命和建设取得伟大成就的动力源泉。以人民为中心，是贯穿中国共产党领导中国人民从站起来、富起来到强起来的一条最基本的经验，是中国共产党始终坚持的发展思想和价值追求。我国公安机关承担了维护国家安全和社会治安秩序的重任，就决定了人民公安制度的性质——以人民为中心。人民公安制度的建立、建设和完善，要与我国社会主义国家性质、人民政府组织性质相一致，时刻站在人民的立场上，从广大人民群众的最大利益出发，坚定地执行党的政策和国家法律。鉴于我国人民民主专政的国家性质和公安机关对维护国家安全和社会稳定的重要作用，我国人民公安制度早已将人民立场作为其工作的根本立场，将全心全意为人民服务作为其基本宗旨和实践追求，可见，以人民为中心是人民公安制度创立、建设和发展的根本思想。我国《人民警察法》第3条对警察与人民的关系做了明确规定①，揭示了以人民为中心的人民警察制度发展观。

在新时代，面对纷繁复杂的国内外政治形势和发展状况，习近平总书记曾强调：“中国共产党的一切执政活动，中华人民共和国的一切治理活动，都要尊重人民主体地位，尊重人民首创精神，拜人民为师，把政治智慧的增长、治国理政本领的增强深深扎根于人民的创造性实践之中，使各方面提出的真知灼见都能运用于治国理政。”② 在当代中国，以人民为中心是在新的历

① 我国《人民警察法》第3条规定：“人民警察必须依靠人民的支持，保持同人民的密切联系，倾听人民的意见和建议，接受人民的监督，维护人民的利益，全心全意为人民服务。”

② 习近平：《在庆祝中国人民政治协商会议成立65周年大会上的讲话》，载《人民日报》2014年9月22日，第2版。

史起点上开展一切工作的根本指南和价值取向，也是我国人民公安制度的发展思想。坚持以人民为中心，关注人民的利益和需求，保护人民的安全和权利，尊重人民的意愿和首创精神，汲取人民的智慧和力量，是公安工作的基本导向和价值追求，是建设和完善人民公安制度的基本理念。

四、人民公安制度的运行机理：专群相结合

我国人民公安制度的运行主要表现为专群结合，即我国国家安全和社会治安主要通过公安专门工作与群众工作相结合，或公安专门机关与群众工作相结合，或公安专门机关与群众路线相结合来实现。专群结合，是在中国共产党领导下经过长期革命斗争实践形成的人民公安制度运行的基本规律、方针和特色，它对整个公安工作都有重要指导意义，也是任何一项公安专业工作必须坚持的指导原则。专群结合要求在党委的领导下，把公安机关的职能作用与人民群众的积极主动精神结合起来。因此，人民公安制度的运行可以从公安机关和人民群众两个方面去考察。

（一）公安专门机关职能作用的发挥

警察因安全和秩序而生，而公众又天然地有着安全需求和安全服务要求，因此在公共安全和治安维护方面，警察和公众有共同的目标，二者之间有互相依靠、紧密合作的基础。在我国，人民公安机关是社会主义国家设立的维护国家安全和社会治安秩序的专门机关，它主要承担了维护国家安全和社会治安以及提供公共安全服务等职责，因此，公安机关是人民公安制度运行的核心主体，也是专门机关和广大群众相结合的主导者。而人民群众具有安全需求和良好秩序要求，专门机关与广大人民群众的结合，是双方在寻求安全和秩序这一共同目标基础上的结合，主导方是公安机关。

1. 管理职能

公安机关是负责治安管理的国家专门机关，它在治安领域发挥着管理职能。公安机关依照国家法律法规，运用行政手段，维护社会治安秩序，为社会主义现代化建设和人民群众安居乐业创造良好的社会治安环境，保障社会

生产生活有序开展。为了维护治安秩序，公安机关要依法开展户政与人口管理、外国人管理和中国公民出入境管理、特种行业管理、公共场所管理、道路交通管理、民用危险物品管理等工作。在治安管理中，公安机关依照治安行政管理法律法规对特定的人、事、物、场所实施行政管理，发挥其管理职能。

2. 执法职能

公安机关是社会主义国家的执法机关，它要参与到治安行政管理和刑事诉讼活动中去，发挥行政与刑事的双重执法职能。

（1）公安行政执法职能。公安机关是国家重要的行政机关，其具有行政执法职能。为了实现治安行政管理职责，公安机关依照法律、法规和规章，对公安行政相对人实施直接影响其权利、义务的具体行政行为。在公共秩序管理、户口管理、出入境管理、道路交通管理、特种行业管理、计算机安全监察等具体行政管理活动中，公安机关都发挥着行政执法职能，其行政执法职能涉及社会生活的每个领域，可以影响每个公民、每个家庭、每个社会组织，覆盖整个社会。① 在内容广泛的社会管理中，公安机关发挥着广泛的行政执法职能。在公安行政管理活动中，公安机关及人民警察依照法定职权和程序，采取强制手段限定相对人行使某种权利或者强制履行某种义务，例如，在特定情形下，对特定对象采取强制戒毒、收容教育、强制隔离和强制治疗、强行驱散、强行带离现场、强行约束等限制人身自由的强制措施或扣押、查封、冻结等限制财产权利的行政强制措施。此外，公安机关及人民警察对违反公安行政管理法律、法规的公民、法人和其他组织，依法实施行政制裁，例如，对违反治安管理法规的行为人作出警告、罚款、行政拘留、吊销公安机关发放的许可证等治安处罚决定。

（2）公安刑事执法职能。依据我国刑事司法制度的设计，公安机关有权

---

① 参见王明生主编：《公安学基础新论》，中国人民公安大学出版社 2015 年版，第 235 页。

参与刑事司法活动，履行刑事执法职责，发挥刑事执法职能。[①] 在管辖范围内，公安机关依法对刑事犯罪开展侦查活动：收集犯罪嫌疑人有罪或者无罪、罪轻或者罪重的证据，传唤并讯问犯罪嫌疑人，询问证人，检查或者勘查与犯罪有关的场所、物品、人身或尸体，做侦查实验，通缉和抓捕犯罪嫌疑人或在逃犯。为了保障刑事诉讼依法顺利推进，公安机关可以依法定程序对犯罪嫌疑人实施拘传、取保候审、监视居住、拘留和逮捕等刑事强制措施。在刑事案件移交人民检察院之前，公安机关可以对案件进行预先审查、调查。此外，公安机关承担对已宣判罪犯的部分刑罚进行执行的职责。公安机关的刑事执法活动受人民检察院的法律监督。

3. 服务职能

据美国警方统计，公众一半以上的报警都涉及向公众提供救助和服务；而警察大部分时间和精力用到"服务"报警上了。[②] 在我国，由于人民是国家的主人，公安机关以全心全意为人民服务为其宗旨和归宿，因此在管理和执法职能之外，公安机关还发挥服务职能，即公安机关依法满足群众治安需求和其他需求。公安机关的服务职能主要表现在，通过打击违法犯罪，为群众消除安全威胁，排除安全隐患，增强群众的安全感；通过制服违法犯罪分子，救助、抚慰被害群众，保障人民群众安全和健康，或者为群众追赃挽损，保护其财产安全；通过转变管理理念、调整管理思路、整合管理资源、创新管理体制，提高管理效能，使群众办事更方便、更快捷、更节省成本；通过法治宣传教育，提高群众的法治意识和安全防范意识；通过深入社区，为群众提供法律咨询服务、安全防范建议和安全服务；通过走访群众，为群众排除安全隐患，化解矛盾，调处纠纷，增强群众的获得感，提升群众的幸福感。

---

① 在刑事诉讼中，公安机关依照法律对刑事案件立案、侦查、预审；决定、执行强制措施；对依法不追究刑事责任的不予立案，已经追究的撤销案件；对侦查终结应当起诉的案件，移送人民检察院审查决定；不构成刑事违法的犯罪嫌疑人需要行政处理的，依法给予处理；对被判处1年以下有期徒刑或者剩余刑期在1年以下的罪犯，代为执行刑罚；执行管制、拘役、剥夺政治权利、驱逐出境、暂予监外执行；对假释和判处拘役缓刑、有期徒刑缓刑的罪犯执行监督、考察。

② 参见［美］罗伯特·兰沃西、［美］劳伦斯·特拉维斯：《什么是警察——美国的经验》，尤小文译，群众出版社2004年版，第330～331页。

（二）人民群众积极主动精神的发挥

专门机关与广大群众相结合是人民公安制度运行的基本方式，也是指导公安机关和人民警察各项活动的基本方针，贯穿于公安工作的各个方面。公安机关作为国家安全和维护社会治安的专门机关发挥其职能作用，仅仅是人民公安制度运行的一个方面，人民公安制度运行还需要人民群众以积极主动的精神带着自己的智慧和资源参与社会治安管理和公共安全事务，协助公安机关和人民警察工作。这两个方面的结合能够使双方共同发挥作用，形成合力，共同维护安全和秩序。

在古代英国漫长的时期，维护公共安全和社会秩序一直是公众的责任和义务，形成了“警即民、民即警”的警务传统，凭借“以民为主，以官为辅”的警务模式保障英国社会的安全和秩序。即使创立近代正式警察之后，英国政府和警方都一直鼓励公众参与社会治安活动，特别是 20 世纪 70 年代以后，推行社区警务，鼓励社区居民和团体参与警务活动，共同交流信息、研究治安问题，警民共同筑起预防犯罪的堤坝。英国警察发展的历程极大地启示我国人民公安制度的建设。中华人民共和国成立后，在群众路线指引下，治保会、治保小组以及国有单位内部的治保力量等群众治安组织广泛建立，并在维护治安、预防犯罪以及社会监督等方面发挥重要作用。改革开放之后，为了弥补警力不足，也为了重建非国家治安力量，更为了服务经济建设这个中心，国家又恢复了治保会等群众治安组织，并通过经济激励的方式恢复城市治保会的功能。① 因此，20 世纪 80 年代，我国城市治保组织数量迅速上升。此外，鉴于经济激励的积极效果和经济发展中“契约”精神的影响，各种形式的责任制、津贴制以及合同制成为新的社会治理的基石。② 在治安领域，为了切实激发群众的治安积极性和参与安全事务的热情，公安机关采取

---

① 参见樊鹏：《社会转型与国家强制：改革时期中国公安警察制度研究》，中国社会科学出版社 2017 年版，第 62 页。

② 参见樊鹏：《社会转型与国家强制：改革时期中国公安警察制度研究》，中国社会科学出版社 2017 年版，第 63 页。

为治保组织成员发放少许补贴的方式来调动其积极性；积极宣传社会成员的治安义务，明确相关人员的治安责任，鼓励群众参与地方治安事务自治；制定政策允许符合条件者注册和经营保安服务公司，推行治安防范招标承包制。在党的领导下，公安机关会同其他机关、部门通过多种形式组织、动员、引导所有社会组织和社会成员自觉承担治安义务，形成全社会共同参与构建的治安防控系统，激发、培育和提高群众的治安积极性和治安事务参与热情。

有学者认为，国家治理是政治制度与公共生活的互构和共变的动态过程，治理有效性不能褊狭地理解为既有制度的有效执行，而应当更加关注如何在政治制度与公共生活之间构筑紧密关联而又互动调适的联结机制，也即国家治理逻辑。[①] 人民公安制度是中国特色社会主义国家建立的公共安全治理制度，该制度运行的效果在一定程度上依赖于人民公安制度与社会组织和人民群众关联、互动、协作的程度。因此，实行专群结合十分必要。在人民公安制度运行中，公安机关与广大群众联系得紧密不紧密、配合协作得好不好，主要取决于公安机关及人民警察能否通过专业化建设、公共关系建设以及群众工作将广大群众的治安积极性调动起来。在公安专门机关和广大群众相结合的实践中，我国公安机关除了通过自身建设竭力发挥好在治安管理、公安执法和服务群众方面的职能，树立良好的警察形象外，还非常重视充分调动人民群众治安积极性和参与公共安全事务的主动精神。首先，公安机关尊重人民主体地位，重视发挥群众首创精神，虚心向群众学习，从群众中汲取智慧和力量，紧紧依靠人民推动公安制度运行，完善和健全社会治安防控体系建设。其次，公安机关重视接近群众，倾听群众心声，重视汲取民意，通过改革和推动公安各项业务工作及时回应群众的需求和期待。最后，公安机关还紧跟科技发展的脚步，不断创新警民合作方式，搭建网络警民合作平台，引导更多群众关心和参与公共安全事务，激励群众的报警、助警和警事自治行为，挖掘和激发人民群众在公共安全治理方面的智慧和能力，深化公共安

---

① 参见夏志强：《国家治理现代化的逻辑转换》，载《中国社会科学》2020年第5期。

全工作社会化。

（三）专群结合优化人民公安制度运行

1. 警民共同促进人民公安制度的法治化：公安执法规范化建设

在法治国家建设中，公安执法活动对于维护社会公共秩序，保障公民基本权利具有十分重要的作用。随着社会主义民主政治的发展，注重执法质量，不断提升执法水平，实现严格、公正、文明、理性、高效执法成了公安执法的目标。为此，警民共同促进公安执法规范化建设被提上了日程。公安机关执法规范化要求公安执法者的一切执法行为必须严格限制在法律的框架之内，按照法律、法规明确的职权和义务依法办事。其基本理念是要求公安机关及其人民警察按照法律预先设定的模式、程序、规则、轨迹，通过执法程序的设计，实现一切警察权力的行使必须要有法律的明确授权、一切警察权力的行使必须遵循法律规定的程序、一切警察权力的行使必须受到监督和制约的执法体制和运行机制。

为促进公安执法规范化建设，公安机关加强了人民警察执法能力建设。首先，公安机关加强人民警察的执法思想建设，牢固树立执法为民理念。其次，通过大规模开展业务培训等方式，着力提高民警执法素质和执法能力。例如，为切实提升人民警察依法履职能力和规范执法水平，2016 年 7 月，公安部精心制作了规范执法视频演示片，在全国范围内召开规范执法视频演示培训会，对全国公安民警的执法活动进行程序化与标准化集中培训。通过视频演示，全国公安民警对现场接处警和执法执勤的关键环节，从法律要求、处置流程、言行举止到策略技巧都进行了学习和练习。

为促进公安执法规范化建设，人民群众加大了对公安执法活动的监督。2012 年 8 月，公安部发布《公安机关执法公开规定》，对公安机关依法向社会公众和特定对象公开执法提出了明确要求，并保障群众对公安机关执法活动的知情权、监督权和参与权。人民群众通过对公安执法行为的关注、监督和参与，有力促进了公安执法活动的规范和公正。通过公安执法主体能力建设和人民群众执法监督强化两个方面，促进了公安民警的执法规范化水平提升。

2. 提升人民公安制度的社会治安控制能力：强化社会治安防控体系建设

在探索中国革命道路实践过程中，中国共产党密切联系群众，取得了一个又一个的胜利，由此，群众工作的方法成为中国共产党最基本的领导方法和工作方法；在社会主义现代化建设中，中国共产党形成了具有鲜明中国特色的群众路线。1978 年以后，以“一切为了群众，一切依靠群众，从群众中来，到群众中去”为核心内涵的群众路线成为公安工作必须坚持的根本路线，充分宣传群众、动员群众、保护群众、教育群众、依靠群众成为公安机关和人民警察贯彻落实群众路线的基本做法。群众路线是公安工作的根本路线，群众工作方法也是公安工作最基本最重要的方法。

进入 21 世纪之后，我国进入了社会转型和体制转轨的关键时期，社会中各群体的利益发生重大变化，社会关系处于一种紧张状态，具有很强的张力，“盗抢骗”等经济犯罪增多，社会矛盾纠纷增多，而我国的政治、社会建设等明显滞后，体制转轨和机制设计存在诸多缺陷，国家的犯罪治理机制和矛盾纠纷化解机制不健全，这导致影响治安稳定与社会和谐的因素长期存在。加之，随着互联网等现代科学技术的迅猛发展，电信诈骗等网络犯罪、“黄赌毒”、“食药环”等违法犯罪陡然增长，严重侵害群众的生命健康和财产安全。国内安全风险与国外安全风险并存，传统安全与非传统安全共存，虚拟社会与现实社会呼应，人民内部矛盾与敌我矛盾交织，我国俨然处于“风险社会”的图景当中，公安机关仍然面临严峻的安全挑战。为保障国家安全和维护社会治安稳定，公安机关在党委和政府统一领导下，整合全部警力和社会资源，特别是要大力发动人民群众和社会组织的力量，将人民群众作为社会治安防范的基础力量和依托力量，构建社会治安防控体系成为适应日益复杂的社会治安形势的必然选择。

构筑信息化立体化的社会治安防控体系是人民公安制度的重要工作任务，也是人民公安制度积极推进国家治理体系现代化的重要体现。所有治安问题都是社会问题的综合表现，治安问题的产生根源在社会，因此，解决治安问题，需要整个社会参与，各种力量互相配合，分工协作，齐抓共管。21 世纪之初，全国公安工作第二十次会议提出，完善社会治安防控体系，形成点线面结合，动静结合，人防、物防、技防结合，警民结合的社会治安防控体系。① 构建社会治安防控体系是一项庞大而复杂的系统工程，它牵涉社会的各个方面。公安机关是国家设置的维护治安秩序的专门机构，是构建社会治安防控体系的主体力量，它在社会治安防控体系建设中具有核心地位，发挥着主导作用。社会治安防控体系重视多元主体参与社会治安，因此，公安机关的重要作用之一就是动员社会各种力量，将多种防控力量都纳入治安防控这一体系，实现全员参与社会治安防控的大格局，真正体现社会治安防控体系强大的社会包容性。

此外，社会治安防控体系重视综合运用多种方式、多种手段搞好治安防控，让基于传统经验的人防、物防和以现代科技为支撑的物防、技防相结合，让法律的、行政的手段与经济的、文化的、教育的手段相结合，让传统现实社会治安防控体系构建和虚拟网络社会治安防控体系构建相结合，使公安机关和社会形成合力，促进整个社会治安问题治理与系统的有序配合、相互支持和共同作用，实现社会治安防控工作体制和运行机制的高效协调。例如，甘肃省康县公安机关探索创新基层社会治理新机制，建立政法综治联动机制，实行“1 + N”问题信息收集报告模式，探索出“1 + 1 + X”治安户长工作模式，争取村社“零发案”，积极创建“八无”村社。② 因此，社会治安防控体

---

① 2011 年，《公安部关于进一步加强社会治安防控体系建设的指导意见》提出强化街面防控网、社区防控网、单位内部防控网、视频监控网、区域警务协作网、虚拟社会防控网“六张网”，构建点、线、面结合，人防、物防、技防结合，打防管控结合，网上网下结合的社会治安防控网络。2015 年，中共中央办公厅、国务院办公厅印发了《关于加强社会治安防控体系建设的意见》，指出要创新立体化社会治安防控体系。

② 康县以报告为牵引，建立政法综治联动机制，推动乡镇党委政府及各职能部门全面参与问题治理；各公安派出所每月对辖区内的警情、案情、舆情、社情进行全面分析，实行“1 + N”问题信息收集报告模式，并有针对性地提出建议对策，向县公安局和辖区乡镇党委政府报告。此处，“1”是公安职责范围内的各类问题信息；“N”是包括环境、卫生、教育、城建等民生领域的各类问题信息。在乡村全面推行社区警务的基础上，康县公安局共聘任中心治安户长 350 名、治安户长 1576 名，实现了行政村、自然村治安户长全覆盖，此即治安户长工作模式。“八无”社区创建活动，即以村社为单位，积极创建无黑恶、无毒品、无命案、无电诈、无邪教、无传销、无治安灾害事故、无群体性事件的社区，推动形成良好社会治安防控体系网。参见闫振宙、饶剑：《康县探索创新基层社会治理新机制》，载《人民公安报》2020 年 6 月 15 日，第 6 版。

系建设是对我国人民公安制度的发展和创新，也是国家治理体系现代化建设的有机组成部分。

3. 彰显人民公安制度的公益性：积极改进便民利民服务质量

人民公安制度是中国共产党领导中国人民当家作主后建立的专门维护国家安全和社会治安秩序的现代警察制度，它具有维护中国人民群众的合法权益、增进人民群众公共安全和幸福的公益性质。随着经济社会发展，特别是政治民主化发展，人民群众对公安机关的公共安全服务能力和水平愈加期待。2012年后，“以人民为中心”的发展理念被贯彻到治国理政的各项活动中，人民警察改善和提高便民利民服务质量，彰显人民公安制度的社会公益性质成为时代要求和政治要求。

把人民向往的美好生活作为公安工作的奋斗目标，在不断促进人民公安制度法治化发展和增强人民公安制度的社会治安控制能力的同时，不断满足人民群众的安全需求和安全服务，并改善便民利民服务质量。在互联网联通千家万户的背景下，各地公安机关相继建立集办事服务功能、查询服务功能、咨询服务功能、便民服务功能于一体的公安网络便民服务平台。此平台首先具有办事服务功能，即平台正式运行后，开通网上全流程事项75项，群众足不出户即可办结。对于必须到场事项，只需在网上咨询、初审、预约，即可在实体窗口一次性办结。实行网上网下一体化服务，让企业和群众“少跑腿、好办事、不添堵”。其次，查询服务功能。用户通过实时查询，可以第一时间了解政策法律信息及办事指南等，还可查询办事进度、EMS、重名、机动车违法、驾驶证信息、开锁、执法公开和政务公开等信息。再次，咨询服务功能。用户可通过平台对业务进行精准咨询，系统后台也可以将模糊咨询问题分发到相关警种，之后遇到各类与公安有关的问题都可以在线与民警讨论交流，还可在线上评价反馈服务结果。最后，平台提供实时路况、地图导航、失物招领、寻人启事、线索举报等便民服务应用功能，还可一键上传照片、视频投诉违法违纪问题，举报违法犯罪活动。

全国公安机关坚持以人民为中心的发展思想，深化公安“放管服”改革，全面提升服务人民的质量和效果，各地从不同方面创新了公安工作服务群众的形式和机制。例如，湖南省公安机关全面推进“互联网公安政务服务”改革，确保群众办事“e网打尽”①，全效解决人民群众反复跑、来回跑、办事难、办事慢等突出问题，全力服务企业健康发展和人民群众生产生活，全心提升人民群众对公安政务服务的满意度。福建省公安厅自主研发了群众自助申报居住登记、居住证、出租房屋居住人信息等微信小程序，让群众办事更便利；推出“福建治安便民”微信网上申请换、补领居民身份证便民举措，研发支付宝扫码缴费、微信缴费、扫描领证回执二维码自助网上缴费等功能，大大方便了群众办事。

4. 警民齐心优化人民公安制度：积极解决公安工作中存在的问题

公民的信访权利所对应的正是宪法中明确规定的申诉、检举、控告的权利，是要求权利救济的权利。尊重并切实保障公民对公安工作的信访权利是法治国家建设中公安机关的神圣使命，也是警民齐心解决公安工作存在的问题的重要方式。

针对群众的信访问题，各地公安机关深入检讨在执法活动、内部管理、工作作风、警民关系等方面存在的问题，归纳和梳理公安业务工作中的薄弱环节，有针对性地出台“执法告知制度”“刑事案件办案公开制度”“民警执法办案终身责任制”等措施和制度，从而使一大批群众信访问题得到了妥善解决，一大批久拖不决的“老大难”问题得到了依法处理，一大批信访群众停访息诉。通过开展公安机关大接访，积极保障了群众的信访权利，为群众提供了申诉、检举、控告和反映问题的现实渠道。通过大接访中面对面诉说和倾听、“零距离”地交流沟通，增进了警民之间的情感交流、思想沟通，

① 自2019年4月11日上线至今，湖南公安服务平台已为群众提供服务5500万次，日均浏览量2000万次。平台针对没有携带身份证不能住宿、不能登机，没有携带驾驶证可能面临扣分、罚款的问题，开发了电子身份证、电子驾驶证等8类电子证照；针对身份证遗失后，群众办证不便捷的问题，开发了身份证网上补领功能和高考考生补证“绿色通道”；针对停车被堵的问题，开发了移车功能；针对群众在办事大厅排长队的问题，开发了预约优先、网上缴费功能；针对群众在海外遗失护照的问题，开发了海外公民遗失护照网上申报功能。参见刘海平、舒俊：《湖南：为民服务中心实现群众办事“e网打尽”》，载《人民公安报》2020年6月20日，第4版。

对于夯实公安机关的群众基础起到了积极作用。通过对群众信访问题的积极处理，不但有力地维护了人民群众的合法权益，而且从源头上促进了公安机关业务能力和执法水平的提高。特别是通过大接访，各级公安机关及其领导尊重了人民群众的中心地位，保障了公民对公共安全事务的参与权利，自觉摆正了与人民群众的关系，也正视了公安工作中存在的各种问题，站在人民群众的立场上，“该纠正的纠正，该道歉的道歉，该赔偿的赔偿”，由此也换来了广大群众的理解、谅解和支持。

余　　论

在原始社会，单纯质朴的道德和民风规范着人类的行为，维系着社会的正常运行。而当私有制出现并且社会出现阶级分化后，社会安全和公共秩序问题凸显，国家便应运而生。国家为了实现和巩固其统治和利益，建立了军队、警察、监狱、法庭等国家机器作为统治工具。警察与国家具有相同的产生条件，警察是国家实施统治必需的工具。与其他暴力工具相比，警察在维护国家政治统治和社会秩序方面起着不可替代的重要作用。

在传统的古代国家，警察现象极为丰富。不论是奴隶制城邦还是封建制国家，不论是西方国家还是中国，都设置了承担警察职能的机构或官吏，警察已成为国家的标配，但警察职权与军权、司法权和行政权混于一体。古代国家设立警察的主要目的是实现社会控制，当时比较重视首都的警力配置和安保职责。在欧洲国家向近现代迈进的过程中，伴随民族国家构建和成长，人类警察也从非正式阶段步入正式阶段，从职能不独立的警察转变为专职警察，掀开了现代警察制度发展的新篇章。各国纷纷创建现代警察制度，建立警察组织机构。纵观世界，现代警察制度已成为现代国家不可或缺的治理制度，现代警察无疑是现代国家实施暴力监控的重要工具和重要的执法力量，现代警察机关亦是为社会提供公共安全服务的政府组织。与古代国家的警察相比，现代警察的专职特征、暴力特征、双重职能特征和法治特征突出。

警察与国家同步产生、同步发展，警察制度的演进与国家的变迁互相映射，可以说，警察发展的历史就是国家变迁的历史，警察制度是国家发展在历史幕布上的一种投影。但作为一种渐趋发达并遍及全球的现代国家体制，警务理念的制度实践并不千篇一律，在不同治国理念的社会中形成了千差万别的警务实践。① 中国共产党领导人民群众建立的代表和维护人民群众利益的警察制度——人民公安制度，经历70余年沧桑巨变，走出了一条不同于西方国家且具有鲜明中国特色的人民警察制度之路。人民公安制度为现代中国乃至世界各国公共安全治理提供了独特智慧和有效方案，已成为世界警察制度百花园中一朵外形美观、色彩鲜丽、气质独特、生命力旺盛的鲜花。

作为一个有数千年历史文明的大国，中国经历了极为纷繁复杂的古代警察制度：在3000多年前的周代，已有数十种警察官吏立于百官之中；2000多年前第一个封建王朝就已运用户籍制度管理和控制民众，强化社会治安管理；1000多年前的宋代已经通过重惩盗贼、防范内患和保甲制度构建了严密的社会治安防控体系；100多年前，清政府已经开始兴办警务学堂培养警务专业人才。同样，在数千年的警务实践中，中国也产生了极为丰富而深刻的社会安全管理和社会秩序控制的理论和经验，例如，以民为本、安民治国、加强集权、维护一统、礼法并用、德主刑辅、申严保甲、控制基层等。② 清末，朝廷建立现代专职警察制度，经过国民党统治时期的发展，中国警察已基本具备了专业化、法治化等新型现代警察的必备特征。中华人民共和国成立之后，中国警察翻开了人类警察史的新篇章，其发展创新紧紧围绕中国共产党的执政理念和人民群众的现实需求，书写了人类警察史上极为浓墨重彩的一笔——人民公安制度，即建设有中国特色的人民警察。

中华人民共和国的成立使具有灿烂历史文化的东方古国重新站到了历史的舞台。70余年来，中国共产党领导中国人民从实际出发，既坚持独立自主、自力更生，又坚持改革开放，广泛学习和吸收西方国家现代化的智慧和经验，致力于社会主义国家的现代化建设，成功探索出了一条富有中国特色的社会主义现代化道路，并使现代中国日益富强民主文明，重新成为国际舞

① 参见［英］本·鲍林、［英］詹姆斯·谢普蒂基：《全球警务机制研究》，倪铁译，法律出版社2014年版，第19页。

② 参见陆永：《当代中国警政与现代国家成长》，江苏人民出版社2015年版，第29~31页。

台上耀眼的明星。在现代化进程中，中国形成了独特的国家公共权力运行机制和制度发展逻辑，国家治理体系不断现代化，国家治理能力的现代化水平不断提高。现代化在中国的国家治理体系和治理能力中的发展，有着一套不以人的意志为转移的制度成长逻辑，有一种基于历史传统与基本国情的权力运行方式，有一种包含强大韧性的社会治理方式。[①] 人民警察是现代中国国家机器之重要组成部分，亦是一项重要的国家治理制度。在新中国70余年的发展中，人民警察从最初步行处警发展到现在用功能全面的各式警用车辆处警，警用航空（主要指警用直升机和警用无人机）从初步尝试稳步发展并广泛应用，管理服务方式从简单发展到现在快捷高效的智慧型管理与服务，侦查模式从孤立发展到现在多警联动的合成作战……这些变化与改进，都是现代中国发展变迁的一个侧面。

人民公安制度的发展与完善体现了现代中国国家治理体系和治理能力的现代化，人民公安制度现代化也是中国式现代化的重要组成部分。在中国式现代化进程中，人民公安制度“以人民为中心”的价值取向日益鲜明，人民公安制度专业化、法治化、信息化的内涵不断丰富，人民公安制度的中国特色也日渐凸显。人民公安制度是中国特色社会主义国家独具特色与魅力的现代警察制度，为现代中国的成长提供了重要的制度保障，也为当今世界警察制度的变革与创新贡献了中国智慧、提供了中国方案。

① 参见樊鹏：《社会转型与国家强制：改革时期中国公安警察制度研究》，中国社会科学出版社2017年版，第12页。

主要参考文献

一、译著类

［1］［古希腊］柏拉图：《理想国》，郭斌和、张竹明译，商务印书馆1986年版。

［2］［古希腊］亚里士多德：《政治学》，吴寿彭译，商务印书馆2017年版。

［3］［英］霍布斯：《利维坦》，黎思复、黎延弼译，商务印书馆1985年版。

［4］［荷兰］斯宾诺莎：《神学政治学》，温锡增译，商务印书馆1982年版。

［5］［法］卢梭：《社会契约论》，何兆武译，商务印书馆1980年版。

［6］《马克思恩格斯全集》（第1、4、13、21、37、39卷），人民出版社1956年版。

［7］《马克思恩格斯选集》（第1、3、4卷），人民出版社1995年版。

［8］中共中央马克思恩格斯列宁斯大林著作编译局编译：《马克思恩格斯文集》（第1、2、3、4卷），人民出版社2009年版。

［9］中共中央马克思恩格斯列宁斯大林著作编译局编译：《列宁全集》（第4、30、31、37卷），人民出版社1962年版。

［10］［法］孟德斯鸠：《论法的精神》，徐明龙译，商务印书馆2012年版。

[11]［英］亚当·斯密：《国富论》（下册），郭大力、王亚南译，译林出版社 2011 年版。

[12]［德］马克斯·韦伯：《学术与政治：韦伯的两篇演说》，冯克利译，生活·读书·新知三联书店 2003 年版。

[13]［英］安东尼·吉登斯：《民族—国家与暴力》，胡宗泽、赵力涛译，生活·读书·新知三联书店 1998 年版。

[14]［美］弗朗西斯·福山：《国家构建：21 世纪的国家治理与世界秩序》，郭华译，学林出版社 2017 年版。

[15]［英］伯特兰·罗素：《权力论：新社会分析》，吴友三译，商务印书馆 1991 年版。

[16]［美］埃德加·博登海默：《法理学——法哲学及其方法》，邓正来、姬敬武译，华夏出版社 1987 年版。

[17]［英］坎南编：《亚当·斯密全集：法律、警察、岁入及军备讲演录》（第 6 卷），陈福生、陈振骅译，商务印书馆 2014 年版。

[18]［英］迈克尔·曼：《社会权力的来源》（第 2 卷·上），陈海宏等译，上海人民出版社 2007 年版。

[19]［美］汤普逊：《中世纪经济社会史（300—1300 年）》（下册），耿淡如译，商务印书馆 1997 年版。

[20]［美］乔治·萨拜因：《政治学说史：城邦与世界社会》（第4 版），［美］托马斯·索尔森修订，邓正来译，上海人民出版社 2015 年版。

[21]［意］朱塞佩·格罗索：《罗马法史》，黄风译，中国政法大学出版社 1994 年版。

[22]［美］道格拉斯·C. 诺思、［美］约翰·约瑟夫·瓦利斯、［美］巴里·R. 温格斯特：《暴力与社会秩序——诠释有文字记载的人类历史的一个概念性框架》，杭行、王亮译，格致出版社、上海三联书店、上海人民出版社 2013 年版。

[23]［德］亨利希·库诺：《马克思的历史、社会和国家学说》，袁志英

译，译文出版社 2018 年版。

［24］［美］弗朗西斯·福山：《政治秩序的起源：从前人类时代到法国大革命》，毛俊杰译，广西师范大学出版社 2012 年版。

［25］［美］约拉姆·巴泽尔：《国家理论——经济权利、法律权利与国家范围》，钱勇、曾咏梅译，上海财经大学出版社 2006 年版。

［26］［英］菲利浦·约翰·斯特德：《英国警察》，何家弘、刘刚译，群众出版社 1989 年版。

［27］日本警察制度研究会编著：《现代日本警察》，周壮等译，群众出版社 1990 年版。

［28］［日］松井茂：《警察学纲要》，吴石译，中国政法大学出版社 2005 年版。

［29］［英］马丁·因尼斯：《解读社会控制——越轨行为、犯罪与社会秩序》，陈天本译，中国人民公安大学出版社 2009 年版。

［30］［美］理查德·J. 霍尔登：《现代警察管理》，张鸣、于春富、汪丽萍译，中国人民公安大学出版社 1990 年版。

［31］［美］罗伯特·兰沃西、［美］劳伦斯·特拉维斯Ⅲ：《什么是警察——美国的经验》，尤小文译，群众出版社 2004 年版。

［32］［英］罗伯特·雷纳：《警察与政治》，易继苍、朱俊瑞译，知识产权出版社 2008 年版。

［33］［美］查尔斯·R. 史旺生、［美］列尔纳德·特里托、［美］罗伯特·W. 泰勒：《警察行政管理：结构、过程与行为》，匡萃冶等译，中国人民公安大学出版社 2013 年版。

［34］［美］马修·戴弗雷姆：《警务全球化：国际警务合作的历史基础》，薛丹云、孙铭、沈莉莉译，南京出版社 2013 年版。

［35］［澳］大卫·迪克逊：《警务中的法则：法律法规与警察实践》，薛向君、罗瑞林、倪瑾译，南京出版社 2013 年版。

［36］［英］贝珊·洛夫特斯：《社会变迁与警察文化的嬗变》，蒋荣丰、

徐爱华、赵鹏荣译，南京出版社 2013 年版。

［37］［英］本·鲍林、［英］詹姆斯·谢普蒂基：《全球警务机制研究》，倪铁译，法律出版社 2014 年版。

［38］［英］彼得·乔伊斯：《警务发展与当代实践》，曹志建译，知识产权出版社 2015 年版。

［39］［美］塞缪尔·沃克、［美］查尔斯·M. 卡茨：《美国警察导论》，张小兵等译，中国人民公安大学出版社 2016 年版。

［40］［英］罗伯特·赖纳：《警察的政治学分析》，但彦铮译，知识产权出版社 2017 年版。

［41］［美］小威廉·克尔·缪尔：《警察：街角政治家》，曹志建、徐婧译，社会科学文献出版社 2019 年版。

［42］［英］边沁：《道德与立法原理导论》，时殷弘译，商务印书馆 2009 年版。

［43］［德］黑格尔：《法哲学原理》，邓安庆译，人民出版社 2016 年版。

［44］［加］弗里德里克·勒米厄编著：《国际警务合作的理论与实践》，曾范敬译，中国人民公安大学出版社 2016 年版。

二、中文著作类

［1］《毛泽东选集》（第 4 卷），人民出版社 1991 年版。

［2］《邓小平文选》（第 3 卷），人民出版社 1993 年版。

［3］《习近平谈治国理政》，外文出版社 2014 年版。

［4］马啸原：《西方政治思想史纲》，高等教育出版社 1997 年版。

［5］马啸原：《西方政治制度史》，高等教育出版社 2000 年版。

［6］景跃进、张小劲主编：《政治学原理》，中国人民大学出版社 2006 年版。

［7］王振槐主编：《西方政治思想史》，南京大学出版社 1993 年版。

［8］唐士其：《西方政治思想史》，北京大学出版社 2002 年版。

［9］徐大同主编：《西方政治思想史》（第3卷），天津人民出版社2006年版。

［10］王守昌：《西方政治哲学》，中国言实出版社2014年版。

［11］包刚升：《政治学通识》，北京大学出版社2015年版。

［12］顾肃：《西方政治法律思想史》，中国人民大学出版社2005年版。

［13］杨弘、刘彤：《现代政治哲学分析基础》，人民出版社2004年版。

［14］曾水英：《理解政治权力：权力问题的西方政治思想史考察》，中央编译出版社2013年版。

［15］由嵘主编：《外国法制史》，北京大学出版社1992年版。

［16］马克垚：《古代专制制度考察》，北京大学出版社2017年版。

［17］陈振明等：《公共管理学》（第2版），中国人民大学出版社2017年版。

［18］李士珍：《警察行政之理论与实际》，中华警察学术研究社1948年版。

［19］公安教材编审委员会、《公安学概论》编写组编：《公安学概论》，中国人民公安大学出版社1985年版。

［20］中国社会科学院研究所法制史研究室编著：《中国警察制度简论》，群众出版社1985年版。

［21］《中国人民公安史稿》编写组编：《中国人民公安史稿》，警官教育出版社1997年版。

［22］林维业、李文涛、林国合编著：《中国警察史》，辽宁人民出版社1993年版。

［23］董纯朴编著：《中国警察史》，吉林人民出版社2005年版。

［24］万川主编：《中国警政史》，中华书局2006年版。

［25］孟庆超：《中国警察近代化研究》，中国人民公安大学出版社2006年版。

［26］韩延龙主编：《中国近代警察制度》，中国社会科学出版社2018

年版。

［27］王大伟：《英美警察科学》，中国人民公安大学出版社 1995 年版。

［28］戴文殿主编：《公安学基础理论研究》，中国人民公安大学出版社 1991 年版。

［29］姚华、衣家奇主编：《公安学基础理论》，兰州大学出版社 1998 年版。

［30］王大伟、付有志编著：《世界警察理论研究综述》，群众出版社 1998 年版。

［31］马亚雄：《世界警察导论》，中国人民公安大学出版社 2003 年版。

［32］纪杰编著：《警察学》，新保成出版事业有限公司 2015 年版。

［33］皮纯协主编：《行政程序法比较研究》，中国人民公安大学出版社 2000 年版。

［34］聂福茂、余凌云主编：《警察行政法学》，中国人民公安大学出版社 2005 年版。

［35］刘伯祥主编：《外国警察法》，中国法制出版社 2007 年版。

［36］余凌云：《行政法讲义》，清华大学出版社 2010 年版。

［37］余凌云：《警察法讲义》，法律出版社 2015 年版。

［38］师维、高文英：《警察法学》，中国人民公安大学出版社 2014 年版。

［39］李温：《英国警察法历史发展与当代改革研究》，黑龙江人民出版社 2009 年版。

［40］高文英、邢捷主编：《警察法学》，中国政法大学出版社 2017 年版。

［41］蔡震荣主编：《警察法总论》（第 3 版），一品文化出版社 2015 年版。

［42］卢建军：《警察职权的界定与配置》，北京大学出版社 2017 年版。

［43］程汉大、李培锋：《英国司法制度史》，清华大学出版社 2007 年版。

［44］余凌云等：《法治中国建设背景下警察权研究》，经济科学出版社 2020 年版。

［45］张兆端：《警察学原理》，中国人民公安大学出版社 2007 年版。

［46］朱旭东：《现代国家与公安创新》，中国人民公安大学出版社 2008 年版。

［47］向池山：《中国社会主义现代警务机制概论》，中国人民公安大学出版社 2010 年版。

［48］王智军：《警察的政治属性》，社会科学文献出版社 2009 年版。

［49］夏菲：《论英国警察权的变迁》，法律出版社 2011 年版。

［50］薛向君：《英国现代警察的治理与问责》，知识产权出版社 2012 年版。

［51］宋占生、马文元主编：《比较警察学》，吉林人民出版社 2005 年版。

［52］赵炜、张光主编：《警察政治学》，中国人民公安大学出版社 2014 年版。

［53］王小海：《西方警察的角色与社区警务战略》，群众出版社 2014 年版。

［54］王明生主编：《公安学基础新论》，中国人民公安大学出版社 2015 年版。

［55］郑晓均主编：《警察行政研究》，知识产权出版社 2017 年版。

［56］程琳主编：《公安学通论》，中国人民公安大学出版社 2014 年版。

［57］罗锋、李健和主编：《中国警学理论》，中国人民公安大学出版社 2017 年版。

［58］樊鹏：《社会转型与国家强制：改革时期中国公安警察制度研究》，中国社会科学出版社 2017 年版。

［59］刘锦涛：《中英创建近代警察制度比较研究》，法律出版社 2014 年版。

［60］王大伟主编：《欧美警察科学原理——世界警务革命向何处去》，中国人民公安大学出版社 2007 年版。

［61］曾忠恕：《美国警务热点研究》，中国人民公安大学出版社 2005

年版。

［62］张跃进、张光主编：《现代警务论——理论探索》，中国人民公安大学出版社 2015 年版。

［63］穆玉敏：《北京警察百年》，中国人民公安大学出版社 2004 年版。

［64］刘为民、曹凤：《中外警务情报史》，中国人民公安大学出版社 2008 年版。

［65］郝在今：《中国秘密战：中共情报、保卫工作纪实》，作家出版社 2005 年版。

［66］宋远升：《警察论》，法律出版社 2013 年版。

［67］陆永：《当代中国警政与现代国家成长》，江苏人民出版社 2015 年版。

［68］王鹰：《自从有了警察》，法律出版社 2016 年版。

［69］刘琳璘：《宪法学视野下警察权问题研究》，法律出版社 2017 年版。

［70］黄翠纹、孟维德：《警察与犯罪预防》，五南图书出版股份有限公司 2012 年版。

［71］王大伟等编著：《外国警学理论》，中国人民公安大学出版社、群众出版社 2017 年版。

［72］张兆端：《警察哲学——哲学视阈中的警察学原理》（第 3 版），中国人民公安大学出版社 2018 年版。

［73］樊鹏等：《国家治理与制度安全新视野》，中国社会科学出版社 2019 年版。

［74］胡建刚：《论当代中国警政范式之嬗变与重构》，法律出版社 2019 年版。

［75］张远煌主编：《犯罪学》（第 4 版），中国人民大学出版社 2020 年版。

［76］王智军、鄢定友等编著：《现代警务研究概论》，江苏人民出版社 2020 年版。

[77] 向党主编：《涉外警务》，中国人民公安大学出版社 2004 年版。

[78] 王养冲、王令愉：《法国大革命史（1789—1794）》，东方出版中心 2007 年版。

[79] 徐爱国、李桂林：《西方法律思想史》，北京大学出版社 2014 年版。

[80] 向党主编：《国际警务合作概论》，中国人民公安大学出版社 2005 年版。

[81] 王利斌主编：《新编公安学基础教程》，中国人民公安大学出版社 2015 年版。

三、中文论文

[1] 汪勇：《论公安学（警察学）基础理论的研究内容及体系结构》，载《公安大学学报》1999 年第 6 期。

[2] 谢闻歌：《英美现代警察探源及其社会调控职能透析》，载《世界历史》2000 年第 6 期。

[3] 任士英：《略论〈警察学〉与清朝警察行政创立时期的警察教育》，载《中国人民公安大学学报》2003 年第 4 期。

[4] 黄龙：《双重视角下的马克思主义国家学说——〈国家与革命〉研读启示》，载《人民论坛·学术前沿》2020 年第 6 期。

[5] 许志强：《英国工业化时期的犯罪问题及其社会成因》，载《世界历史》2015 年第 2 期。

[6] 黄广凌：《16—18 世纪法国近代警察制度的形成和发展刍议》，载《湖北警官学院学报》2011 年第 4 期。

[7] 周小兰：《19 世纪前半叶法国警察制度探析》，载《史学月刊》2018 年第 8 期。

[8] 程小白：《法国警察管理概述——赴法国研修考察报告之一》，载《江西公安专科学校学报》2002 年第 5 期。

[9] 赵旭辉：《法国最新警察管理体制之启示》，载《河北公安警察职业

学院学报》2016年第1期。

［10］许志强：《英国工业化时期的犯罪问题及其社会成因》，载《世界历史》2015年第2期。

［11］王鹰：《法治公安：社会主义法治原则在公安工作中的新发展》，载《政法学刊》2009年第6期。

［12］朱旭东：《关于警察学学术研究中几个问题的探讨》，载《中国人民公安大学学报》2003年第1期。

［13］陈兴良：《限权与分权：刑事法治视野中的警察权》，载《法律科学（西北政法学院学报）》2002年第1期。

［14］赵敏：《论警察权力寻租性腐败的产生及其制约》，载《西北大学学报（哲学社会科学版）》2015年第5期。

［15］谢建平：《权力清单制度：国家治理体系和治理能力现代化的制度性回应》，载《华东师范大学学报（哲学社会科学版）》2014年第6期。

［16］张洪波：《警察职权的范式建构》，载《江苏公安专科学校学报》2001年第6期。

［17］任剑涛：《论公共领域与私人领域的均衡态势》，载《山东大学学报（哲学社会科学版）》2011年第4期。

［18］又心：《无名的丰碑——纪念中央社会部成立六十周年》，载《国家安全通讯》1999年第5期。

［19］剑音：《国家政治保卫局：中央苏区的特种部队》，载《福建党史月刊》2002年第3期。

［20］薛钰：《关于中共中央特科若干问题的探讨》，载《中共党史研究》1999年第3期。

［21］姬素兰：《国家政治保卫局侦察业务工作的几个历史特点的思考》，载《北京警院学报》1994年第1期。

［22］宋磊：《国家政治保卫局鲜为人知的历史探轶》，载《红岩春秋》2015年第11期。

［23］李晴：《我国警察法比例原则的适用》，载《中国刑警学院学报》2019 年第 6 期。

［24］杨海坤、马迅：《总体国家安全观下的应急法治新视野——以社会安全事件为视角》，载《行政法学研究》2014 年第 4 期。

［25］刘冰捷：《中国本土警察权嬗变的内在逻辑》，载《苏州大学学报（哲学社会科学版）》2020 年第 2 期。

［26］张兆端：《中英美警察管理思想与理论比较研究——兼论推进公安管理学学科、学术、话语体系建设》，载《中国人民公安大学学报（社会科学版）》2020 年第 6 期。

［27］李坤生：《论警察的概念》，载《公安大学学报》1995 年第 3 期。

［28］储卉娟：《社会学如何研究警察——美国警察与社会研究述评》，载《社会学研究》2019 年第 1 期。

［29］陈涌清：《中国近现代“公安”一词的起源及含义考》，载《公安学研究》2018 年第 2 期。

［30］杨学锋：《犯罪学视域中的问题导向警务》，载《中国人民公安大学学报（社会科学版）》2019 年第 6 期。

［31］赵炜：《公安结构变革 70 年：历程、成就、思考》，载《中国人民公安大学学报（社会科学版）》2019 年第 4 期。

［32］聂英斌、卢建军：《新时代中国警察学理论创新发展论纲》，载《中国人民公安大学学报（社会科学版）》2019 年第 5 期。

［33］汪勇、靳高风：《学科制度化视角下的公安学》，载《公安学研究》2018 年第 1 期。

［34］李小波：《理论纲领确认与学科建制化：全面建设 21 世纪的公安学》，载《公安学研究》2019 年第 3 期。

［35］邢贺超：《我国警务流程再造的理论渊源与实践探索》，载《中国刑警学院学报》2020 年第 4 期。

［36］俞可平：《最好政体与最坏政体——亚里士多德的〈政治学〉及其

政体观再评》，载《北京大学学报（哲学社会科学版）》2020 年第 1 期。

［37］马顺成、于群：《英美警察的角色变迁》，载《中国人民公安大学学报（社会科学版）》2020 年第 5 期。

［38］张兆端：《中西警察研究史述要》，载《警学研究》2020 年第 3 期。

［39］刘茂林：《警察权的概念构造及其横向配置结构的优化》，载《中南民族大学学报（人文社会科学版）》2020 年第 6 期。

［40］夏志强：《国家治理现代化的逻辑转换》，载《中国社会科学》2020 年第 5 期。

［41］苏宇：《警察权属性的考辨与反思》，载《公安学研究》2021 年第 2 期。

［42］叶涛：《数字社会中的警务模式及警察权变革》，载《广西社会科学》2021 年第 5 期。

四、英文著作

［1］John S. Dempsey & Linda S. Forst, *An Introduction to Policing*, 8th ed, Cengage Learning, 2014.

［2］Colin Rogers, *Plural Policing: the Theory and Practice*, Policy Press University of Bristol, 2017.

［3］Robert Reiner, *The Politics of Police*, 3rd edition, Oxford University Press, 2000.

［4］Holdaway S., *The British Police*, Edward Arnold, 1979.

［5］Jack R. Greene, *The Encyclopedia of Police Science*, 3rd ed, Volume 1, Routledge Taylor & Francis Group, 2007.

［6］Charles Reith, *A New Study of Police History*, Oliver and Boyd, 1956.

［7］T. A. Critchley, *A History of Police in England and Wales*, 2nd ed, Patterson Smith, 1972.

［8］Herman Goldstein, *Police in a Free Society*, Ballinger, 1977.

［9］ David H. Bayley, *Police for the Future*, Oxford University Press, 1994.

［10］ Philip Rawlings, *Policing a Short History*, Willam Publishing, 2002.

五、其他文献

［1］ Editor in chief Philip Babcock Gove, Ph. D. the Merriam-Webster Editorial Staff, *Webster's Third New International Dictionary of the English Language Unabridged*, G. & C. Merriam Company, Publishers Springfield, Massachusetts, U. S. A. 1976.

［2］ *Longman Concise English Dictionary*, Longman House, Burnt Hill, Harlow Essex CM20 2JE, England: Merriam-Webster Inc. and Longman Group Limited, 1985.

［3］ 梅里亚姆－韦伯斯特公司编著：《韦氏法律词典》，中国法制出版社 2014 年版。

［4］ 张莉萍编著：《简明英汉公安词典》，上海译文出版社 2016 年版。

后　记

《国家演进与警察制度的嬗变》是我主持的国家社科基金西部项目“警察学基础理论”的最终成果。

从2004年开始警察学基础理论研究，到今天《国家演进与警察制度的嬗变》完稿，经过了近20年时间。这20年，是我人生中重要的奋斗时期，也是我的专业教学与科研能力不断积蓄和提高的重要阶段。在此期间，很长一段时间里，我主要承担“公安学基础理论”课程的教学任务。为了站稳、站好讲台，我曾两次赴中国人民公安大学进修学习和访问。事实也证明，两次都不虚行，我从中收获良多，收获了诸多专家学者的教导、关爱与鼓励，亦收获了从事专业教学与科研的信心和动力。经过不断探索和实践，2016年我申报的“警察学基础理论”获批国家社科基金西部项目。在团队成员的共同努力下，2021年，课题顺利结项。此后近两年时间里，我对照课题鉴定专家的意见不断修改完善最终成果，才形成现在的书稿《国家演进与警察制度的嬗变》。

回望自己的学术历程，有上下求索的迷茫与煎熬，有伏案熬夜的辛劳与孤独，但也有柳暗花明的惊喜与鼓舞，还有乐此不疲的沉醉与享受。在此，我要感谢那些在学术道路上给予我帮助、鼓励和支持的人。我本科阶段的班主任、南京工业大学衣家奇教授及其夫人姚华教授是最早引导我关注学术研究的人。他们始终对学术研究充满兴趣且以此为乐、躬耕不辍，鼓励我在学术之路上不断进取；他们在生活上互相关心、互相包容，在学术研究上互相帮助、互相扶持，是我敬佩和羡慕的学术伉俪。我在中国人民公安大学学习访问期间认识的王世卿教授则是我学术研究道路上的引路人和良师益友。与王老师的每一次电话交流，每一篇文献分享，每一个提纲讨论，每一条微信聊天，都使我备受鼓舞，让我在学术探索中不再孤独；王老师勤于思考与写作，她既善于深入研究老问题，又勇于发现和研究新问题，她极富选题和驾驭选题的智慧与能力，是我学习的好榜样。在课题研究中，甘肃警察职业学院的卢建军教授给予了我极大的帮助和关心，他才华横溢，踏实严谨，思维活跃，思想深刻，总是毫无保留地向我分享他的学术思想，引导我将研究走向深入，他是我在学术研究中的忠实伙伴。中国人民公安大学任士英教授、汪勇教授、张光教授、朱旭东教授都对我开展警察学基础理论研究给予了深切关怀和中肯建议，他们的学术智慧和学者气质令我终生敬仰。西北师范大学李玉壁教授，甘肃政法大学陈君武教授、王存河教授、郑永红教授、秦冠英教授和韩宝教授都极为关心我的学术成长，都为课题推进以及书稿修改完善与出版提出了宝贵意见，他们的关爱与帮助让我时刻感念。感谢上述各位老师的抬爱、关心、帮助、支持与提携！此外，在学术研究和书稿撰写中，我参阅了许多文献资料，受益良多，在此也向有关文献作者致敬！是他们的学术研究和理论成果，为我开展警察学基础理论研究提供了基础和养分，托举了我的学术成长。

最后，我要感谢我的家人，没有他们的关爱、理解与支持，我不可能有这么多进步与成绩，也不可能有本书的出版。

书稿出版是一个课题的结束，也是一段崭新学术旅程的开始。我将心怀希望，放飞梦想，重新启航。

王春梅

2023 年 12 月 20 日